한국사

23

조선 초기의 정치구조

국사편찬위원회

한국사 간행취지

우리 겨레가 앞으로 어떻게 살아갈 것인가 하는 문제는 우리들은 물론 우리와 더불어 살아가는 세계인들의 관심사일 것이다. 이에 대한 해답은 과거에 어떻게 살아왔는가 하는 우리 역사에 대한 인식을 통해 찾을 수 있을 것이라고 생각된다.

본 위원회에서는 이미 1970년대에 『한국사』 25권을 간행하여 해방 이후 한국사의 연구성과를 집대성함으로써 한국사에 대한 인식을 새롭게 한 바 있다. 그 이후 한국사회는 놀라운 성장과 발전을 이루었고 역사학계도 상당한 연구성과를 축적하였다. 이러한 변화에 발맞추어 한국사학계는 새로운 『한국사』 편찬의 필요를 느끼게 되었다.

이에 본 위원회는 일차적으로 한국사 연구지원비를 마련하여 역사학계로 하여금 1980년대 중반까지 연구성과가 미진하다고 생각되는 분야를 연구할 수 있도록 하였다. 이어서 1989년부터 1990년까지의 준비를 거쳐 1991년에는 '신편 한국사 편찬위원회'를 따로 구성하고 총 60권에 달하는 새로운 『한국사』를 편찬하기로 하였다. 그리고 다음과 같은 『한국사』 편찬의 목표를 세웠다.

① 한국의 역사와 문화에 대한 객관적 인식의 토대를 제공할 수 있는 한국사를 편찬한다.

② 민족의 창조적 문화활동과 민족사의 내재적 발전을 드러내는 한국사를 편찬한다.

③ 최근까지의 연구성과를 체계화하고 새로운 영역을 개척함으로써 한국사 연구의 지평을 넓힌다.

④ 한국사 연구와 관련하여 고고학·인류학·사회학·경제학 등 인접학문의 연구성과를 수용하여 한국사 인식의 폭을 넓히는 데 기여한다.

새로운 『한국사』를 펴내면서 우리 모두가 바라는 바는, 민족의 통일에 대비해야 하고 급격히 변화하는 시대상황 속에서, 한국사 연구자의 깊이 있는 연구를 도와주고 독자들의 역사인식을 드높일 수 있는 길잡이 구실을 할 수 있었으면 하는 것이다.

국사편찬위원회 위원장

목 차

Ⅳ. 군사조직

V. 교육제도와 과거제도

개　　요

I

조선왕조의 건국은 고려 후기 사회의 모순 속에서 새로운 이상사회를 구현하려는 사대부세력과 民의 성장 속에서 성립되었다. 따라서 조선왕조는 이들의 요구를 적극적으로 수렴하여 그 통치체제를 정비하려 하였다. 조선 왕조의 통치체제 정비와 국정의 운영은 민본지향적인 유교사상을 기본이념으로 하여 이루어졌다. 고려시대에도 유교사상이 정치철학을 주도하였지만, 이 시기의 유교사상은 훈고학적인 한당유학이었고, 또 불교철학에 의하여 크게 제약을 받은 것이었다. 유교사상이 정치·제도·사회 문화 등 모든 면에 지배적 위치를 차지한 것은 조선시대에 들어온 이후였다. 조선 초기의 유교사상에서 특히 중시된 것은 왕도정치사상이었다. 王道政治란 유교로 교양된 국왕과 신료들이 유교정치를 할 수 있는 정치체제 하에서 유교적 민본사상에 근거한 덕치·인정을 베풀고, 또 유교윤리가 양반 사대부뿐만 아니라 일반 민중 모두에게 생활화된 정치를 말한다. 조선 초기 건국의 주도세력은 이러한 유교정치를 실현할 수 있는 정치체제로 중국 三代의 이상사회를 나타낸 《周禮》에 주목하였다. 이들은 고려 말에 들어온 성리학을 正學으로 일단 긍정하면서도 《주례》를 모범으로 하여 새로운 국가의 여러 제도를 정비하고자 하였다. 그리하여 《주례》의 정신에 입각하여 국가의 통치구조뿐만 아니라 경제구조·산업부문을 국가가 주도함으로써 권세가에 의한 사유와 사영을 억제하려 하였다.

조선왕조는 이와 같이 유교사상을 정치이념으로 내세웠는데, 유교정치의 실현은 정치기구·통치체제의 정비로써 이루어질 수 있는 것이었다. 그러나 개국 초에는 정치적·사회적 안정이 급선무였고, 태조로서도 왕권의 강화가 우선이어서 정치기구·통치체제를 정비할 여유가 없었다. 도평의사사는 문무

고관의 합좌기관이었으나 능률적으로 운영되지 못하였고, 문하부도 정치의 중심기관이 되지 못하였다. 즉 태조대의 정치는 강력한 왕권을 가진 태조와 그의 신임을 받은 조준·정도전 등 소수의 재신에 의해 이루어졌으나, 유교정치의 기틀은 아직 확립되지 않았다.

이후, 두 차례의 「왕자의 난」을 일으켜 정권을 잡은 태종은 도평의사사를 혁파하고 의정부를 설치하였으며 사병을 혁파하여 왕권을 강화할 수 있는 체제를 갖추었다. 태종 원년(1401)에는 문하부를 없애고 그 재신들은 의정부에 합하여 점차 의정부·6조 중심의 정치체제를 갖추어 갔다. 그런데 의정부·6조체제는 周代의 三公·六卿制와 같은 형태로 유신들이 이상으로 하는 체제이긴 하나 그 운영에 따라 왕권과 신권의 강약이 변화되었다. 유신들은 의정부대신들의 정치적 권한을 강화시키는 의정부서사제를 이상적인 정치체제로 보았으나, 왕권의 강화를 도모하려는 국왕은 의정부대신의 정치적 권한을 축소·배제할 수 있는 정치체제로 6조직계제를 선택하였다.

조선시대의 유교정치는 세종대에 이르러 발전되었다. 세종대에는 지방제도와 군사제도를 정비하여 권위에 바탕을 둔 합리적인 유교정치를 하고자 하였다. 특히 세종대에 유교정치가 발전할 수 있었던 기반으로는 집현전을 들 수 있다. 집현전은 세종 2년(1420)에 설치하여 많은 학자를 양성하였고, 이를 통하여 유교정치에 필요한 의례·제도의 정리와 다양한 편찬사업을 벌여 유교정치를 할 수 있는 바탕을 만들었으며, 그 과정에서 양성된 유학자들과 더불어 유교정치를 펼 수 있었다. 또 이러한 집현전은 세종의 왕권강화에도 기여하였다. 한편 태종 이후에 계속되었던 6조직계제가 세종 18년에는 의정부서사제로 이행됨으로써 정치체제상으로도 유교정치를 펴기에 적합하게 되었다. 이처럼 세종대는 학자적 관료들이 양성되어 유교적 의례와 제도가 정리되었으며, 정치체제도 의정부서사제로 바뀐 뒤에 유교적 소양을 가진 국왕까지 나와 조선 초기 유교정치의 토대를 마련한 시기라 하겠다.

그 후에 문종·단종을 거치면서 의정부 재상들의 권력이 비정상적으로 증대되었고 왕권이 약화되는 경향을 보였다. 이에 반발하여 무단적으로 등장한 세조는 독재적 왕권을 강화시키기 위해 의정부서사제를 6조직계제로 고쳤고, 공신이나 언관에게도 위압을 가하였으며 집현전도 혁파했다. 이는 관료중심체제와 자유분방한 정치비판, 언론활동을 이상으로 추구하는 언관과 집현전 유신의 유교적 이상주의가 왕권강화에 저해된다고 믿었기 때문이었다. 세조대의 정치는 이와 같이 유교정치를 기반으로 하면서도 강력한 집권정책을 실시하였다.

세조 이후 예종을 거쳐 왕위에 오른 성종은 신진사류를 대거 등용하여 보수 귀족화한 훈신세력을 견제하면서 왕권의 안정을 꾀하였다. 그러나 이 시기에 등장한 신진사류와 훈신세력의 대립은 양반관료체제 내의 여러 문제와 결부되어 연산군대 이후에 네 차례의 사화로 나타났다. 이러한 사화로 유교정치는 일시 후퇴한 듯 보이지만 이를 통해 유교와 유교정치는 더욱 깊게 뿌리내리고, 조선시대의 정치·사회·문화를 지배하게 되었다. 그리고 성종대에는 세조대에 만들어진《經國大典》을 수정·반포하면서 조선 초기의 정치제도를 일단 정비하였다. 이러한《경국대전》의 반포는 조선 초기의 중앙집권적 정치체제가 확립되었음을 의미하는 것이었다.

《경국대전》에 나타난 조선 초기의 정치체제를 보면 다음과 같다. 우선 중앙의 지배기구는 국왕 중심의 효율적인 행정체제로 정비되었다. 먼저 태종 때에 도평의사사에 집중된 권력을 분산시켜 정치를 의논하는 의정부, 왕에 대한 언론을 맡는 사간원, 군사기밀을 장악하는 중추원, 왕명을 출납하는 승정원으로 나누었다. 한편 행정을 맡는 6조는 정2품 아문으로 승격시키고 소관 업무를 왕에게 직접 보고하게 하여, 왕이 인사·군사·재정의 실권을 장악하였다. 그리하여 중앙의 지배기구는 왕－의정부－6조－각사로 체계가 세워졌다. 6조에는 각각 3, 4개의 屬司를 두어 업무를 나누어 맡게 하였으며, 중앙 각사를 속아문으로 6조에 배속하여 각 曹의 지휘 감독을 받도록 행정체계를 강화하였다. 그리고 종친부·충훈부를 두어 종실·외척·부마·공신을 예우하는 한편 그들이 정치에 관여하는 것을 삼가도록 하였다. 또한 의금부·승정원을 왕에게 직속시켜 왕권을 안정시켰다.

한편 조선의 관료는 누구나 관품체계 속에 편입되었다. 그런데 조선 초기의 관품체계는 관품이 관직으로부터 분리되어 그 자체가 하나의 기준으로도 기능하였다. 이것은 관직을 지니고 있지 않더라도 관품을 통하여 지배층의 일원으로 될 수 있다는 것을 뜻한다. 이에 따라 중앙과 거의 동질적인 지배층이 전국 어디에나 존재할 수 있게 되었으며, 관직의 수보다 훨씬 많은 규모의 지배집단이어서 효과적으로 편제할 수 있는 방편이 되기도 하였다. 조선의 관품은 18품 30계로 이루어졌는데, 관품에서의 기본적인 구분선은 4품과 5품 사이로서 大夫(將軍)와 士(郎, 尉)로 그 칭호를 달리 하였다. 그리고 관직과 연관하여 정3품(통정대부) 이상을 당상관, 그 아래를 당하관이라 하였으며, 종6품을 기준으로 그 이상을 참상관, 그 아래를 참하관이라 하였다. 여기서 정3품 이상의 당상관은 기본적으로 정치가로서의 자격을 인정받아 근무일수에 관계없이 왕의 명령에 의하여 승진이 되었다. 참상관과 참하관은 거관하여 승진하는 데 필요한 근무일수에 차별이 있다. 인사 발령에 있어서도 대부 이상은 왕의 교지에 의하였으며 대간의 서경이 면제된 데 비하여, 士인 郎階의 경우는 교첩의 형식으로 발령되었고 대간의 서경을 거쳐야 했다. 이는 고려시대에 모든 관원의 인사에 대간의 서경이 필요하였던 것과 비교하면 왕의 인사에 관한 권한이 강화되면서 귀족적인 성향이 줄어든 것을 알 수 있다.

조선시대에 들어와 지방 통치체제 역시 많은 개혁·개편의 과정을 겪었다. 고려의 다원적인 도제가 일원적인 8도체제로 개편되고 신분적·계층적인 군현 구획을 명실상부한 행정구역으로 개혁하는 과정에서 속현과 향·소·부곡·처·장 등 임내의 정리, 작은 현의 병합, 군현 명칭의 개정 등을 단행하였다. 또한 고려의 사심관제가 경재소와 유향소로 분화, 발전해 갔는가 하면, 임내의 소멸과 直村化 및 인구의 증가에 따른 자연촌의 성장과 함께 군현의 하부 구획으로 새로운 面里制가 점차 정착되어 나갔다. 또한 종래의 안렴사와 감무를 2품 이상의 관찰사와 사류 출신의 현감으로 대치하는 등 감사와 수령의 직급을 올리고 外官久任法과 部民告訴禁止法을 실시하는 등 왕권의 대행자인 외관의 권한을 강화하였으며, 종래 향읍의 실질적인 지배자 위치에 있던 향리를 점차 지방관서의 행정 사역인으로 격하시키는 등 중앙집권적 지배체제를 강화하였다.

조선 초기의 군현제 정비는 위로는 8도체제와 아래로는 면리제를 확립시켜 나갔다. 그 결과로 지방통치는 군현을 중심으로 전개되었고 지방행정은 수령을 중심으로 행해졌다. 읍격과 수령의 직급은 여러 단계로 구분되었으나 행정체계상으로는 모두 병렬적으로 직속상관인 감사의 관할 하에 있었다. 다만 수령이 겸대하는 군사직으로 말미암아 수령간에 상하의 계통이 이루어지기도 하였다. 특히 조선의 중앙집권적 지방 통치체제가 비교적 잘 유지될 수 있었던 배경은, 왕→감사→수령으로 이어지는 관치행정적 계통과 경재소→유향소→면·리임으로 연결되는 사족 중심의 자치적인 향촌 지배체제 및 이들 중간에 개재한 경저리·영리·읍리의 향리 계통, 이 3자가 서로 견제 와 균형을 유지할 수 있었기 때문이다.

조선 초기에 단행된 지방 통치체제의 정비는 이와 같이 획기적인 개혁이었지만 다른 한편으로는 다음과 같은 한계성을 지니고 있었다. 가령 8도체제가 확립되었다 하더라도 감사의 임기가 남부 6도와 북쪽 양계에 따라 차이가 있었고, 또 양계는 감사가 가족을 거느리고 부임하여 감영 소재 읍의 부윤을 겸임하는 데 비하여 6도감사는 單身到界하여 1년의 임기 동안 관내 군현을 늘 순력하였다. 한편 조선 초기에는 호구와 전결수에 기초한 합리적인 면리제의 개편, 군현 병합이 철저히 시행되지 못하였다.

인구와 토지의 다과, 대소를 기준으로 한 합리적인 면리제의 개편과 군현 병합은 국가의 지방통치 의도와 재지세력의 이해관계라는 두 가지 측면에서의 저항으로 실현되지 못하였다. 즉 국가에서는 효과적인 지방통치를 유지하기 위하여 '분할하여 지배한다'는 원칙 하에서 전국을 8도로 나눈 다음, 각 도를 다시 주·부·군·현으로 구획하고 군현의 경계도 越境地와 犬牙相入地를 존속시킴으로써 군현끼리 서로 견제하고 경쟁 또는 감시하는 체제를 지속하려 하였다. 또 재지세력의 이해관계의 측면에서 보면 양계지방을 제외한 남부 6도는 각 읍마다 土姓吏民이 존재하였고, 그들은 그 읍과 휴척을 같이 해왔으므로 병합되거나 혁파된다는 것은 곧 토착적 기반을 하루아침에 상실하고 다른 읍에 귀속되어야 했기 때문에 온갖 방법으로 군현 병합을 방해하였다. 각 읍마다 경재소와 유향소를 구성한 토성사족과 유향품관이 있는가 하면, 다른 한편에는 경저리·영리·읍리로 연결된 향리세력이 서울과 지방에 연결되어 있었다. 그러므로 군현 병합은 바로 이러한 본관세력으로부터 완강한 저항을 받았다.

II

조선 건국 이후, 군대의 징발과 통솔권이 모두 장수에게 위임되어 있던 私兵체제적인 고려 말의 군사조직은 개혁의 대상이 되었다. 병권의 분장과 사병적 존재가 중앙집권적 군사조직으로 개편되어 갔던 것이다. 조선 초기의 군사조직 중 우선 중앙군의 실태를 보면, 여기에는 법제적인 측면에서의 10위와 갑사로 이루어진 왕실 사병으로서 의흥친군위, 그리고 각 도의 번상 시위패와 반법제적인 존재였던 궁중 숙위병력인 성중애마 등이 복잡하게 섞여 있었다. 또한 군역 역시 군제만큼이나 여러 형태로 시행되고 있었다. 이들은 왕조의 안정과 더불어 차츰 정리되어 왕권을 직접 호위하는 무반관료로서의 금군과 중앙군은 5위제, 그리고 지방군은 진관체제로 정리되었다.

왕실과 重臣의 사병적 기반을 중심으로 이루어졌던 중앙군에 대한 국가적 통제체제로의 전환은 건국 초기부터 시도되었다. 즉 정도전은 태조 2년(1393) 의흥삼군부를 설치하여 지금까지 사병적 성격을 띤 중앙군과 지방군을 모두 여기에 귀속시킴으로써 일원적인 지휘체계를 확립하고 명실상부한 군사체계를 확립하려 하였다. 정도전의 이러한 계획은 왕자들의 반발로 실패하였으나, 왕자의 난을 거쳐 정권을 잡은 태종은 결국 사병을 혁파함으로써 병권의 집중에 성공하였고, 군제 개혁은 이후 세조 때에 이르러 5위제의 확립으로 일단락 되었다.

중앙군의 근간이 된 5위는 의흥위·용양위·호분위·충좌위·충무위로 구성되었다. 이들 5위에는 각기 조선 초기 중앙군의 13개 병종들이 편입되었고 또 전국의 지방군까지 각 위별로 분속되고 있었다. 그러나 여기서 지방군은 각 지방절도사에 의하여 지휘·통제 받고 있어서 지방군의 분속은 그들이 직접 번상하여 수도방어에 대처하는 것이 아니라, 대열 등 군사훈련에 대비하여 전국의 지방군을 거주지의 진관별로 파악하고 5위에 분속시킨 데 불과한 것이다. 즉 중앙군은 5위제로 대표된다고 하나 5위제는 하나의 훈련체제이고 실제 중앙군의 실태를 파악하기 위해서는 중앙군의 각 병종을 살펴보아야 한다.

조선 초기의 5위제에 분속된 중앙군의 병종으로는 시취에 의하여 선발되는 군인(別侍衛·親軍衛·甲士·破敵衛·壯勇衛·彭排·隊卒)과 시취에 의하지 않고 특전 혹은 의무병역으로 편입되는 군인(族親衛·忠義衛·忠贊衛·忠順衛·補充隊·正兵)으로 대별되었다. 이 중 중앙군의 대표적 군사력은 갑사였다. 갑사는 처음에는 태조가 거느리던 의흥친군위의 군사를 주축으로 구성된 왕실의 사병이었다가 사병의 혁파 이후에 태종의 즉위와 더불어 복립되어 조선 초기의 중추적 군사로서 기능하였다. 그 후에 갑사는 세종조 후반 이후 갑절로 증가하였고, 《경국대전》에는 14,800명으로 등재되었다. 이러한 갑사의 증가는 조선의 통치체제와 권위가 안정됨에 따라 국가의 관직체계로 들어오려는 사람이 늘어나자 국가에서도 이에 부응하여 이들을 관직체계로 흡수하려는 의도에서 나타난 현상이었다. 또 갑사의 증가는 갑사를 종전과 달리 지방에서 파악하게 함으로써 지방 군사력을 강화하려는 정책의 결과이기도 하였다. 갑사는 士로서 5~8품의 실직에 올라 이에 따른 과전과 녹봉을 지급 받았고, 또 군인의 경제적 상태에 따라 奉足까지 주어졌다. 이들은 시취에 따라 충원되었고, 그 응시는 양인 내에서 국가가 요구하는 신분적·경제적 조건이 갖추어진 자에 한하였다.

갑사 다음으로 중요한 병종으로는 양인 농민의 의무군역으로서 정병이 있다. 이들은 조선 초기에 가장 많은 군액을 소유한 병종이었다. 정병이란 이름은 세조 5년(1459)부터 사용된 것인데 초기에는 시위패로 불려졌다. 한편 세조 10년에는 각 지방의 영진군·수성군 등도 모두 정병으로 합속되었다. 정병은 근무 형태에 따라 중앙에 번상하는 번상정병과 각 지방의 요새지에 부방하는 유방정병으로 구분되었고, 또 말의 소유 유무에 따라 기병과 보병으로 나뉘었다. 중앙군으로서 번상기병은 향촌사회에서 부유한 사람 가운데에서 차정되었고, 입역기간 중 都試에 응하여 감사나 무반으로 진출할 수도 있었다. 즉 이 시기의 군역은 양인의 의무이지만, 관직으로 올라가는 권리이기도 하였다. 한편 번상보병은 15세기 후반부터 役卒化하였고 이후 대립·수포의 주대상으로 군역의 변화를 겪는다.

지방군제 역시 세조 때에 정비되었다. 세조 원년에는 이 때까지 북방의 익군과 남방의 영진군으로 이원화되어 있던 군사조직을 북방의 예에 따라 군익도의 체제로 통일하였고, 이것이 2년 뒤에는 다시 진관체제로 변경되어 지방군제의 완성을 보게 되었다. 진관체제는 거진을 중심으로 주변의 여러 진들을 이에 속하게 하여 하나의 진관을 편성함으로써 自戰自守하는 독립적인 군사거점의 성격을 갖도록 한 것이다. 이 때에 육군만이 아니라 수군도 이러한 진관조직을 갖추었다. 조선 초기의 지방군사제도는 이 진관체제를 바탕으로 조직되었다.

먼저 각 도에는 병영과 수영을 두고 병마절도사와 수군절도사를 파견하여 군사를 지휘하도록 하였다. 병영과 수영은 한 도에 각각 하나씩을 두고 관찰사가 병사와 수사를 겸하는 것이 원칙이었으나 국방상 요지에는 병영·수영을 늘려 설치하여 따로이 전임의 병사·수사를 파견하였다. 진관체제에서 병사가 있는 곳을 主鎭이라 하였고, 그 아래에는 군사적 요충지로서 거진 등 대소의 진이 있어 병영 및 수영의 통제를 받았다. 이 때의 거진은 부윤과 목사가 각각 절제사·첨절제사를 예겸하면서 진관의 군사권을 장악하였고, 그 아래의 제진은 군수 이하의 지방관이 동첨절제사 이하의 직함을 겸하면서 군사를 지휘하였다.

Ⅲ

조선 초기의 교육·과거제도는 신분제의 바탕 위에서 중앙정치에 참여할 수 있는 정치세력을 양성하고 선발하는 기능을 수행하였다. 조선시대의 교육은 크게 관학과 사학으로 나눌 수 있다. 관학 교육기관으로는 성균관·4부학당(4학)·종학·잡학·향교 등이 있었으며, 사학 교육기관으로는 서재·서당·가숙 등이 있었다. 그런데 조선시대의 교육은 관학보다는 사학 교육기관이 주도하고 있었다. 국가에서는 모든 경비를 국고에서 지급하는 관학보다는 개별적으로 운영되는 사학에 맡기고 있었던 것이다. 그러나 조선사회에서 학문에 종사하지 않으면 의무군역의 징발대상으로 전락되었고, 또 문치주의 사회에서 관료로 출세하는 길은 학문을 하는 길밖에 없었으므로 교육열은 무엇보다도 높았다. 이로써 국가에서는 적은 교육비로서 충분히 국가가 의도하는 교육 효과를 얻을 수 있었던 것이다.

사학이 발달할 수 있었던 것은 학교제도와 과거제도가 곧바로 연결되지 않은 이유도 있었다. 이렇게 학교제도와 과거제도가 일원화될 수 없었던 까닭은 여러 가지를 들 수 있으나 무엇보다 조선사회가 양반관료제 사회였기 때문이었다. 양반들은 구태여 평민들과 어울려 향교에서 공부하려 하지 않고 사학이나 자기집에서 특권적으로 공부하려 했다. 또 양반 중에서도 문벌양반이 학당과 성균관 교육 및 과거시험에 있어서 사실상의 주도권을 쥐고 있었다. 별시도 실제로 서울 양반들이 독점하다시피 하였다. 시험이 가까워서야 갑자기 발표되는 시험기일을 일반인들이 쉽게 알 수도 없었거니와 안다고 해도 여러 가지 제약 때문에 합격하는 데 불리하였다. 한편 국가에서도 지배층인 양반의 요구에 못 이겨 원칙대로 학교제도와 과거제도를 운영해 나갈 수 없었다.

조선시대의 과거제도는 대체로 세종조에 정비되었다. 과거는 본래 일정한 시험을 통하여 관인을 뽑는 등용문이었다. 과거 중에 문·무과는 고급관료를 뽑는 시험이고, 잡과는 하급관료를 뽑는 시험이었다. 이러한 의미에서 과거는 초입사로로서 중요한 관문이었다. 그러나 초입사로는 과거 이외에 문음과 천거가 있었다. 고려시대에는 문음·과거 외에 유일·남반잡로·성중애마 등이 있었으나 조선시대에 들어와 남반과 성중애마가 吏職으로 떨어져 나가게 되자 천거의 성격이 강한 유일(隱逸이라고도 함)만이 명맥을 유지하게 되었다. 그러므로 조선시대에 있어서 문음과 과거는 초입사로로서 쌍벽을 이루는 두 가지 중요한 관문이었다.

한편 조선시대의 인사관리제도는 과거제도에 깊은 영향을 미쳤다. 고려시대에는 초입사의 의미가 강했던 과거가 조선시대에 들어와 초입사에 못지않게 超資·超職의 의미가 컸던 것이다. 이 초자·초직의 특징은 조선시대 과거의 특징을 드러내주는 법제였다. 循資法·考課法과 같은 까다로운 진급규정을 무시하고 파격적으로 고급관료로 올라갈 수 있는 길을 열어주는 것이 조선시대 과거의 중요한 기능의 하나였다. 이처럼 현직관리에게 과거 응시자격을 주는 것과 그 합격자에게 더 큰 승진의 특전을 주었던 것은 조선 양반관료제의 하나의 특성이었다. 양반관료들은 그들의 기득권을 지키기 위하여 고려시대부터 음서제도를 두어왔고 조선시대에 이르러 과거가 음서보다 중요하자 과거시험에까지 그들의 특권을 반영하게 되었다. 고려시대에 참하관 이하에게만 과거 응시자격을 주던 것을 조선시대에는 당하관 이하로 확대시킨 것은 그 까닭이었다. 그러나 과거라는 공개경쟁이 인사에서 중요한 비중을 차지하게 된 것은, 전시대보다 한층 발전된 모습을 보여주는 것이라고 할 수 있다.

〈李存熙〉

Ⅰ. 양반관료 국가의 특성

1. 정치사상 기반
2. 통치구조
3. 경제구조
4. 사회신분구조

Ⅰ. 양반관료 국가의 특성

1. 정치사상 기반

조선왕조의 건국은 정치·사회적으로도 큰 변화를 가져왔지만, 이에 수반하여 사상적으로도 큰 변화가 나타났다. 유교사상이 불교를 대신하여 지배적 지위를 차지하였던 것이다. 왕조 개창에서 커다란 역할을 한 정치적 주도세력인 鄭道傳·權近 등 조선 건국세력은 이러한 유교사상을 정치 지도이념으로 정착시키는 동시에, 사회개혁과 국가운영의 기본정신으로 삼아 왕권강화와 중앙집권 체제의 정비에 노력하였다.

고려시대에도 유교사상이 정치철학을 주도한 것은 사실이지만, 그것은 훈고학적인 漢唐儒學이었고, 또 불교철학에 의하여 크게 제약을 받았었다. 따라서 유교사상이 정치·제도·사회·문화 모든 면에 지배적 위치를 차지한 것은 조선시대에 들어온 이후였다. 조선 초기의 유교사상에서 특히 중시한 것은 왕도정치 사상이었다. 왕도정치란 유교로 교양된 국왕과 儒臣들이 이상적인 유교정치를 할 수 있는 정치체제 하에서 유교적 민본사상에 근거한 德治·仁政을 베풀고, 나라의 모든 의례는 禮治에 입각하여 행하며 유교윤리가 양반 사대부뿐만 아니라 일반 민중 모두에게 생활화된 정치를 말한다.

조선 초기 건국의 주도세력은 이러한 유교정치를 실현할 수 있는 정치체제로 중국 三代의 이상 사회를 나타낸 《周禮》에 주목하였다. 이들은 고려 말에 들어온 성리학을 正學으로 일단 긍정하면서도 《주례》를 모범으로 하여 새로운 국가의 여러 제도를 정비하고자 하였다. 그리하여 《주례》의 정신에 입각하여 국가의 통치구조뿐만 아니라 경제구조·산업부문을 국가가 주도함으로써 권세가에 의한 私有와 私營을 억제하려 하였다. 즉 조선왕조 건국 후 100년 동안은 중앙집권의 강화와 더불어 관 주도의 경제정책, 양인에 대한

국가의 지배를 강력히 추진하였다.[1)]

고려 말에 들어온 성리학이 보다 심화된 인식을 갖게 된 것은 15세기 말, 16세기 초부터였다. 15세기에는 강력한 왕권강화와 함께 모든 정치권력을 중앙으로 집중시키는 중앙집권적 관료체제의 형태였으나, 이러한 현상은 한 세기도 넘기지 못한 채 한계를 드러냈다. 이는 훈구파의 세력 확장과 戚臣政治의 출현 때문이었다. 이러한 시대적 상황과 분위기 속에서 자연히 성리학에 대한 가치를 재인식하게 되었고, 결국 성리학을 통치이데올로기로서 발전시켜 나가야 한다는 여론이 강력하게 형성되었으며, 이러한 인식은 향촌 지배세력인 士林派에 의하여 주도된 것이다. 특히 이들은 성리학적 명분론에 입각하여 훈구와 척신세력들을 비판하고, 성리학적 이상사회를 실현코자 하였다. 명분론은 地主-佃戶制를 기반으로 한 신분사회 질서를 유지하기 위해 상하 질서를 중시하고 있으며, 성리학의 발전을 위하여 사림들은 현량과 실시와 留鄕所 혁파, 留鄕所 복립운동, 鄕約의 조직·활용 등을 통하여 향촌질서를 재확립하려고 노력하였다. 이들은 대부분 지방의 향촌사회에서 중소지주적 생활기반을 가진 지식인이었고, 점차 새롭고 참신한 정치 비판세력으로 성장해 갔다. 사림들은 관인사회의 기강이 크게 문란해져 사회파탄이 가속화되는 것을 목격하고 이를 염려하면서 그 극복 방안과 수단으로서 성리학을 활용하는 길이 가장 현명하고 바른 길이라고 확신하였던 것이다.[2)]

그러면 조선왕조의 정치사상의 기반을 이룬 성리철학의 본질에 대하여 간략히 살펴보자.[3)] 성리학은 유교의 가치체계를 존중하면서 인륜과 도덕을 우주의 질서와 연결시켜 파악함으로써 정치철학적 이론을 제공하고 있다. 성리철학에서는 우주와 인간의 질서를 형이상의 理와 형이하의 氣와의 융합에

---

1) 李泰鎭, 〈集權官僚體制의 성립〉(《韓國史硏究入門》, 知識産業社, 1988).
韓永愚, 〈朝鮮建國의 政治·經濟基盤〉(《朝鮮前期社會經濟硏究》, 乙酉文化社, 1983).

2) 李泰鎭, 〈朝鮮 性理學의 再評價〉(《創作과 批評》 33, 1974).
———, 〈士林과 書院〉(《한국사》 12, 국사편찬위원회, 1978).
尹絲淳, 〈朝鮮前期 性理學의 思想的 機能〉(《民族文化硏究》 9, 1975).

3) 성리철학의 본질에 대해서는 다음 책이 참고가 된다.
玄相允, 《朝鮮儒學史》(民衆書館, 1949).
裵宗鎬, 《韓國儒學史》(延世大出版部, 1974).

의하여 구성되는 것으로 보았다. 즉 이는 物의 性을 결정하고 기는 物의 形을 결정짓는다는 것이다. 이는 우주만물과 인간에 근원적으로 내재하는 것으로, 순수하고 지극히 선하여 인성의 근원이 되는 것에 비하여 기는 인간의 형체를 이루는 것이다. 따라서 이가 「본연의 성」인데 비하여 기는 「기질의 성」으로 되어 인간은 본연의 성과 기질의 성을 동시에 타고나게 된다. 본연의 성은 지선하여 죄악이 발생하지 않지만, 기질의 성은 善惡·賢愚·長短·通塞 등의 차이가 있어서 이 때문에 각종의 악과 범죄가 발생하고 인간들 사이에도 차별이 생긴다고 한다. 정치는 이와 같은 기질의 성으로 인한 인간사회의 결점을 바로잡아야 한다는 것이다. 그리고 인간은 부단한 수양을 통하여 범죄·차별·정욕·악 등을 버리고 본연의 성을 되찾는 데 주력해야 한다고 강조하고 있다. 정치는 교화, 즉 인간을 바르게 하는데 목적이 있다. 따라서 정치는 곧 교화와 일치한다. 그런데 인간을 바르게 교화하는 데는 순서가 있다. 나→가정→국가→세계의 순서이다. 修身→齊家→治國→平天下의 논리이다. 개인은 출발이고 천하는 종점이라는 것이다. 存心과 養性, 格物致知가 개인의 수신에 필요한 수양 방법이고, 제가·치국·평천하에 필요한 윤리 도덕이 三綱五倫이다.

한편 理와 氣는 둘이면서 동시에 하나로 보았다. 즉 이 속에 이미 기가 내포되어 있고 기 속에 이가 이미 내재되어 있기 때문이다. 이것은 화엄의 「一卽一切 一切卽一」과 비슷한 논리가 된다. 이와 기가 둘이면서 하나이기 때문에 理氣二元的一元論으로 불리기도 한다. 성리학에서는 또 인간이 객관적 경험적 인식과 주관적 인식을 동시에 행한다고 보았다. 즉 인간은 마음(心) 속에 간직한 기가 지각작용을 벌여서 심(心) 중에 내재되어 있는 이, 즉 만물의 이치를 인식케 할 수 있는 것이며, 아울러 인간의 외계 사물에 접해서 그 법칙을 객관적·경험적으로 구명함으로써 인식체계를 분명히 할 수 있다고 믿었다.

다음으로 성리학에서는 통치권의 근원을 어디로부터 구하고 있는가에 대하여 알아보자. 성리철학에 의하면 우주와 인간을 지배하고 있는 원리는 곧 天理이며, 인간사회를 다스리는 통치권도 결국 천리, 天命에 근원한다는 것이다. 인간사회를 다스리는 최고의 통치권자가 국왕인데, 이 국왕은 천리에 따라 위임된 인간사회의 통치자일 뿐이다. 그런데 국왕은 윤리관을 기본으로 하는 윤리정치를 펴야 한다. 이는 修己之學으로서의 성리철학 정신에 충실해야 한다는 입장이다. 修己란 개인이 윤리적으로 충분히 수양을 한다는 뜻이며 그 방법으로는 덕을 쌓는 것이 중요하다는 것을 강조한다. 그리하여 국왕의 덕치와 인정, 즉 왕도정치가 이상적인 통치방법이라고 생각하였다. 그러므로 治者는 修德에 게을리 하지 말아야 할 것과, 그 덕목으로 仁·義·禮·智의 4덕을 들고 있다.

천심과 민심은 서로 감응관계에 있어 민심이 바뀌거나 국왕으로부터 점차 멀어져 가게 되면 천심 또한 바뀌게 된다는 것이다. 그러므로 통치자인 국왕이 민심을 잃어 국민들로부터 멀어지게 되면 그것이 천심에 감응되어 통치자, 즉 국왕에 대한 책임을 물어 천재지변으로 나타난다. 따라서 농업국가에서의 천재지변은 국왕의 통치역량과 직결되는 것이었다. 이에 통치자는 천재지변에 대한 대비와 현명한 처리방안을 연구하지 않으면 안되었다. 조선 후기에 농업과 관련이 깊은 천문과 역법을 「帝王之學」으로서 중시하고 이를 속히 서양으로부터 받아들이려고 노력한 것도 천재지변이 국왕의 진퇴와 관련이 깊었기 때문이었다. 결국 국왕의 악절이 민심의 동요와 이반을 가져오게 되고, 민심의 동요와 이반은 곧 천재지변으로 연결되어 마침내 천명은 다른 유덕자에게 옮겨가게 된다는 것이다. 맹자는 이렇듯 천명이 바뀌는 것을 「革命」이라 하였고, 혁명의 방법에는 평화적인 것과 폭력적인 것의 두 가지 경우가 있다고 하였다. 전자가 禪讓이고 후자가 放伐이다. 이와 같은 혁명사상은 조선 초기의 유학자들에게 많은 영향을 미쳤다. 전술한 바와 같이, 결국 조선 초기의 성리철학적 정치사상은 民本思想으로 구체화되고 심화되었다. 민본이란 백성이 나라의 근본, 즉 「民惟邦本」이라는 것이다. 그리고 또 '民爲貴 社稷次之 君爲輕'이라는 말도 있다. 이는 民·社稷(나라)·君(왕) 세 가지 중에서 민이 가장 귀하고 나라가 그 다음이요, 왕이 가장 가볍다는 것이다. 민본사상을 나타낸 말로서 이것은 조선 초기의 정치사상에 지대한 영향을 끼쳤다. 그리하여 당대 최대의 정치학자이며 사상가인 정도전은 "대저 군주는 국가에 의존하고 국가는 민에 의존하므로 민은 국가의 근본인 동시에 군주의 하늘"이라 말하기도 하였다.

조선 성리학은 16세기에 이르러서 이론과 실천의 양면에서 그 발전을 보았다. 그래서 《대학》과 《소학》에 대한 중요성을 인식하고 그에 대한 연구와 학습을 게을리 하지 아니하였다. 《대학》은 治人之學으로서 관료사회에서의 새로운 관인상을 제시할 것으로 기대하였고, 《소학》은 수기지학의 범주에 속하여 모순된 사회를 바로잡고 안정된 농촌사회의 건설을 위해서 그 실천성을 본받자는 것이었다.[4] 원래 주자에 의해 편찬된 《소학》은 자신·가족·사회인들의 윤리체계를 수립하자는 데 주안점을 두었었다. 이것이 바로 성리학의 실천성인 것이다. 金宏弼·趙光祖 등도 《소학》의 중요성을 강조하며 향촌에서 널리 확대되고 있는 향약과 예학도 물론 이 《소학》의 정신에서 출발해야 한다고 역설하였다.

향약은 원래 향촌 구성원에 의하여 자율적인 운영원칙에 따라 운영하는 것을 원리로 하고 있었으나, 16세기에 사림파들이 새로운 질서 확립책의 하나로 이의 보급을 꾀하였다.[5] 그리고 예학은 17세기에 이르러 크게 발달하였는데 이는 《소학》의 기초 위에 이루어진 것이다.[6] 이 예학과 예법은 조선시대의 생활 전반에 걸쳐 지대한 영향을 끼치게 되었다. 따라서 조선의 사회적 현실을 정확하게 이해하기 위해서는 예학과 예법의 영향을 바르게 파악하여야 한다.

이와 같은 특색을 지닌 성리학은 李彦迪과 徐敬德의 본격적인 이론적 탐구를 거쳐, 李滉과 李珥에 의해 체계화되었다. 이황은 앞에서 살펴본 만물생성의 원리인 理와 변화 원인인 氣가 互發한다는 理氣互發說을 주장하면서 이와 기를 병존적인 존재로 파악하였다. 즉 그는 이·기를 우주 생성의 2대 요소로 보는 理氣二元論을 주장하였는데, 이는 주자 성리학에 대한 완벽한 이해를 보여주는 것이다. 그러면서도 이황은 인간의 도덕적 실천의 근거인 이의 능동성을 강조하여, 원칙과 도덕적인 마음가짐을 무엇보다 우선함으로

---

4) 《小學》과 《朱子家禮》는 조선 초기의 위정자들에 의하여 기존의 불교 및 민간신앙인 생활관습을 유교적인 것으로 전환시키는 데 많이 이용되었다.

5) 李泰鎭, 〈士林派의 鄕約普及運動〉(《韓國文化》 4, 1984).
韓相權, 〈16·17세기 鄕約의 機構와 性格〉(《震檀學報》 58, 1984).

6) 黃元九, 〈李朝禮學의 形成過程〉(《東方學志》 6, 延世大, 1968).
———, 〈朱子家禮의 形成過程〉(《人文科學》 45, 延世大, 1981).

써 당시 척신정치로 인한 폐해의 극복을 시도하였다.[7] 즉 이황은 이에 절대적인 가치를 부여하며 主理論을 강조한 것이다.

한편 이이는 우주 생성의 근원은 理일뿐이며, 능동적 기가 작용하면 부동의 이는 거기에 항상 내재하기 마련이라는 理氣一元論을 주장하였다. 그래서 그의 이론은 氣發理乘一途說로 설명되기도 하고 主氣論으로 규정되기도 한다. 즉 그는 기를 중시함으로써 도덕적인 교화에 앞서 養民을 하고, 양민에 앞서 時弊를 개혁할 것을 주장하여 당시 사회문제를 적극적으로 해결하고자 하였다.[8]

이와 같은 退溪(이황)의 학설은 東人계열로 이어졌고, 栗谷(이이)의 학설은 西人계열로 이어졌다. 그리고 서로 논쟁을 거치는 과정에서 퇴계학파의 이를 중시하는 경향과 율곡학파의 기를 중시하는 경향은 더욱 심화되었다. 예학 역시 이러한 이기론과의 연결에서 발전되어 갔다.

조선시대의 성리학이 이와 같은 대립구도 속에서 발전하면서 원칙적으로 성리학 이외의 다른 사상이나 종교는 이단시되었다. 그리하여 고려시대에 국교로서 크게 융성을 보였던 불교조차도 조선시대에 와서는 성리학에 밀려나 사상계의 지도적인 지위를 상실하게 되었다.[9] 하지만 성리학은 그 사상 자체에 불교사상과 공통되는 점이 많으며, 華嚴思想과 같은 경우는 성리학에서와 같이 호국적 성격이 강하게 내포되어 있고, 또 성리학자들 중에는 불교를 신봉하는 사람들이 적지 않게 분포되어 있었기 때문에 결국 불교는 일시에 없어지기 어려운 것이었다. 뿐만 아니라, 성리학에서도 이상론과 현실 사이에는 많은 틈이 생기게 마련인데 성리학 스스로가 이 틈을 메우기가 힘들었기 때문에 자연히 다른 종교나 어떤 신앙을 끌어들이지 않을 수 없는 것이었다. 예컨대, 갑자기 닥친 재난이나 질병 등으로 인하여 사망 또는 큰 피해

7) 柳正東, 《退溪의 生涯와 思想》(博英社, 1974).
尹絲淳, 《退溪哲學의 硏究》(高麗大出版部, 1980).
8) 李俊浩, 《栗谷의 思想》(玄岩社, 1973).
李丙燾, 《栗谷의 生涯와 思想》(瑞文堂, 1973).
9) 韓㳓劤, 〈麗末鮮初의 佛敎政策〉(《서울大論文集》 6, 1957).
———, 〈世宗朝에 있어서의 對佛敎施策〉(《震檀學報》 25·26·27, 1964).
韓永愚, 《鄭道傳思想의 硏究》(서울大 韓國文化硏究所, 1973).

에 직면하게 된다면 인간들은, 스스로 그들의 무능력과 한계를 느끼게 되며 자연히 종교적 욕구나 소망을 가짐으로써, 옛부터 생활화되어 내려오는 佛力이나 또는 자연적인 힘에 의지하려고 할 것이다. 결국 인간의 강렬한 희망과 욕구의 충족을 위해서는 부분적으로나마 유교에서 불교를 포섭하지 않을 수 없었으리라고 생각된다.[10] 그러므로 숭유억불 정책을 표방한 조선왕조에서도 불교는 의연히 전승되고 존속될 수 있었다. 태조·세종·성종 같은 국왕이 불교행사 자체를 금지시키지 않고 이를 존속시켰는가 하면, 선비나 서민층의 부녀자들 사이에서도 불심은 단절되지 않고 은밀히 신봉되었다는 점도 이해를 돕게 한다.

불교뿐만 아니라 도교 또한 적지 않은 비중을 가진 채 국가적인 행사와 개인의 취향에 따라 발전되었다. 도교는 醮祭를 중요시하여 國泰民安과 개인의 療病을 기원하였다. 특히 강화도 摩尼山의 초제는 유명하며, 이것은 도교신앙과 민간신앙이 연결되어 민족의식을 높이는 기능까지 겸하게 되었다. 천재지변에 대한 국가적인 기도행사에 승려뿐 아니라 道士까지 함께 참여한 것은 위와 같은 이유 때문이었다.

그러나 정도전 등 성리학자들의 강력한 배불운동으로 사원의 노비와 토지가 거의 몰수되어 결국 불교의 지주적 경제기반은 해체되고 말았다. 하지만 사상적 측면에서 선초 성리학은 불교철학·도가사상 및 전통유교의 윤리사상을 종합하여 포괄적이고 합리적인 사상체계를 이루었다.

2. 통치구조

1) 관료체제의 특징

고려에서 조선으로의 전환은 단순한 왕조의 교체에 그친 것이 아니라, 정치·경제·사회·문화 등 여러 방면에 걸쳐 커다란 변화를 가져왔다. 정치적으로는 문벌귀족정치에서 양반관료정치로, 경제적으로는 전시과체제에서

10) 15세기 중엽에 勳舊勢力은 성리학 이외에도 불교를 비롯하여 도교, 풍수사상 민간신앙 등 여러 사상들에 대해서도 관대한 정책을 취하였다.

과전법체제로, 그리고 사회 문화적으로는 불교 중심의 사회에서 유교 중심의 사회로 이행되었던 것이다. 특히 15세기는 정치·경제·사회·문화면에서 조선왕조의 지배질서가 확립되기 시작한 시기이다. 왕조를 개창한 주체 세력인 신진사대부들이 새로운 정치세력으로 등장하면서 지배신분의 폭이 넓어지고, 경제 및 사회정책면에서도 변화가 초래되었다. 민생의 안정을 최대의 정책목표로 추진하여 국토의 개간과 생산력의 증대가 촉진되었고, 양인 신분의 증가 및 노비의 신분 향상 등이 나타났다. 그리하여 조선사회는 고려 말의 모순된 고려적인 귀족정치가 점차 시정되고 정치체제와 사회제도가 보다 합리적으로 재편되어 갔다.

조선왕조는 중앙집권적 양반관료 국가였다. 중앙집권이란 지방분권에 대비되는 통치방식으로 모든 정치·군사·사회의 권력을 중앙에 집중시키는 통치 형태이다. 이러한 조선의 통치구조는 태종 이후에 본격적으로 정비되었고, 성종대에 반포된《經國大典》에 의해서 일단락되었다. 물론 조선의 정치제도는 고려왕조의 문무 양반체제를 답습하였고 조선왕조에서는 이를 개편하여 제도화시켰다. 양반들은 관료기구를 활용하여 정치적인 권력을 확대시켜 나갔을 뿐만 아니라 경제적·사회적인 특권과 함께 문화의 주인공으로 활약하였다.

양반관료들은 蔭敍보다는 科擧를 통하여 정계 진출을 꾀하였는데, 이것은 가문과 문벌보다는 개인의 능력을 중요시한 것이다. 고려의 문벌귀족은 가문의 후광에 힘입어 그 권위를 유지하였지만, 조선시대의 양반은 자신의 능력으로 관료의 지위에 올라야 했던 것이다. 한편 조선에서는 고려의 문벌귀족에 비하여 보다 많은 가문이 관료로 진출하고 있었다. 이는 지배층의 확대를 의미하는 것으로 사회발전의 일면을 표시하는 것이다.

양반들은 조선왕조 정치기구 내의 관료가 됨으로써 엄격한 양반관료 체제를 확립할 수 있었다. 이들은 모두 官階로 조직되어 철저한 위계질서를 갖추어 나갔던 것이다.[11] 이 때에 관료들의 품계는 정1품에서 종9품까지 18등급

---

11) 조선시대의 관료조직에 대해서는 다음 글이 참고된다.
李成茂,《朝鮮初期 兩班硏究》(一潮閣, 1980).
車文燮,〈政論構造〉(《한국사》10, 국사편찬위원회, 1974).
南智大,《朝鮮初期 中央政治制度硏究》(서울大 博士學位論文, 1993).

으로 이루어졌는데, 6품 이상은 각 등급마다 다시 상하위의 구분을 두어 결국 총 30단계의 위치로 이루어졌다. 그리고 이 관계조직은 크게 세 개의 경계선을 마련하여 그 경계선을 넘어서 승진하기는 힘들 뿐 아니라, 많은 제한을 두고 있다. 그것은 첫째 정3품 상위 이상을 堂上이라 한 것이고, 둘째 정3품 하위 이하를 堂下라 하고 6품 이상을 參上(또는 參內)이라 하였고, 셋째 7품 이하를 參下(또는 參外)라 하여 각각 구별하였다. 당상관은 중신으로서 국가의 중요한 정책을 결정하는 데에 참여하였고, 議政府의 3정승과 六曹의 판서 등 중앙정부의 고관직을 거의 독차지하였으며, 나아가 지방관아의 장관직도 독점하였다. 그리고 기타 관청의 책임자도 모두 당상관이 차지하였는데, 이것은 提調의 이름으로 겸임토록 하였다. 5衛都摠府와 5위의 지휘관들은 물론 고위 문관이 겸임하였고, 각 도의 감사 역시 兵使와 水使를 겸임한 예가 그것이다. 이와 같이 조선시대에는 국가의 중요 권력을 몇몇 고급관료에게 집중시켜서 관리에 대한 보수의 절감 효과를 높였을 뿐 아니라, 소수의 고급관리군이 중요한 국정을 이끌어 갔다는 데에서 특징을 찾아 볼 수 있다. 그리고 牧民官인 수령은 참상관 이상이라야 임용될 수 있었다. 관품체계 중에서 문반의 경우에 大夫와 郞을 구분하였는데, 이것은 인사 절차상의 차이와 관련이 있었다. 대부는 국왕이 敎의 형식으로 부여하였으나, 낭은 銓曹의 낭청과 당상의 결재를 거쳐 주어졌으며 또 대간의 署經을 거쳐야 했다.

한편 조선에서는 관직과 관계가 일치되도록 노력하였다. 그러나 부득이 하여 양자가 일치되지 못하는 경우에는 行守制度를 마련하여 가급적 관직과 관계의 일치에 가깝도록 하려고 노력하였다. 즉 階高職卑라 하여 품계가 높은 사람이 낮은 관직에 임용되면 그 관직 안에 「行」자를 붙였고, 그 반대인 階卑職高의 경우에는 관직 앞에 「守」자를 붙여서 관직과 관계의 조화가 이루어지도록 한 것이다.[12] 이와 같은 관직과 관계의 결합과 연결은 엄격한 관료주의의 표현이며, 조선왕조의 통치구조에서 결국 관료체제를 어떻게 조직

12) 예컨대, 종1품인 崇政大夫가 정2품인 吏曹判書에 임명되면, 「崇政大夫 行吏曹判書」라 하고, 반대로 종2품인 嘉善大夫가 정2품인 弘文館大提學에 임명되던 「嘉善大夫 守弘文館大提學」이라 칭하게 된다.

하고, 이를 어떻게 효율적으로 운영하느냐에 왕조의 운명이 달려 있었던 것이다.

조선왕조의 관료체계는 국왕을 정점으로 하여 중앙집권 체제를 완비하는 것을 이상적인 것으로 생각하였다. 그리고 이의 실천을 위하여 정책적 중요 방향을 설정하였다. 태조는 일찍이 그를 적극적으로 지지하여 왕조를 교체할 수 있도록 도와준 都評議使司[13]를 즉위 직후에 개편하여 門下府·三司·中樞院으로 하고, 이곳에는 종2품 이상으로만 기구를 구성하여 정치·군사를 통할케 하는 의결기관으로 존속시켰다. 지금까지는 도평의사사가 문무 대권을 행사해 왔으나 권력을 분산시켜 그 기능을 약화시킴으로써 상대적으로 왕권의 강화를 꾀하고 나아가 문반 우위체제를 확립시키기 위한 조치였다. 이어서 태종은 지금까지 종친 및 공신들이 소유해 오던 사병을 혁파하여 병권을 왕 자신이 장악하였으며, 정령의 지휘체계에 있어서도 六曹直啓制를 택하여 왕권의 기반 강화와 집권체제의 정비에 노력하였다.

중앙집권체제의 강화를 위한 노력은 위에 지적한 몇 가지의 경우만이 아니었다. 모든 군현에 수령이 파견되어 고려시대처럼 主縣을 통해서 간접통치를 받던 屬縣이 소멸되었고 수령의 임기제와 相避制를 실시하여 수령세력의 토착화를 방지하였다. 그뿐 아니라, 향촌에서의 각종 민폐를 제거하고자 향리에 대한 통제를 강화하고, 특히 閑良官에 대한 통제를 가하여 居京侍衛케 하였으며, 태종대에는 유향소까지 폐지하여 한량관의 폐단을 막고자 하였다.

조선은 양반들에 의해 통치된 양반관료국가라고 할 수 있다. 그러므로 당시 양반들은 정부의 주요 관직을 거의 독점하다시피 하였다. 그러나 신분상으로는 동일한 양반이라고 해도 그 내부에는 심한 차별이 있었다. 무반은 문반에 비해서 낮게 평가되었고, 庶孼 출신자는 과거 응시에 제한을 두었으며, 再嫁女의 자손도 고관직에 임명되지 못하였다. 또 지방차별도 심하여 함경도 출신의 양반이 고관직에 등용되는 예가 별로 많지 않았다. 그리고 양반들은 기술관직을 천시하고 이를 회피하였으며, 문관의 하급관리인 胥吏

13) 都評議使司는 본래 都兵馬使가 忠烈王 5년에 개칭된 것으로 여기에는 최고정무기관의 기능을 담당하던 宰府의 고위관인, 왕명출납과 군사를 맡았던 樞府의 고급관인, 그리고 錢穀을 담당하던 三司의 고관들이 참여하는 의결기관으로서, 사실상 정치·경제·군사담당 최고위 관리들의 모임이었다고 생각할 수 있다.

와 무관의 하급관리인 軍校 등의 행정실무직도 맡으려 하지 않아 결국 이러한 직책은 자연히 中人들이 세습직으로 맡게 되었다.

한편 관직 진출에 있어서도 뚜렷한 한계를 설정하여 서얼 및 기술관은 정3품까지, 향리 및 토관은 정5품까지, 서리 및 기타는 정7품까지만 승진이 허용되는 限品敍用制[14]가 시행되어 결국에는 양반만이 정1품까지 오를 수 있는 것이었다.

양반이 차지하는 관직의 인원수도 정해져 있었다. 양반의 實職 총수는 5,605窠였다. 그 중 문반이 1,779과인데 京官職이 741과, 外官職이 1,038과이고, 무반직이 3,826과로서 경관직 3,324과, 외관직 502과이다. 그러나 5,605과 중에는 遞兒職 3,110과와 無祿官 95과가 포함되어 있어서 실제로 순수한 양반의 正職은 2,400과가 된다. 즉 문무 양반의 실질적인 정직수가 2,400과가 되는 것이다. 그러면 2,400과 중에는 문반의 비율이 어떤가를 《경국대전》에 근거하여 조사해 볼 때,[15] 문반이 1,579과이고 무반이 821과로 나타나고 있다. 이를 경·외관별로 구분하면 경관직이 860과(문반 541과·무반 319과)이고 외관직이 1,540과(문반 1,038과·무반 502과)이다. 결국 당시에 선망이 되던 관직은 경관직 860과가 될 수 있다. 860과 중에는 132과의 兼官職이 포함되어 있어 이를 제외하면 순수한 경관 정직수는 728과(문반 466과·무반 262과)가 되며, 그 중에서도 문반직 466과가 모든 문반들이 가장 선망하는 자리가 되었던 것이다.

어쨌든 모든 정치적 권력의 행사는 요직에 앉아 있는 소수의 고급 문반관리들에 의하여 이루어지고 있었다. 이에 역대 국왕들은 양반관료들의 횡포나 부정을 규찰하고 이를 방지하기 위하여 대간 이외에도 신문고를 설치하고 청원 및 상소의 기회를 마련하기도 하고, 또 조정에서는 별도로 지방에 감사관을 파견하여 수령들의 치적과 민간의 여론을 조사하여 부정과 비리를 방지하기도 하였다. 이와 같이 조선왕조에서 정치·경제·사회·문화 등 모든 분야에서 특별한 권세를 행사한 양반들은 그 신분이 세습되었으며 거주지역도 정해져 있었다.

---

14) 《經國大典》 권 1, 吏典 限品敍用.
15) 《經國大典》 권 1·4, 吏·兵典 京·外官職.

이상에서 조선시대의 정치구조, 통치체제상의 특징이 중앙집권적 양반관료의 국가였다는 내용을 설명하였다. 이에 더하여 통치체제상의 특징을 몇 가지 더 지적할 수 있다.

첫째, 조선왕조에서는 학술정치가 발달하였다. 조선시대의 弘文館은 학술기관으로서의 기능을 담당하였다. 홍문관은 일종의 국립도서관의 기능과 함께 학문을 연구하고 교서를 제작하였으며, 정책의 고문과 비판기능을 충실히 행함으로써 언관으로서의 역할을 다하였다.[16] 그 밖에 藝文館과 春秋館도 학술기관으로서의 기능을 행하였다. 특히 史官은 국왕의 언행을 일일이 기록하였고, 그가 기록한 史草나 時政記는 국왕조차도 임의로 볼 수 없게 함으로써 소신껏 역사의 기록을 남길 수 있게 하였다. 한편 의정부·홍문관·승정원의 고관들이 모여 국왕과 함께 정책을 토론하는 經筵제도가 활성화되어 국왕의 독재를 방지할 수 있을 뿐 아니라, 좋은 정치를 펴나갈 수 있도록 방향을 제시하기도 하였다.

둘째, 조선의 정치체제가 유기적으로 편성되어 王權과 臣權이 조화를 이루었다는 사실이다. 중앙집권체제를 갖춘 조선은 국왕을 정점으로 하고, 그 아래 국정과 백관을 통섭하는 최고의 정치기관으로서 의정부가 있었으나, 6조에서 국정과 관서를 분장하여 6조의 정치적·행정적 기능과 실력이 강화되었다. 의정부·6조체제는 周代의 3公 6卿制와 유사한 제도이며, 조선시대의 정치체제상 기본을 이루었다. 여기에 왕명을 출납하는 承政院, 정치에 대한 언론과 관료들을 감찰하고 사회의 기강을 바로잡는 일을 맡은 司憲府, 왕에 대한 간쟁과 정치에 대한 언론을 맡은 司諫院, 왕의 정치적 학술적 자문과 학문·언론을 담당한 홍문관 등이 정치의 주요기관으로서 왕권과 신권을 견제·조절하면서 이상적인 유교정치를 수행할 수 있도록 구성하였다. 이러한 왕권과 신권의 조화가 정권을 안정시키는 계기가 되었던 것이다.

한편 이러한 권력구조의 유기적 편성은 지방에도 반영되고 있었다. 즉 감사와 수령, 수령과 향리, 수령과 유향품관들 사이가 서로 조화를 이루어 지방통치를 효과적으로 이끌도록 하였던 것이다. 수령과 향리는 주현의 같은

---

16) 崔承熙, 〈弘文館의 成立經緯〉(《韓國史硏究》 5, 1970).
李載浩, 〈弘文館 機能의 變遷〉(《釜山大 文理大論文集》 16, 1977).

관아에서 대민행정을 수행하고 있었으나 양자 사이에는 분명히 엄격한 행정적 위계가 구별되어 향리는 수령을 보필하여 행정실무에 종사하는 말단 행정사역인에 불과하였다. 그러나 조상 대대로 그 지방에서 생활해 온 향리들은 그 세력이 만만치 않았다. 그리고 유향품관들 또한 향촌사회의 유력자로 막강한 실력을 행사하면서 수령을 자문하기도 하고 그를 위협하는 존재가 되기도 하였다. 그리하여 조정에서는 수령과 유향품관·향리 3자 간에 행정기능상 서로 조화를 이루도록 하여 지방에 대한 통치효과를 높이도록 세심한 배려를 하였다.

셋째, 조선의 지방행정체제의 특징으로 道制 중심의 감찰체계화, 군현 중심의 행정력 강화 그리고 유향소 활용의 효율화 등을 들 수 있다. 조선이 8도 체제에 근거하여 전국을 통치하였다는 것은 주지의 사실이다. 8도의 지방장관으로서 감사의 기능은 수령을 포함한 모든 외관에 대한 규찰기능과 지방민에 대한 행정기능의 두 가지로 크게 구분할 수 있다. 전자는 감독관으로서의 임무이고, 후자는 행정관으로서의 임무이다. 물론 이 두 가지 중 어느 한 가지라도 소홀히 할 수 없는 중요한 기능이다. 왜냐하면 어느 한쪽이라도 그 기능을 제대로 발휘하지 못한다면 중앙집권체제로서의 지방통치가 어렵기 때문이다. "內而憲府 外而監司 糾察風俗 以正紀綱之任也"[17] 및 "京中則憲府 外方則監司一體也"[18]라는 내용에서와 같이 경중에서는 헌부가, 외방에서는 감사가 풍속을 규찰하여 기강을 바로잡는 것이 주된 임무이고, 그런 뜻에서 헌부와 감사는 일체라는 것이다.

그리고 조선은 지방통치의 기본단위를 군현에 두고 군현을 중심으로 행정의 효율화를 꾀하였다. 따라서 조선은 왕조 초기부터 지방통치의 기반을 군현제도의 정비에 두었다. 그리하여 고려시대에 널리 분포되어 있던 속현과 향·소·부곡 등의 任內를 혁파하여 군현을 설치하고 중앙으로부터 동일한 정령을 일원적·통일적으로 전국 군현에 하달함으로써 집권화를 꾀하는 통치방식이다. 뿐만 아니라 조선은 지방의 효율적인 통치를 위하여 유향소를 적절히 활용하였다.

17) 《太宗實錄》 권 25, 태종 13년 6월 무오.
18) 《文宗實錄》 권 4, 문종 즉위년 11월 병인.

유향소는 국초부터 등장하는데 그 임원은 대개 고려 말에 添設職을 받고 사족으로 신분이 상승된 향리출신자들이었다.[19] 留鄕品官·閑良品官·前銜品官 등으로도 불렸던 이들 첨설직은 한때 중앙으로 진출하기도 하였으나, 새 왕조 초기에 첨설직 관원을 정리하기 시작하자 첨설직의 상당수가 본향으로 돌아가게 되고, 그 결과 향촌 재지세력이 강대해져 갔다. 유향소의 설치·운영은 재향품관의 결속을 더해 주게 되고, 조정의 중앙집권화 정책에 대립할 수 있는 여지도 있었다. 이렇듯 유향소는 그 힘이 점차 커져가고 있었지만 수령에 대한 자문과 협조를 행한 경우도 적지 아니하여 그 존재의 필요성을 조정에서도 잘 알고 있었다. 그러나 유향소의 존재가 이익보다는 피해가 더 크다는 결론에 도달하게 되어 마침내 조정에서는 이를 혁파하기에 이르렀고,[20] 유향소 혁파 후에는 수령의 정치적 권력이 막강해져 申明色제도를 마련하는 등[21] 세심한 전략을 세우다가 마침내 유향소가 복립되기도 하였다.[22] 이와 같이 유향소는 지방통치에 있어서 지니는 의미와 비중이 컸기 때문에 적절하게 이를 활용하여 중앙집권적 지방통치를 행하였던 것이다.

넷째, 조선은 관리를 임용하는데 능력을 중시하였다. 고려시대에도 과거시험을 거쳐 실력자를 선발하고 채용하기도 하였으나, 그것은 문신 선발을 위주로 한 것으로서 무신 등용을 위한 것은 없었고, 가문이 좋은 문벌귀족 자제들은 門蔭의 혜택으로 요직에 진출하였던 것이다. 그리고 成衆愛馬·南班·胥吏·鄕吏 등도 시험을 거치지 않았으니, 고려시대의 관리 선발제도는 극히 불완전한 것이었음을 알 수 있다. 조선시대에 들어와서는 무과도 신설되고 서리도 吏科시험을 거쳐서 선발하였고 또 取才라 하여 각종 잡직 기술관과 하급 군인을 선발하는 시험이 있었다. 음서 제도조차도 간단한 시험을 부과하였으며, 지방에 은거하는 遺逸居士들을 천거하여 임용하는 천거제도도 있었으나, 이것도 시험을 간단히 치르게 하여 능력을 평가하였다. 이와 같이 조선시대에는 시험으로써 능력을 평가하여 우수한 인재를 선발하

19) 《成宗實錄》 권 216, 성종 19년 5월 을해.
20) 《太宗實錄》 권11, 태종 6년 6월 정묘.
21) 《太宗實錄》 권 34, 태종 17년 11월 무인.
22) 《成宗實錄》 권 217, 성종 19년 6월 경신.
李泰鎭, 〈士林派의 留鄕所 復立運動〉(《震檀學報》 34·35, 1972·1973).

는 고시제도가 일원화되어 가문이나 혈연보다 능력을 중시하는 풍조가 지배적이었다. 미천한 가문에서 재상이 나오기도 하고 과거시험에서 우수한 성적을 받은 사람들이 고관에 오르는 등 관리임용과 승진에 있어서 능력주의가 인정되는 사회로 발전한 것이다. 특히 승진의 경우에는 考課法이라 하여 능력 평가제가 활성화되었다 지방 목민관인 수령의 경우에는 이른바 「守令七事」라 하여 성적을 평가하고 그 성적에 따라서 출척 등 인사조치가 이루어졌던 것이다.

2) 통치기구

조선왕조는 중앙집권적 관료체제로 출발하였다. 그러나 출발 당시의 통치체제는 易姓혁명과 제도개혁을 주도한 정도전이 《주례》에 근거를 두고 재상중심의 체제를 갖춘 것이어서 왕권의 강약에 따라 갈등의 소지를 안고 있었다. 그러므로 건국 직후에 재상이 주도하는 도평의사사 중심의 체제는 태종대의 개혁을 거쳐 왕이 주도하는 의정부—6조 중심의 체제로 바뀌었다.[23] 세종대에는 유교적 이념이 알맞게 운영을 개선하면서 왕권과 신권이 조화되는 방향으로 통치기구를 정비하였다. 세조대에는 다시 왕이 주도하는 6조 중심의 체제를 강화하였다. 성종대에 이르러 《경국대전》의 완성과 더불어 집권체제가 완비되었다. 고려시대까지도 독자적인 법전을 만들지 못한 채 당과 송의 제도를 기본으로 하고 필요에 따라 그때그때의 실정에 맞추어서 정치를 하였다. 그러나 조선에서는 독자적인 통치규범을 헌장으로 만들고 그에 입각하여 정치를 하였다는 점에 통치기구의 큰 특징이 있었다. 따라서 《경국대전》은 조선왕조의 통치규범을 제시한 기본법전이라 할 수 있다.

《경국대전》에 의하면 조선왕조의 통치기구는 크게 문관과 무관, 즉 동반과 서반으로 나뉘고, 다시 또 중앙과 지방으로 구분하여 편제되어 있다. 중앙의 핵심적 정치기구는 의정부와 6조였다.[24] 의정부는 최고의 의정기관으로

23) 鄭杜熙, 〈朝鮮建國初期 統治體制의 成立過程과 그 歷史的 意味〉(《韓國史研究》 67, 1989).

24) 韓忠熙, 〈朝鮮初期 議政府研究(上・下)〉(《韓國史研究》 31・32, 1980・1981).
———, 〈朝鮮初期 六曹研究〉(《大丘史學》 20・21, 1982) 참조.

領議政·左議政·右議政 등 3정승의 합의제로서 백관과 서무를 총괄하였다. 吏·戶·禮·兵·刑·工의 6조는 실제 정무를 분담하였는데, 吏曹는 문선·훈봉·고과를 주로 맡아보았고, 戶曹는 호구·공부·부역·조세·재물관계를, 禮曹는 예악·제사·연회·외교·학교·과거를, 兵曹는 군무·우역·병기·무관인사를, 刑曹는 법률·형벌·사송·노비를, 그리고 工曹는 산림·소택·건축·영선을 맡아보았다. 물론 6조가 의정부 산하에 예속되어 있었으나, 실제로 왕권이 크게 강화되어 6조직계제가 실시될 때에는 6조의 기능이 크게 신장되어 정무처리 권한이 크게 강화되고, 상대적으로 의정부의 기능은 약화되어 결국 국왕의 자문기관에 머물게 되었다. 六曹直啓制가 실시되던 태종 14년(1414), 세종 17년(1435)과 세조 초년, 중종 10년(1515) 사이에는 「왕-6조-속아문」으로 연결되고, 議政府署事制가 실시되던 때에는 「왕-의정부-6조-속아문」의 행정체계가 이루어지고 있었다.

《경국대전》에 의하면 중앙의 80여 관아 중 대부분이 그 직능에 따라 6조에 소속된 속아문이었다. 의정부와 6조는 관직체계상으로 보아 의정부의 議政·贊成·參贊은 대개 6조의 判書·參判 등을 역임하였거나 승진하여 진출한 관직이었기 때문에 6조의 기능은 의정부 구성원의 기능과 밀접하게 연관되어 있었다. 따라서 의정부와 6조의 권력체계는 직무면에서 의정부는 백관 및 국정을 총괄하였고, 국정체계면에서는 의정부서사제가 실시될 때에는 의정부가 6조를 지휘하면서 국정을 운영하였으며, 6조직계제가 시행되던 때에는 6조가 중심이 되어 국정을 운영하였던 것이다.

한편 왕명을 출납하는 비서기관으로 승정원이 있어, 이곳에는 都承旨 이하 6승지가 6조를 분담하였다.[25] 그러므로 승정원은 6조의 기능과 밀접한 관계를 맺고 있었다. 그래서 6조직계제가 실시되던 시기에는 승정원도 자연히 정치활동이 활발해졌고, 의정부서사제가 시행될 때에는 보다 침체될 수밖에 없었다. 특히 국왕은 국사를 의정부나 6조에 논의하기에 앞서 대개 승지와 의논하였고 여러 관아의 백관이 올린 국사도 먼저 승지와 의논하여 결정하는 경우가 많았다.

---

25) 金昌鉉, 〈朝鮮初期 承政院에 관한 硏究〉(《韓國學論集》 10, 漢陽大, 1986).
韓忠熙, 〈朝鮮初期 承政院硏究〉(《韓國史硏究》 59, 1987).

국왕과 의정부, 그리고 6조의 행정계통을 견제하는 기구로서 사헌부·사간원·홍문관 등 三司가 있었다. 3사 중에서 사헌부와 사간원을 兩司 또는 臺諫이라고도 칭하였는데, 사헌부는 시정의 득실을 논하고 백관을 규찰하며 풍속을 교정하는 감찰기관이었다. 특히 관리임용에 있어서는 후보자의 신분과 경력 등을 조사하여 가부를 승인하는 서경 권한까지 가지고 있었다. 사간원은 국왕에 대한 諫諍과 논박을 전담하는 기관으로 大司諫·司諫·獻納·正言을 두었는데, 다른 부서보다도 이곳에는 젊고 강직한 인사들이 임명되었다. 홍문관은 經籍을 모아 典故를 토론하고 문한을 다스려 국왕의 고문 역할을 담당하고 언관의 기능도 자못 활발하였다.[26]

사법기구로는 義禁府가 핵심을 이루었는데 관원은 거의가 경관으로 국왕 직속의 사법기능을 수행하였다.[27] 특히 대역 모반 등 왕권의 안위에 관계되는 중죄를 주로 이곳에서 처리하였으나, 때로는 일반 범죄까지도 담당하곤 하여 형조와 업무상의 중복이 생기기도 하였다. 의금부는 특히 국왕과 직결되는 반역죄를 다스릴 때에는 반드시 의정부 및 양사와 합좌하여 다스렸다. 의금부 이외에도 사법기관으로는 일반 범죄사건을 다루는 사헌부와 형조, 서울의 치안을 담당하는 漢城府가[28] 있어 이 3자를 三法司라 합칭하기도 하였다.

이 밖에 4館이라 하여 校書館·成均館·藝文館·承文院이 있었다. 교서관은 경적의 간행을 맡아보았고, 성균관은 고등 문관의 양성기관으로서 유일한 국립대학이었다.[29] 예문관은 국왕의 교서를 제찬하였고, 승문원은 외교문서를 작성하는 곳이었다. 그리고 또 춘추관이 있는데 이곳은 역사의 기록과 편

---

26) 崔承熙, 《朝鮮初期 言官·言論硏究》(서울大出版部, 1976) 참조.

27) 韓沽劤, 〈麗末鮮初 巡軍硏究－麗末 巡檢制에서 起論하여 鮮初 義禁府 成立에까지 미침－〉(《震檀學報》 22, 1961).
李相寔, 〈義禁府考〉(《歷史學硏究》 4, 全南大, 1975).
吳甲均, 《朝鮮時代 司法機構와 運營에 관한 硏究》(檀國大 博士學位論文, 1990).

28) 元永煥, 〈漢城府硏究－漢城府의 治安業務를 中心으로－〉(《鄕土서울》 40, 1982).
———, 《朝鮮時代 漢城府 硏究》(成均館大 博士學位論文, 1990).
李存熙, 〈朝鮮初期 漢城府의 職制와 行政機能〉(《李元淳博士華甲紀念史學論叢》, 1986).

29) 李成茂, 〈鮮初의 成均館硏究〉(《歷史學報》 35·36, 1967).
申奭鎬, 〈李朝初期의 成均館의 整備와 그 實態〉(《大東文化硏究》 6·7, 1970).

찬을 담당하였으므로 국왕과 왕실에서 이를 중요시하였다.

한편 중종 때 변방지방의 방비를 목적으로 설치한 備邊司가 명종 10년(1555)부터는 상설관아로 발전하였으며, 뒤에는 군정뿐만 아니라 민정·외교·재정 등 전반적인 내용들을 문무고관들이 모여 협의하는 곳으로 변모하였다. 따라서 종래 최고 정무기관이던 의정부는 그 기능을 잃어 갔고, 인조반정 이후부터는 反正功臣들이 비변사 당상을 겸하기도 하여 사실상 비변사는 정부기구로서 중요한 위치를 점하게 되었다. 조선왕조의 정부조직과 관련하여 지방의 행정조직에 대하여 알아보기로 하자. 조선은 전국을 경기·충청·경상·전라·황해·강원·영안(함경), 평안도 등 8도로 구획하고, 도 아래에는 府·牧·郡·縣을 두어 군현 중심으로 통치행정이 이루어졌다는 것은 주지의 사실이다.[30] 《경국대전》에 의하면, 조선 전기의 지방행정은 부 4, 대도호부 4, 목 20, 도호부 44, 군 82, 현 175개소로 이루어져 있었다. 도에는 觀察使가 파견되었는데 이를 道伯·方伯·監司 등으로도 호칭하였다. 관찰사는 지방장관으로서 각 도의 행정과 군사·사법 등을 관장하고 府尹·牧使·郡守·縣令(監)을 지휘 감독하였다. 그러므로 관찰사는 지방에서 막강한 권력을 휘두를 수 있었을 뿐만 아니라 명실공히 지방세력으로 토착화할 가능성이 컸기 때문에 조정에서는 견제책의 일환으로 임기제를 마련하여 한 도에서 360일 이상을 근무할 수 없도록 하였다. 군현의 수령은 대민행정을 직접 담당하는 목민관으로 역시 임기제를 실시하여 1,800일을 넘기지 못하게 하였다. 그러나, 정3품 이상의 당상관 수령은 900일 임기제를 시행하였다. 관찰사나 수령은 모두 자기 출신지에 부임하지 못하도록 하였는데 이는 자기 친족들과의 연결을 막아 그들의 세력확대를 통제하기 위한 의도였다. 그리고 관찰사 및 부윤·목사를 보좌하기 위하여 도에는 都事를, 부와 목에는 判官을 파견하였다.

수령의 주요 임무는 이른바 「수령 7사」라 하여 農桑盛·學校興·詞訟簡·

---

30) 조선왕조의 지방행정조직에 관하여 보다 상세한 내용은 다음 글을 참고할 수 있다.
李存熙, 《朝鮮時代 地方行政制度硏究》(一志社, 1990).
李樹健, 《朝鮮時代 地方行政史》(民音社, 1989).
金武鎭, 《朝鮮初期 鄕村支配體制 硏究》(延世大 博士學位論文, 1990).

奸猾息·軍政修·戶口增·賦役均의 임무를 부여하였다.31) 그러나 수령이 수행하여야 할 가장 중요한 것은 수령 7사의 이행과 함께 지방의 조세와 공물을 효과적으로 징수하고 이를 상납하는 문제였다. 즉 조세의 중앙조달이었는데, 그것은 효과적인 민정과 국가의 운영에 재정적인 문제가 반드시 수반되고 있었기 때문이다. 이와 같은 수령의 직무수행을 돕기 위해서 조정에서는 모든 지방행정 단위에 중앙의 6조처럼 이·호·예·병·형·공의 六房을 조직하고 그 지방의 향리가 향역으로 세습하면서 6방의 사무를 담당하게 하였다. 지방에 파견된 수령은 그곳의 사정에 어둡고 생소하기 때문에 그에게 주어진 임무를 능률적으로 수행하기 위해서는 무엇보다도 그 지방의 향리들을 잘 통솔하여야 했고, 또한 토착 재향품관들의 자문과 협조가 필요하였던 것이다. 鄕廳은 이러한 정치적 배경 속에서 설치 운영되었는데, 고려 말 이래 지방의 양반들이 자치단체로 만든 유향소의 후신이다. 유향소가 은연중에 지방 양반들의 세력기반으로 확대되어 가자 정부는 이를 우려하여 폐쇄시킨 적도 있으나 다시 향청이라는 이름으로 개편되어 지방의 통치기구로 활용되었다. 향청에는 座首와 別監이 있어서 수령을 보좌하고 지방풍속을 바로잡으며 향리들을 규찰하기도 하였다.

한편 서울에는 각 지방 출신의 중앙관리로 구성된 京在所가 있어 그 지방에 관한 여러 가지 일을 주선하고 서울과 지방간의 연락을 담당하였다. 서울에 설치된 경재소가 많을 때에는 330개소나 되었는데 이곳에서 유향소의 인사권까지 장악하는 등 그 폐단이 적지 않았다. 따라서 유향소는 태종 6년(1406)에 혁파되었다가 성종 때 金宗直 등의 건의로 복립되어 활동하였고, 선조 36년(1603)에는 비변사의 건의로 다시 혁파되고 말았다.

경재소는 중앙집권화 정책을 효과적으로 수행하는 데 활용되었다. 경재소 관리가 각기 자기의 지방 연고지를 맡아서 제반 사무에 관여케 한 것 등이 그 예가 된다. 즉 2품 이상의 경재소 관리는 8향을 겸임토록 하고, 6품 이상

---

31) 《太宗實錄》 권 2, 태종 원년 11월 신묘.
《成宗實錄》 권 15, 성종 3년 2월 임신·신묘.
《經國大典》 권 1, 吏典 考課.
고려시대 이래 태종 이전까지는 「守令五事」가 있었으나, 태종 6년부터 「守令七事」로 확대되었다.

은 6향을, 참하관은 4향을, 그리고 무직자는 2향을 겸임하도록 하였다.[32] 그리고 지방의 향리 중에서 한 사람을 서울에 파견 상주케 하고 그 고을의 공부를 수납하도록 한 京邸吏 혹은 京主人제도가 운영되고 있었고, 감영에는 營邸吏(營主人)제도를 마련하여 이를 정치적으로 활용하였다. 이처럼 향청의 설치와 운영, 경재소 및 경저리제도의 마련은 모두 在地士族과 향리들의 협조와 견제를 꾀하여 지방통치의 효과를 높이자는 것이었다. 물론 이러한 일련의 조치들은 모두 중앙집권화 정책을 수행하는데 크게 기여할 수 있었던 것도 사실이다.

군사조직은 정치권력과도 연결된 것으로서 집권화를 위하여 대단히 중요한 일차적인 정책과제들이었다.[33] 왕조의 개창과 동시에 군제의 개편작업을 착수한 것도 태조의 정치생명과 직결되었기 때문이다. 우선 태조는 義興三軍府를 두어 병권을 장악하는데 어느 정도 성공을 거두었으나, 아직 종친과 훈신들이 보유한 사병 때문에 국가에 의한 병권의 완전 집중이란 그리 쉽지 않았다. 그러나 정종 2년(1400), 결국 세자 李芳遠은 모든 사병을 혁파하는데 성공하고 병권을 집중시킬 수 있었다. 그 후 많은 군제 개편을 거쳐 세조 3년(1457)에는 5위가 형성되고, 동왕 12년에는 오위도총부로 개편, 이곳에서 중앙군인 5위의 지휘권을 행사하게 되었다.

5위는 中衛(義興衛)·左衛(龍驤衛)·右衛(虎賁衛)·前衛(忠佐衛)·後衛(忠武衛)를 말하는데 이들은 각기 그가 통할하는 지방이 지정되어 있었다. 의흥위는 서울 중부와 개성부·경기·강원·충청·황해도를 통할하였고, 용양위는 서울 동부와 경상도를, 호분위는 서울 서부와 평안도를, 충좌위는 서울 남부와 전라도를, 충무위는 서울 북부와 영안도를 각각 담당하고 통할하였던 것이다. 또 각 위는 5部로 구성되었고 각 부는 4統으로 나뉘었으며, 각 통 밑에는 旅·隊·伍·卒의 계통이 세워져 있었다. 5위는 甲士와 같이 試取에 의하

---

32) 8鄕은 父의 內外鄕과 母의 內外鄕, 妻의 內外鄕, 祖의 外鄕, 그리고 曾祖의 外鄕을 말하고, 6鄕은 8鄕 중에서 妻의 內外鄕만을 제외한 나머지이며, 4鄕은 父의 內外鄕과 母의 內外鄕을 말한다. 그리고 2鄕은 부모의 內鄕만을 지칭하여 이를 겸임토록 한 것이다.

33) 조선 초기의 군사제도에 대해서는 아래의 책들이 참고 된다.
陸士 韓國軍事硏究室,《韓國軍制史－近世朝鮮前期篇－》(陸軍本部, 1968).
車文燮,《朝鮮時代 軍制硏究》(檀國大出版部, 1973).

여 선발된 직업군인이 그 중심을 이루었으나, 양인 중에서 의무적인 군역으로서 중앙에 번상시위하는 正兵이 있었다.

조선시대의 군제에 있어서 5위의 중앙군 못지 않게 중시된 것이 지방군이었다. 지방군에 대한 본격적인 정비는 세조 원년에 실시된 軍翼道체제로부터 시도되었다. 이것은 지금까지 이원화되어 운영되던 군사조직을 단일화시킨 것으로서 전국의 각 도를 몇 개의 군익도로 나누고, 각 군익도는 다시 중·좌·우의 3익으로 편성하여 주변 여러 고을들을 이곳에 소속시켜 하나의 군사단위를 이루도록 한 것이다. 종래 남방에서는 주로 연해 방어에 치중하여 營鎭軍을 중심으로 군사조직을 갖추었고 평안도와 영안도 지역인 북방에서는 익군을 중심으로 하는 군사조직을 갖추었으나 이를 북방의 예에 따라 전국적으로 통일하여 운영하였다. 영진군은 양인농민을 기간으로 한 군사조직인데 농번기에는 농업에 종사하고 농한기에 훈련을 받다가 유사시에 싸움터에 나가는 병농일치의 군대였다. 이와 같이 鎭을 중심으로 하는 영진군의 방어체제는 외침을 받아 이것이 무너진다면 무인지경이 되어버린다는 약점이 있기 때문에 북방 군익체제의 편제를 따를 수밖에 없었다.

군익도체제는 곧 이어서 鎭管체제로 바뀌게 되었다. 즉 주요한 지역을 중심으로 중익·좌익·우익으로 편성되던 종래의 체제가 병사가 있는 곳을 主鎭이라 하고, 그 밑에 주요한 지역을 巨鎭으로, 그리고 주변지역에 諸鎭을 설치하여 거진에 속하도록 하였다. 거진에는 부윤과 목사가 각각 節制使와 僉節制使를 겸직하면서 진관의 군사권을 장악하고 그 아래의 제진에서는 군수 등이 同僉節制使의 직함을 겸하면서 군사를 지휘하였다. 예를 들면, 忠州鎭管僉節制使인 충주목사는 그 관하의 淸風·丹陽·槐山 등 군수, 延豊·陰城·永春, 그리고 堤川현감을 지휘한 것이 그것이다. 진관체제를 바탕으로 하는 지방의 군사제도는 도에 병영과 수영을 두고, 이곳에는 병마절도사(兵使)와 수군절도사(水使)가 파견되어 각 도의 군사를 장악하였던 것이다. 병사는 경기도와 강원도에 각각 1명씩을 두었으며, 경상도와 함경도에는 각각 3명씩 그리고 그 나머지 도에는 각각 2명씩 두었다. 한편 수사는 강원도와 황해도에 각각 1명씩을, 함경도와 경상도·전라도에는 각각 3명씩, 그리고 그 밖의 지역에서는 각각 2명씩을 두고 있었다. 이 때에 각 도의 관찰사는 병사와 수사를 겸하였고, 도에 따라서는 병사가 수사를 겸한 예도 있었다.

진관체제 아래에서의 병력도 영진군체제에서와 같이 양인농민들이 중심병력이 되었다. 이들은 평상시에 농업에 종사하다가 일단 징발되면 정병으로서 서울에 번상하거나 지방의 제진에 배치되어 방위 임무를 맡게 된다. 양인 모두가 현역군인인 정병으로 징발되는 것은 아니다. 16세부터 60세까지의 丁男은 모두 병역의 의무가 있었지만 정병으로 징발되지 않은 정남은 정병을 재정적으로 돕는 奉足이 되기도 하였다. 이러한 조치는 제도적으로 정비되어 세조대에는 이른바 保法으로 발전되었는데 이것은 정남 2명을 1保로 한 군호의 기본단위로, 갑사·정병·수병 등 병종에 따라 봉족의 수를 다르게 제한하여 그 경비를 조달케 한 것이다. 그러나 점차 경비의 조달과정에서 문제점과 폐단이 생겨나게 되었다. 정확한 호구 파악이 어렵고 정남 수에 따르는 공납부담의 혼잡, 그리고 대가를 받고 병역을 대신 치르는 자가 생겨났다. 이에 병조에서는 병역의무자로부터 布를 징수하여 이것으로 군인을 고용하는 제도를 구상하였고, 지방에 있어서도 지휘장교가 포를 받고 병졸을 풀어주는 경우도 적지 않은 실정이었다. 또한 지방의 각 진관에서도 정병이 일정량의 포를 진관에 바치고 그곳의 防戍의무를 면제받는 放軍收布制가 생겨나기도 하였다. 결국 양반의 자제는 병역의무가 주어졌으나, 실제로는 의무를 실천하지 않았으며, 향리와 공사노비도 그들에게 부과된 役이 있기 때문에 병역의 의무는 지지 않았다.

한편 변방에서 발생하는 군사적인 긴급사태를 중앙에 급히 알리기 위한 烽燧制가 활용되었고, 공문서의 전달과 관물의 수송 그리고 관리들의 여행에 편의를 제공하는 등의 업무 수행을 위한 역마제도가 활발하게 이용되었다. 그 밖에도 조선왕조의 정치구조로 교육 및 과거제도를 살필 수 있다. 교육은 주로 양반 자제를 대상으로 하여 실시하되 관리 양성이 주된 목적이었다. 그리하여 교과과정과 내용도 과거준비를 위한 유교경전과 한문학이 중심을 이루었다. 양반 자제들은 7, 8세가 되면 서당에 입학하여 한문의 초보와 글씨쓰기를 배우고 그 뒤에 15, 16세가 되면 서울에서는 四學에 진학하고, 지방에서는 鄕校에 입학하였다. 4학은 동·서·남·중부에 설립한 四部學堂을 말하며 그 정원은 각각 100명씩으로 제한하였다.[34] 향교는 지방의 부·목·군·현에 각각 1교씩 설치하고 지방 양반이나 향리적 자제를 입학시키도록 하였다. 수용인원도 제한하여 부·목에는 90명 또는 70명, 군에는 50명, 현에는 30명으로 한정했다.[35] 사학과 향교에서 수학한 유생들은 진사시에 응시하는데, 합격하면 生員 또는 進士라고 불렀다. 생원과 진사는 서울의 최고 학부인 성균관에 입학이 허용되었다. 성균관은 입학정원이 처음에는 200명이었으나, 뒤에 100명으로 줄어들었다.[36] 성균관과 향교에는 공자 이하 저명한 유학자를 모시고 제사하는 文廟와 講學을 하는 明倫堂이 갖추어졌으며, 성균관에는 東齋와 西齋를 갖추어 유생들을 이곳에 유숙시켰으며, 사학에는 문묘를 설치하지 않았다.

한편 기술학인 譯學·陰陽·律學·算學 등은 주무관청인 司譯院·觀象監·刑曹·戶曹에서 각기 교육하였다. 기술학의 교육은 대개 중인을 대상으로 하였으며, 이곳에서 교육을 받은 사람들은 雜科에 응시하여 기술직에 기용되었다. 양반 자제들은 기술관교육이나 잡과에 응시하지 않았기 때문에 자연히 기술관직은 중인들이 담당하게 되었다.

조선왕조의 과거시험 제도는 정치체제와 관련하여 대단히 중시되었다.[37] 관리선발을 위한 시험제도인 과거제는 유교적인 양반관료체제의 유지를 위하여 절대로 필요한 조치였던 것이다. 조선에서는 2품 이상의 관리 자제에 한하여서만 음서의 혜택을 주었기 때문에 과거를 거치지 않고 입사할 수 있는 길이 거의 막혀 있었다. 과거는 문관·무관·기술관을 뽑는 시험으로 구분되었다. 문관 채용시험은 生進科(소과)와 文科(대과)의 두 단계로 나뉘었는데, 생진과에는 4서 6경으로 시험하는 생원과와 詩·賦·表·策 등 문장으로 시험하는 진사과가 있었다. 3년마다 실시되는 정기시험은 각 도별로 1차 시험인 鄕試를 실시하여 여기에서 과별로 700명씩을 선발하고, 다시 이들을 서

34) 李光麟, 〈鮮初의 四部學堂〉(《歷史學報》 16, 1961).
35) 李成茂, 〈朝鮮初期의 鄕校〉(《漢坡李相玉博士回甲紀念論文集》, 1970).
申千湜, 〈朝鮮初期 鄕校職官 變遷考〉(《關東大學論文集》 6, 1977).
36) 李成茂, 앞의 글(1967).
37) 宋俊浩, 〈李朝 生員進士試의 硏究〉(《학술연구조성비에 의한 연구보고서》 30 -사회과학 7-, 문교부, 1969).
曺佐鎬, 〈李朝 司馬試考〉(《成均館大論文集》 14·16, 1969·1971).

울에 모이게 하여 제2차 시험인 覆試를 실시하여 과별로 100명씩 뽑아서 이들 합격자에게는 생원과 진사의 칭호를 주었다. 이들 생원과 진사는 초급 문관에 임용될 수 있는 자격을 주는 동시에 대과에도 응시할 수 있었고 또 국립대학인 성균관에 들어가 교육을 받을 수 있었다. 문과는 생원·진사와 성균관의 유생들이 응시할 수 있는데 여기서도 각 도별로 1차 시험인 初試와 서울에서 시행하는 2차시험인 복시를 거친다. 복시에서는 33명을 선발하는데 이들 33명은 다시 국왕이 참석하는 제3차 시험인 殿試를 실시하여 그 성적에 따라 갑·을·병 3과로 등급이 결정되고 등급에 따라 관직도 주어진다. 예를 들면 갑과에서 1등을 한 壯元은 신규로 관리로 임용된 때에는 참상관으로 등용되고, 승진자의 경우에는 그의 관계를 4등급 올려주도록 규정하고 있다. 결국 정기시험의 합격자는 생원 100명, 진사 100명 그리고 대과 33명이었다.

과거 응시자격은 양반 자제뿐만 아니라 양인의 자제도 가능하도록 하였다. 그러나 조선왕조에서 문무관 선발시험은 거의 양반자제들이 독점하다시피 하였고,[38] 기술관시험은 서리 등 중인이 주로 응시하였던 것이다. 과거에 응시할 때에는 戶籍과 保單子를 제출하도록 하고, 父·祖·曾祖·外祖 등 4조를 적어 가문과 파벌까지를 분명하게 하려 한 것은 관리 임용과정에서 양반 신분의 우위를 확인하려는 의도에서였다. 무관시험인 무과는 문과와 달리 소과가 없고 바로 대과인 초시·복시·전시의 절차를 거쳤다.[39] 초시에서 200명을 선발하고 복시에서 28명을 확정짓고, 마지막 전시에서는 격구로서 등급만을 결정 짓도록 하고 있다. 무과의 응시자격은 무관의 자제·향리, 그리고 양인으로서 무예에 특별히 소양이 있는 자 등이 응시할 수 있었고, 조선 말기에 가서는 제도가 해이해지면서 천민들까지도 응시하여 관계로의 진출을 꾀한 바도 있다.

기술관 채용고사로는 잡과가 있다. 잡과에는 대개 중인들이 응시하였고 이들은 세습적으로 기술직에 종사하였다. 기술직은 문관직이나 무관직에 비하여 천시되었는데, 이들을 선발하는 절차도 문·무관과는 달리 각기 해당 관

38) 崔永浩, 〈朝鮮王朝前期의 科擧와 身分制度〉(《國史館論叢》 26, 1991).
39) 尹薰杓, 〈朝鮮初期 武科制度硏究〉(《學林》 9, 延世大, 1987).

청에서 자기 분야의 기술직을 뽑아 등용하였다는 점이 두드러진다.

3. 경제구조

조선왕조의 경제기반은 토지경제에 주로 의존하고 있었다. 조선에서 토지제도의 근간이 된 것은 고려 말에 마련된 科田法이다.[40] 여말 선초에는 사회변동이 크게 이루어지고 있었다. 정치적으로는 재향 중소지주 출신인 신흥사대부가 새로운 지배세력으로 대두하여 강력한 집권관료 체제를 추구하고, 경제적으로는 지주-전호제가 발달되고 있었으며, 사회적으로는 양인층이 확대되고 노비의 신분이 상승되는 등 신분질서가 재편되어 갔고, 사상적으로도 불교사상에 대신하여 성리학이 새로운 사상으로 자리잡아 정착되어 가고 있었다. 이와 같은 역사적 상황 속에서 과전법의 실시는 문무관료에게 단순히 토지를 분급하였다는 것 이상의 큰 의미를 부여할 수 있을 것이다. 과전법의 제정과 시행은 조선왕조의 중앙집권적 관료체제의 물적 토대를 이루었던 것이다. 고려 말의 권문세가의 농장 확대는 토지제도를 크게 문란시켜 국가재정을 궁핍하게 만들었을 뿐 아니라 신진관료들의 경제생활에도 큰 불만요인으로 작용하였다. 그러므로 과전법의 제정은 조정의 재원 충당과 신진관료들의 경제적 기반을 보장하고 그리고 도탄에 빠진 농민을 보호·육성하려는 의도였다. 과전법은 권문세가들이 넓은 私田을 소유하여 그 토지에 대한 불법적 收租權을 행사하는 것을 금지시키고, 전국의 토지를 국가의 관리 아래에 두고 국가의 수조지로 파악하려는 것이다.

과전은 양반관료들에게 지급하되 현직자와 산직자를 막론하고 18과로 나누어 최고 150결에서 최하 10결에 이르렀다. 그리고 과전의 지급대상에는 관료뿐만 아니라 향리·역리 등을 포함하여 서리와 장인·군인·학생들에게까지 확대 적용하였다. 그런데 이와 같은 경우는 1회로 한하였고 서리·군인·

40) 조선 초기 과전법에 대해서는 다음의 책이 참고된다.
金泰永, 《朝鮮前期 土地制度史硏究》(知識産業社, 1983).
李景植, 《朝鮮前期 土地制度硏究》(一潮閣, 1986).

학생은 모두가 해당된 것이 아니라 태조 이성계와 협력관계에 있던 부류에 국한하였다. 과전은 私田畿內의 원칙에 따라 경기 내에만 한정하여 분급토록 하였다. 그러므로 외방에는 분급지가 원칙적으로 없었으며, 다만 지방의 유력자인 한량관과 吏에게 과도적으로 군전이 지급된 바 있었다. 결국 양반관료들의 세력이 경기 이외에서 성장하는 것을 방지하기 위한 수단에서였다. 과전은 일대에 한하여 지급하도록 규정되었으나, 관리가 사망하고 그 처가 재가하지 않고 수절하게 되면 그에게 守信田이라는 명목으로 그 과전의 세습을 허락하였다. 그리고 부모가 사망하고 어린 자녀들만 남았을 경우에도 恤養田이라 하여 전수를 허가하였다. 즉 과전은 그 수득자의 직무이행과 직결되어 지급되면서도 世祿으로서 관의 공인이라는 공식적인 절차를 거쳐 그 자손에게 전수되고 있었다.

양반들은 관료로서 과전을 지급 받았을 뿐만 아니라 功臣田도 받았다. 공신전은 국초에는 개국공신을 비롯해서 여러 차례의 정변이 있을 때마다 공을 크게 세운 유공자들에게 지급하였다.[41] 또 別賜田이라 하여 왕의 특명에 따라 공이 인정되는 자에게 수시로 지급하는 경우도 많았다. 대개는 외교에 특별한 공적이 있거나, 국왕에 대한 역모계획을 사전에 적발하여 위기를 미연에 방지할 수 있게 한 것 등 특별한 공훈을 세운 사람들에게 지급하였다. 또 한량으로서 서울에 올라와 1년 중 일정 기간을 시위하는 조건으로 군전을 지급하기도 하였다.

과전법체제 아래에서 이 밖에도 陵寢田·倉庫田·宮司田·內需司田·學田·寺社田 등의 토지 지목이 있었다. 능침전에 관해서는 《萬機要覽》에 비교적 상세한 내용이 보이고 있는데 그에 따르면, 능침전이라는 것은 능묘의 수호를 위해 마련한 토지라는 뜻으로 이는 조선시대 말기까지 존속하고 있었다. 그리고 창고전과 궁사전은 「5庫 7宮」이라 하여 왕실의 사유재산에 속하는 것이었다. 내수사전은 고려시대의 內莊田과 유사한 것으로서 왕실 내에서 소요되는 경비 충당을 목적으로 한 토지였다. 학전은 각급 학교에 지급된 토

41) 조선 건국 후 성종 2년까지 약 70년 간에 8종의 공신이 나타났다. 즉 위화도 회군 때의 공신을 포함하여 개국공신 52명, 定社공신 29명, 佐命공신 46명 등이 그 예가 될 수있다(鄭杜熙, 《朝鮮初期 政治支配勢力硏究》, 一潮閣, 1983 참조).

지이고, 寺社田은 사찰에 분급된 토지였으며, 그 밖에도 군의 경비 충당을 위한 國屯田이 있었다. 우리 나라에서 국둔전의 기원은 삼국통일기까지 거슬러 올라갈 수 있는데 당시 신라에서는 당군의 군량 마련을 위하여 국둔전을 마련하였다고 한다. 그 후에는 고려시대에 국둔전이 널리 분포되어 있어 군사 이외에도 향·소 등의 예민집단에 의하여 경작되었던 것이다. 그러나 조선 초기에 이르러 천민집단이 점차 혁파되고 해체되어 가자 국둔전은 이제 일반 민초의 부역에 의해 경작될 수밖에 없게 되었고, 이로 인한 민폐가 적지 아니하였던 것이다. 이리하여 국둔전은 한때 혁파되기도 하였으나, 그 필요성이 요청되자 세조 때에는 다시 설치 활용되었다.

한편 전술한 바와 같이 과전은 경기도 내의 토지에 한하여 지급하도록 하였기 때문에 관리 수의 증가와 과전의 세습, 그리고 토지의 한정 등으로 인하여 자연히 문제가 발생하지 않을 수 없었다. 이에 대한 타개책으로 세조 12년(1466)의 職田法과 성종 원년(1470)의 官收官給制, 그리고 명종 12년(1557)의 현물 녹봉제 등의 실시를 보게 되었다. 직전법은 현직자에게만 토지를 분급하여 과전법에서의 散職者와 수신전·휼양전에 의한 토지분급을 그 대상에서 제외시켜 분급되는 토지의 결수를 크게 줄일 수 있었다. 현물 녹봉제의 실시란 실제로 토지분급이 어렵게 되었음을 의미한다.

과전법은 농민의 입장에서는 一田一主의 원칙에 의하여 토지분급 제도가 정비됨으로써 고려 말기 권문세가의 불법적인 수취 하에 있던 농민들을 보호하는데 기여할 수 있었다. 당시 농민의 대부분은 권문세가의 광대한 토지를 借耕하는 無田民이었다. 그들은 추수기에 수확량의 반을 지주에게 바쳐야 했으며, 심한 경우에는 한 토지에 여러 명의 지주가 있어 조세를 징수해 가기도 하였다. 조선의 건국 후에는 이러한 지주들의 무질서한 착취와 가혹한 수탈을 어느 정도 제한하였다. 한편 조선 초에는 자영농 확보정책을 강력히 밀고 나갔다. 지주와 전호 간에 이루어지던 병작을 금지시킨 것이 그것이다. 따라서 공식적으로는 병작이 허용되지 않았으나 과부·고아·홀아비 등과 같이 노동력이 없는 자에게는 3~4결 정도의 그리 넓지 않은 토지에 한하여 병작을 허용해 주었던 것이다. 이렇게 하여 선초의 농민들은 경제기반이 향상되어 갈 수 있었다. 그리하여 국가는 농민이 경작하는 토지를 전세·공물·군역·요역 등 국가적 수취기반으로 생각하고, 농민을 국가존립의 경제적·사회적 기초로 삼았다.

농지는 식량생산의 기초가 되고, 농산물은 경제생활에 필수 불가결한 것이기 때문에 어느 시기, 어느 왕조에서나 경지면적의 확대가 중요시되어 왔다. 여말 선초에 있어서도 경지의 개간은 계속되어 《世宗實錄地理志》 편찬 당시까지 약 39만여 결이나 증가하고 있었다. 개간지에 대한 소유권은 물론 起耕者가 갖게 되어 있어서 농민이 토지를 소유할 기회도 늘어나게 마련이었다. 따라서 조선 초기에는 所耕者를 포함하여 토지를 소유한 농민이 7할 가량이나 되었다. 물론 이 중에는 1결 미만의 토지를 소유한 농민도 있었고, 2~3결 정도의 토지를 가진 영세한 농민도 상당히 많았다.

농민의 所耕田은 민전이며, 민전은 농민뿐 아니라 모든 사회계층의 소유지이다. 조선시대 전지의 대부분은 민전이다. 민전은 매매·상속·증여·전당 등의 처분을 할 수 있는 사유지로서 그 경작권과 소유권이 보장되고 있다.[42] 민전은 수조관계로 보면 국가수조지이지만 소유관계로 보면 민유지이다. 민전에서는 전세 이외에도 요역과 공물을 부담하도록 되어 있었다. 민전의 종류는 경영형태로 보아서 자영형·농장형·병작형 등으로 분류될 수 있는데 자영형은 농민이 자영하는 경영형태이고, 농장형은 주로 전호 및 노비에 의하여 경작되는 것이며, 병작형은 전호에 의하여 경작되는 것이다.

조선 초기의 역대 국왕들은 강력한 권농정책을 추진하여 농산물의 증대를 꾀하였다. 조선의 기후와 풍토에 알맞는 농법을 제시한 《農事直說》과 《衿陽雜錄》 등이 간행되고 새로운 농법으로 이모작·이앙법 같은 것이 점차 보급되어간 것 등이 그 예가 될 수 있다. 원래 우리 나라의 기후조건은 비가 적지도 않고 그리 많지도 않은 반쯤은 건조한 기후이기 때문에 논농사보다는 밭을 이용하는 경작이 훨씬 많았고, 또 시비기술도 후진적이어서 여말까지는 농지의 이용도가 크게 낮았던 것이 사실이다. 그러나 선초에 이르러 시비법의 개발로 비옥한 토질 조성에도 성공하였고, 관개시설을 개선하기 위하여 저수지를 보수하거나 신설하는 것을 게을리 하지 않았다. 그리하여 15세기

42) 李載龒, 〈朝鮮初期 農民의 土地所有〉(《朝鮮初期 社會構造硏究》, 一潮閣, 1984). 金泰永, 앞의 책(1983) 참조.

중엽에는 전국 각 처에 3천여 개소의 저수지를 확보할 수 있었고, 수차를 이용한 관개 능률을 높임에 따라 수전경작의 비중이 크게 높아져 전에 비하여 벼의 생산량이 훨씬 많아지게 되었다. 밭농사에 있어서도 파종 및 경작방법의 개선으로 생산력이 증가하였다. 콩과 보리의 이모작도 이 때에 크게 유행하였던 것이다. 논농사에 있어서도 볍씨를 논에 직접 뿌리는 물사리방법(水耕法)과 못자리 판을 이용하여 옮겨 심는 모내기방법(移秧法)이 병행되다가 점차 모내기방법으로 확대되어 갔다. 모내기는 고려시대 이래로 경상도지방에서 널리 행하여져 왔으나 조선시대에 들어와 이것이 중남부지역으로 전파되어 갔다. 이 농법은 제초작업에 드는 노동력이 크게 감소되어 동일한 노동력으로 재래방법보다 약 4, 5배 가량의 농토를 활용할 수 있는 장점을 갖게 되었다. 그러나 모내기철에 비가 오지 않으면 큰 차질이 생긴다는 단점도 있어서 국가에서는 모내기의 장점이 많다는 것을 알면서도 이를 적극적으로 권장하지는 못하였다.

이와 같이 국가의 적극적인 권농정책과 농업기술의 발달로 세종 26년(1444)에 농지 1결에서 생산된 수확량이 무려 최고 1,200두·최하 400두였다는 기록이 있어, 1결당 평균 300두의 소출을 거두었던 고려 말의 경우와 비교해서 크게 생산량의 증가를 보인 것이 입증되고 있다. 한편 조선시대의 경제생활에서 간과될 수 없는 것이 무명을 위시하여 삼베·모시짜기와 누에치기의 발달이다. 고려 말의 文益漸에 의해 전래된 목화는 경상도에서 처음 재배하기 시작하여 함경도를 제외한 전국으로 보급됨으로써 일반 서민층의 의생활이 획기적으로 변화하고 개선되었다. 무명은 의복의 기본재료가 되었을 뿐 아니라 화폐로 사용되기도 하였다.

과전법의 시행은 여말에 문란해진 토지제도를 바로잡을 수 있었고, 새 왕조 조선의 경제기반도 마련할 수 있게 되었다. 그러면 국가재정의 근원이 되는 조세제도에 대해 간략히 살펴보기로 하자.[43] 조선 초기의 조세 제도는 과전주인 양반은 경작자(佃戶)로부터 수확량의 1/10을 전조로 받고 그 중에서 1/15을 지세로서 정부에 납부하는 것이 관례였다. 그러나 이 제도는 불합리

43) 李載龒, 〈朝鮮初期 田稅制度硏究〉(《韓國史學》 4, 韓國精神文化硏究院, 1983).

한 점이 많았다. 토지의 수확량은 그 땅이 비옥한 것이냐 척박한 것이냐에 따라 동일하지 않았고, 풍년과 흉년에 따라서 차이가 심한 데도 불구하고 매년 거의 일률적으로 조세를 부과하는 문제점이 있었다. 이에 세종 26년에 토지의 비척을 기준으로 6등급으로 나누고, 풍흉을 기준으로 9등급으로 구분, 차등있는 조세액을 마련하고 이를 시행토록 한 것이다. 구체적으로 지적하면, 종래의 조는 1결당 수확량의 1/10인 30두였으나, 개정된 貢法에 따라 1결당 수확량의 1/20인 4~20두로 정하였으며, 전세 기준도 종래의 踏驗損實法으로부터 토지의 비척과 풍흉에 따라 합리적으로 조세액을 조정한 것이다.

한편 정부는 20년마다 전지를 다시 측량하여 토지대장을 정비함으로써 전지와 그 소유자를 정확하게 파악하였다. 1등전은 조선 초기 이래 인조 12년 이전에 약 2,700여 평이며, 6등전은 1,000여 평으로 알려졌고, 땅이 비옥한 삼남지방의 토지는 대부분 1등전이나 2등전으로 평가되고 있었다. 그러므로 삼남지방은 그만큼 담세율이 커지게 되고 국가 역시 삼남지방에 대한 재정 의존도가 높았던 것이다.

농민들의 국가에 대한 부담 중에 가장 컸던 것은 貢納이었다. 공납은 호구를 중심으로 이루어지는데 농민이 가옥을 소유한 대가로 지방토산물을 무상으로 바치도록 한 것이다. 토산물은 그 지방에서 생산되는 특산물을 말한다. 그러나 특산물이 아닌 것은 정부의 필요에 따라 일방적으로 요구하는 경우가 잦았기 때문에 농민들에게는 무리한 문제점으로 부상되었던 것이다. 당시 정부나 관청에서는 그곳에서 필요한 물품을 미리 조달하여 사용한 뒤에 그 대가를 농민들로부터 받아내는 방식을 취하였다. 결국은 이러한 폐단이 크게 논란이 되다가 17세기에 이르러서 大同法이 실시되면서 공납의 폐단은 다소 시정되어 갈 수 있었다.

徭役 또한 농민의 부담으로 작용되었다. 요역은 16세 이상 60세 미만의 남자들이 져야했던 身役이었다. 법제상으로는 8결의 토지를 경작하는 집에서 1명의 요역자를 뽑게 되고, 신역은 1년간 6일 이내로 한정되어 있었다. 그러므로 丁男 모두가 의무적으로 부담하는 것이 아니었다. 하지만 시행과정에서 법으로 정한 일수보다 훨씬 연장되는 경우가 많았고, 권세있는 사람

의 몫까지 담당하여야 했기 때문에 실질적으로는 농민들을 크게 괴롭혔다. 또한 양인이 국가에 지는 의무로서 군역이 있는데 이것도 농민들에게는 아주 큰 부담으로 작용한 것이 사실이다.

조선왕조에 있어서 토지경제가 차지하는 비중은 가히 절대적이었다. 그러나 그밖에도 수공업 및 상업이 행하여지고 있어서 국가나 국민경제에서 이것이 차지하는 비중 또한 무시할 수 없는 처지에 있었다. 조선시대의 수공업은 대체로 농민들이 자급자족을 목적으로 하는 가내수공업이었고 면직업이 주가 되고 있었다. 종래에는 絹織·麻織·苧織 등 직포업이 많이 행해지고 있었으나 조선 초기 목면의 재배가 급속하게 보급되면서 면직이 대종을 이루게 되었다. 면직물은 농민들의 의료와 군복재료 그리고 무역품으로 정부의 수요품이 되고 있었기 때문에 정부는 수세에 면포를 대납하도록 권장한 바도 있었다.[44]

조선시대의 수공업 가운데 가장 큰 비중을 차지한 것은 관영수공업이었다. 공장은 모두 工匠案에 등록된 官匠으로서 서울의 여러 관서와 지방의 감영·병영·수영 등에 소속되어 있었다. 서울의 관서에 소속된 사람을 경공장이라 하는데 軍器監에 640여 명, 司饔院에 380명, 尙衣院에 590여 명, 造紙署에 91명 등 모두 129종 2,800여 명에 이르렀다. 또 지방관서에 소속된 사람은 외공장이라 하여 27종 3,800여 명으로서 경·외공장이 도합 6,600여 명에 달하였다.[45] 이들 관장은 공노비가 주를 이루었고 양민들도 있기는 하였으나 그 수는 얼마 되지 않았다. 관장들은 자신의 책임량을 초과한 생산품에 대해서는 소정의 공장세를 내면 판매할 수도 있었고, 官役에 동원되는 기간 이외에는 사영수공업 활동을 자유로이 행하여 수공업의 발달을 촉진시키기도 하였다. 공장안에 등록된 관장 이외에 사영수공업자인 私匠들이 있었는데 이들은 주문을 받아 생산하기도 하였으나 농기구를 제작하여 농민들에게 판매하는 일을 주로 하였다. 이 밖에도 사원에서 행한 수공업으로서 製紙·製麵·釀造 등이 있었다.

44) 高承濟, 《近世韓國産業史硏究》(大東文化社, 1959).
45) 姜萬吉, 〈朝鮮前期 工匠考〉(《史學硏究》 12, 韓國史學會, 1961).
劉承源, 〈朝鮮初期 京工匠의 官職-雜職의 受職을 중심으로-〉(《金哲埈博士華甲紀念史學論叢》, 知識産業社, 1983).

상업도 수공업처럼 국가에 의해 장악되고 있어서 관청이나 양반들의 수요에 충당하는 어용적 성격이 강하였다. 서울 종로거리의 市廛이 그 대표적인 예인데, 이것은 정부가 점포를 상인에게 대여해 주고 그 대가로 점포세와 商稅를 거두어 들였다. 시전은 후에 六矣廛을 중심으로 발전하였다.[46] 지방에는 각 지역에 場市가 서게 되었고, 15세기 중엽부터 대두한 장시는 농산물의 증가로 말미암아 점차 발달되었다. 정부에서는 농민들이 토지에서 이탈하여 장시로 몰려드는 것을 막고자 장시금지령을 내렸으나, 그 추세를 막기는 어려웠다. 장시는 상설시장으로 발전하지 못하고 5일장으로 정착되었는데 이곳에서는 褓負商에 의하여 농산물·수공업제품·약재·수산물 등 각종 물품이 유통되었다. 이들 보부상은 전국적으로 동업조합을 조직하여 상권을 확대시켰다.[47] 육로의 보부상에 해당하는 수로의 행상인 船商도 있었으나 활동은 비교적 활발하지 못하였다.

상업활동이 크게 일어나지 못하였기 때문에 자연히 화폐경제도 발달하지 못하였다.[48] 다만 태종 원년(1401)의 楮貨, 세종 5년(1423)의 朝鮮通寶, 그리고 세조 10년(1464)의 箭幣 등이 만들어졌을 뿐이며, 교역의 매개가 된 것은 주로 쌀이었던 것이다.

4. 사회신분구조

조선시대의 사회신분을 바르게 파악하는 것은 대단히 중요하다. 계층이나 신분에 대한 연구는 정치·경제·사회·문화 등 왕조의 제반 문제의 해명에 중요한 역할을 하게 되기 때문이다. 그럼에도 불구하고 신분에 관한 연구는 그렇게 활발하게 이루어지지 않다가 70년대에 들어와서야 몇몇 학자들에 의하여 많은 연구업적과 함께 진전을 보았다.[49] 그런데 당시의 연구방향은 조

46) 劉元東, 〈서울 六矣廛연구〉(《歷史學報》 8, 1955).
47) 柳子厚, 《朝鮮褓負商攷》(正音社, 1948).
48) 李鍾英, 〈朝鮮初期 貨幣制의 變遷〉(《人文科學》 7, 延世大, 1962).
權仁赫, 〈朝鮮初期 貨幣流通硏究－특히 太宗代 楮貨를 中心으로－〉(《歷史敎育》 32, 1982).

선시대의 신분구조를 보다 정확하게 파악하기 위한 시도로서, 먼저 양반의 실체를 해명하고, 그 다음 단계로서 사회신분과 계층구조를 전반적으로 밝히려고 하였던 것이다. 사회신분이란 전근대사회 특유의 사회집단을 가리키는 개념으로서 개인의 사회적 지위 또는 계급을 의미한다.[50] 그러므로 신분은 사실상 인간사회에서 불평등을 인정하는 것이며, 이것은 전통사회에서만 존재하였고 근대사회에서는 소멸된 개념이라고 할 수 있다.

조선왕조에서의 신분구성은 크게 良신분과 賤신분으로 양분되어 있었다. 이와 같은 이분법적 신분의 구분은 동서양을 막론하고 이미 고대 이래로 유지되어 왔다. 중국에서는 秦·漢代에 이르러 양인과 천인신분을 법제적으로 구분하였고 이것이 唐代에 와서는 뚜렷한 신분제도로서 정비되었다. 고려에서도 당의 영향을 받아 양천신분의 구분을 엄격하게 하였다.[51] 그리하여 천인신분은 과거에 응시할 자격조차 부여하지 않았고 상전의 재산으로 간주되었다. 반면 양인신분은 관리가 될 수 있을 뿐 아니라, 국가에 租·庸·貢賦의 의무를 부담해야 하는 자유민이었다. 이러한 신분제는 조선사회에도 계승되어 "我國人物 非良則賤 只有二途耳"[52]라 한 것처럼, 사회신분이 크게 양·천의 두 신분으로 나뉘어져 있었던 것이다. 조선사회에서 천인이 아닌 사람을 양인이라 불렀다. 양인은 직업과 경제적 조건의 차이에 따라서 많은 계층으로 구성되어 있었다. 그 중에서도 가장 높은 위치를 차지한 것이 양반이다. 양천신분은 혈연·직업·국역·토지소유관계 등에 의하여 몇 개의 다른 동질집단으로 재분화되었다. 이러한 신분분화는 출생할 때부터 권리와 의무가 제한되었던 천신분보다는 그러한 제한이 적었던 양신분에서 더욱 활발히

---

49) 조선 초기 신분제에 대해서는 다음 책이 참고된다.
李成茂, 앞의 책(1980).
韓永愚, 《朝鮮前期 社會思想硏究》(知識産業社, 1953).
———, 앞의 책(乙酉文化社, 1983).
劉承源, 《朝鮮初期身分制硏究》(乙酉文化社, 1987).

50) 전근대사회와 근대사회를 구분하는 지표로서 *身分*의 존재여부를 들 수 있다. 그러나 신분이란 어떤 것이냐에 대한 개념상의 용어 정의는 다음의 몇 가지를 생각할 수 있다. ① 개인의 사회적 지위 또는 계급, ② 사회관계를 구성하는 서열, ③ 사람의 일정한 지위나 자격 등이 그것이다.

51) 《高麗史》 권 84, 志 38, 刑法 1 서문.

52) 《成宗實錄》 권 189, 성종 17년 3월 무신.

일어나게 되었다. 양신분 중에서 오랫동안에 걸친 관직·문벌·토지소유·노비소유 등의 경쟁을 통하여 우세한 지위를 차지하는 특권적인 지배신분층이 나타나게 되었다. 이러한 특권적 지배신분층은 그들이 차지한 각종 특권을 유지하고 강화하기 위하여 국가의 권력을 장악하고 이를 통해 법제적으로 피지배신분을 더욱 속박하게 되었다. 고려·조선사회에서 이와 같은 지배신분층의 지위를 확보한 것은 양반이었다. 양반은 이미 고려시대부터 존재하면서 양인을 제압하고 지배신분의 지위를 차지하였다.

조선왕조는 새 왕조의 개창 직후부터 奴婢辨正都監을 설치하고 여말 이래로 문란해진 신분제도를 정비하였다. 즉 양천신분의 변정사업에 총력을 기울여 새 왕조의 신분질서를 바로잡으려고 노력하였다. 그리하여 조선의 신분제도는 고려시대의 그것을 계승하면서 신분질서를 정비하여 나갔던 것이다. 따라서 조선시대의 신분은 크게 양인과 천인으로 대별되며 이들은 다시 兩班·中人·良民·賤人의 4분법적 체제로 세분화되고 있었다. 여기서 각 신분의 권리와 의무는 다르며, 이들은 고정 세습되어 자손에게 전수되고 있었다.[53] 조선왕조는 그 초기부터 양반신분이 다른 신분계층을 지배하면서 그

---

53) 이와 같은 기존의 학설에 대하여 이를 비판하면서 새로운 학설을 주장하는 학자들도 있어 학계에서 크게 주목하고 있다. 즉 1971년, 韓永愚가 종래 정설처럼 되어 있던 4분법적 신분체제에 회의를 보이고, 2분법적 신분체계를 주장한 것이 그 대표가 될 수 있다. 이 주장에 따르면, 양반의 개념이 조선 초기와 후기가 같지 않다는 것이다. 조선 초기의 양반은 혈연 개념이 아니라 직역 개념으로서 양반의 대칭은 백성이며, 양반과 백성이 모두 良人의 범주에 들어가며, 양인에는 또 身良役賤이 포함되는데 이들은 법제적으로도 권리와 의무에 차등은 있지만 혈통상 자유민으로서, 세습신분이 아니라 성취신분이며, 따라서 이들은 천인과는 엄격히 구별된다는 것이다. 15세기까지는 양인이 성취신분이어서 법제적으로는 신분의 이동이 가능하였기 때문에 특권적인 양반이나 中人이 고정된 신분층으로 성립되어 있지 않았다. 그러므로 양인 내의 각 신분은 세습되는 것이 아니고 개인적인 능력 여하에 따라 선택한 직업으로 신분이동이 가능하다는 것이다. 농민들도 출세에 법제적 제약이 없어서 재능만 있으면 양반으로의 출세도 가능하였다. 그러나 모든 양반이 그 신분이 항구적으로 세습되는 것이 아니었다. 이와 같은 초기의 양천신분제는 16세기에 이르러 士林세력이 대두되고 사림 위주의 신분 질서가 갖추어지면서 붕괴되어 갔다. 사림들은 철저하게 유학을 공부하여 上位治者 신분인 士類를 형성하고 유교적인 가족윤리를 내세워 서얼에게까지 엄격한 제약을 가하였던 것이다.

이처럼 良人層은 상위 양반층과 하위의 중인층으로 분화되고, 또한 농상공

들 중심의 권력구조로 중앙집권적인 관료체제와 과거제도 · 교육제도 · 군사조직 · 토지제도 · 사회정책을 마련하고 그들의 이익을 추구하였던 것이다. 따라서 조선사회는 어디까지나 양반 중심의 관료국가라고 규정할 수 있을 것이다.

물론 조선의 양반체제는 고려의 귀족사회에 비해 일보 전진한 것이었다. 즉 고려의 문벌귀족에 비해 보다 많은 가문이 조선의 양반으로 진출하고 있었던 것이다. 이것은 지배층의 확대를 의미하는 것으로 사회발전의 일면을 드러내는 것이었다. 그러나 성리학으로 무장한 양반관료들은 그들이 절대적인 권위와 지배적인 지위를 차지하였고, 이를 당연한 것으로 생각하고 법률적으로 신분적인 제약을 가하여 그들의 권위를 보장받으려 하였다.[54] 양반은 중인과 향께 지배신분이고 양인과 천민은 피지배신분이다. 지배신분 중에서도 양반은 왕조를 통치한 최고의 지배자로서 이들에 의해서 정책이 입안되고 법제가 제정되고 운영되었다.

조선왕조는 건국 후에 점차 양인을 확대하려는 정책을 취하여 양인의 수가 전왕조에 비하여 크게 늘어날 수 있었다. 승려의 환속, 신량역천 계층의 창출, 노비변정 사업의 추진 등이 모두 양인의 수를 증대시키려는 것이었다. 뿐만 아니라 여말에 지나치게 증가된 양반의 수도 줄이는 쪽이 국가 경영상 필요하다고 판단하여 서리 · 향리 · 기술관 · 서얼 등의 양반 진출을 크게 억제하기도 하였다. 그 억제 방안으로, 첫째 향리의 과거 응시자격을 대폭 제한하고, 둘째 향리의 토착화를 방지하려는 노력을 경주하였으며, 셋째 기술관이나 서리와 같이 양반이 아닌 관리들의 승진 일수를 양반보다 길게 잡았고, 넷째 서리 출신이 양반직으로 올라가는 것을 크게 제한하는 조치를 취한 것 등이 그것이다.

이상과 같은 영향으로 결국 양반이 아닌 관리들은 양반으로 상승하는 길

에 종사하는 하층 평민의 지위는 중인 밑으로 고정화되면서 16세기 이후의 조선 신분계층은 양반 · 중인 · 평민 · 천민의 네 신분계층으로 분화되었다는 주장이다(韓永愚, 〈朝鮮初期의 上級胥吏 '成衆官'－成衆官의 錄事로의 一元化 과정－〉, 《東亞文化》 10, 1971). 이외에도 劉承源 등 신분제도를 전공하는 학자들도 이같은 주장을 펴고 있다.

54) 良賤二元制를 주장하는 측에서는 조선 초기의 양반이 문무관료집단을 총칭하는 대명사로 쓰였을 뿐이라고 주장하면서 실제로 平民 · 鄕吏 · 水軍 등이 문과에 급제한 실례가 있고, 平民 자제에게 과거 응시자격을 제한한 규정이 없었을 뿐 아니라, 평민도 鄕校에 입학하여 교육을 받을 수 있었다는 예를 들고 있다.

이 크게 차단된 채 중인층으로 격하될 수밖에 없도록 만들었다. 그러므로 실질적으로 양반은 문무반과 문음 자제들만으로 구성되고 있는 셈이다. 다만 양반들도 4조 내에 顯官이 없으면 양반층에서 자연히 탈락되어 갈 수밖에 없었다. 현관이란 부・조・증조・외조 중에 9품 이상의 양반 正職을 가진 가문을 뜻한다.

그러면 양반은 어떠한 특권을 누리고 있었는가. 양반은 많은 재산을 가지고 큰 집에서 살았고 음서와 代加의 혜택을 받는 등 특권을 누리고 있었다. 즉 조선 초기부터 특권 신분계층으로 존재하였던 것이다. 그 몇 가지와 구체적인 사례를 들면 다음과 같다.

첫째, 양반들에게는 관료 진출의 혜택이 부여되었다. 조선사회에서 시행된 과거시험과 문음은 초입사자들이 주로 거치는 방법인데, 이 두 가지 방법에 의한 官門 진입은 거의 양반 자제만이 독점하다시피 하고 있었다는 사실이 이를 뒷받침하고 있다.

둘째, 양반들은 조선왕조의 고급관직을 독점하였다. 양반이 아닌 신분을 가진 사람들은 당상관으로 승진할 수 없도록 함으로써 당상관직을 양반이 모두 차지하게 된 것이다. 특히 기술관이나 良人妾子 등 양반이 아닌 신분에게는 限品敍用을 철저하게 적용하여 당상관으로의 승진을 불가능하게 하고, 양반 신분에게는 한품서용 제도를 적용시키지 아니하였음은 물론이다. 조선에 있어서 양반들이 차지할 수 있는 실직은 총 5,605과였고 그 중에서도 466과가 모든 문반이 선망했던 요직이었다.[55)]

셋째, 양반들은 군역에서도 혜택을 받고 있었다. 조선 초기에 있어서 양신분에 속하는 인정은 누구든지 군역을 지게 되어 있었다. 양반도 양신분에 속하기 때문에 원칙적으로 군역을 지도록 되어 있다. 그러나 양반은 여러 방법과 특혜로써 군역을 면제받거나 또는 별로 힘들이지 않고 해결하였다. 그 몇 가지 사례는 다음과 같다. 첫째, 양반은 관리로 재임하고 있는 동안은 군역을 지지 아니하였다. 군역은 *身役*이고 관직은 職役인데 이를 신역으로 간주하기 때문이다. 둘째, 성균관・향교・4학의 학생인 유생들은 군역이 면제되

55) 《經國大典》에 나타난 양반의 관직 총수 및 보다 상세한 내용은 전술한 관료체제의 특징을 참고할 수 있다.

어 있었다. 셋째, 양반 중 상당수는 甲士·別侍衛·內禁衛·內侍衛·忠義衛 등과 같은 서반 특수군에 소속되어 서반 체아직을 받음으로써 군역이 면제되었다.[56] 넷째, 양반 특수군이 있었다. 前銜官이나 공신자손, 문음 자손, 武才 있는 양반자손 그리고 시취에 의하여 선발되는 갑사·별시위·친군위·내금위 등의 직업군인 등이 이에 해당된다. 이상의 사례들이 양반에게 부여한 군역의 혜택이었음을 알 수 있다.

그리고 양반에게 주어진 또 다른 특권의 하나는 농장을 소유하게 되었다는 점이다. 대부분의 양반들이 소유한 농장은 買占과 長利 등을 통하여 확대되었다. 양반들은 농장을 노비와 雇工 또는 토지를 갖고 있지 않은 농민들에게 소작을 주어 경작하였다. 노비가 양반의 토지를 경작할 때에는 농사 짓는데 드는 비용을 양반이 모두 부담하고는 추수기에 가서 양반은 소출량 모두를 차지하였다. 다만 노비에게는 최소한의 생활비만을 지급하였다. 또 양인 농민들에게 양반의 토지를 소작주었을 경우에는 농사짓는데 드는 경비는 전적으로 소작인의 부담이 되었고 수확량의 1/2을 田主인 양반이 차지하였다. 한편 조선왕조에서는 최상급의 지배신분인 양반층이 확고해져 간 반면에 하급 지배신분으로서의 중인층이 분명하게 형성되어 있었다. 즉 양반층은 사대부가 중심이 되는 전·현직의 문무관집단이고, 중인층은 중앙의 서리·지방의 향리·기술관·토관·군교·서얼이 그 중심을 이루고 있었다.

서얼은 정처가 아닌 첩의 소생을 말한다.[57] 당시 양반의 첩은 평민 부녀자가 되는 경우도 있지만 양반이 자기 소유의 女婢를 부실로 맞이하는 경우도 적지 않았기 때문에 서얼은 혈통상 천한 피가 섞여 있는 예도 있었다. 따라서 이와 같은 서얼은 양반·중인·양민신분 중 어느 곳에 편입시켜야 할지 문제가 되어 왔다. 조선왕조를 개창하는데 서얼 출신의 활동이 두드러져

56) 《經國大典》에 의하면, 합법적으로 군역을 면제받을 수 있던 양반의 수가 20,844명으로서 양반 正職 수가 2,495명, 양반 특수 체아직의 수가 2,799명, 그리고 관학생이 15, 550명이었다.

57) 서얼에 대해서는 다음 글이 참고된다.
李泰鎭, 〈庶孼差待考－鮮初 妾子 「限品敍用」制의 成立過程을 中心으로－〉(《歷史學報》 27, 1965).
朴天圭, 〈朝鮮前期 庶孼의 社會的 地位〉(《史學硏究》 30, 1980).

서 국초에는 서얼에 대한 차별이 그리 심하지는 않았다. 그러나 정도전일파가[58] 이성계의 서얼 왕자를 세자로 책봉하였다가 전실 소생인 이방원에 의하여 제거되었고, 이방원이 즉위한 후에는 서얼에 대한 정치적 출세를 제한하려고 하였으나, 이를 강력하게 시행하지는 못하였다.《경국대전》에는 서얼의 자손에게 대과 및 소과의 응시를 막고 있으나, 그 밖의 과거시험에는 응시할 수 있게 되어 있다. 그리고 서얼은 사역원·관상감·전의감·내수사·혜민서·도화서·율학·산학과 같은 기술직 관청에서 일하도록 권장하고 있다.

원래 「庶孼」이란 글자가 천하거나 추한 것이 아니었음은《史記》·《漢書》등에서도 볼 수 있지만, 서얼을 천한 사람의 의미로 강조한 조선에서는 이것이 사회적으로 정착되었다. 서얼을 사회적으로 차별하는 것은 혈연의 본 뜻에서는 상당한 의미가 있을 뿐 아니라 이를 법제상으로까지 반영한 것은 실로 가혹한 것이 아닐 수 없다. 전술한 바와 같이 정도전의 제거 이후 서얼의 差待法이 성문화되어《경국대전》에 나타난 것이다. 성종대의 권신 柳子光도 서얼이었기 때문에 戊午士(史)禍에서 그와 같이 무자비하고 잔인한 성격을 드러낸 것이라는 불합리한 해석도 내렸고, 그 후에도 서얼금고는 더욱 엄하게 시행되어졌다. 한편 이 법이 시행된 지 1백여 년이 지나서 李珥·趙憲 등이 庶孼通淸의 의견을 朝議에 올린 바 있으나, 반대하는 조신들이 많아 선조 때에는 겨우 서얼의 과거 응시를 허용하는 정도에 그치고 말았던 것은 아직도 서얼에 대한 경직된 사회분위기를 엿볼 수 있게 한다. 그리고 조선 후기에 이르러서 李德懋·柳得恭·朴齊家와 같은 서얼 출신의 인물들이 크게 역할을 하였지만 그 때까지도 서얼에 대한 양반사회의 시각은 매우 차별적이고 냉소적이었다.

한편 기술관은 역학·율학·산학 등에 종사하는 사람들이 중심을 이루었다. 역관이 국제적인 안목에서 그 중요성이 인정된 데 비하여 율학은 국내적인 의미에서 중요성을 갖는다. 역학은 漢學·蒙學·倭學 및 女眞學의 여러 분야가 있었고, 율학은 大明律이 중심이 되었다. 또 중인 신분층이 종사하는 것으로 산학을 들 수 있다. 산학의 書目으로는《詳明算法》·《啓蒙算學》·

58) 鄭道傳뿐 아니라 河崙·趙英珪·黃喜·柳子光 등은 庶孼자손의 관료들이다.

《揚輝算法》의 3책이 있어 이를 중요시하였다.

이와 같은 중인은 조선시대에 양반과 상민의 두 신분 사이에 존재하는 신분계층이었다. 중인은 고려시대만 해도 양반으로 상승될 수 있는 길이 열려져 있었다. 그러나 새 왕조가 개창된 후에는 양반으로 진출하기가 거의 불가능해졌던 것이다. 그러나 이들 중인은 전문 행정요원이 되어 사무의 능률을 꾀할 수 있었고, 또 실무행정을 통하여 부를 축적하기도 하였다. 중인은 선초부터 성립되기 시작하여 조선 후기에 가서야 독립된 하나의 신분층으로 확고히 굳어지게 되었다.

양인은 천민신분과 대칭되는 양신분 전체를 가리키는 광의의 양인과 良民·常人·常民·平民·常漢 등 보통 사람을 가리키는 협의의 양인으로 구분할 수 있다.[59] 양인은 門地의 고하에 따라 양반과 구분할 수 있었다. 문제는 양반의 현관과 관련이 깊다. 대체로 4조 내에 현관이 없으면 양반이 아니라고 생각하였다. 그리하여 조선의 신분구조를 이해하는 데 계층적 구분과 개념적 구분으로 나누어 생각해 볼 수도 있을 것 같다. 즉 계층적 구분으로는 양반·중인·양민(평민)·노비의 4계층이고, 개념적 구분으로는 양인과 천인으로 양분할 수 있다. 양인은 물론 평민 이상의 신분을 포괄하여 지칭하는 것이다. 양인 속에는 양민뿐 아니라 양반과 중인도 포함된다. 다시 말해서 양인은 비천인 일반을 지칭하는 법제적 규범이고, 양민은 비천인의 일부로서 양인 중에서 평민에 해당하는 자를 가리키는 용어로 한정되어 쓰이고 있다. 신분사회에서는 법제적인 권리와 의무가 뚜렷하게 명시되어 큰 차이를 보이고 있다. 양반은 의무는 면제된 채 특권을 누리고 있었으며, 양민들에게는 권리란 전혀 부여되지 않고 의무만 부과되고 있을 뿐이었다.

양민 중에는 상인이나 공장도 있었지만 절대 다수를 점유하고 있는 것이 직접 농경에 종사하는 농민들이다. 이들에게는 공민권이 주어져서 교육을 받을 수 있고 또 관리도 될 수 있으나, 여러 가지 여건상 이런 일들이 그리 쉬운 것은 아니었다. 농민은 정치적으로는 국가권력에 예속되고, 신분적으로는

---

59) 양인과 양민을 개념상 구분하여 사용할 것을 주장하는 견해도 있다. 양인은 非賤人 일반인을 지칭한 데 반하여 양민은 보통사람 즉, 평민을 말하는 것이라고 한다(劉承源, 앞의 책, 1987 참조).

양반층의 지배를 받았다. 그들은 국가에 대하여 조세·요역과 군역·공납 등의 의무를 부담하고 있었으므로 국가 운영의 기반은 이들 농민을 바탕으로 하여 이루어지고 있었던 것이다. 같은 양민 농민이라도 그 안에는 여러 층이 포함되어 있었다. 그 상층은 중소지주로서 자기소유의 토지를 타인에게 대여하여 병작제로 경영하였고 사회적으로는 양반층과 연결되었다. 그러나 그 수는 많지 않았고 대다수의 농민은 자영농민이거나 전호였다. 자영농민은 소규모의 토지를 소유하고 자기 가족의 노동으로 이를 경작하였으며, 간혹 약간의 노비를 소유하거나 품삯을 받는 고공을 써서 농경을 보조하기도 하였다. 전호는 영세한 토지소유자이거나 無田農民으로서 타인의 토지를 빌려 경작하고 수익을 반분하여 살아가는 사람들이었다.

한편 농민 이외에도 상인과 공장이 양민에 속하였으나, 그들은 사회적 지위가 농민보다 낮았다. 「農者天下之大本」을 추구하는 조선에서는 상업과 수공업이 末業으로 취급되고 있었기 때문에 사회신분상 그들은 농민에 비하여 뒤쳐질 수밖에 없었던 것이다. 그뿐 아니라 선초에는 한량이란 계층도 있었다. 고려말 同正職이나 添設職을 가졌던 사람들이 조선시대에 들어와 한량으로 불려졌는데, 이들은 차츰 양반으로 상승할 수 있는 잠재력을 갖게 되었고, 그들 스스로는 사족임을 칭하면서 학문에 열심이고 향교에 입학하여 교생이 되기도 하였다. 그러나 분명히 그들은 양민이고 직업은 농민으로 분류되고 있다. 그리고 조선 초기의 신분제 정비과정에서 「身良役賤」이라 불리는 양인의 하층을 구성한 신분이 나타났다. 그것은 「身=良」, 「役=賤」이라는 뜻으로서 신분은 양인이지만 지는 역은 천한 자라고 규정할 수 있다. 이들은 稱尺者·稱干者들이다. 稱尺者로는 津尺·楊水尺·水尺·禾尺·墨尺·刀尺·琴尺·海尺 등이고, 稱干者로는 處干·直干·國農所干·鹽干·鐵干·水站干·生鷹干·守護干·烽火干·牧子干·生鮮干·庭燎干·毛物干·營繕干·宗廟干·迎曙亭干·鮑作干·山丁干 등이다. 칭척자들은 일반 양인과 엄격히 구분되어 강제적으로 특수한 지역에 거주토록 하였고, 赴擧자격·入仕자격을 부여하지 않았으며 그들 자손 또한 신분과 역을 대대로 세습하였다. 「若父若母一賤則賤」의 원칙이 철저하게 지켜졌음은 물론이다. 처간·직간·염간과 같은 칭간자들은 고려 말에 새로 나타난 천역 부담자로서 오래 전부터 신분과 역을 세습해 온 칭척자와 성립된 시기가 같지 않다. 즉 고려 전기까지는 일단의 천역 부담자를 「尺」으로 불렀으나, 고려 후기에 와서는 「干」으로 부르게 되었다. 신진사대부들은 유교정치 이념에 입각하여 신분체제를 갖추는데 적극적이었고 이 과정에서 「신량역천」계층이 등장하게 되었다. 이러한 칭척칭간자는 고려 이래로 노비에 가까운 지위에 있었으나, 결국 노비는 아니었기 때문에 양인으로 취급되었다. 이들 신량역천은 양인신분으로 인정받았지만 양인으로서의 권리인 입사자격은 인정하지 아니하였다. 이상과 같은 신량역천은 여말 선초의 신분 재편성과정에서 良賤不明者나 良賤交嫁 소생을 양인신분으로 전환시키기 위하여 설정된 과도기적 신분이었기 때문에 하나의 독립된 신분층을 이룬 것은 아니었다고 생각한다.

조선사회의 신분구조에 있어서 가장 낮은 천인신분은 노비가 주를 이루고 있었으나, 노비 이외에도 白丁·廣大·巫覡·社堂·妓女 등이 이 신분을 구성하고 있었다.

조선시대는 노비의 지위가 많이 개선되어 갔다. 양반이나 대지주는 토지와 노비를 많이 갖게 되었고 양인들도 노비를 소유하는 경우가 많았다. 농사일에 있어서는 노비의 도움이 절대로 필요하기 때문에 노비를 소유하는 경우가 많다. 농경지 4~5결 정도를 소유한 농민들은 노비 없이 농사짓기가 힘들었던 것이다. 즉 노비는 토지 넓이에 비례해서 그 소유 숫자가 달라졌던 것이다. 노비는 우리말로 「종」이며 노예·천예·천구 등으로 불려졌고, 그들에겐 姓을 부여하지 않았고 공민권은 물론 없었다. 교육을 받지 못하는 것은 물론이고 요역이나 군역의 의무도 없었다. 그들은 자기의 상전에게 몸값으로 身貢을 바칠 의무밖에 없었다. 그러나 주인이 자기의 노비라도 마음대로 살해할 수 없도록 법으로 규정되어 있었다. 노비는 매매·상속·양도의 대상이었고, 젊고 건강할수록 값이 올라갔다. 그리고 노비는 가옥이나 토지 등을 소유할 수 있으며, 처자를 거느리고 독자적인 생활을 할 수 있는 최소한의 인권도 인정받았다. 만일 노비가 국가나 사회에 공을 세운다면 양인으로 승격되기도 하였다.

노비는 크게 公奴婢와 私奴婢로 구별할 수 있다. 공노비는 독립된 가옥에서 살면서 국가기관에 소속되어 매년 국가에 신공을 바치거나, 일정한 기간을 관청에 나가서 무보수로 노동을 제공하여야 했다. 공노비는 또 納貢奴婢라고 하고, 사노비를 選上奴婢라고 했다. 납공노비는 농사를 짓는 노비로서 병작료와 신공을 바쳐야 했다. 신공으로는 무명과 저화를 별도로 납부하였다. 선상노비는 대개 장인들로서 일정한 기간은 관청에 나가 무보수로 물품을 만들어야 했다.

노비는 또 거주형태에 따라 外居奴婢와 率居奴婢로 나누어 볼 수 있다. 외거노비는 독자적인 생활을 하기 때문에 주인의 간섭을 적게 받는다. 이들은 주인의 토지를 경작하고 병작료를 바쳤고 신공을 바쳐야 했으며 주인의 집안 일을 돌봐주기도 하였다. 솔거노비는 주인과 함께 같은 집안에 살면서 주인집 농사를 지어주고 집안 일을 보살펴 주면서 의식주문제를 해결하였다. 극히 드물게 보는 예이지만, 노비 중에서 때로는 국가에 많은 재산을 바치고 그 자식을 양인으로 상승시킨 예도 있었으며, 틈틈이 공부를 하고 성명을 바꿔 몰래 과거에 합격하기도 하였다. 그리고 주인에게 총애를 받아 재산을 물려받기도 하고 첩이 되기도 한 예가 적지 않다.

한편 천민에 대한 인식이 점차 달라지면서 고려 말기에는 部曲民들을 많이 해방시키더니, 조선왕조에서는 수십 만의 노비를 양인으로 풀어줌으로써 천민을 해방시키는 결과를 가져오기도 했었다. 태종 때에는 특별관청을 두고 노비해방을 위한 조사사업을 벌였으며, 그 후에도 약 10만명의 사원노비를 양인 혹은 공노비로 승격시켰다. 17세기에는 贖良에 의해 양인이 되기도 하고, 다른 곳으로 몰래 도망하여 노비신분을 벗어나는 경우도 많았다. 그렇다고 해서 조선시대 초기부터 노비제도 그 자체가 붕괴된 것은 물론 아니었다. 해방되는 노비 이외에 상당수의 노비는 세습되고 양인과의 결혼이 금지되었으며 관직에로의 진출도 차단되었기 때문이다.

〈李存熙〉

Ⅱ. 중앙 정치구조

1. 정치구조의 정비와 정치기구

2. 관직과 관계

Ⅱ. 중앙 정치구조

1. 정치구조의 정비와 정치기구

1) 정치구조의 정비

조선의 중앙 정치구조는 개국과 함께 고려의 관제를 계승하면서 성립되었다. 최고 의결·국정기관에 도평의사사가 있고, 그 아래로 문하부·삼사·예문춘추관·중추원·사헌부·개성부·6조, 상서사·성균관·각문·훈련관·서운관과 봉상시·교서감 등 寺·監 및 10衛, 사선서·요물고·풍저창 등 署·庫·倉, 내시부·액정서와 전악서·아악서가 등차적으로 편제되어 각각에 부여된 일을 맡았다.

이들 여러 관아의 국정 수행을 위한 상호관계를 보면 도평의사사는 6조와 시·감·창·고·서 등을 총령하면서 국정을 논의·의결하고 그 집행을 지휘하였다. 6조와 시·감·창·고·서는 그 관아의 정사를 직접 국왕에게 주달하여 재결을 받아 시행하기도 하나[1] 대개는 도평의사사의 지휘를 받으면서 각각에 규정된 정무를 집행하였다.[2] 6조와 시·감·창·고·서는 국정을 명확히 분장하지 못하였고, 6조는 장관(전서)이 朝政에 참여하지 못한 관계로 시·감·창·고·서를 확고하게 지휘하지 못하였다. 또 6조·시·감 등의 지휘체계와 관직명은 상서사·성균관·훈련관을 제외한 6조 등 모두가 장관과 차관이 2인이며, 낭관은 녹직과 겸직이 복합되었다. 직질이 같아도 관직명이 관아에 따라 달랐고, 관직명이 같아도 직질이 관아에 따라 다르기도 하여 체계화되지 못하였다.

---

1) 崔承熙, 〈朝鮮 太祖의 王權과 政治運營〉(《震檀學報》 64, 1987), 159~160쪽.
2) 韓忠熙, 〈朝鮮初期 議政府硏究(상)〉(《韓國史硏究》 31, 1980), 115~118쪽.

이러한 개국 초의 정치구조는 마지막《經國大典》(乙巳大典)이 반포되는 성종 16년(1485)까지 왕권·의정부기능, 6조의 지위향상과 서무분장, 6조 屬司·屬衙門制의 정비, 제주(提調)제 등 겸직제의 정비, 冗官혁거, 1인의 장관을 정점으로 한 획일적인 관직제정비, 재정긴축 등과 함께 조선적인 것으로 정립되었는데, 그 내용은 다음과 같다.

① 정종 2년(1400)에 도평의사사가 의정부로 개편되고, 의정부가 정권을 專掌함에 따라 도평의사사 중심의 국정 운영체제가 의정부 중심의 운영체제로 전환되었다. 이에 부수되어 중추원이 삼군부로 개칭되고 병권을 전장하였으며, 중추원 승지가 승정원으로 독립되었다.

② 태종 원년(1401) 의정부에 합속되어 있던 문하부가 혁거되면서 宰臣은 의정부적인 명호로 개칭되고 郎舍는 사간원으로 독립되었다. 예문춘추관이 예문관과 춘추관으로 분립되었고, 승정원이 다시 승추부에 합속되었으며, 의흥삼군부 등이 승추부 등으로 개칭되고 사헌부 등의 中丞·侍史·雜端 등이 執義·掌令·持平 등으로 개칭되었다. 사간원 左·右散騎常侍가 혁거되고 左·右諫議大夫가 정3품 通政大夫 좌·우사간으로 승질·개칭되었고, 교서감이 교서관으로 개칭되면서 少監 이상 관이 혁거되었다. 동 3년에 6조의 장관과 6寺 7監의 장·차관도 각각 1인으로 조정되었다. 삼군에 각각 도총제부가 설치되면서 都總制·摠制·同知摠制·僉摠制를 두었고, 上·大護軍을 節制使·僉節制使로 개칭하였다. 또 德泉庫 등을 內贍寺 등으로 개칭하였고, 司水監 등을 司宰監 등에 합속하였다. 동 5년에 6조는 典書·議郎을 혁거하고 정2품의 판서와 정3품 당상의 참판을 두었다. 이 직후 6조에 각각 3속사를 두어 해당 조의 일을 분장하게 하였고, 의정부 등 2품 이상 10여 아문을 제외한 70여 3품 이하 아문을 그 관아의 담당 직무에 따라 6조에 분속시키고 6조로 하여금 그 아문의 행정과 인사를 지휘하게 하였다. 동 14년에 시·감 등의 令·副令과 正·副正을 尹·少尹, 監·少監을 正·副正으로 체계화하였다.3)

③ 세종 2년(1420)에 集賢殿을 설치하고, 領殿事 이하의 겸관과 副提學 이하의 祿官(전임관)을 두었다. 동 5년에 조선 개국 이래로 임시기관을 중심으로 설치되어 그 관아를 통섭한 제주와 시·감 등에 광범하게 설치된 兼判事를 통합해 각 관아별로 제주수, 實案(例兼)提調를 상정하였다.4) 또 開城留後司·敦寧府·仁壽府와 通禮門 등의 관원 70여 인을 태거하였다. 동 15년에는 7년 이래로 禮資

---

3) 《太宗實錄》 권 27, 태종 14년 정월 계사. 통례문 등의 4품 이하도 僉知事·判官·注簿·丞·副丞·副直長·錄事·副錄事 등으로 체계화하였다.

4) 金松姬, 〈朝鮮初期의 「提調」制에 관한 硏究〉(《韓國學論集》 12, 漢陽大, 1987), 40~49쪽.

寺 등에서 운영하던 久任官制를[5] 공조·인수부 등 10여 관아로 확대하였다.

④ 문종 원년(1451)에 국초부터 당시까지 변천되면서 운영되어 온 3軍-12司制의 군령체제를 3軍- 5司制로 개편하였다.[6]

⑤ 세조 2년(1456)에 세종 초 이래의 집현전을 폐지하였다. 동 6년에 종친부·병조 사헌부·인수부·사간원·한성부·선공감 등 40여 관아의 관원 90여 인을 감원하였고, 경창부를 폐지하였으며, 도관서 등을 사선서 등에 합속하고 전농시 등을 사선시 등으로 개칭하였다 동 12년에 의빈부·병조·한성부·사간원·변정원 관원을 감원하였고, 시·감·창·고·서 등 관아 정3품 당하관 이하의 명칭을 正·副正·僉正·判官·主簿·奉事·副奉事·參奉으로 일원화하였다. 오위진무소·중추원·상서사 등을 五衛都總府·中樞府·尙瑞院 등으로 개칭하였고, 호·형조에 算士·明律 등 本業人(전문직업인)을[7] 두었다. 또 구임관제도 크게 확대하였다. 세조 12년의 이 관제개편으로 조선의 중앙관제는 거의 정립되었다.

⑥ 성종 원년(1470) 사간원에 正言을 추가로 배치하였고, 領敦寧府事 등 관직을 복설하였으며, 예문관관을 증치하였다. 동 15년 이전에 호조와 형조에 전문직인 종6품의 敎授와 別提를 증치하였다.[8] 동 15년에 전교서를 교서관으로 개칭·승격하고, 의빈부 관직명을 某某尉로 개칭하였다. 성종 15년에 개편된 이 직제가 마지막 《경국대전》에 명문화되면서 조선의 중앙관제는 확립되었다.

이처럼 조선 초기의 중앙 정치구조는 개국 초의 도평의사사 체제에서 의정부·6조체제로 개편되었다. 도평의사사는 의정부로 개편되면서 소멸되고, 의정부가 6조를 지휘하면서 국정을 통령하였다. 6조는 정2품 아문으로 격상되고, 속사·속아문제의 정비와 함께 서무를 분장하였다. 정3품 이하 여러 아문은 6조·제주(제주설치아문)나 6조(무제주아문)의 지휘를 받아 맡은 일을 처리하였다.

---

5) 빈번한 관직 교체로 인하여 업무의 일관성이 결여되는 것을 방지하면서 효과적인 직무를 수행하기 위하여 제사·의례·외교·소송·군수·회계·창고·궁중사무를 관장하는 관아에 약간의 장기근무자를 확보한 것에서 비롯되었다. 세종 19년·세조 6년에 걸쳐 그 설치 관아와 인원수가 크게 확대되었고, 《경국대전》에는 한성부·봉상시·군자감 등 25개 관아 49인으로 등재되었다.

6) 《文宗實錄》 권 8, 문종 원년 7월 무술. 문종 이전의 군제 변천은 閔賢九, 《朝鮮初期의 軍事制度와 政治》(韓國硏究院, 1983), 269~286쪽 참조.

7) 오로지 본학인을 지칭하는 뜻으로 제학(기술학) 중의 어느 하나에 해당하는 학을 전공하는 자를 의미하였다(《譯註 經國大典》 주석편, 정신문화연구원, 1986, 60쪽). 본업인에게 제수한 관직은 호·형조 이외에 司譯院·觀象監·內醫院·典醫監·內需司·典涓司·惠民局·活人署 등에 正 이하 100여 직이 있었다.

8) 구체적인 시기는 불명하나 세조 12년으로부터 성종 15년까지의 어느 시기로 추측된다.

2) 정치기구의 기능과 구성

조선 초기에 중앙의 여러 정치기구의 기능과 국정 수행을 위한 행정체계는 대개 조선 개국으로부터 태종 4년(1404)까지는 도평의사사나 의정부가 6조 등 모든 관아를 통령하면서 국정을 수행하였다. 태종 5년 이후에는 의정부가 6조(6조속아문)를 지휘하거나 6조가 속아문을 지휘하면서 국정을 운영하였다. 즉 의정부서사제가 운영된 태종 5~13년과 세종 18년~단종대에는 왕→의정부→6조→시·감·관·창·고·서, 6조직계제가 운영된 태종 14년→세종 17년과 세조 원년 이후는 왕→6조→시·감·관·창·고·서의 체계 하에서 국정이 영위되었다.

또 여러 정치기구는 그 직장과 관련하여 태조 즉위로부터 정종대까지는 도평의사사, 의흥삼군부가 각각 최고 의결·집행기관, 최고 군정기관으로서의 기능을 발휘하여 국정의 중추기관이 되었다. 태종대 이후에는 의정부·6조가 국정의 중추기관이 되었다. 승정원은 왕명을 출납하고, 사헌부·사간원·홍문관은 언론을 관장하고, 예문관·춘추관·성균관·승문원은 文翰을 관장하고, 의금부·형조·한성부는 각급 재판을 관장함으로써 국정을 협찬하였다. 내금위·겸사복·선전관·공신嫡長은 궁내에서 직숙하거나 군사관계의 傳命에 종사하였다. 중추원·종친부·돈녕부·의빈부·충훈부는 실제 정치에서 발휘한 영향력은 미미하였지만, 문·무재상이 대기하거나 종친·외척·부마·공신이 소속된 정1품 아문이었다.

이러한 정치기구의 운영과 관련하여 주로《경국대전》에 법제화된 정치기구를 대상으로 하여 직계아문과 6조 속아문으로 구분하고, 아울러《경국대전》편찬 이전에 폐지되거나 다른 관아로 계승되었지만 정치에 큰 영향력을 미친 도평의사사·문하부·삼군부·집현전을 포괄하여 살펴본다. 각 관아에 대해서는 국정에 끼친 영향력과 관련하여 의정부·6조 등은 그 관아의 연혁, 법제적인 기능과 실제 기능, 구성원의 변천 등까지 살피고, 그 밖의 아문은 관아의 연혁과《경국대전》에 규정된 직장·기능만을 살펴본다.[9]

---

9) 車文燮은 〈정치구조〉(《한국사》 10, 국사편찬위원회, 1974), 17~68쪽에서 이

(1) 도평의사사 · 문하부 · (의흥)삼군부 · 집현전

가. 도평의사사

조선의 도평의사사는 개국과 함께 고려 말의 도평의사사를 계승하면서 성립되었다. 정종 2년(1400)에 그 강력한 권력을 분산시키고 왕권을 강화하기 위하여 행정권은 의정부로 개칭하여 담당시키고 군사권은 중추원으로 이관할 때까지 계속되었다.

도평의사사는 고려 때와 같이 최고의 논의 · 의결기관이었고, 6조 이하의 백사를 지휘 · 통솔하면서 정치 · 경제 · 군사 · 외교 · 문화 등 모든 국정을 관장하였다.[10] 도평의사사는 문하부 · 삼사 · 중추원 재상이 겸하면서 국정을 논의 · 의결하고 지휘하는 都評議使司, 속사로서 행정을 담당한 經歷司와 입법에 관한 일을 관장하는 檢詳條例司로 구성되었다.[11] 이 중 도평의사사직을 겸대한 관직에는 다음의 〈표 1〉과 같이 정당문학 이상의 문하부 재상, 우복

글과 동일한 논제 아래, (1) 정치구조의 정비에서는 조선 개국 때의 관제를 망라하고 이것이 《經國大典》에 법제화되기까지의 과정을 통괄적으로 서술하였다. (2) 중앙의 정치구조에서는 《經國大典》에 규정된 중앙 정치기구 모두를 1) 의정부, 2) 6조, 3) 3사, 4) 승정원 · 의금부, 5) 문예기관, 6) 예우기관, 7) 국왕의 시측기관, 8) 6조 속아문으로 구분하고, 《經國大典》의 내용을 통해 그 직장과 관원을 서술하였다. 윤국일은 《경국대전연구》(과학백과사전출판사, 1986) 부록 2 중앙관리종합일람표에서 전 중앙관아와 관직을 기본체제 특수체제 · 영관지체제 · 제주체제로 구분하여 정리하였다. 韓沽劤 · 閔賢九는 《譯註 經國大典》 註釋篇 吏典 · 兵典(정신문화연구원, 1986)에서 여러 관아의 연혁을 《朝鮮王朝實錄》의 기사를 인용하면서 개관하였다.

10) 韓忠熙, 앞의 글, 116~118쪽.

11) 《太祖實錄》 권1, 태조 원년 7월 을미. 이들의 구성을 표로 정리하면 다음과 같다.

		구성원 · 인원 · 겸대관직 · 직질	
도평의사사		판사 2(시중) 동판사 11(문화부 · 삼사 정2품 이상)	사 1(판중추원사) 부사 15(중추사 이하 중추학사 이상)
속사	경력사 (타관겸)	경력 1 6방녹사 각 1 도사 1	典吏 6(7품거관) 都吏 ?(廩俸其餘權知)
	검상조례사	검상 2(타관 겸)	녹사 3(3관 겸)

〈표 1〉 도평의사사 구성원 일람표

기관별	관직 · 인원 · 관품		
문하부	좌시중 1(정 1) 우시중 1(〃)	시랑찬성사 2(종 1) 참찬사 4(정 2)	지사 1(정2) 정당문학 1(〃)
삼 사	판사 1(종 1)	좌 · 우복야 각 1(정 2)	
중추원	판사 1(정 2) 사 1(종 2) 지사 2(〃)	동지사 4(종 2) 첨서 1(〃) 부사 6(〃)	학사 1(종2)

야 이상의 삼사 재상, 중추원학사 이상의 중추원 재상 등 당시의 고위 관직자가 모두 망라되었다. 이 구성원은 태조 원년 12월에 商議門下府事(정2, 2), 商議中樞院使(종2, 3)가 추가되고, 예문춘추관의 대학사(정2, 2) · 학사(종2, 2)와 개성부의 판사(정2, 2) · 윤(종2, 2)이 새로이 구성원이 되면서 40여 명으로 증가하였고, 다시 60~70여 명으로 증가되더니 태조 7년(1398)부터 정종 2년 4월까지의 어느 때에 40여 명으로 감축되었다.[12)]

나. 문하부

門下府는 고려 말의 문하부를 계승하면서 성립되었고, 태종 원년(1401)에 의정부제의 정비와 함께 그 직장과 관원 중 2품 이상의 그것은 의정부로 흡수되고 낭사는 사간원으로 독립하면서 소멸되었다.

그 관장한 일은 정2품 이상의 재신은 百揆庶務였고, 3품 이하의 낭사는 獻納諫諍 · 駁正差除 · 受發教旨 · 通進啓箋이었다. 관원은 성립 때에는 영부사 · 각시중 · 우시중(정1, 각 1), 시랑찬성사(종1, 2), 참찬부사(4) · 지부사(1) · 정당문학(1) · 상의부사(2)(정2), 좌 · 우산기상시(정3, 각 1), 좌간의대부 · 우간의대부 · 직문하(종3, 각 1), 내사사인(정4, 1), 기거주 · 좌보궐 · 우보궐(정5, 각 1), 좌 · 우습유(정6, 각 1), 주서 · 도사(정7, 각 1)가 있었다.[13)] 태조 3년(1394)에 시중이

12) 《太祖實錄》 권 13, 태조 7년 4월 기묘.
《定宗實錄》 권 4, 정종 2년 4월 신축.

13) 《太祖實錄》 권 1, 태조 원년 7월 정미. 영부사는 같은 날 좌 · 우시중의 앞에 판문하부사 洪永通을 제수하였고, 이후에도 판문하부사가 제수된 사례에서 판부사와 통용되었다고 생각된다.

정승으로 개칭되었다.

그 실제 기능면에서 보면 정 2품관 이상은 개국 초의 정치가 도평의사사(태조 원년~정종 2년)나 의정부(정종 2년 4월 이후)가 백관을 총령하면서 국정을 지휘한 까닭에 독자적인 기능을 발휘하지 못하였다. 그러나 정3품 이하는 사헌부와 함께 대간으로 통칭되면서 능동적인 기능을 발휘하였다.

다. (의흥)삼군부

고려 말 이래의 삼군총제부를 태조 2년에 義興三軍府로 개칭하고 병권을 관장시키면서 성립되었고, 정종 2년에 중추부와 함께 삼군부로 개칭되었다가 태종 원년에 승추부로 개편되면서 소멸되었다.[14]

그 관장한 일은 중앙의 10위와 각 지방에서 번상하여 시위하는 주군병사의 통할 등 군사 전반에 걸친 통어권을 관장하였다.[15] 구성원은 성립될 때에는 중·좌·우군에 각각 절제사(종친·대신, 1·2품?)가 있었다. 태조 3년 이후에 진무소 및 중·좌·우군과 판사(1품)·절제사(2품)·진무(정3 당하~종6)로 조정되고, 정종 2년에 중·좌·우군과 판사(종1)·지삼군부사(정2)·총제(종2)로 개편되면서 운영되었다.[16]

태조 3년으로부터 7년까지는 좌시중 趙浚과 판삼사사 鄭道傳이 판사를 겸하고 군정을 총관함에 따라 강력한 기능을 발휘하였다. 특히 정도전이 태조의 寵信을 토대로 강력한 정치력을 행사함에 따라 도평의사사의 군정 간섭을 배제하고 도평의사사와 양립하는 권부가 되었다.

라. 집현전

集賢殿은 세종 2년(1420)에 인재의 양성과 문풍의 진작을 위하여 당·송대

---

14) 《定宗實錄》 권 4, 정종 2년 4월 신축.
《太宗實錄》 권 2, 태종 원년 7월 경자. 그러나 명칭상으로는 소멸되었지만 그 기능상으로 삼군도총제부(태종 3년 6월~9년 8월), 삼군진무소(태종 9년 8월·태종 14년~18년 8월·세종 14년 3월~세조 3년 4월), 義建府진무소(태종 18년 8월~세종 즉위년 9월), 삼군부(세종 즉위년 9월~14년 3월), 오위진무소(세조 3년 4월~12년 정월) 및 오위도총부제(세조 12년 정월 이후)의 운영과 궤를 같이하는 것이었다.

15) 閔賢九, 앞의 책, 107~109쪽. 의흥삼군부가 성립할 때의 10위는 義興親軍左·右衛, 鷹揚·金吾·左右·神虎·興威·備巡·千牛·監門衛였다.

16) 閔賢九, 위의 책, 265~266쪽. 판사는 태조 3년 정월부터 확인되었고, 진무소는 태조 7년에 확인되었다.

의 집현전제와 고려대의 館閣制를 참작하여 궐내의 학문연구 기관을 통합하면서 성립되었고,[17] 세조 2년(1456)에 세조가 사육신사건을 계기로 하여 혁파될 때까지 계속되었다.

이 기관이 관장한 일은 법제적으로는 도서의 수장과 이용, 학문활동, 국왕의 자문에 대비하는 등 학문적인 기능으로 규정되었다. 그러나 세종 초·중기에는 법제적인 기능이 중심이 되었고, 세종 후기 이후에는 법제적인 기능은 물론 국가시책 논의의 참여, 간쟁과 탄핵 등의 기능도 행사하였다. 관원은 성립될 때에는 겸관인 영전사(정1, 2)·대제학(정2, 2)·제학(종2, 2)과 전임관인 부제학(정3, 1)·직제학(종3, 1)·직전(정4, 1)·응교(종4, 1)·교리(정5, 1)·부교리 (종5, 1)·수찬(정6, 1)·부수찬(종6, 1)·박사(정7, 1)·저작(정8, 1)·정자(정9, 1)가 있었다. 이 관원의 직질은 변동이 없었으나 인원은 몇 차례 변천되면서 운영되었으니, 겸관은 세종 4년에 각 1 명이 감소되면서 폐지될 때까지 계승되었다. 전임관은 교리 이하나 직제학 이하가 증감되면서 세종 8년 16인, 세종 17년 초 22인, 세종 17년 7월 32인이 되더니, 세종 18년에 부제학(1)·직제학(1)·직전(2)·응교(2)·교리(2)·부교리(2)·수찬(3)·부수찬(2)·박사(2)·저작(1)·정자(2)의 20인으로 고정되었다.

겸관인 제학 이상은 관아의 운영에 직접 관여하지 않고 다만 부제학 이하를 擬望하고, 부제학 이하가 언론활동상 국왕과 대립하였을 때에 중재하는 역할을 수행하였다. 부제학 이하는 제반 업무를 담당하였고, 경연관과 서연관을 例兼하면서[18] 경연과 서연을 전담하였다. 겸관·전임관 모두 일류 학자가 제수되었다. 부제학 이하에 결원이 생기면 차하위자가 차례차례로 승진되었고, 대개 부제학까지 승진한 후에 6조나 승정원 등으로 진출하였다.[19]

---

17) 명칭상으로는 정종 원년(1399)에 고려의 집현전제를 참작하여 校理(문신 5품 이하 겸)와 說書·正字(문신 7품 이하 겸)를 두어 경적을 강론하고 고문에 대비하게 하면서 성립되었고, 다음해에 寶文閣으로 개칭되며 폐지된 것에서 비롯되었다.

18) 그 관원수와 관련되어 세종 2년에는 11인 모두가 경연관을, 세종 17년에는 32인 중 22인은 경연관에 나머지 10인은 서연관을 겸하였으나, 세종 20년에는 20인 중 10인은 경연관을 겸하고, 10인은 서연관을 겸대하였다.

19) 崔承熙, 〈集賢殿研究(상)·(하)〉(《歷史學報》 32·33, 1967·1968) 참조.

집현전이 중심이 된 중국과 우리 나라의 역사, 유교윤리, 의례, 음운 등 분야의 서적편찬은 조선 초기 문치 융성의 토대가 되었다.

(2) 《경국대전》상의 직계아문

가. 의정부·6조·승정원·사헌부·사간원

가) 의정부

議政府는 정종 2년(1400)에 世弟인 靖安君 芳遠의 주도 하에 왕권을 강화하기 위한 목적에서 도평의사사를 개편하면서 성립하였다. 성립될 때에는 명칭만 달랐을 뿐 그 기능과 구성원은 도평의사사와 차이가 없었다. 그러나 태종 5년(1405) 정치만을 관장하고 의정부 관원으로만 구성하게 되면서 독자적인 의정부제로 정립되었다.

기능은 법제적으로는 정종 2년으로부터 태종 원년까지의 시기에 도평의사사의 최고 국정·의결기관으로서의 기능, 문하부의 백관의 서무를 관장하는 기능, 周官 3공의 論道經邦·攝理陰陽의 기능이 융합되면서 摠百官·平庶政·理陰陽·經邦國으로 규정되어 《경국대전》에 법제화되었다. 물론 법제적인 기능이 중심이 되기는 하나 왕권의 강약, 의정부 구성원의 자질, 6조·승정원·3사와의 국정운영을 둘러싼 상호관계, 院相制 운영 등의 요소와 관련하여 6조를 지휘하면서 국정운영을 총관하였다.[20] 그 참여 범위는 정치·

20) 정종 2년부터 태종 5년까지는 의정부가 중심이 된 국정운영(議政府署事制)과 함께 의정부가 6조를 지배하면서 정치·군사·경제·외교 등 모든 국정을 총관하였다. 태종 5년부터 태종 14년까지는 의정부서사제가 지속되고 의정부가 6조를 지휘하면서 국정을 총관하기는 하나 태종의 왕권강화 시도와 관련된 의정부 기능의 약화 도모, 6조의 서정 분장과 함께 이전에 비하여 다소 약화되었다. 태종 14년부터 세종 18년(1436)까지는 6조가 중심이 된 국정운영(六曹直啓制)의 실시와 함께 그 기능이 크게 축소되었다. 그러나 이 때에도 의정부는 의정이 당시의 최고위 관인이고 국왕의 신임이 깊은 인물들로, 법제적인 사대문서·重囚안핵의 기능 외에 조정이나 국왕의 자문에 의견을 개진하는 영향력을 발휘하였다. 세종 18년부터 단종 3년(1455) 윤 6월까지는 의정부서사제의 부활에 따라 국정운영을 주도하였다. 세조 원년 이후는 6조직계제가 부활되고, 세조의 무단정치와 院相이 국정운영을 주도하는 것과 관련되어 크게 약화되었다. 그러면서도 성종 15년(1484) 이후에는 국왕이 대소 정사를 영돈녕부사 이상 의정과 협의하여 결정하고 집행함에 따라 큰 영향력을 발휘하였다. 또 세조 13년부터 성종 7년까지도 원상이 정국을 주도하기는 하나 의정이 원상으로 참여하였기에 상당한 영향력을 발휘하였다.

군사·경제·사회·문화·외교 등 국정 전분야에 걸쳤다.

관원은 처음 성립될 때에는 문하부·삼사의 1·2품관과 도평의사사의 속사였던 경력사·검상조례사관으로 구성되었으니, 종래의 도평의사사 직제에서 중추원의 2품관만이 제외된 것이었다. 곧 예문춘추관의 대학사(정2, 1)·학사(종2, 2)와 삼군부의 중·좌·우군총제(종2, 각 2)가 추가되어 도평의사사 때의 직제로 복구되었다. 그러나 태종의 즉위와 함께 의정부의 기능·관원을 축소시키고, 6조의 기능·지위를 강화함에 따라 시정되었다. 관원은 태종 원년에 삼사·예문춘추관·삼군부 재상을 의정부에서 제외시키는 동시에 문하부를 혁파하고 문하부적인 관직명을 의정부적인 것으로 개칭함에 따라 영의정부사·좌의정·우의정(정1, 각 1), 의정부찬성사(종1, 2), 의정부참찬사(4), 의정부문학(1), 참지의정부사(2)(정2), 의정부사인(정4, 2), 검상조례사의 검상·녹사로 개편되었다. 이로써 의정부제는 도평의사사적인 성격에서 탈피하여, 조선의 독자적인 제도로 전환되었다. 이후 세조 12년(1466)까지 영·좌·우의정(정1, 각 1), 좌·우찬성(종1, 각 1), 좌·우참찬(정2, 각 1), 사인(정4, 2), 검상(정5, 1), 사록(정7, 2)으로 정립되었고, 《경국대전》의 편찬과 함께 법제화되었다.[21]

의정부의 정사는 구성원의 직질·기능과 관련하여 대개 3의정이 찬성 이하의 보좌를 받아 합의로써 처리되었다. 그러면서도 때로는 국왕의 총신을 받는 한 두 의정이 의정부의 업무를 천단하는 경우도 있었다. 그 관원에는 대개 타관아의 동품자나 의정부의 차하위자가 체직되거나 승직되면서 제수되었다. 특히 사인에는 검상이 재직기간에 구애받지 않고 陞資되면서 제수되고 검상에는 동품의 3사·6조 관원이 제수되었으며, 사인·검상·사록은 재직기간이 만료되면 승자하여 체직되는[22] 등 같은 품계의 어떠한 관직보다도 우월한 지위를 누렸다.

나) 6조(이·호·예·병·형·공조)

6조는 고려 말의 6조를 계승하여 정3품 아문으로 성립되었다. 태종 5년에

21) 韓忠熙, 앞의 글.

22) 韓忠熙, 〈朝鮮初期 議政府舍人·檢詳의 官人的 地位－舍人·檢詳의 歷官과 그 機能의 分析을 중심으로－〉(《歷史敎育論集》 13·14, 慶北大, 1990) 참조.

정2품 아문으로 격상되면서 서정을 분장하고 장관인 판서가 朝政에 참여하게 되더니, 속사·속아문제의 정립과 함께 국정 수행의 중심 관아가 되었다.

처음 6조가 관장한 일은 각각 銓選流品·考功·殿最 등의 일(이조), 武選·兵籍·郵驛 등의 일(병조), 土地·戶口·財用 등의 일(호조), 水火·奸盜·鬪殺·詞訟 등의 일(형조), 祭享·賓客·朝會·科擧·道釋·進獻 등의 일(예조), 工匠·造作 등의 일(공조)이었다. 관원은 각 조에 전서(정3, 2), 의랑(정4, 2), 정랑(정5, 2), 좌랑(정6, 2), 주사(정7, 2)의 품관과 영사(6·7 품거관)의 아전이 있었다. 이 직장과 구성원이 세조대까지 왕권, 의정부·6조 기능, 제도정비 등과 관련되어 여러 번 수정·보완되었고,[23] 마지막 《경국대전》의 편찬과 함께 아래에서 언급되는 직장·관원, 속사·속아문제로 법제화되었다. 그러나 조선 개국으로부터 태종 5년까지는 육조의 서무 분장이 명확하지 못하였다. 또 상서사가 문·무반의 銓選을 관장하고, 의흥삼군부가 병권을 관장하며, 三司(司平府)가 재정을 관장하였기 때문에 이·병·호조는 각각 그 분야의 정사를 관장하지 못하거나 유명무실하였다.

(가) 이 조

文選·勳封·考課에 관한 정사를 관장하였다. 관원에는 판서(정2, 1), 참판(종2, 1), 참의(정3 당상, 1), 정랑(정5, 3), 좌랑(정6, 3)이 있었다. 속사에는 종친·문관·잡직·승직의 임명, 고신·녹패·문과·생원·진사시 합격자에 대한 賜牌·差定·取才·개명, 贓汚·敗常人의 錄案 등에 관한 사무를 맡아보던 文選司, 宗宰·공신의 封贈, 시호·享官·老職·命婦의 爵帖·鄕吏給帖 등의 사무를 맡아보던 考勳司, 문관의 공과·勤慢·휴가·여러 관사의 아전의 근무 일수·향리 자손 등을 분별 처리하는 등의 사무를 맡아보던 考功司가 있었다. 각 조에 소속된 정랑·좌랑 중 1명씩이 속사에 편제되어 담당업무를 수행하였다. 속아문에는 충익부·상서원·종부시·사옹원·내수사·내시부·액정서가 있었다.

각 조의 정랑·좌랑은 그 조의 직장과 담당하는 일에서 재직기간이 차면 승자되어 체직되었고, 좌랑은 정랑에 결원이 있으면 대개 재직기간에 구애되

23) 韓忠熙, 〈朝鮮初期 六曹硏究〉(《大丘史學》 20·21, 1981), 184~201쪽.

지 않고 승직되는 등 당시의 관인이 선망하는 관직의 하나였다.[24] 그 밖에 《경국대전》에 규정되지는 않았지만 태종 5년 정월 이후에는 수시로 판서의 상위에 의정 등으로 겸대된 判事制가 운영되면서 인사 등 일부의 중요한 정사를 지휘하였다.[25]

(나) 호 조

호구·貢職·錢糧·食貨에 관한 정사를 관장하였다. 판서(1), 참판(1), 참의(1), 정랑(3), 좌랑(3), 算學敎授(종6, 1), 別提(종6, 2), 算士(종7, 1), 計士(종8, 2), 訓導(정9, 1), 會士(종9, 2)가 있었다. 교수 이하는 本業人이었고, 별제는 無祿官이었으며, 산사 이하는 동반 遞兒職이었다.[26] 속사에는 호구·토전·조세·부역·공헌·농상의 권장, 풍흉의 조사, 賑貸穀의 분급과 회수 등에 관한 사무를 맡아보던 版籍司, 서울과 지방에서의 儲積·歲計·解由·虧缺 등에 관한 사무를 맡아보던 會計司, 서울에 있는 각 관사의 支調, 왜인의 糧料 등에 관한 사무를 맡아보던 經費司가 있었다. 속아문에는 내자시·내섬시·사도시·사섬시·군자감·제용감·사재감·풍저창·광흥창·전함사·평시서·사온서·의영고·장흥고·사포서·양현고·5부가 있었다.

(다) 예 조

예악·제사·宴享·朝聘·학교에 관한 정사를 관장하였다. 판서(1), 참판(1), 참의(1), 정랑(3), 좌랑(3)이 있었다. 속사에는 의식·제도·조회·경연·史官·학교·과거·印信·表箋·冊命·천문·漏刻·國忌·墓諱·喪葬 등에 관한 사무를 맡아보던 稽制司, 宴享·제사·牲豆·飮膳·의약 등에 관한 사무를 맡아보던 典享司, 사신·왜인·야인의 영접, 외방의 조공과 이에 대한

24) 韓忠熙, 〈朝鮮初期 正郎·佐郎의 官人的 地位〉(《韓國學論集》 17, 啓明大, 1990), 153~161쪽.

25) 韓忠熙, 〈朝鮮初期 判吏·兵曹事硏究〉(《韓國學論集》 11, 1985), 120~131쪽. 호·예·병조에 운영된 판사도 같다.

26) 李成茂, 《朝鮮初期 兩班硏究》(一潮閣, 1981), 128·131쪽. 이하 형조·사옹원·수성금화사·예빈시·전설사·전연사·전함사·교서관·상의원·군기시·내수사·빙고·귀후서·조지서·활인서·장원서·사포서·와서·소격서·사축서·도화서에 소속된 무록관, 형조·내의원·관상감·전의감·사역원·내수사·혜민서·전연사·활인서에 소속된 체아직에 대한 설명은 뒤 2-1)-(2)-나 무록직과 체아직(110~114쪽)에 대한 서술과의 중복을 피하여 생략하였다.

宴設과 賜與 등에 관한 사무를 맡아보던 典客司가 있었다. 속아문에는 홍문관 · 예문관 · 성균관 · 춘추관 · 승문원 · 통례원 · 봉상시 · 교서관 · 내의원 · 예빈시 · 장악원 · 관상감 · 전의감 · 사역원 · 세자시강원 · 종학 · 소격서 · 종묘서 · 사직서 · 빙고 · 전생서 · 사축서 · 혜민서 · 도화서 · 활인서 · 귀후서 · 사학 및 여러 殿 · 陵 등이 있었다.

(라) 병 조

무선 · 군무 · 儀衛 · 우역 · 兵甲 · 器仗 · 門戶 · 管鑰에 관한 정사를 관장하였다. 판서(1), 참판(1), 참의(1), 참지(정3 당상, 1), 정랑(정5, 4), 좌랑(정6, 4)이 있었다. 속사에는 무관 · 군사 · 잡직의 임명과 고신 · 녹패 · 附過 · 給假, 무과 등에 관한 사무를 맡아보던 武選司, 鹵簿 · 輿輦 · 廐牧 · 程驛 · 보충대 · 조예 · 나장 · 伴倘 등에 관한 사무를 맡아보던 乘輿司, 군적 · 마적 · 병기 · 전함 · 군사의 점호 · 사열 · 무예의 훈련 · 숙위, 巡綽 · 城堡 · 鎭戍와 備禦 · 征討, 군관 · 군인의 파견과 군역의 교대, 給保 · 給假 · 侍丁 · 復戶 · 화포 · 봉수 · 改火 · 禁火 · 符信 · 更籤 등에 관한 사무를 맡아보던 武備司가 있었다.[27] 속아문에는 5위 · 훈련원 · 사복시 · 군기시 · 전설사 · 세자익위사가 있었다.

아울러 병조는 군정기능과 관련하여 군령권도 행사하였다. 즉, 군정을 전장한 때와 삼군진무소나 오위진무소와 군령기능을 공유한 시기는 물론 군령기능이 삼군진무소나 의흥부 또는 오위도총부에 귀속된 시기에 있어서도[28]

27) 병조 속사의 사무분장은 이 · 호 · 예 · 형 · 공조와는 달리 정랑 · 좌랑이 각 4인이나 속사는 3사였음에서 그 분장이 애매하였다. 그러나 그 직사를 검토할 때 무선 · 승여사에는 정랑 · 좌랑 각 1인이, 무비사에는 정랑 · 좌랑 각 2인이 소속되어 담당사를 처리하였다고 추측된다. 즉, 무비사에 소속된 정랑 · 좌랑은 무비사의 직장을 「숙위사」와 「군적마적병기전함점열군사훈련무예등사」의 둘로 나누어 각각 정랑 · 좌랑 1인이 분장한 것으로 생각된다(韓忠熙, 《朝鮮初期 六曹硏究》, 高麗大 博士學位論文, 1992, 66~67쪽).

28) 태종 4년(1404)까지는 군령기능과는 무관하였다. 그러나 태종 5년~9년에는 군기를 관장한 승추부가 병조에 합속되고 군령을 관장한 삼군도총제부가 병조 속아문이 됨에 따라 군정 · 군령을 관장하는 단일기관이 되었다. 태종 9년~12년에는 병조에 의한 군정 · 군령총관의 독단을 시정하기 위하여 설치된 삼군진무소나 삼군진무소를 개칭한 의흥부에 군령기능이 이관되면서 군정기능만을 관장하였다. 태종 12년~14년에는 의흥부의 혁파와 함께 다시 일원적인 군정 · 군령기관이 되었다. 태종 14년~세조 12년(1466)에는 복설된 삼군진무소, 삼군진무소를 개칭한 오위진무소(세조 3년)와 공동으로 군령기능을 관

① 당시는 문반 중심의 정치가 수행되었다. ② 삼군도진무·오위도총관은 정2품관의 겸직이었다. ③ 병조는 군정을 총괄하면서 국왕의 측근에서 군령의 전이과정에 깊숙이 간여할 뿐만 아니라 국방정책 전반에 대한 기획과 집행을 관장하는 등과 관련하여 강력한 기능을 발휘하였다.

(마) 형 조

법률, 詳讞, 詞訟, 노예에 관한 정사를 관장하였다. 판서(1), 참판(1), 참의(1), 정랑(4), 좌랑(4), 율학교수(종6, 1), 별제(종6, 2), 명률(종7, 1), 심률(종8, 2), 훈도(정9, 1), 검률(종9, 2)이 있었다. 교수 이하는 본업인이었다. 속사에는 死罪를 상세히 覆審하는 사무를 맡아보던 詳覆司, 율령과 按覈에 관한 사무를 맡아보던 考律司, 형옥과 금령에 관한 사무를 맡아보던 掌禁司, 노예의 장적과 포로 등에 관한 사무를 맡아보던 掌隷司가 있었다. 속아문에는 장례원과 전옥서가 있었다.

(바) 공 조

山澤·工匠·營繕·陶冶에 관한 정사를 관장하였다. 판서(1), 참판(1), 참의(1), 정랑(3), 좌랑(3)이 있었다. 또 잡직의 工造(종8, 1)·工作(종9, 2)이 있었다.[29] 속사에는 궁실·城池·公廨·屋宇·토목·工役·피혁·氈罽 등에 관한 사무를 맡아보던 營造司, 여러 공장의 제작, 금·은·주·옥과 동·납·철의 冶鑄·陶瓦·權衡 등에 관한 사무를 맡아보던 攻冶司, 山澤·津梁·苑囿·種植·탄·목재와 석재·舟車·필묵·수철·칠기 등에 관한 사무를 맡아보던 山澤司가 있었다. 속아문에는 상의원·선공감·수성금화사·전연사·장원서·조지서·와서가 있었다.

다) 승정원

정종 2년(1400)에 중추원이 의흥삼군부와 承政院으로 나누어질 때 중추원의 知申事와 좌·우·좌부·우부승지 및 당후관이 승정원관으로 독립하면서

장하였다. 세조 12년 이후는 오위진무소를 개칭하면서 등장한 오위도총부가 군령을 전장하는 기관이 되고, 이것이 《經國大典》에 규정되면서 병조는 군정 기관으로 고정 되었다.

29) 이하 교서관·사섬서·조지서·사옹원·상의원·사복시·군기시·선공감·장악원·소격서·장원서·액정서와 오위의 破陣軍·隊卒·彭排에 소속된 잡직에 대한 설명은 뒤 2-1)-(1)-다 잡직(107~108쪽)과의 중복을 피하여 생략하였다.

성립되었다.[30] 태종 원년(1401)에 의흥삼군부와 승정원이 승추부로 합쳐짐에 따라 한때 승추부에 합속되었다. 태종 5년에 승추부가 병조에 병합됨에 따라 다시 승정원으로 독립되고, 종래의 지신사와 승지에서 代言으로 개칭된 좌·우·좌부·우부대언 외에 동부대언이 새로이 두어지고 당후관이 注書로 개칭되었다. 세종 15년(1433)에 지신사가 도승지로 개칭되고 대언도 승지로 고쳐지면서 정립되었다. 왕명을 출납하는 일을 관장하였다. 관원에는 도·좌·우·좌부·우부·동부승지(정3 당상, 각 1)와 주서(정7, 2)가 있었다.

승정원은 정3품 아문이지만 그 직장상 의정부·6조와 함께 국정의 중심기관이 되었다. 6승지도 정3품 당상관에 불과하나 재상으로 인식되면서 때로는 문·무반의 인사 등 국정 전반에 큰 정치력을 발휘하였다. 특히 도승지는 의정·이판 등과 인사권을 두고 각축을 하는가 하면, 좌승지 이하를 지휘하면서 승정원 업무를 총괄하여 관장하는 위세를 발휘하였다. 승지는 대개 종2품 이상에 승자하여 체직되었고, 주서는 재직기간이 차면 승자하여 체직되는 우대를 받았다.[31]

라) 사헌부·사간원

(가) 사헌부

조선 개국과 함께 고려 말의 司憲府를 계승하여 論執時政得失·矯正風俗·考察功過·褒擧彈劾의 직무를 맡고, 대사헌(종2, 1), 중승·겸중승(종3, 각 1), 시사(정4, 2), 잡단(정5, 2), 감찰(정6, 20)의 관원을 두면서 성립되었다. 태종 원년에 중승·겸중승이 집의(1)로, 시사가 장령으로, 잡단이 지평(1)으로 각각 개칭·감원되고, 감찰이 21인으로 증가되었다. 세조 12년(1466)에 감찰이 19인으로 감소되었고, 《경국대전》의 편찬과 함께 지평 1인과 감찰 5인이 증원되면서 법제화되었다. 그때그때의 정사를 논하여 바르게 이끌고, 모든 관원을 규찰하고, 풍속을 바로잡고, 원통하고 억울한 것을 풀어주며, 濫僞를 금하는 일을 관장하였다. 대사헌(종2, 1), 집의(종3, 1), 장령(정4, 2), 지평 (정5, 2), 감찰(정6, 24)이 있었다.

30) 기능상으로는 고려 말의 중추원제를 계승하여 지신사와 좌우·좌부·우부승지가 왕명출납을 관장한 것에서 비롯되었다.
31) 韓忠熙, 〈朝鮮初期 承政院硏究〉(《韓國史硏究》 59, 1987) 참고.

실제 기능은 법제적인 간쟁·봉박·서경은 물론, 일반적인 참정·侍臣·형정 등의 기능을 광범하게 발휘하였다. 특히 사간원과 함께 행사한 서경권은 인사권을 둘러싼 국왕과의 마찰에서 처음에는 1품 이하의 모든 관원을 대상으로 하였으나 수차에 걸쳐 그 대상이 4~5품 이하, 1품 이하, 폐지 등으로 변개되다가 마지막《경국대전》에 5품 이하로 법제화되었다.32) 사헌부는 그 기능에서 사간원·홍문관(성종 9년 이후, 세종 2년~세조 2년에는 집현전)과 함께 3사로 호칭되고, 형조·한성부와 함께 3법사로 통칭되었다. 관원은 청렴강개한 인물 중에서 엄선되었다. 관원 중 지평 이상은 臺長으로 호칭되면서 언론활동을 행하였다. 그러나 감찰은 다만 조회 때에 백관의 의례를 검찰하고 중앙의 여러 관서와 각 지방에 파견되어 일의 진행과 처리의 잘못을 감찰하였다. 감찰 1원은 房主監察로 임명되어 여러 감찰을 통솔하였다.33)

(나) 사간원

태종 원년(1401) 의정부에 소속된 문하부를 혁파할 때 문하부에 소속되어 獻納諫諍·駁正差除·通進啓箋의 기능을 수행하던 좌·우산기상시(정3, 각 1) 이하의 낭사를 司諫院으로 독립시키면서 성립되었다.34) 사간원은 성립할 때에 이미 태종의 왕권강화책과 관련되어 그 직장과 관원이 크게 축소되었다. 통진계전이 승정원으로 이관되면서 헌납간쟁·박정차제로 조정되었다.

좌·우산기상시, 내사사인, 기거주가 혁거되고, 좌·우간의대부가 정3품 당상계의 좌·우사간으로 승질·개칭되고, 직문하가 지사간원사로, 좌·우보궐

---

32) 崔承熙,《朝鮮初期 言官·言論硏究》(서울大 韓國文化硏究所, 1976), 52~59쪽. 조선 초 대간의 서경범위는 다음과 같았다.
태조 원년 7월~10월 ; 1~9품
태조 원년 10월~정종 2년 정월 ; 4~9품(그 외는 관교, 이하 동)
정종 2년 정월~태종 3년 2월 이전 ; 1~9품
태종 3년 2월~태종 13년 4월 ; 4~9품
태종 13년 4월~10월 ; 1~9품
태종 13년 10월~세종 8년 2월 ; 5~9품
세종 8년 2월~9월 ; 1~9품
세종 8년 9월~세조 12년 7월 ; 5~9품
세조 12년 7월~성종 원년 3월 ; 서경 폐지
성종 원년 3월 이후 ; 5~9품

33) 崔承熙, 위의 책.

34) 기능상으로는 고려 공민왕대 문하부 낭사의 직장과 관원에서 비롯되었다.

이 좌·우헌납으로, 좌·우습유가 좌·우정언으로 각각 개칭되어, 7관직 11인이 4관직 7인으로 되었다. 관장한 일은 세조 12년(1466)까지 諫諍封駁으로 개정되었다. 관원은 세조 6년에 좌·우사간대부가 사간대부(1)로 좌·우정언이 정언(1)으로 통합 및 감원되고 좌·우헌납은 혁거되었다. 세조 12년에 사간대부는 대사간으로 지사간원사는 사간으로 각각 개칭되고 헌납(1)이 다시 설치되었다. 성종 원년(1470)에 정언이 2인으로 증원되었다. 왕에게 간쟁 및 논박하는 일을 관장하였고, 대사간(정3품 당상, 1), 사간(종3, 1), 헌납(정5, 1), 정언(정6, 2)의 관원이 있었다.

실제 기능이 법제적인 간쟁·봉박·서경은 물론, 사헌부의 분장 직무인 백관규찰과 일반적인 참정·시신기능 등을 광범히 행하였다. 관원은 그 직무분장상 가계가 좋고 재주와 식견이 있으면서도 강개한 문관으로 제수되었다. 사헌부관과 함께 대간으로 불리면서도 사헌부 관원이 부내에서 근무할 때에 상하관의 위계와 질서가 엄격하였던 것과는 달리 그 관계가 자유로웠고, 직무 중에도 음주가 허용되는 등 분방하였다.[35]

나. 중추부·오위도총부·의금부

가) 중추부

세조 12년에 중추원을 중추부로 개칭하고 관원은 중추원의 그것을 그대로 계승하나, 관장한 일은 병조에 이관하여 하는 일이 없는 무임소의 문·무 당상관이 대기하는 관아로 개편되면서 성립하였다. 그러나 명칭·직제상으로는 조선 개국 이래의 중추원(조선개국~정종 2년, 세종 14년~세조 12년)에서[36] 비롯되었다. 관장하는 일은 없었으나 소임이 없는 문·무의 당상관을

---

35) 崔承熙, 앞의 책 참조.

36) 개국 초에는 啓覆出納 및 兵器·軍政·宿衛·警備·差攝 등의 일을 관장하였고, 판사(정2,1), 사(1)·지사(2)·동지사(4)·첨서사(1)·부사(6)·학사(1)·상의원사(3)(이상 종2), 도·좌·우·좌부·우부승지(정3, 각 1), 당후관(정7, 2)의 관원이 있었다. 이후 태조 2년에 의흥삼군부가 만들어져 강력한 군사적 권한을 장악하자 그 기능과 관아적 지위가 약화되었다. 정종 2년에 의흥삼군부와 합하여 삼군부로 개칭되면서 일단 소멸하였다. 그러나 기능상으로는 태종 원년에 삼군부가 개칭된 승추부로 계승되었고, 태종 5년에 다시 승추부를 병합한 병조로 계승되었다. 세종 14년(1432)에 이르러 삼군부를 중추원으로 개칭하면서 숙위와 경비 등의 일을 맡게 하고, 판중추원사(종1, 3), 원사·지원

소속시켜 조정에 참여시키고 녹봉을 지급하는 등의 혜택을 주었다. 영사(정1, 1), 판사(종1, 2), 지사(정2, 6), 동지사(종2, 7), 첨지사(정3 당상, 8), 경력(종4, 1), 도사(종5, 1)가 있었다.

그 직무 분장과는 달리 첨지중추부사 이상에 제수된 인물은 관품상 각각 의정, 찬성, 참찬·판서, 참판·관찰사·병마절도사, 참의·승지 등과 교체되고,37) 대소 정사의 논의에 참여하여 그 결정에 영향력을 발휘하였기 때문에 의정부와 함께 가장 높은 관아의 지위를 누릴 수 있었다.

나) 오위도총부

五衛都摠府는 세조 12년에 오위진무소를 개칭하면서 성립되었다. 그러나 기능상으로는 태조 2년 이래로 독자적으로 군령을 관장한 의흥삼군부(삼군부)·삼군진무소·의흥부, 병조와 함께 군령을 관장한 삼군진무소·오위진무소에서38) 비롯되었다. 성립 때 오위도총부의 직장과 관원은 《經國大典》의 그것과 같았다고 생각된다. 5위(의흥·용양·호분·충좌·충무위)의 군무를 관장하여 다스렸다. 도총관(정2겸, 부총관과 합해 10인)을 비롯하여 부총관(종2겸), 경력(종4, 4), 도사(종5, 4)가 있었다.

오위도총부의 5위에 대한 군령기능은 법제적으로는 전장하도록 규정되었다. 그러나 실제로는 병조의 군정기능과 5위가 병조의 속아문이라는 점 등에서 병조와 횡적으로 협조해야 했을 뿐 아니라, 사실상 그 영향 아래 놓이는 경우가 많았다.39) 그러면서도 도총관·부총관은 그 직무 분장의 중요성에 비추어 1년이 지나면 교체하도록 규정되었고, 국왕의 신임을 받는 경관으로 임명되었다. 당하관은 吏才가 있으면서도 일에 정통하고 익숙한 자를 임용

사(정2, 각 3), 동지원사(6)·부사(8)(종2), 첨지중추원사(정3 당상, 6)(이상 녹관), 경력(정4, 1)·도사(정5, 1)(이상 겸관)를 두면서 복립되었다. 세종 18년에 영중추원사(정1, 1)가 새로 두어졌다.

37) 韓忠熙, 〈朝鮮初期 六曹硏究 添補〉(《大丘史學》 33, 1987), 10~16쪽.
———, 앞의 글(1987a), 39~43쪽.

38) 이들의 운영기간은 주 14) 참조.

39) 閔賢九, 앞의 책, 286~288쪽. 병조는 5위를 속아문으로 거느렸던 만큼 행정상의 감독권을 지니고 있었고, 따라서 5위관의 인사문제 등 5위에 큰 권한을 행사할 수 있었다. 병조는 군정을 총괄하는 입장에서 모든 移命의 과정에 개재할 뿐만 아니라, 국방정책을 기획 집행하는 추요의 위치에서 오위도총부를 압도하는 경향이 컸다.

하였다.

다) 의금부

義禁府는 태종 14년(1414)에 義勇巡禁司와 의용순금사 때의 당상관(口傳)과 상호군 이하를 도제주(1)·제주(3)와 진무(정3, 2)·부진무(종3, 2)·지사(정4, 2)·도사(5~6품, 4)로 각각 개칭하면서 성립되었다.[40] 그러나 기능상으로는 조선 개국 이래의 巡軍萬戶府(태조 원년~태종 2년), 巡衛府(태종 2년~태종 3년), 의용순금사(태종 3년~14년)에서 비롯되었다. 이후 세조 12년(1466) 전후에 도제주는 혁거되고, 제주와 진무 이하는 판사·지사·동지사와 경력·도사로 개편하면서 정립되었다. 왕명을 받들어 죄인을 추국하는 일을 관장하였고, 판사(종1겸, 지사·동지사와 합해 4인), 지사(정2겸), 동지사(종2겸), 경력(종4, 도사와 합해 10인), 도사(종5)가 있었다. 도제주·제주나 판사·지사·동지사는 왕권에 밀착하여 신권을 탄압하는 도구로서의 기능을 지녔으므로 국왕의 신임이 깊은 인물이 제수되었다.

다. 한성부·개성부

가) 한성부

태조 4년(1394) 전년의 개성에서 한양으로의 천도에 이어 한양부를 한성부로 개칭하면서 성립되었다. 경기의 과전과 관내의 토지·호구·농상·학교·사송 등의 일을 관장하였으며, 판사(정2, 1), 좌·우윤(종2, 각 1), 서윤(종4, 1), 판관(종5, 1), 주부(종6, 2), 참군(정7, 1)을 두었다.[41] 태조 5년에 관내 5부의 조직을 갖추었다. 정종 원년(1399) 개성부로 천도함에 따라 다소 비중이 약화되기도 하였으나, 태종 5년(1405) 환도와 함께 본래의 지위를 회복하였다. 세종대에 왕도의 치안관장,[42] 형조의 형결 외에 相鬪와 禁賭博·禁火·禁良賤相婚·死人檢屍,[43] 사헌부의 年長未嫁女成婚·過限不葬·各司虧

40) 李相寔, 〈義禁府考〉(《歷史學硏究》 6, 全南大, 1975), 48~58쪽.
41) 元永煥, 〈漢城府硏究(1)－行政制度와 管割區域을 中心으로－〉(《鄕土서울》 39, 1981), 91쪽.
42) 《世宗實錄》 권 29, 세종 7년 9월 계축.
43) 《世宗實錄》 권 32, 세종 8년 4월 병자.
《世宗實錄》 권 37, 세종 9년 9월 정유.

缺米豆及雜物追徵·京中還上追徵 등이[44] 각각 이관되었다. 《경국대전》에는 경도의 인구·장적·시전·가사·전토·4산·도로·교량·溝渠·逋缺·負債·鬪毆·주간순찰·검시·차량·故失牛馬의 烙契 등에 관한 일을 맡는 것으로 규정되어 있다. 판윤(정2, 1), 좌·우윤(종2, 각 1), 서윤(종4, 1), 판관(종5, 2), 참군(정7, 3, 1인은 통례원 인의겸)이 있었고, 판관 이상 중 1인은 久任官으로 하였다.

한성부의 업무는 거주민이 전국 각 지역과 관련되고, 그 하는 일이 6조 업무와 상호 연관되었기 때문에 일부 일은 전국이 포괄되고 6조와 관련 아래 수행되었다.[45] 판윤, 좌·우윤은 경관이고 2품인 직질에서 常參 등 대소 조정에 참여하여 맡은 일과 그 밖의 정사에 의견을 개진하는 영향력을 발휘하였다.

나) 개성부

고려 말의 개성부를 계승하여 경기의 토지·호구·농상·학교·사송 등의 일을 맡고, 판사(정2, 2), 윤(종2, 2), 소윤(정4, 2), 판관(정5, 2), 참군(정7, 2)을 두면서 비롯되었다. 태조 4년에 한성부가 국도로 정립됨과 관련하여 그 명칭과 관원이 개성유후사와 유후·부유후 등으로 격하되고, 그에 따라 직장도 축소되었다. 이후 예종 원년(1469)까지 수차에 걸쳐 읍호와 장·차관의 직질이 승강되고, 경기도에 예속되거나 독립아문이 되는 변개를 거치면서 경관의 종2품 아문인 개성부로 정립되었다.[46] 개성을 다스리는 일을 관장하였으며,

44) 《世宗實錄》 권 37, 세종 9년 9월 정유.

45) 전택·산·노비 등 소송 업무와 검시는 부내와 전국이 망라되었다. 호적도 관내의 호적을 작성하고 관리함은 물론, 각도·각읍에서 작성한 호적을 종합·정리하여 중앙에 올린 2부를 호조와 나누어 보관하였다. 또 호적은 호조와, 옥송은 형조·의금부와, 坐更·포도·순찰사는 병조와, 과년한 남녀의 혼인사는 호조와, 禁火는 병조·의금부·형조·수성금화사와, 검시는 병조·형조와, 도로·구거·교량의 수리는 공조와 각각 협의하면서 공동으로 수행하였다.

46) 李存熙, 〈朝鮮時代 留守府經營〉(《韓國史硏究》 47, 1984) 참조. 세종 8년(1426) 舊都라 하여 漢城府 城底十里例에 따라 인접 현을 유후사에 예속시켰고, 세종 12년에는 당·송제에 따라 개성부로 승격시켰다. 다시 세종 20년 개성유수부가 되고 세조 12년 개성부가 되더니, 예종 원년에 개성유수부로 개칭되면서 정립되었다. 또 장관의 명칭과 직질도 세종 20년 개성유후사 유후(정2)에서 개성부 유수(정2)로 개정되었고, 세종 24년에 정 2품인 판한성부와의 직질이

유수(종2, 2인 중 1인은 경기관찰사겸), 경력(종4, 1), 도사(종5, 1), 교수(종6, 1), 분교관(종9, 1), 검률(종9, 1)이 있었다. 개성부는 경관이고 직계아문이기는 하나, 한성부와는 달리 외관적 경향이 있었다.

라. 종친부 · 돈녕부 · 충훈부 · 의빈부

가) 종친부

宗親府는 세종 12년(1430)에 在內諸君府를 개칭하고, 종실 제군을 소속시키면서 성립된 종실제군의 관부였다. 관원은 典籤 · 典簿를 제외하고는 관계별로 관직만을 제시하였을 뿐 그 인원수는 규정하지 않았다. 대군(무품, 왕의 적자) · 군(무품, 왕의 서자), 군(정1), 군(종1, 대군을 승습할 적장자), 군(정2, 왕세자의 중자, 대군을 승습할 적장손, 왕자군을 승습할 적장자), 군(종2, 왕세자의 중손, 대군을 승습할 적장증손, 왕자군을 승습할 적장손), 도정(정3 당상, 종친), 정(정3 당하, 왕세자의 중증손, 왕자군의 중자, 왕자군을 승습할 적장증손), 부정(종3, 대군의 중증손, 왕자군의 중손), 수(정4, 왕자군의 중증손), 전첨(정4, 1인 조관), 부수(종4, 종친), 영(정5, 종친), 전부(정5, 1인 조관), 부령(종5, 종친), 감(정6, 종친)이 있었다.

종친은 고려와 같이 왕권에 대항할 수 있는 세력 구축을 염려하여 작록은 후하게 주되 관직 제수는 억제하였다. 그러나 태조대에는 개국 초의 인심 동요와 혼란에 대비할 필요에서 사병을 허락하고 병권을 위임함은 물론 조관과 구별없이 제수하였다. 세조대에도 세조의 왕권강화를 위한 종친중용책에 따라 대거 정치 · 군사의 요직에 제수하였다.[47] 그러다가 성종 5년(1474)에 개찬한《경국대전》반포를 전후하여 仕宦이 금지되었고, 봉군된 왕자로부터 4대가 지난(盡親) 후에야 문무반직에 제수되었다. 그 결과 종친부는 의정부보다 서열이 높은 아문이었으나 실무가 없는 관아가 되었다. 1품의 종친이 有司堂上이 되어 종친의 청죄 등에 관한 일을 상계하여 집행하였다.

나) 돈녕부

논란되면서 종2품으로 강질되었다. 세조 12년에 鎭管體制의 실시와 관련되어 부윤으로 다시 강격되면서 경기도 관찰사에 예속되기도 하나, 예종 원년에 유수부로 승격되면서 독립관아가 되었다.

47) 金成俊, 〈宗親府考〉(《史學硏究》 18, 1964), 11~39쪽.

敦寧府는 태종 2년(1412) 이래로 왕권의 안정을 위하여 추요직의 제수와 봉군 대상에서 제외된 왕의 친족, 왕비·세자빈의 친족을 예우하기 위하여 태종 14년에 실제 담당하는 직무상의 일이 없는 관부를 두면서 성립되었다. 왕의 친족과 외척의 관부이다. 영사(정1, 1), 판사(종1, 1), 지사(정2, 1), 동지사(종2, 1), 도정(정3 당상, 1), 정(정3, 1), 부정(종3, 1), 첨정(종4, 2), 판관(종5, 2), 주부(종6, 2), 직장(종7, 2), 봉사(종8, 2), 참봉(종9, 2)이 있었다. 이 관직에는 宗姓은 왕과 선왕의 9촌, 異姓은 6촌 이내의 친척, 왕비와 선왕비의 동성은 8촌, 이성은 5촌 이내의 친척, 세자빈의 동성은 6촌, 이성은 3촌 이내의 친척, 위에서 든 모든 촌수 내의 고모·자매·질녀·손녀의 배우자 중에서 제수하였다.

다) 충훈부

세종 16년 이래의 충훈사를 단종 2년(1454)에 忠勳府라 개칭하고 정1품 아문으로 승격시키면서 성립된[48] 여러 공신의[49] 관부이다. 부원군(정1, 무정수), 군(정1~종2, 무정수), 경력(종4, 1), 도사(종5, 1)가 있었다. 親功臣이나 공신을 이어받은 인물이 종2품 이상의 관계에 오르면 군에 책봉되었고, 친공신으로서 정1품의 관계에 오른 자와 왕비의 아버지는 부원군에 책봉되었다. 1품의 공신이 유사당상을 겸대하고 공신의 청죄 등에 관한 일을 상계하여 집행하였다.

라) 의빈부

세종 26년 이래의 부마부를 세조 12년(1466)에 儀賓府라 개칭하면서 성립되었다.[50] 공주·옹주에게 장가든 자의 관부이다. 위(정1~종2, 무정수, 의빈), 부위(정3 당상, 무정수, 의빈), 첨위(정3 당하~종3, 무정수, 의빈), 경력(종4, 1), 도

---

48) 《端宗實錄》 권 10, 단종 2년 2월 임인. 기능상으로는 조선 개국 이래의 개국공신도감(태조 원년 8월~태종 17년), 공신도감(태종 17년 정월~세종 17년)에서 비롯되었다.

49) 태조 원년부터 성종 2년까지에 걸쳐 開國·定社·佐命·靖難·佐翼·敵愾·翊戴·佐理功臣의 책록이 있었다. 이에 대해서는 鄭杜熙, 《朝鮮初期 政治支配勢力硏究》(一潮閣, 1983) 참조.

50) 기능·직제상으로는 개국 초 이래의 이성제군소(?~태종 17년), 공신제군부(태종 17년 2월~세종 즉위), 이성제군부(세종 즉위년 9월~26년)에서 비롯되었다.

사(종5, 1)가 있었다. 의빈은 《경국대전》에 따라 실제의 정치에 종사하지 못하였다.

마. 경 연

조선 개국과 함께 고려 말의 經筵制를 계승하면서 성립되었다. 세종 2년부터 집현전의 부제학 이하가 참찬관 이하를 겸대하였다. 세조 2년에 집현전의 혁파와 함께 정지되고, 세조 6년 그 관직마저 혁파되었다가 예종 즉위(1468)와 함께 복구되었다. 성종 9년(1478) 홍문관의 부제학 이하가 참찬관 이하를 겸대하면서 정립되었다.[51] 왕에게 역사를 강독하고 論評·思慮하는 일을 맡았다. 영사(정1겸, 3, 의정), 지사(정2겸, 3), 동지사(종2 겸, 3), 참찬관(정3당상겸, 7, 6승지와 홍문관 부제학), 시강관(정4겸, 4, 홍문관 직제학·전한·응교·부응교), 시독관(정5겸, 4, 홍문관 교리·부교리), 검토관(정6겸, 4, 홍문관 수찬·부수찬), 사경(정7겸, 1, 홍문관 박사), 설경(정8겸, 1, 홍문관 저작), 전경(정9겸, 2, 홍문관 정자)이 있었다. 관원은 모두 문관 겸직이나, 영사·참찬관은 그 겸대관직상 문관이 아니라도 겸하였다.

성종 16년~25년에는 경연직을 겸대하지 아니한 종2품 이상의 문·무관을 특진관에 제수하여 교대로 경연에 참석케 하였다. 이 제도는 경연이 끝난 후에 중요한 정사를 논의하는 정치운영과 함께 경연의 정치기능을 강화하는 요소가 되었다.[52]

바. 겸사복·내금위

가) 겸사복

兼司僕은 태종 9년(1407)에 고려의 尙乘承旨를 계승한 내사복시를 개칭하면서 성립되었고, 세조 10년(1464)에 내금위와 같은 친위병이 되면서 정립되었다.[53] 궐내에 입직시위하였고, 장(종2겸, 3), 정3품 당하관(1), 종3품(2), 종4

51) 南智大, 〈朝鮮初期의 經筵制度〉(《韓國史論》 6, 서울大, 1980), 124~139쪽.
52) 權延雄, 〈朝鮮 成宗朝의 經筵〉(《韓國文化의 諸問題》, 國際文化財團, 1982), 78~87쪽.
53) 南都泳, 〈朝鮮初期의 兼司僕에 대하여〉(《金載元博士回甲紀念論叢》, 1969), 156~168쪽.

품(5), 종5품(6), 종6품(9), 종7품(6), 종8품(9), 종9품(14)이 있었다. 정3품 이하는 서반 체아직이었다.

나) 내금위

內禁衛는 태종 7년에 內上直의 개편으로 성립하였고, 세종 6년에 태종 9년 이래의 내시위를 병합하면서 정립되었다.[54] 궐내에 입직시위하였고, 장(종2겸, 3), 정3품 당하관(1), 종3품(4), 종4품(7), 종5품(18), 종6품(28), 종7품(49), 종8품(39), 종9품(44)이 있었다. 정3품 이하는 모두 체아직이었다. 그러나 그 기능 및 무예와 관련하여 국왕의 총애를 받았고, 집현전관에 비교되는가 하면 시험을 거치지 않고 첨절제사·만호·변방수령에 제수되는 우대를 받았다.[55]

(3) 《경국대전》 상의 6조 속아문

가. 이조 속아문

가) 상서원 종부시·사옹원·내수사·충익부

(가) 상서원

尙瑞院은 고려 말의 제도를 계승하여 운영된 상서사를[56] 세조 12년(1466)에 개칭하면서 성립되었다. 璽寶·符牌·節鉞을 관장하였다. 정(정3 당하, 1, 도승지겸), 판관(종5, 1), 직장(종7, 1), 부직장(정8, 2)이 있었다.

(나) 종부시

宗簿寺는 고려 말의 제도를 계승하여 운영된 전중시가 태종 원년(1401)에

---

54) 車文燮, 〈鮮初의 內禁衛〉(《史學硏究》 18, 1964 ; 《朝鮮時代 軍制硏究》, 檀國大出版部, 1973), 52~56쪽.

55) 《成宗實錄》 권 7, 성종 원년 5월 계묘.
《經國大典》 권 4, 兵典 外官職 軍官.

56) 조선 개국으로부터 태종 5년까지는 판사(1품, 4)·윤(종3, 1)·소윤(정4, 1)·승(정5, 2)·주부(정6, 2)·직장(정7, 2)·녹사(정8, 2)가 있어 符印과 除拜 등에 관한 일을 관장하였다. 이 때는 고려의 제도를 승습하여 전주권을 관장하였는데, 판사는 좌·우정승 등이 겸하면서 문·무반의 인사를 천단하였다(《定宗實錄》 권 6, 정종 2년 12월), 태종 5년에는 그 기능이, 문·무반의 인사권은 이·병조로 귀속되면서 새보와 부신을 관장하는 것으로 축소되었고, 관원도 판사가 혁거되면서 윤 이하로 감축되었다.

개칭하면서 성립되었다. 태종 14년 재내제군부에 합속되면서 폐지되었다가 세종 12년(1430) 재내제군부가 종친부로 개칭될 때에 다시 독립하면서 정립되었다. 璿源譜牒을 편찬하고, 종실의 허물과 잘못을 규찰하는 일을 관장하였다. 도제주(정1겸)·제주(종1~종2겸) 각 2원, 정(정3, 1), 첨정(종4, 1), 주부(종6, 1), 직장(종7, 1)이 있었다. 도제주에는 존속 종친이 제수되었다.

(다) 사옹원

司饔院은 조선 개국 이래로 운영된 사옹방을 세조 13년에 개칭하여 녹관을 두면서 성립되었다. 왕의 식사와 궐내 음식물의 공급 등에 관한 일을 관장하였다. 도제주(1), 제주(4), 부제주(정3 당상겸, 5원 중 1인은 승지), 정(1), 제거(정3~종3, 제검과 합해 4), 제검(정4~종4), 첨정(1), 판관(1), 주부(1), 직장(1), 봉사(3), 참봉(3)이 있었다. 주부 이상 1인은 구임으로 하였다.

(라) 내수사

內需司는 국초 이래로 운영된 내수별좌(국초~세종 12년)를 개칭한 내수소를 세조 12년에 다시 개칭하면서 성립되었다. 궐내 수용의 미포·잡물, 노비 등에 관한 일을 맡았다. 전수(정5, 1), 별좌(정5~종5, 별제와 합해 2), 별제(정6~종6), 부전수(종6, 1), 전회(종7, 1), 전곡(종8, 1), 전화(종9, 2)가 있었다. 전수·부전수·별좌·별제는 서로 번갈아 임명하였다. 이조 속아문이나 때때로 이조를 거치지 않고 국왕에게 직접 보고하여 논란을 빚기도 하였다.[57]

(마) 충익부

세조 2년 이래로 운영된 충익사를 세조 12년에 忠翊府로 개칭하면서 성립되었다.[58] 原從功臣의 支待에 관한 일을 맡았고, 도사(종5) 2원이 있었다. 원종공신은 친공신보다 위격이 떨어졌기 때문에 그 아문도 제공신이 속한 충훈부가 독립아문이 된 것과는 달리 이조의 속아문이 되었다.

나) 내시부·액정서

(가) 내시부

조선 개국과 함께 고려 말의 內侍府를 계승하면서 성립되었다. 궐내 음식

57) 鄭鉉在, 〈鮮初 內需司奴婢考〉(《慶北史學》 3, 1981), 74쪽.
58) 기능·직제상으로는 태조 원년 이래로 운영된 원종공신소에서 비롯되었다.

물의 감독, 왕명의 전달, 궐문의 수직, 소제의 일을 맡았다. 尙膳(종2, 2), 尙醞(정3, 1), 尙茶(정3, 1), 尙藥(종3, 2), 尙傳(정4, 2), 尙冊(종4, 3), 尙弧(정5, 4), 尙帑(종5, 4), 尙洗(정6, 4), 尙燭(종6, 4), 尙烜(정7, 4), 尙設(종7, 6), 尙除(정8, 6), 尙門(종8, 5), 尙更(정9, 6), 尙苑(종9, 5)이 있었다. 관직은 그 수행하는 직사와 관련하여 명명되었다.

내시부 관원은 문산계를 받고 그 최고 관원의 직질이 종2품이었다. 그러나 그 관원 모두가 宦者로 제수되었기 때문에 조관과 엄격히 구분되면서 정치 간여가 금지되고, 그 관아의 지위도 동반의 최하위 아문과 잡직 아문의 중간에 위치하는 천대를 받았다. 그러면서도 내시부관은 국왕의 측근에서 왕명을 전달하고 시중을 드는 관계로 일부 고위 환관은 정변에 참여하여 공신에 책록되는가 하면, 정치에 큰 영향력을 발휘하였다. 또 상한 관계는 종2품이었지만 때로는 종1품계에까지 올랐다

(나) 액정서

掖庭署는 조선 개국과 함께 고려의 액정원을 개칭하면서 성립되었다. 왕명의 전달과 알현(傳謁), 왕이 사용하는 붓과 벼루의 공급, 궐문 자물쇠와 열쇠의 관리, 궁궐 내정의 설비 등의 일을 맡았다. 司謁(정6, 1), 司鑰(정6, 1), 부사약(종6, 1), 司案(정7, 2), 부사안(종7, 3), 司鋪(정8, 2), 부사포(종8, 3), 司掃(정9, 6), 부사소(종9, 9)가 있었다. 관직은 그 수행하는 직사와 관련하여 명명되었다. 內豎로서 제수되었고, 잡직 체아직이었다.

나. 호조 속아문

가) 내자시 · 내섬시 · 사도시 · 군자감 · 제용감 · 사재감

(가) 내자시

內資寺는 조선 개국 이래로 운영된 내부시를 태종 원년(1401)에 개칭하면서 성립되었고, 태종 3년에 義成庫가 합속되면서 정립되었다. 궐내에 공급하는 쌀 · 밀가루[麵] · 술 · 장 · 기름 · 꿀 · 채소 · 과물과 궐내의 연향 및 직조 등에 관한 일을 맡았다. 제주(1), 정(정3품 당하, 1), 부정(종3, 1), 첨정(종1, 4), 판관(종5, 1), 주부(종6, 1), 직장(종7, 1), 봉사(종8, 1)가 있었다.[59] 주부

59) 내섬시 이하에 소속된 정 이하의 직질은 내자시 정 이하와 같다.

이상 4인은 구임으로 하였다.

(나) 내섬시

內贍寺는 고려 말의 제도를 계승하여 운영한 德泉庫를 태종 3년에 혁파 개편하면서 성립되었다. 각궁·각전에 대한 供上과 2품 이상에게 하사하는 술, 왜·야인에게 공급하는 음식물과 직조 등에 관한 일을 맡았다. 관원은 내자시와 같다.

(다) 사도시

司䆃寺는 성종 9년(1478)에 司䆃署를 개칭하면서 성립되었다.[60] 어용 창고의 미곡 및 궐내에 공급하는 장 등속의 물품을 맡았다. 제주(1), 정(1), 부정(1), 첨정(1), 주부(1), 직장(1)이 있었다. 주부 이상 1인은 구임으로 하였다.

(라) 사섬시

司贍寺는 세조 6년(1460) 5월 이래로 운영된 典農寺를 6월에 개칭하면서 성립되었다.[61] 일시 䆃官署로 개칭되었다가 세조 12년에 다시 개칭되면서 정립되었다. 저화의 제조와 외거노비의 貢布 등에 관한 일을 맡았다. 제주(1), 정(1), 부정(1), 첨정(1), 주부(1), 직장(1)이 있었다. 주부 이상 1인은 구임으로 하였다.

(마) 군자감

조선 개국과 함께 고려 말의 軍資監을 계승하면서 성립되었고, 태종 3년에 延慶宮이 합속되면서 정립되었다. 군수물자의 저장에 관한 일을 맡았다. 도제주(1), 제주(1), 정(1), 부정(1), 첨정(2), 판관(3), 주부(3), 직장(1), 봉사(1), 부봉사(정9, 1), 참봉(종9, 1)이 있었다. 주부 이상 8인은 구임으로 하였다.

(바) 제용감

濟用監은 조선 개국 이래로 운영된 濟用庫를 태종 9년에 승격시키면서 성

---

60) 《成宗實錄》 권 95, 성종 9년 8월 신묘. 그러나 기능 직제상으로는 조선 개국 이래로 운영된 요물고(태조 원년~태종 원년), 공정고(태종 원년 7월~세종 4년), 도관서(세종 4년 9월~세조 6년), 사섬서(세조 6년 5월~세조 13년), 도관서(세조 13년 4월~성종 9년 8월 이전)에서 비롯되었다.

61) 《世祖實錄》 권 20, 세조 6년 6월 신축. 기능·직제상으로는 태종 원년 이래로 운영된 司贍署(태종 원년 4월~세조 6년 5월)에서 비롯되었다.

렵하였고, 세조 6년에 都鹽署가 합속되면서 정립되었다. 진헌하는 布物과 인삼, 하사하는 의복, 絲·羅·綾·緞, 彩色入染, 직조 등에 관한 일을 맡았다. 정(1), 부정(1), 첨정(1), 판관(1), 주부(1), 직장(1), 봉사(1), 부봉사(1), 참봉(1)이 있었다. 주부 이상 4인은 구임으로 하였다.

(사) 사재감

조선 개국과 함께 고려 말의 司宰監을 계승하면서 성립되었다. 태종 3년에 전함을 만들고 수리하며 물품수송을 감독하던 司水監을 병합하였고, 세종 14년(1432)에 사수감계의 기능이 司水色으로 독립되어 나가고, 다음해에 杠軸局이 합속되면서 정립되었다. 어물, 육류, 식염, 숯[燒木], 횃불[炬火] 등에 관한 일을 맡았다. 제주(1), 정(1), 부정(1), 첨정(1), 주부(1), 직장(1), 참봉(1)이 있었다. 주부 이상 1인은 구임으로 하였다.

나) 풍저창·광흥창·전함사·평시서·사온서·의영고·장흥고·사포서·양현고

(가) 풍저창

조선 개국과 함께 고려 말의 豊儲倉을 계승하면서 성립되었다. 米豆·草芚·紙地 등에 관한 일을 맡았다. 수(정4, 1), 주부(1), 직장(1), 봉사(1), 부봉사(1)가 있었다.

(나) 광흥창

조선 개국과 함께 고려 말의 廣興倉을 계승하면서 성립되었다. 모든 관원의 녹봉에 관한 일을 맡았다. 수(1), 주부(1), 봉사(1), 부봉사(1)가 있었다. 주부 이상 1인은 구임으로 하였다.

(다) 전함사

세조 6년(1460) 이래로 운영된 轉運色이 典艦司로 개편되었는데, 그 시기는 성종 원년(1470) 이전에 이미 개칭되어 있었던 것 같다. 서울과 지방의 군함과 선박에 관한 일을 맡았다. 도제주(1), 제주(1), 제검(종4, 별좌·별제와 합해 5인), 별좌(정5~종5), 별제(정6~종6)가 있었다. 또 수운판관 2인과 해운판관 1인이 배속되었다.

(라) 평시서

조선 개국 이래로 운영되다가 세조 8년 7품 아문에서 종5품 아문으로 승격된 경시서를 세조 12년에 平市署로 개칭하면서 성립되었다. 市廛을 단속하고 도량형기를 공평히 하며, 물가를 조절하는 일을 맡았다. 제주(1), 영(종5, 1), 직장(1), 봉사(1)가 있었다.

(마) 사온서

조선 개국과 함께 고려 말의 司醞署를 계승하면서 성립되었다. 궐내의 술과 단술을 공급하는 일을 맡았다. 영(1), 주부(1), 직장(1), 봉사(1)가 있었다.

(바) 의영고

조선 개국과 함께 고려 말의 義盈庫를 계승하면서 성립되었고, 태종 3년에 延福宮을 합속하면서 정립되었다. 기름・꿀・黃蠟・素物・후추[胡椒] 등의 물품에 관한 일을 맡았다. 영(1), 주부(1), 직장(1), 봉사(1)가 있었다. 직장 이하 1인은 구임으로 하였다.

(사) 장흥고

조선 개국과 함께 고려 말의 長興庫를 계승하면서 성립되었고, 태종 3년에 興新宮을 합속하면서 정립되었다. 席子・油芚・紙地 등의 물품에 관한 일을 맡았다. 관원은 의영고와 같다.

(아) 사포서

司圃署는 세종 7년(1425) 이래로 운영된 沈藏庫를 세조 12년에 개칭하면서 성립되었다.[62] 園圃와 채소에 관한 일을 맡았다. 제주(1), 사포(정6, 1), 별제(정6~종6, 별검과 합해 7인), 별검(정8~종8)이 있었다.

(자) 양현고

조선 개국과 함께 고려 말의 養賢庫를 계승하면서 성립되었고, 태종 5년 풍저창에 합속되었다가 성종 14년에 복립되었다. 성균관 유생에게 미두 등의 물품을 공급하는 일을 맡았다. 주부(1, 성균관전적겸), 직장(1, 성균관박사겸), 봉사(1, 성균관학정겸)가 있었다. 주부는 구임으로 하였다.

다) 5부(중・동・남・서・북부)

---

62) 기능・직제상으로는 태종 5년 정월 이전으로부터 태종 14년 12월까지 운영된 침장고・茶房(태종 14년~세종 7년 6월)에서 비롯되었다.

태조 4년(1395)에 한양부를 한성부로 개칭하고 고려 개성의 5부제를 참작하여 중·동·남·서·북부를 설치하면서 성립되었다. 소관내 坊里 주민의 범법사건, 교량·도로, 頒火·禁火, 里門警守, 家垈측량, 檢屍 등에 관한 일을 맡았다. 주부(중·동·서·남·북부 각 1), 참봉(각 2)이 있었다. 또 각 방에는 품외의 管領 1인을 두어 다스렸다.

다. 예조 속아문

가) 홍문관·예문관·성균관·춘추관·승문원·교서관·세자시강원·종학·4학

(가) 홍문관

세조 2년(1456)에 집현전을 혁파한 이래로 문운의 진홍 및 유학자의 양성 도모와 관련하여 그 기구를 확대하면서 운영하여 온 예문관의 관원과 직장 중에서, 성종 9년(1478) 본래의 예문관 직장·관원은 예문관으로 존치시키고 구제의 집현전계 직장·관원을 弘文館으로 독립시키면서 성립되었다.[63] 궐내의 경적을 관장하고 문한을 다스리며 왕의 고문에 대비하는 일을 맡았다. 관원은 《경국대전》의 편찬과 함께 성립 때의 그것에 부응교(1)를 새로이 두고 박사(1)를 더 두게 되면서 영사(정1, 1, 의정겸), 대제학(정2, 1, 겸), 제학(종2, 1, 겸), 부제학(정3 당상, 1), 직제학(정3, 1), 전한(종3, 1), 응교(정4, 1), 부응교(종4, 1), 교리(정5, 2), 부교리(종5, 2), 수찬(정 6, 2), 부수찬(종6, 2), 박사(정7, 1), 저작(정8, 1), 정자(정9, 2)로 규정되었다.

관원은 모두 문관으로 제수되었는데, 부제학 이하는 경연의 참찬관 이하를 예겸하였고, 부제학 이하 부수찬 이상은 知製敎를 겸대하였다. 또 직제학 이하에 결원이 있으면 차하위 관직자를 근무일수에 관계없이 차례로 遷轉시켰다. 관원은 그 후보자의 명단이 기록된 弘文錄에서 전형관의 천거(圈點)가 많은 자를 제수하였다.[64] 홍문관관은 국왕과 빈번히 접촉하면서 경사를 강론하고, 수시로 賜暇讀書와 賜物 및 승자·승직의 특전을 받았고, 대부분 대간으로 체직되는 등 당시의 엘리트 관인이 선망하는 관직이 되었다. 성종 13년

63) 崔承熙, 〈弘文館의 成立經緯〉(《韓國史硏究》 5, 1970), 98~110쪽.
64) 崔承熙, 〈弘文錄考〉(《大丘史學》 15·16, 1970), 270~286쪽.

부터 20년까지의 시기에는 법제적인 직장, 성종의 호학 및 당대의 정치분위기 등은 감찰·언론기능도 행사하게 하였다.[65]

(나) 예문관

조선 개국 이래의 藝文春秋館을 태종 원년(1401)에 예문관과 춘추관의 두 아문으로 분립하며 예문관의 관원은 녹관으로, 춘추관의 관원은 겸관으로 충원하면서 성립되었다. 왕의 사령서를 창제하는 일을 맡았다. 영사(정1, 1, 의정겸), 대제학(정2겸, 1), 제학(종2겸, 1), 직제학(정3 당하, 1, 도승지겸), 응교(정4, 1, 홍문관관겸), 봉교(정7, 2), 대교(정8, 2)가 있었다.

관원은 모두 문관으로 임명하였고, 봉교 이하의 관직을 처음 줄 때에는 의정부가 이조·홍문관·춘추관·예문관과 함께 통감·좌전 및 중국의 여러 사서 중에서 강의를 행하게 하여 합격된 자를 채용하였다. 봉교 이하가 전직될 때는 품계가 낮은 자는 그 직에 준하여 품계를 올려주고 차하위자를 차례 차례로 전임(次次遷轉)시켰다. 또 5품관 이하는 수령직을 거치지 않고도 4품 이상에 승자하는 우대를 받았다.[66] 대제학은 문한을 주장하였는데, 성균관 대사성이나(국초) 지성균관사(성종 9년 이전) 또는 홍문관 대제학을 겸대한 경우는 文衡으로 불리면서 유림과 詞苑을 통할하고, 詞命·과거·文士課試·유학교회에 큰 영향력을 발휘하였다.[67] 응교는 장래에 문한을 주관할 자로 예상되는 인물이 제수되었다.[68]

(다) 성균관

조선 개국과 함께 고려의 成均館을 계승하면서 성립되었다. 유학교육에 관한 일을 맡았다. 지사(정2겸, 1), 동지사(종2겸, 2), 대사성(정3 당상, 1), 사성(종3, 2), 사예(정4, 3), 직강(정5, 4), 전적(정6, 13), 박사(정 7, 3), 학정(정8, 3), 학록(정9, 3), 학유(종9, 3)가 있었다. 또 승문원·교서관과 함께 약간명의 權知가 있어 문과에 급제하고 실직에 제수되지 못한 인물이 제수되었다. 직강 이상 1인은 구임으로 하였고, 박사 이하는 의정부 사록 1인과

---

65) 崔異敦, 〈成宗代 弘文館의 言官化 過程〉(《震檀學報》 61, 1986), 21~36쪽.
66) 《成宗實錄》 권 11, 성종 2년 8월 신축.
67) 朴天圭, 〈文衡考〉(《史學志》 6, 檀國大, 1972), 76~81쪽.
68) 《成宗實錄》 권 90, 성종 9년 3월 신사.

봉상시 직장 이하 2인이 겸임하고 차례차례로 전임시켰다.

(라) 춘추관

조선 개국 이래의 예문춘추관을 태종 원년에 예문관과 춘추관의 두 아문으로 분립하면서 성립되었다. 그때그때의 정사를 기록하는 일을 맡았다. 영사(정1, 1, 영의정), 감사(정1, 2, 좌·우의정), 지사(정2겸, 2), 동지사(종2겸, 2), 수찬관(정3 당상겸), 편수관(정3~종4겸), 기주관(정5~종5겸), 기사관(정6~정9겸)이 있었다. 모두 문관으로 임명되었다. 수찬관 이하는 승정원·홍문관의 부제학 이하, 의정부의 사인·검상, 예문관의 봉교 이하 및 시강원의 당하관 2인, 사헌부의 집의 이하, 사간원·승문원·종부시·6조의 당하관 각 1인이 겸임하였다.

(마) 승문원

承文院은 태종 5년 이전부터 운영된 文書應奉司를 태종 11년에 개칭하면서 성립되었다. 사대문서와 교린문서에 관한 일을 맡았다. 도제주(3, 3의정), 제주(무정수), 부제주(무정수), 판교(정3 당하, 1), 참교(종3, 1), 교감(종4, 1), 교리(종5, 2), 교검(정2, 6), 박사(정7, 2), 저작(정8, 2), 정자(정9, 2), 부정자(종9, 2)가 있었다. 모두 문관으로 임명되었다. 판교는 성종 6년까지는 임기가 차면 당상관으로 승진하였다. 참교 이하는 겸직이었는데, 박사 이하는 봉상시의 직장 이하 1인이 겸임하였다. 교검 이상이나 박사 이하에 결원이 생기면 그 임무를 감당할 수 있는 자로서 근무일수에 관계없이 차례 차례로 전임시켰다. 교검 이상 1인은 구임으로 하였다.

(바) 교서관

校書館은 조선 개국 이래로 운영된 교서감을 태종 원년에 개칭하면서 성립되었다. 세조 12년에 典校署로 개칭되고 정3품 아문에서 종5품 아문으로 내려졌다가, 성종 15년에 교서관으로 복칭되고 정3품 아문으로 환원되었다. 경적의 인쇄·반포, 香祝·印章篆刻에 관한 일을 맡았다. 제주(2), 판교(정3 당하, 1, 타관겸), 교리(종5, 1), 별좌(종5, 별제와 합해 4인), 별제(정6~종6), 박사(정7, 2), 저작(정8, 2), 정자(정 9, 2), 부정자(종9, 2)가 있었다. 모두 문관을 임명하고, 篆文에 능숙한 자 3인을 그 품계에 따라 겸임시켰다. 박사 이하는 의정부의 사록 1인과 봉상시의 직장 이하 1인이 겸임하였고, 차례차례로 전임시켰다.

(사) 세자시강원

조선 개국 이래로 세자의 강학과 시위 등의 일을 담당한 세자관속을 태종 18년경에 世子翊衛司와 世子侍講院으로 개편하면서 성립되었다.[69]. 세자를 모시고 경서와 사서를 강하고, 도의를 올바르게 계도하는 일을 맡았다. 사(정1, 1, 영의정), 부(정1, 1, 의정), 이사(종1, 1, 찬성), 좌・우빈객(정2겸, 각 1), 좌부・우부빈객(종2겸, 각 1), 보덕(종3, 1), 필선(정4, 1), 문학(정5, 1), 사서(정6, 1), 설서(정 7, 1)가 있었다. 좌빈객 이하는 재주와 행실을 겸비한 문관으로 임명하였다. 세종 17년(1435)으로부터 세조 2년까지는 집현전관 10인이 보덕 이하를 겸임하면서 강학을 전담하였다.

(아) 종 학

宗學은 세종 9년에 종친 자제의 교육을 강구하면서 성립되었고, 세종 11년에 독립된 學舍를 건립하면서 정립되었다. 종실에 대한 교육을 맡았다. 도선(정4, 1), 전훈(정5, 1), 사회(정6, 2)가 있었는데, 모두 성균관의 사성 이하 전적 이상이 겸임하였다.

(자) 4학(중・동・남・서학)

四學은 조선 개국과 함께 고려 말의 5부 학당을 계승하면서 성립되었다. 처음에는 사찰을 빌어 사용하였으나, 태종 11년 남부학당, 세종 4년 중부학당, 세종 6년 서부학당, 세종 10년 동부학당을 차례로 설치하면서 정립되었다. 관내의 유생을 교육하는 일을 맡았다. 교수(중・동・남・서학 각 2)와 훈도(각 2)가 있었는데, 성균관의 전적 이하가 겸하였다.

나) 통례원・봉상시・예빈시・관상감

(가) 통례원

通禮院은 태종 5년(1405) 이전부터 운영된 통례문을[70] 세조 12년(1466)에 개

---

69) 《太宗實錄》 권 35, 태종 18년 6월 병술. 세자익위사가 世子官屬의 기능 중 陪衛를 관장하는 독립아문이 되었음에서 그 설치시기는 불명이지만 세자시강원도 이 때에 강학을 관장하는 관아로 조정되었다고 생각된다.

70) 《太宗實錄》 권 9, 태종 5년 3월 병신・기능・직제상으로는 조선 개국 이래의 閣門에서 비롯되었다.

칭하면서 성립되었으며 예의를 맡았다. 좌·우통례(정3 당하, 각 1), 상례(종3, 1), 봉례(정4, 1), 찬의(정5, 1), 인의(종6, 8)가 있었다. 그 직무 분장상 臚唱에 능한 자를 택하여 제수하였다. 좌통례는 당상관으로 승진하는 관직이었는데,[71] 결원이 생기면 우통례를 근무일수에 관계없이 제수하였으며 겸임관 6인을 두었다.

(나) 봉상시

조선 개국과 함께 고려 말의 奉常寺를 계승하면서 성립되었다. 태종 9년 전농시로 개칭되었다가 세종 2년(1420)에 봉상시로 복칭하면서 정립되었다. 제사와 시호에 관한 일을 맡았다. 도제주(1), 제주(1), 정(1), 부정(1), 첨정(2), 판관(2), 주부(2), 직장(1), 봉사(1), 부봉사(1), 참봉(1)이 있었다. 정 이하는 문관으로 제수하였고, 주부 이상 6인은 구임으로 하였다. 정은 국초 이래로 임기가 차면 당상관에 승진하였다.

(다) 예빈시

조선 개국과 함께 고려 말의 禮賓寺를 계승하면서 성립되었고, 태종 3년에 義順庫를 합속하면서 정립되었다. 빈객을 접대하는 연향과 宗宰에 대한 음식물 공급 등의 일을 맡았다. 제주(1), 정(1), 부정(1), 제검(정4~종4, 별좌·제검과 합해 6인), 별좌(정5~종5), 별제(정6~종6), 주부(1), 직장(1), 봉사(1), 참봉(1)이 있었다. 주부 이상 1인은 구임으로 하였다.

(라) 관상감

조선 개국 이래로 운영된 書雲觀이 태종 15년에는 禁漏房을 합속하였고 다시 세조 12년에 觀象監으로 개칭하면서 성립되었다. 천문·지리·曆數·占算·測候·刻漏 등에 관한 일을 맡았다. 영사(정1, 1, 영의정), 제주(2), 정(1), 부정(1), 첨정(1), 판관(2), 주부(2), 천문·지리학교수(종6, 각 1), 직장(2), 봉사(2), 부봉사(3), 천문·지리학훈도(정9, 각 1), 命課學훈도(정9, 2), 참봉(3)이 있었다. 주부 이상은 과거 합격자로서 임명하였고, 판관 이상 1인은 구임으로 하였다. 성종 13년(1482)까지는 천첩자도 제수되었으나, 그 이후는 양첩자 이상이 제수되도록 개정되었다.[72]

---

71) 성종 6년 12월까지는 우통례도 당상관에 승진하는 관직이었다(《成宗實錄》 권 62, 성종 6년 12월 임인).

다) 내의원·전의감·혜민서·활인서

(가) 내의원

內醫院은 태종 12년 이전에 전의감 내에 설치된 內藥房을 세종 25년(1443)에 개칭하면서 성립되었다. 왕과 왕실의 약을 조제하는 일을 맡았다. 도제주(1), 제주(1), 부제주(1, 승지겸), 정(1), 첨정(1), 판관(1), 주부(1), 직장(3), 봉사(2), 부봉사(2), 참봉(1)이 있었다. 정 이하는 체아직이었다. 의정부·이조·예조와 함께 醫書習讀官의 책정에 참여하였고,[73] 정은 3醫司로 통칭된 내의원·전의감·혜민서의 업무를 총관하였다. 또 의술에 능통한 자는 어의로 뽑히었고, 정3품이 限品이었지만 국왕의 총애를 받아 종2품에까지 승진하고 동반직에도 제수되었다.

(나) 전의감

조선 개국과 함께 고려 말의 典醫監을 계승하면서 성립되었다. 궐내 수용의 의약을 맞춰 공급하고, 양반의 질병을 구료하고 의약을 내려주는 일을 맡았다. 제주(2), 정(1), 부정(1), 첨정(1), 판관(1), 주부(1), 의학교수(2), 직장(2), 봉사(2), 부봉사(4), 의학훈도(1), 참봉(5)이 있었다. 주부 이상은 과거 합격자로 임명하였다. 取才에서 分數가 많은 자와 판관 이상 1인은 구임으로 하였다. 구임관과 교수·훈도 외에는 체아직이었다. 내의원이 대두하기까지는 의료사를 총관하였다.

(다) 혜민서

惠民署는 조선 개국과 함께 설치되고 세조 6년에 濟生院을 합속한 혜민국을 세조 12년(1466)에 개칭하면서 성립되었다. 의약과 서민의 질병을 구료하는 일을 맡았다. 제주(2), 주부(1), 의학교수(2, 1인은 문관겸), 직장(1), 봉사(1), 의학훈도(1), 참봉(4)이 있었다. 취재에서 분수를 많이 받은 자와 직장 이상 1인은 구임으로 하였고, 구임 이외는 체아직이었다.

(라) 활인서

活人署는 세종 19년 이전부터 운영된 동·서활인원을 세조 12년에 합칭하면서 성립되었다. 도성의 병난 사람을 구료하는 일을 맡았다. 제주(1), 별제

72) 《成宗實錄》 권 139, 성종 13년 2월 기묘. 사역원과 전의감도 같다.
73) 《世祖實錄》 권 27, 세조 8년 2월 기묘.

(종6, 4), 참봉(2)이 있었다. 참봉은 의원 체아직이었다. 명칭상으로는 일원화되었지만 여전히 동소문 밖과 서소문 밖의 동·서 양소로 운영되었다.

라) 장악원·사역원·도화서

(가) 장악원

掌樂院은 세조 4년에 아악서와 전악서를 통합하면서 성립되고, 세조 12년에 악학도감을 합속한 장악서를 개칭한 후신으로서 성종 원년(1470) 이전에 성립된 것으로 보인다.[74] 聲律의 교육과 교열에 관한 일을 맡았다. 제주(2), 정(1), 첨정(1), 주부(1), 직장(1)이 있었다. 음률을 해득하는 자와 첨정 이하 2인은 그 품계에 따라 겸임시켰고, 주부 이상 1인은 구임으로 하였다. 예악의 중시와 함께 제주에는 정1품관이 임명되기도 하였다.

(나) 사역원

司譯院은 태조 2년(1393)에 중국과의 외교를 위한 중국어 음훈과 文字體式을 교습하기 위한 관청으로 성립되었다. 여러 나라의 언어를 통역하는 일을 맡았다. 도제주(1), 제주(2), 정(1), 부정(1), 첨정(1), 판관(2), 주부(1), 한학교수(4, 2원은 문신겸), 직장(2), 봉사(3), 부봉사(2), 한자훈도(4), 몽학·왜학·여진학훈도(각 2), 참봉(2)이 있었다. 교수·훈도 외에도 체아직이었다. 관원은 모두 본업인으로 제수되었다. 중국·왜로의 사행에 교대로 따라갔다.[75]

(다) 도화서

圖畫署는 태종 5년(1405) 이전부터 운영된 도화원을 개칭한 후신으로서 성종 9년 이전에 성립된 것으로 보인다. 도화에 관한 일을 맡았다. 제주(1), 별제(종6, 2)가 있었다. 별제는 본업인으로 제수되었다.

마) 소격서·종묘서·사직서·빙고·전생서·사축서·귀후서

(가) 소격서

---

74) 《成宗實錄》 권 3, 성종 원년 2월 신미. 기능·직제상으로는 조선 개국 이래로 운영된 관습도감(태조 원년~), 전악서(태조 원년~), 아악서(태조 원년~), 악학(태종 6년~), 악학과 관습도감을 통합한 악학도감(세조 4년~)에서 비롯되었다.

75) 《世宗實錄》 권 39, 세종 10년 3월 정해.

昭格署는 세조 12년(1466)에 조선 개국 이래로 운영된 소격전을 개칭하면서 성립되었다. 醮祭는 처음에는 소격전 이외에 大淸觀·太一殿에서도 거행하였으나, 태조 6년(1397)에 태일전이 소격전에 합속되고 세종 4년(1422)에 대청관이 혁거됨으로써 전장 관아가 되었다. 三淸星辰에 대한 초제에 관한 일을 맡았다. 제주(1), 영(종5, 1), 별제(정6~종6, 2), 참봉(2)이 있었다. 영·별제는 문관으로 임명하였다.

(나) 종묘서

조선 개국과 함께 고려의 宗廟署를 계승하면서 성립되었다. 寢廟를 수위하는 일을 맡았다. 도제주(1), 제주(1), 영(1), 직장(1), 봉사(1), 부봉사(1)가 있었다. 직장 이하 1인은 구임으로 하였다.

(다) 사직서

社稷署는 세종 8년에 조선 개국 이래로 운영된 사직단을 개칭하면서 성립되었다. 사직단과 그 담을 청소하는 일을 맡았다. 도제주(1), 제주(1), 영(1), 참봉(2)이 있었다.

(라) 빙 고

氷庫는 태종 5년(1405) 이전에 이미 설치되었다. 동·서빙고에[76] 얼음을 저장하는 일을 맡았다. 제주(1), 별좌(종5, 별제·별검과 합해 4인), 별제(정6~종6), 별검(정8~종8)이 있었다.

(마) 전생서

典牲署는 세조 6년에 조선 개국 이래로 운영된 典廄署를 개칭하면서 성립되었다. 제물로 쓰는 가축을 기르는 일을 맡았다. 제주(1), 주부(1), 직장(1), 봉사(1), 참봉(2)이 있었다.

(바) 사축서

司畜署는 세조 6년 이래로 사축소에 합속되면서 폐지된 司臠所와 分禮賓寺 중 분례빈시를 세조 12년에 개칭 독립시키면서 성립되었다. 제물이 아닌 여러 가지 짐승을 기르는 일을 맡았다. 제주(1), 사축(종6, 1) 별제(종6, 2)가 있었다.

---

76) 동빙고는 祭享·供佛의 수용을 공급하였고, 서빙고는 御膳·賓食·백관반급의 수용을 공급하였다.

(사) 귀후서

歸厚署는 태종 14년 이래로 운영된 귀후소를 개칭하면서(예종 원년 이전) 성립되고 예종 원년에 禮葬都監이 합속되면서 정립되었다.[77] 관곽을 만들고, 그 和賣와 禮葬에 공급하는 여러 가지 일을 맡았다. 제주(1), 별제(종6, 6) 가 있었다.

바) 문소전·연은전·각 능전

(가) 문소전

文昭殿은 태조 7년 이래로 節妃 神懿王后韓氏의 신주를 봉안한 仁昭殿을 태종 8년에 개칭하면서 성립되었다. 세종 14년에 태조·태종의 위패가 추가로 안치되었다. 도제주(2, 존속종친), 제주(2), 참봉(2)이 있었다.

(나) 연은전

延恩殿은 성종 6년(1475)에 德宗(추존, 성종의 생부)의 위패를 안치하면서 성립되었다. 제주(1, 문소전제주겸), 참봉(2)이 있었다.

(다) 각 능전

경기 내에 소재하는 健元陵(태조)·齊陵(태조비 한씨)·厚陵(정종·비)·獻陵(태종·비)·英陵(세종·비)·顯陵(문종·비)·光陵(세조·비)·昌陵(예종·비)·敬陵(덕종) 등 여러 왕·왕후의 능, 穆淸殿(태조, 개성)·奉先殿(세종, 양주) 등 여러 왕의 眞影을 모신 전각을 맡았다. 각각 참봉(2)이 있었다.

라. 병조 속아문

가) 5 위

문종 원년(1451) 이래로 운영된 오위진무소의 단위부대인 五司를 京侍衛諸色 군사와 전국의 모든 군사를 각각 5등분하여 5위에 분속시킨 5위체제로의 개편에 따라 세조 3년(1457)에 성립되었다.[78] 義興衛(중위), 龍驤衛(좌위), 虎賁

---

77) 《睿宗實錄》 권 3, 예종 원년 정월 신사. 기능·직제상으로는 국초 이래로 운영된 棺槨色(태조 원년~태종 14년), 施惠所(태종 14년 2월~9월)에서 비롯되었다.

78) 《世祖實錄》 권 7, 세조 3년 2월 을사. 기능·직제상으로는 조선 개국 이래의 삼군총제부, 의흥삼군부, 삼군부, 승추부, 삼군진무소, 오위진무소, 오위도총부를 구성한 단위부대인 10위(태조 원년~), 10사(태조 3년~), 12사(태종 18

衛(우위), 忠佐衛(전위), 忠武衛(후위)를 합칭하는 명칭이다. 평시에는 병종별로 입직·행순하는 것이 주임무인 제색군사를 지휘하였다. 5위에는 장(종2, 12, 타관겸), 상호군(정3, 9), 대호군(종3, 14), 호군(정4, 12), 부호군(종4, 54), 사직(정5, 14), 부사직(종5, 123), 사과(정6, 15), 부장(종6, 25), 부사과(종6, 176), 사정(정7, 5), 부사정(종7, 309), 사맹(정8, 16), 부사맹(종8, 483), 사용(정9, 42), 부사용(종9, 1939)이 있었다. 모두 서반 관계자가 임명되었고, 상호군 이하 3,236직 중 671직만이 정직이고 2,564직은 체아직이었다.79) 위의 하위부대로는 部(5부가 1위)－統(4통이 1부)－旅(125인)－隊(25)－伍(5)－卒(1)이 있었다.

의흥위에는 갑사·보충대, 서울의 중부, 개성부, 경기도·강원도·충청도의 군사가 속하였다. 용양위에는 별시위·대졸, 서울의 동부, 경상도의 군사가 속하였다. 호분위에는 족친위·친위군·팽배, 서울의 서부, 평안도의 군사가 속하였다. 충좌위에는 충의위·충찬위·파적위, 서울의 남부, 전라도의 군사가 속하였다. 충무위에는 충순위·정병·장용위, 서울의 북부, 영안도(함길도)의 군사가 속하였다.

5위는 법제적으로 군무는 오위도총부의 지휘를 받고 행정은 병조의 감독을 받아 운영하도록 되었다. 그러나 실제로는 5위가 병조의 속아문이고, 오위도총부의 군령권 행사가 병조와 횡적으로 협조하거나 병조의 지시를 받았음과 관련되어 인사 등 행정은 물론 군무도 병조의 지휘를 받는 경향이 현저하였다.80)

년~), 10사(세종 4년~), 12사(세종 27년~)에서 비롯되었다(閔賢九, 《朝鮮 初期의 軍事制度와 政治》, 韓國硏究院, 1983, 269~286쪽). 삼군총제부 이하의 운영시기는 앞의 (2)-나-나) 오위도총부조(74쪽) 참조.

79) 서반 체아직의 총수는 3,005직이었는데, 이 중 5위 제병종에 속하지 않는 선전관·겸사복·내금위·공신적장 391직과 취라치·태평소·습독관·제주자제·제원·궁인·시인·의원·동몽훈도 150직의 541직을 공제한 2,565직이 5위 병종에게 할당된 정원이었다. 이에서 5위에 속한 군직자 3,236직 중 체아직 2,565직을 공제한 671직의 관직적 성격이 모호하여졌다. 이 671직은 지금까지의 군제관계 연구에서 전혀 논급되지 않았기 때문에 그 구체적인 성격이 불명하다. 그러나 뒤의 2-1)-(1)-나 무반직(104~107쪽)에서의 분석에 미루어 정직으로 간주된 것이 아닌가 추측된다. 서반 아직의 구체적인 내용은 뒤 2-1)-(2)-나 체아직(110~114쪽) 참조.

80) 閔賢九, 앞의 책, 286~287쪽.

나) 사복시 · 군기시 · 전설사 · 세자익위사 · 훈련원

(가) 사복시

조선 개국과 함께 고려 말의 司僕寺를 계승하면서 성립되었다. 왕이 타는 수레, 말과 마구, 그리고 목축에 관한 일을 맡았다. 제주(2), 정(1), 부정(1), 첨정(1), 판관(1), 주부(2)가 있었다. 판관 이상 2인은 구임으로 하였다. 마정의 중요성 때문에 의정을 역임한 인물이 제주를 겸대하거나 의정이 관아를 관장하기도 하였다.

(나) 군기시

軍器寺는 조선 개국 이래로 운영된 군기감을 세조 12년(1466)에 개칭하면서 설립되었다. 병기를 제조하는 일을 맡았다. 제주(2), 정(1), 부정(1), 첨정(1), 별좌(정5~종5, 별제와 합해 2인), 판관(종5, 2), 별제(정6~종6), 주부(2), 직장(1), 봉사(1), 부봉사(1), 참봉(1)이 있었다. 주부 이상 2인은 구임으로 하였다. 병기 제조의 중요성으로 인해 의정이 관아의 일을 관장하기도 하였다.

(다) 전설사

典設司는 태종 14년(1414) 이래로 운영된 忠扈衛를 세조 12년에 개칭하면서 성립하였다.[81] 장막을 공급하는 일을 맡았다. 제주(1), 수(1), 제검(정4~종4, 별좌 · 별제와 합해 5인), 별좌(정5~종5), 별제(정6~종6)가 있었다.

(라) 세자익위사

世子翊衛司는 조선 개국 이래로 운영된 세자관속의 기능 중 세자시위를 담당한 기능과 관원을 태종 18년에 분리시켜 독립관아화하면서 성립되었다. 일시 혁거되었다가 예종 즉위년(1468)에 복설되었다. 동궁을 모시고 경호하는 일을 맡았다. 좌 · 우익위(정5, 각 1), 좌 · 우사어(종5, 각 1), 좌 · 우익찬(정 6, 각 1), 좌 · 우위솔(종6, 각 1), 좌 · 우부솔(정7, 각 1), 좌 · 우시직(정8품 각 1), 좌 · 우세마(정9, 각 1)가 있었다. 관원은 모두 무반이지만 직무 분장상 대개 공신이나 재상의 자제로 충원하였고, 經術之士 또는 端士이어야 한다는 점이 항상 강조되었다.

---

81) 기능 · 직제상으로는 조선 개국 이래로 운영된 사막(~태종 3년), 충순호위사(태종 3년 6월~태종 14년 8월)에서 비롯되었다.

(마) 훈련원

訓鍊院은 조선 개국 이래로 운영된 훈련관을 세조 12년에 개칭하면서 성립되었다. 군사의 재예를 시험하고, 무예를 연마시키며, 武經을 습독시키는 일을 맡았다. 지사(정2, 1겸), 도정(정3 당상, 2, 1인은 겸), 정(1), 부정(2), 첨정(2), 판관(2), 주부(2), 참군(2), 봉사(2)가 있었다. 권지 약간명이 있었는데, 무과 출신자 중 실직에 제수되지 못하는 자가 제수되었다.

관원은 모두 무관으로 임용하되 부정 이하 주부 이상 1인은 문신으로 임용하였으며, 참군 이하는 군기시의 직장 이하 4인으로서 겸임하게 하여 점차로 전직시켰다. 또 습독관 30인이 있어 녹관·권지와 더불어 《兵要》, 《武經七書》, 《通鑑》, 《將鑑》, 《博義》, 《陣法》, 《兵將說》을 습독시켰다. 정은 성종 6년부터 임기가 차면 당상관에 승진하였다.

마. 형조 속아문

가) 장례원

掌隷院은 세조 12년 이래로 운영된 辨定院을 세조 13년(1467)에 개칭하면서 성립되었다.[82] 노예의 장적과 노비 송사를 처결하는 일을 맡았다. 판결사(정3품 당상, 1), 사의(정5, 3), 사평(정6, 4)이 있었다. 사의 이하는 모두 구임으로 하였다.

나) 전옥서

조선 개국과 함께 고려 말의 典獄署를 계승하면서 성립되었다. 옥에 구류된 죄수에 관한 일을 맡았다. 부제주(1, 승지겸), 주부(1), 봉사(1), 참봉(1)이 있었다.

바. 공조 속아문

가) 상의원·선공감·수성금화사

(가) 상의원

尙衣院은 조선 개국 이래의 供造署를 태조 2년(1393) 이전에 개칭하면서

82) 《世祖實錄》 권 41, 세조 13년 정월 기사·기능·직제상으로는 조선 개국 이래로 운영된 형조도관(~세조 12년)에서 비롯되었다.

성립되었고, 태종 16년(1416)에 奉書局이 합속하면서 정립되었다. 왕이 입는 의복 및 궐내의 재화·금보 등의 물품을 맡았다. 제주(2), 부제주(1, 승지), 정(1), 첨정(1), 별좌(정5~종5, 별제와 합해 2), 판관(1), 별제(정6~종6), 주부(1), 직장(2)이 있었다. 주부 이상 1인은 구임으로 하였다.

(나) 선공감

繕工監은 조선 개국과 함께 고려 말의 선공시를 계승하면서 성립되었다. 토목·영선을 맡았다. 제주(2), 정(1), 부정(1), 첨정(1), 판관(1), 주부(1), 직장(1), 봉사(1), 부봉사(1), 참봉(1)이 있었다. 판관 이상 1인은 구임으로 하였다.

(다) 수성금화사

修城禁火司는 세종 4년에 도성 내외의 巡審을 위하여 설치한 성문도감과 세종 8년 2월 이전에 도성 내의 소방을 위하여 설치한 금화도감을 세종 8년(1426)에 한 관아로 개편하면서 성립되었다. 세종 6년 성곽의 수리와 소방업무를 공조와 한성부로 이관하면서 폐지되었다가, 성종 12년(1471)에 복설되었다. 궁성·도성의 수축, 궁궐·관아의 건물 및 방리 각호의 소방 등의 일을 맡았다. 도제주(1), 제주(2), 제검(정4, 4, 3인은 사복시·군기시·선공감정겸), 별좌(정5~종5, 6, 4인은 의금부경력, 병·형·공조정랑 각 1인겸), 별제(정6~종6, 3, 1인은 한성부판관겸)가 있었다.

나) 전연사·장원서·조지서·와서

(가) 전연사

典涓司는 조선 개국 이래로 수창궁·경덕궁·경복궁·창덕궁 등에 설치되어 궁궐수선 등을 맡아보던 提擧司를 세조 12년에 통합하면서 성립되었다. 궁궐을 청소하는 일을 맡았다. 제주(1, 선공감제주겸), 제검(종4, 별좌·별제와 합해 5), 별좌(정5~종5), 별제(정6~종6), 직장(2), 봉사(2), 참봉(6)이 있었다. 직장 이하는 체아직이었다.

(나) 장원서

掌苑署는 국초 이래로 운영된 東山色을 개칭한 상림원을[83] 세조 12년에

83) 《太宗實錄》 권 9, 태종 5년 3월 병신.

다시 고치면서 성립되었다. 苑囿, 화초와 과물 등의 관리를 맡았다. 제주(1), 장원(정6, 1), 별제(종6～종6, 3)가 있었다.

(다) 조지서

造紙署는 태종 15년 이래로 운영된 조지소를 세조 12년에 개칭하면서 성립하였다. 表箋紙와 咨文紙, 그 밖의 여러 가지 종이를 제조하는 일을 맡았다. 제주(2), 사지(종6, 1), 별제(종6, 4)가 있었다.

(라) 와 서

瓦署는 태종 6년 이래의 별요와 세조 6년 이래의 와요를 통합한 기관인데, 성종 원년 이전에 성립된 것으로 보인다. 기와와 벽돌을 만드는 일을 맡았고, 제주(1), 별제(종6, 3)가 있었다.

2. 관직과 관계

1) 관 직

조선의 중앙관직은 개국과 함께 고려 말의 관직을 계승하여 流品의 문·무반직과 流品外의 환관·內豎·악공직 등을 두고, 다시 문·무반의 여러 관직은 職事 여부와 관련하여 실직인 正職·兼職과 허직인 檢校·添設·同正職으로 구분하면서 비롯되었다.

이 관직체계가 세조대까지 의정부와 6조 중심의 국정운영, 통치체제의 정비, 경비절감, 군역자의 우대, 신분제 등과 관련하여 전반적으로 수정하고 보완되며 운영되었다. 문·무반의 정직은 6조 장·차관의 직질이 정3·4품에서 정·종2품으로 승질되기도 하나 종2품 이상직이 60여에서 40여로 감소되었다. 문·무반의 당상관이 겸한 겸직이 50여에서 150여로 증가하였다. 내수·악공·공상인·천예 등에게 수여된 잡류직이 동·서반 잡직으로 개편되었다. 有祿職인 검교·첨설·동정직이 혁거되고, 문·무반 체아직과 무반 무록직 및 허직인 影職·散職이 설정되었다. 퇴직 공신·유공 당상관에게 녹봉을 지급하는 奉朝賀職, 연로자에게 散階를 수여하는 노인직이 설정되었다.

《경국대전》의 편찬과 함께 모든 관직은 크게 문반·무반·잡직으로 구분되고, 이 위에 실직인 정직·겸직·체아직·무록직과 허직인 영직·산직·봉조하·노인직, 1년에 연이어 네 차례 녹봉을 받는 정직과 근무한 때에만 녹봉을 받는 체아직 및 녹봉이 지급되지 않는 무록직 등이 복합된 관직제로 바뀌었다.

(1) 문반직·무반직·잡직

가. 문반직

조선 개국 때의 문반 경관직에는 정1품직인 문하부 영사·좌시중·우시중(각 1인) 이하 종9품직인 대청관 판관(2)에 이르는 613의 정직, 도평의사사 판사(2, 시중겸) 이하 전의감 겸주부(2, 종6품겸)의 101겸직이 있었다.[84] 이 때의 관직이 세조대까지 정직은 정치·경제상황, 각 관직이 속한 관아의 직장·지위 등과 관련되어 녹직, 체아직, 무록직으로 체계화되었다. 겸직은 당상관이 없는 아문의 통솔, 그 관아의 직장과 관련되어 정1품관으로부터 정3품 당상관이 겸한 영사·도제주·제주·부제주 등과 정3품 당하관 이하가 겸한 예문관 직제학 등으로 체계화되었다.

《經國大典》에 규정된 경관 문반직은 다음의 〈표 2〉와 같이 본직·겸직을 통틀어 980직 이상이 있었다. 본직은 녹봉의 지급 여부 및 녹봉액과 관련되

84) 《太祖實錄》 권 1, 태조 원년 7월 정미. 직질별로 본직 겸직을 정리하면 다음의 표와 같다.

직질	정직	겸직	계	직질	정직	겸직	계	직질	정직	겸직	계	직질	정직	겸직
정1품	4	8	12	정4품	32	6	38	정7품	36		36			
종1	3		3	종4	30		30	종7	62		62	합계	613	101
정2	17	14	31	정5	33	4	37	정8	43		43			
종2	40	19	59	종5	30	13	43	종8	34		34			
정3	48	6	54	정6	42		42	정9	28		28			
종3	42	8	50	종6	61	23	84	종9	28		28			

〈표 2〉 경관 문반직 일람표[85)]

직 질	본 직				겸직	계
	녹직	체아직	무록직	계		
정1품	4			4	28	32
종1	3			3		3
정2	9			9	81	90
종2	11			11		11
정3	18			18	16	34
당상 정3	28	4	1	33	4	37
당하 종3	24	3	1	28		28
정4	15		6	21		23
종4	31	3	5	39		39
정5	37	1	10	48	1	49
종5	43	5	13	61		61

직 질	본 직				겸직	계
	녹직	체아직	무록직	계		
정6품	63		14	77	11	88
종6	90	8	40	138		138
정7	14			14	1	15
종7	40	17		57	1	58
정8	13		3	16	1	17
종8	39	21	2	62	1	63
정9	46	14		60	8	68
종9	89	29		118		118
기타*					8	8
합계	617	105	95	817	163 이상	980 이상

* 직질이 불명한 통례원관 6, 봉상시 직장 이하가 겸한 성균관 박사 2.

어 617 녹직, 105 체아직, 95 무록직으로 구성되었다. 정직은 그 관아의 지위와 관련하여 국왕에게 직접으로 정무를 보고하고 지시를 받는 의정부·6조·승정원·사헌부·사간원 등 直啓衙門의 관직, 6조나 6조·제주의 지휘를 받으면서 업무를 집행하는 시·감·창·고·서 등 6조 속아문의 관직, 환관으로 제수되는 내시부의 관직으로 구분되었다. 직계아문의 관직명은 6조를 제외한 의정부·의금부·한성부·사헌부·승정원·사간원 등은 독자적인 명칭으로 규정되었다. 이에 비하여 6조는 직질이 같으면 관직명이 같았다. 6조 속아문은 각 관직이 소속된 관아의 격이 같은 경우 대개 직질이 같으면 관직명이 같았다. 즉, 정3품 아문인 시·감은 正－副正－僉正－判官－主簿－直長－奉事－副奉事－參奉, 정4품 아문인 창은 守－主簿－直長－奉事－副奉事, 종5품 아문인 서·고는 令－直長－奉事－副奉事, 종6품 아

85) 《經國大典》 권 1, 吏典 京官職 참조. 李成茂는 앞의 책, 125쪽 〈표 16〉에서 도제주·제주·부제주와 경연·관상감·세자시강원 등의 겸직도 실직에 포괄시켜 파악하였다. 그러나 이들은 녹직인 영의정 등의 겸직인 만큼, 이 글에서는 정직·체아직·무록직을 포괄한 본직과 구분하여 겸직으로 분류하였다. 또 인원수가 불명인 춘추관·경연관원은 제외하였다(다음의 무반직도 같다).

〈표 3〉 문반 겸직일람표

	관 직 명	수	소속 관아별 인원
정 1	도제주	18	승문원 3, 종부시·제전 각 2, 사옹원·군자감·전함사·봉상시·내의원·사역원·종묘서·사직서·군기시·수성금화사 각 1
	영 사	7	경연 3, 홍문관·예문관·춘추관·관상감 각 1
	감 사	1	춘추관
	사·부	2	세자시강원 각 1
종 1~종 2	제 주[1]	59	사옹원 4, 종부시·장악원·관상감·전의감·사역원·혜민서·사복시·군기시·상의원·선공감·수성금화사·조지서 각 2, 내자시·내섬시·사도시·사섬시·군자감·제용감·사재감·전함사·평시서·사포서·봉상시·교서관·내의원·예빈시·소격서·종묘서·사직서·빙고·전생서·사축서·도화서·활인서·귀후서·제전·전연사·장원서·와서 각 1
종 1	판 사	1	의금부[2]
	이 사	1	세자시강원
정 2	빈 객	2	세자시강원
	대제학	2	홍문관·예문관 각 1
	지 사	5	경연 3, 의금부[2]·성균관 각 2
종 2	동지사	7	경연 3, 의금부[2]·성균관 각 2
	부빈객	2	세자시강원
	제 학	2	홍문관·예문관 각 1
정3상	부제주	9	사옹원 5, 승문원[3]·내의원·전옥서·상의원 각 1
	참찬관	7	경 연
정3하	직제학	1	예문관
	정	2	상서원·종부시 각 1
	판 교	1	교서관
정 4	응 교	1	예문관
	도 선	1	종 학
정 5	전 훈	1	종 학
정 6	사 회	2	종 학
종 6	교 수	8	4 학
	주 부	1	양현고
정 7	참 군	1	한성부
종 7	직 장	1	양현고
정 8	박 사	1	성균관
종 8	봉 사	1	양현고

정 9	훈 도	8	4 학
기 타[4]		8	
합 계		163(정 3 당상 이상 125, 정 3 당하 이하 38) 직 이상	

*[1] 제주는 종1~종2품관이 겸대한 관계로 포괄하여 파악하였다. [2] 의금부의 판사·지사·동지사의 수는 합해 4인으로 규정되었으나 성균관의 그것을 참고하여 비정하였다. [3] 승문원 부제주는 수가 불명하나 1인으로 비정하였다. [4] 기타 8인은 직질이 불명한 통례원 6인, 성균관 2인이다.

문인 서는 主簿-直長-奉事-副奉事-參奉의 체계였다. 각종 공작을 관장하거나 전문기술이 요청된 사옹원 등에는 提擧-提檢-別坐-別提-別檢의 무록관이 운영되었다. 그러나 장례원, 홍문관·승문원·성균관·교서관·예문관, 통례문(원), 세자시강원 등은 그 직장과 관련된 독자적인 관직명으로 운영되었다. 또 정직의 각 품별 관직수는 3품 이상은 正品과 從品의 수가 비슷하였으나, 4품 이하는 정품은 소수였고 종품은 다수였다. 이 중 4품 이하 관직이 소속된 아문은 대개 정품직은 관아의 지위가 높은 아문이거나 문한기관이었고, 종품직은 시·감·창·고·서였다.

겸직은 〈표 3〉과 같이 정1품 이하 정3품 당상관 이상이 125직이었고, 정3품 당하관 이하가 38직이었다. 겸직이 소속된 관아에는 의정부·6조 및 소수의 당상관 중심의 국정운영과 관련하여 그 전임관의 최고 직질이 정3품 당상관 이하 아문인 세자시강원, 문한기관, 시·감 등과 경연이 있었다. 겸직은 그 직이 설치된 관아의 지위·직장과 관련하여 도제주 등 이하, 제주 등 이하, 부제주 등 이하가 등차적으로 설치되었다. 승문원 도제주 등 중요한 겸직은 당연히 겸대할 정직(例兼職)이 명기되었다.86) 정4품 이하의 겸직은 그 직장과 직결된 관아의 관직자가 겸임하였다.87) 겸직은 녹봉이 지급되지 않지

86) 《經國大典》 권 1, 吏典 京官職에 명기된 例兼職은 다음과 같다.
영의정 : 승문원도제주, 경연·춘추관영사, 홍문관·예문관영사(혹은 좌·우의정), 세자사.
좌의정 : 승문원도제주, 경연영사, 춘추관감사, 세자부(혹은 우의정).
우의정 : 승문원도제주, 경연영사, 춘추관감사.
좌찬성 : 세자이사(혹은 우찬성).
도승지 : 경연참찬관, 예문관직제학, 상서원정.
제승지 : 경연참찬관.
승지 1인 : 사옹원·내의원·상의원부제주.

만 직사상 때로는 그 관아의 인사를 주관하는 기능을 행사하였는데, 충훈부의 君이 겸대한 경우는 정직과 다를 바가 없었다.

체아직과 무록직은 뒤의 〈표 6-ㄱ〉과 〈표 7〉에서 제시된 것과 같이 각각 105직과 95직이 있었다. 체아직이 소속된 관아는 대개 기술관아였고, 그 관직에는 중인 이하의 신분자가 제수되었다. 무록직은 양반이 제수되는 관직이기는 하나 정직자가 「10考 2中」 이하의 고과에 따라 貶黜되면서 제수되고, 그 후 12개월이 지나야만 녹직에 제수될 자격이 부여되는[88] 등 정직보다 열등하였다.

나. 무반직

조선 개국 때의 무반 경관직에는 10위의 상장군(정3, 10) 이하 종9품 정(2,000)에 이르는 4,390의 정직,[89] 의흥친군위의 도절제사·절제사·동지절제사, 8위의 판사·상장군 등의 겸직이 있었다.[90] 이후 《경국대전》의 편찬 때까지 10위를 계승하면서 정립된 5위 관원에 중추부·오위도총부·내금위·겸사복·선전관·공신적장·훈련원·세자익위사의 관직이 무반직으로 조정되고, 이들 관직이 정직·체아직의 본직과 겸직으로 구분되면서 정립되었다.

《경국대전》에 규정된 경관무반직의 겸직과 체아직은 그 수가 명확하였다. 그러나 정직에 있어서는 중추부·오위도총부·세자익위사·훈련원의 58직은 정직임이 명확하지만, 5위의 경우에는 정직의 존재여부와 몇 관직이 정직인

87) 예문관 응교는 홍문관 직제학 이하가, 종학·4학·양현고의 관원은 성균관사성 이하가, 한성부 참군은 통례원 인의가, 성균박사 이하는 의정부 사록과 봉상시 직장 이하가 각각 예겸하였다.

88) 《經國大典》 권 1, 吏典 褒貶.
《成宗實錄》 권 33, 성종 4년 8월 정묘·권 223, 성종 19년 12월 무술.

89) 태조 원년 7월 정미에 공포된 관제의 내용은 다음의 표와 같다.

관아별	정3품	종3	정4	종4	정5	5품	6품	7품	8품	정9	종9	합계
10위	10	20	20	50		150	300	300	400	1,000	2,000	4,250
도부외					2		4	6	8	40	80	140
계	10	20	20	50	2	150	304	306	408	1,040	2,080	4,390

90) 각 관직의 정원은 불명하지만, 태조 원년 7월 정미의 인사에서는 도절제사 1, 절제사 2, 동지절제사 4, 판8위사 1, 8위상장군 1명이 제수되었다.

가가 명확하지 못하였다. 즉, 5위의 정3품 당하관 이하 3,236직에 있어서 2,464직은 뒤의 〈표 6-ㄴ〉에서 분석된 바와 같이 체아직이지만, 772직은 그 관직적 성격이 불명하다. 이 772직의 직질과 인원을 서반체아직의 분포와 관련시켜 보면 상위직인 정3품 당하·종3품·정4품직과 정5·6·7·8·9품직은 1직도 체아직에 포함되지 않았다.[91] 또 조선 초기의 인사를 보면 서반 체아직이 아닌 상호군(정3품)·대호군(종3품)·호군(정4품) 등이 지형조사·지사간원사·경기도경력 등을[92] 겸대하였다. 이 때의 상호군 등은 정직이었다고 하겠다. 그 외에 상호군·대호군·호군 등은 동반의 여러 관직과 수시로 교체되었다. 이 점에서 이 772직은 정직이었다고 생각된다.

따라서 《경국대전》에 규정된 무반 경관직은 다음의 〈표 4〉와 같이 본직에는 정직 830직과 체아직 3,005직의 3,835직이 있었고, 겸직에는 34직이 있었다. 정직 830직은 58직이 중추부·오위도총부·훈련원·세자익위사의 관직이었고, 772직은 5위의 관직이었다. 체아직 3,005직은 6위가 2,464직이었고, 541직은 5위 이외의 겸사복·선전관·내금위·공신적장 391직과 취라치·태평소·습독관·제주자제·諸員·궁인·시인·의원·동몽훈도 등 150직이었다. 겸직 34직은 훈련원 지사(정2, 1), 오위도총부 도총관(정2, 부총관과 합해 10)·부총관(종2), 장(종2, 18 〈5위 12, 내금위·겸사복 각 3〉), 훈련원 도정(정3 당상, 1)·참군(정7, 2)·봉사(종8, 2)였다.

---

91) 5위 당하관 이하 관직과 서반 체아직의 관계는 다음의 표와 같다.

		정3	종3	정4	종4	정5	종5	정6	종6	정7	종7	정8	종8	정9	종9	합계
5위 ①		9	14	12	54	14	123	150	201	5	309	16	483	42	1,939	3,236
체아직	5위 ②				11		78		105		197		366		1,707	2,464
	겸사복 등	3	9		17		32		48		73		87		122	391
	취라치 등								4		18		51		77	150
	계	3	9		28		110		157		288		504		1,906	3,005
①-②		9	14	12	43	14	45	15	96	5	112	16	117	42	232	772

92) 李承召, 〈黃守身墓碑銘〉·〈鄭忠碩墓表陰記〉(《三灘集》; 《韓國文集叢刊》 11, 민족문화추진회, 1988).
金守溫, 〈韓繼美神道碑銘〉(《拭疣集》; 《韓國文集叢刊》 9, 민족문화추진회, 1988).
李石亨, 〈年譜〉(《樗軒集》; 《韓國文集叢刊》 9, 민족문화추진회, 1988).

〈표 4〉 무반 경관직 일람표

직 질	본 직			겸 직	합 계	직 질	본 직			겸 직	합 계
	정직	체아직	소계				정직	체아직	소계		
정1품	1		1		1	정6품	17		17		17
종1	2		2		2	종6	100	157	257		257
정2	6		6	6	12	정7	7		7	2	9
종2	7		7	23	30	종7	112	288	400		400
정3당상	9		9	1	10	정8	18		18		18
정3당하	10	3	13		13	종8	117	504	621	2	623
종3	16	9	25		25	정9	44		44		44
정4	12		12		12	종9	232	1,906	2,138		2,138
종4	50	28	78		78	합 계	830	3,005	3,835	34	3,869
정5	16		16		16						
종5	54	110	164		164						

＊《經國大典》 권 4, 兵典 京官職·番次都目 참조.

5위의 관직, 내금위·취라치 등의 군직과 체아직을 비교하여 보면 후자는 모두 체아직이고 5위도 3,236직 중 2,464직이 체아직이었음과 같이 군직의 대부분은 체아직이었다. 직질별 관직수는 정직·체아직 모두 정품은 소수이나 종품은 다수였는데, 특히 군직이 대부분인 4품 이하는 그 차이가 현격하였다. 당상관직은 모두 정직이지만 직사가 없는 당상관이 대기하는 중추부의 관직이었고, 당하관직은 대개가 체아직이었다. 체아직은 근무기간에 따라 受祿하였음은 물론, 陞資(加資)가 근무일수(仕數)에 의하여 행하여진 만큼[93] 정직에 비해 크게 열등하였다. 또 문반직자가 피핵·근무성적·질병으로 좌천

93) 《經國大典》 권 4, 兵典 番次都目에 규정된 병종별 분번수, 복무개월, 加階에 요하는 근무일수는 다음의 표와 같다.

병 종	분번수	복무개월	가계일수	비고	병 종	분번수	복무개월	가계일수	비고
갑 사	5	6	62		정 병	8	2	64	
별시위	5	6	48		충순위	7	12	75	
친군위	2	12	56		족친위	장번		144	
파적위	5	4	106		충의위	장번		144	
장용위	5	6	62		충찬위	5	4	39	
팽 배	5	4	1080		보충대	4	4	1000	
대 졸	5	4	1080						

될 때 동품의 무반직에 제수되고, 파직문신이 서용될 때 무반직에 제수되었으며, 무반직자가 영전할 때 동품의 문반직에 제수되었다.[94]

이러한 무반직의 구성과 대우에서 무반은 문반과 함께 양반으로 호칭되어지나 문반에 비하여 그 지위·대우가 열등하였다. 무반직 내에서 중추부 등의 관직은 그 직사, 승자·대우 등에서 5위 군직자보다 우월하였다. 그러나 겸사복·선전관·내금위·공신적장은 그 직장과 관련된 무예, 국왕의 총애 및 신분에서 체아직이지만 정직과 같이 1년에 4번 녹봉을 받는 長番職이었다. 특히 선전관·내금위는 시험을 거치지 않고 첨절제사·만호·변방수령에 제수되고,[95] 내금위는 집현전에 비교되는[96] 등 높은 지위를 누렸다.

다. 잡직(체아직)

조선 개국 때의 잡직에는 환관·내수·악공 등 잡류로 제수된 내시부·액정서·전악서·아악서의 여러 관직이 있었다. 또 工商賤隷·皀隷·所由·羅將·杖首도 공로에 따라 관직을 제수받았다. 이들은 유품외라 하여 문·무반과 구분되기는 하나 朝官의 반열에 들면서 사류와 혼잡되어 있었다.

잡류는 세종 11년(1429)까지는 사류와의 혼잡이 논란되기는 하나 그 대우상 문·무반과 큰 차이가 없었다. 그러나 곧 사옹·사막·상의원·상림원·악공·도화원 관원의 조반참렬을 금지하고, 세종 12년에 서반 잡직을 따로 설정하여 공상천예로서 守職하는 자를 그에 속하게 함으로써 조반과 구별되기 시작하였다. 그러다가 세종 26년에 서반 잡직계가 설정되고,[97] 세조대에 동반 잡직계도 설정된 즉, 서반 잡직의 보완 및 동반 잡직의 설정에 따라 조반과 완전히 구별되었다.[98] 세조 때의 잡직제가 《경국대전》의 편찬과

---

94) 《成宗實錄》 권 226, 성종 20년 3월 을유·권 257, 성종 22년 9월 정축.
金訢, 〈年譜〉(《顔樂堂集》; 《韓國文集叢刊》 15, 민족문화추진회, 1988), 성화 22년 7월·23년 2월.

95) 《經國大典》 권 4, 兵典 外官職·軍官.

96) 《成宗實錄》 권 7, 성종 원년 5월 계묘·권 19, 성종 2년 12월 정사.

97) 《世宗實錄》 권 105, 세종 26년 윤7월 임오. 잡직계는 뒤 2)-(3) 〈표 12〉(119쪽) 참조.

98) 李成茂는 앞의 책, 112쪽에서 세종 26년에 서반 잡직계가 존재하였다고 하면서 동반 잡직계에 대해서는 구체적으로 언급하지 않았지만, 《經國大典》의 잡직계는 '세조조의 관제개혁 때 만들어진 것이 아닌가 생각된다'고 하면서 세조대에 설정되었음을 시사하였다.

〈표 5〉 동·서만 잡직 체아직 일람표[1]

반별	관아별	정6품	종 6	정 7	종 7	정 8	종 8	정 9	종 9	계
동반	공 조						工造1		工作2	3
	교서관						司準1		司勘1	2
	교서관·사섬시·조지서2						공조4		공작2	6
	사옹원		宰夫1		膳夫1		調夫2	飪夫2	烹夫7	13
	상의원				工製4		공조1		공작3	8
	사복시		安驥1		調驥1		理驥1		保驥1	4
	군기시				공제5		공조2		공작2	9
	선공감						공조4		공작4	8
	장악원	典樂1	부전악2	典律2	부전률2	典音2	부전음4	典聲10	부전성20	43
	소격서						尙道1		志道1	2
	장원서		愼花1		愼果1	愼禽1	부신금1	愼禽3	부신수3	10
	액정서	司謁1 司鑰1	부사약1	司案2	부사안3	司鋪2	부사포3	司掃6	부사소9	27 1
	도화서		善畵1		善繪1		畵史1		繪史2	5
	소 계	3	7	4	18	5	26	21	57	141
서반	파진군				勤事2		從事2		趨事3	7
	대 졸							隊長46	隊副554	600
	팽 배							대장80	대부920	1,000
	소 계				2		2	126	1,477	1,607
합 계		3	7	4	20	5	28	147	1,534	1,748

＊1. 《經國大典》 권 1·4, 吏典 兵典 雜職 참조.
＊2. 서로 협의하여 직을 바꿔준다.

함께 명문화되었다.

《경국대전》에 규정된 잡직은 위의 〈표 5〉와 같이 동반에는 정6품 장악원 전악 등 15관아에 141직이 있었고, 서반에는 종7품 파진군 근사 등 3개 부대에 1,607직이 있었다.

잡직은 모두 체아직이었고, 그에 제수된 자가 대개 양인 이하인 까닭에 문·무반직과 완전히 구별되면서 점차로 천역시되었다. 그러면서도 양인인 자는 1계가 강등되면서 문·무반의 정직에 제수되기 때문에 미미하나마 문·무반직과 상통되었다.

(2) 실직·허직·녹직·무록직

가. 실직·허직

조선 개국 초의 실직에는 문·무반의 정직과 겸직이 있었다. 이후 세조대까지 정직·체아직·무록직과 겸직으로 체계화되면서 정립되었고,《經國大典》의 편찬과 함께 법제화되었다.99)

조선 개국 초의 허직에는 검교·첨설·동정직이 있었다. 이후 세조대까지 검교직·동정직이 혁거되고 영직·산관직과 봉조하·노인직이 두어지면서 정립되었으며,《경국대전》의 편찬과 함께 법제화되었다.

검교직은 태종 14년(1414)에 그 수를 좌참찬에서 공조참의에 이르는 10명으로 축소하였다. 태종 16년에 내시부 검교를 제외한 모든 유록 검교직을 혁파하였고, 세종 26년(1444)에 내시부 검교를 녹관으로 전환하였다. 이로써 유록 검교는 모두 폐지되었다. 그러나 무록인 치사검교·거관검교·무록 검교 등은 관직 진출의 체증 개선과 관련되어 얼마간 더 운영되었다.

첨설직은 태조 원년(1392)에 3품 이하 향리출신 첨설직 중 과거에 급제했거나 군공을 세운 자가 아닌 경우는 향리로 환원되었다. 태조 3년에는 첨설직을 이용한 陞職을 금지하고 이미 승직한 자도 徵馬하거나 직첩을 회수하였다. 태종 5년(1405)에 첨설 6조전서·의랑을 혁파하고 6시 7감의 판사·경·감 각 1인과 42都府外에 1領마다 각 5인씩을 삭감하였다. 이후 세종 19년(1437)까지 명맥을 유지하다가 폐지되었다.

동정직은 태종대까지 初入仕職으로 제수되다가 세종대 이후에 소멸되었다.

영직은 세종 27년 경부터 조선 개국 이래의 첨설직·동정직 등 유급 산직에 대신하여 문·무 경관직자와 경아전에게 과전·녹봉을 지급하지 않고 조회 수반도 금지된 무급 산직을 두면서 비롯되었다. 세조 7년(1461)에 근무 연한을 마쳤으나(仕滿) 관직이 부족하여 타직으로 진출할 수 없는 양반·양인인 경아전·조군·수군·정병 등을 대우하기 위하여 이들에게도 영직을 제

99) 본직·겸직은 앞의 2-1)-(1)-가·나(100~107쪽)와 1-2)·3)을, 체아직·무록직은 뒤의 나(110~114쪽) 참조.

수하였다. 《經國大典》의 편찬과 함께 파적위·장용위·정병·管領 거관자에게 그 무예·신분과[100] 관련하여 각각 종5·종6·종5·종6품의 영직을 제수하는 것으로 명문화되었다. 또 충순위가 근무일을 채우고 거관할 때 종5품계를 제수하는 산직이 있었다.[101]

노인직은 세종조 이래로 연로한 노인에게 무급 산직을 수여하면서 비롯되었다. 성종 12년(1481)에 나이 80세 이상이 된 양·천의 노인을 대상으로 관계가 없는 자(白身)에게는 관계를 부여하고, 산계자에게는 1계의 등급을 올리는 것으로 고쳐졌다가 《경국대전》에 명문화되었다. 당하관 이하는 면역의 특전에 그쳤지만, 당상관은 承蔭과 예우의 수혜가 있었기 때문에 국왕의 재가를 받아야 하였다.

奉朝賀는 세조 3년 이래로 퇴직한 유공공신·고급관료를 우대하기 위해 녹봉을 지급하는 奉朝請을 계승하여, 정3품 당상관직 이상을 역임한 공신·공신적장·일반관인 15인에게 5과 이하의 녹을 차등적으로 지급하면서 정립되었고,[102] 《경국대전》에 명문화되었다.

조선 초기 실직과 허직의 관직적 지위는 그 직사, 제수자의 신분·대우와 관련하여 실직은 잡직이나 허직보다 우월한 지위와 우대를 누렸다. 실직 중에서도 정직이 가장 우대되고 겸직과 체아·무록직의 순서였다. 허직은 실직과는 비교가 되지 못하였다. 그러나 양반인 경우는 소수나마 천거를 통해, 그 산관을 토대로 실직에 제수되어 문·무반직과 연관되었다.

나. 녹직(정직·체아직)·무록직(동반무록직·영직·산관직, 겸직·노인직)

조선 개국 초에는 현직자는 물론 전직자에게도 과전과 녹봉이 지급되었기 때문에 현직자는 대개 녹직이었다. 그러나 이후 세조 때까지 의정부·6조와

---

100) 破敵衛는 양인이 木箭·片箭·走(1주)·力(1력)의 시험 후에 입속하였고, 壯勇衛는 천인이 목전·주(1주)·력(1력)의 시험 후에 입속하였고, 正兵은 하층 양반·양인이 군역으로 입속하였다. 관령은 한성부의 부 아래 행정단위인 방의 우두머리로서 방 내의 질서유지, 세금징수 등에 관한 일을 관장하는 자였다.

101) 《經國大典》 권 4, 兵典 番次都目.

102) 《世祖實錄》 권 41, 세조 13년 정월 계유. 봉조하는 녹봉을 받은 외에 정조·동지·탄일 등 행사에 常服으로 肅拜할 수 있었다.

소수의 당상관을 중심으로 한 국가통치, 관직제의 정비, 경비 절감책의 강구, 군역 거관자의 영직 수여 등에 따라 현직자로서 녹봉을 받지 못하는 무록직이 크게 증가하였다. 또 녹직도 정직인 중요 아문의 관직은 1년에 4번 녹봉을 받았지만(四孟朔連等受祿), 군소 기술아문과 군위아문에 소속된 체아직은 1년에 1~2번만 받았다.

《경국대전》상의 「4맹삭연등수록」의 관직은 앞의 〈표 2·4〉에 제시된 모든 정직이 해당되었다. 체아직은 근무하는 기간에만 녹봉을 받을 수 있었다. 그 관직은 다음의 〈표 6-ㄱ·ㄴ〉에서와 같이 동반에는 내의원·관상감·전의감·사역원정 각 1인으로부터 전연사 등의 참봉에 이르는 105직이 있었다. 이들 중 전연사의 관직을 제외한 모두는 기술관이 임용되는 관아에 속한[103] 중인층 이하의 기술관에게 주어지는 관직이었다.

〈표 6-ㄱ〉 동반 체아직 일람표

직질	관직	수	소속관아별 인원	직질	관직	수	소속관아별 인원
정 3	정	4	내의원·관상감·전의감·사역원 각 1	종 8	계사	2	호 조
종 3	부정	3	관상감·전의감·사역원 각 1		심률	2	형 조
종 4	첨정	3	〃		봉사	17	활인서 4, 사역원 3, 내의원·관상감·전의감·전연사 각 2, 내수사·혜민서 각 1.
정 5	전수	1	내수사	정 9	훈도	2	호·형조 각 1.
종 5	판관	5	관상감·사역원 각 2, 내의원 1.		부봉사	12	전의감 4, 관상삼 3, 내의원·사역원 각 2, 혜민서 1.
종 6	주부	8	관상감·혜민서 각 2, 내의원·전의감·사역원·내수사 각 1.	종 9	회사	2	호 조
종 7	산사	1	호 조		검률	2	형 조
	명률	1	형 조		참봉	25	전연사 6, 전의감 5, 혜민서 4, 관상감 3, 사역원·내수사·활인서 각 2, 내의원 1.
	직장	15	내의원 3, 관상감·전의감·사역원·전연사·활인서 각 2, 내수사·혜민서 각 1.	합계	105		

*《經國大典》 권 1, 吏典 京官職 참조.

103) 李成茂, 앞의 책, 127쪽.

〈표 6-ㄴ〉 서반 체아직 일람표

직 질	관직수	소속 관아별 인원
정 3 품	3	선전관·겸사복·내금위 각 1
종 3	9	내금위 4, 겸사복·공신적장 각 2, 선전관 1
종 4	28	내금위 7, 겸사복·갑사 각 5, 공신석장·별시위 각 4, 선선관·친군위·충의위 각 1
종 5	110	갑사 59, 내금위 18, 별시위 12, 공신적장 7, 겸사복 6, 충의위 3, 친군·족친위 각 2, 선전관 1
종 6	157	갑사 65, 내금위 28, 별시위 22, 공신적장 10, 겸사복 9, 충의위 8, 친군·족친·충찬위 각 3, 취라치·태평소 2, 선전관·습독관·제주자제·장용위 각 1
종 7	288	갑사 134, 내금위 49, 별시위 37, 공신적장 17, 충의위·제원 각 10, 겸사복 6, 친군·족친·충찬위·습독관 각 4, 취라치·태평소 3, 궁인·시인 2, 장용위 2, 선전관·제주자제 각 1
종 8	473	갑사 222, 별시위 82, 내금위 39, 공신적장 38, 제원·팽배 각 20, 충의위 13, 대졸 11, 겸사복·습독관 각 9, 의원 7, 취라치·태평소 7, 족친위·충찬위 각 6, 궁인·시인 6, 친군위 4, 제주자제·장용위 각 2, 선전관 1
종 9	1,906	갑사 1515, 별시위 143, 공신적장 63, 내금위 44, 제원 32, 취라치·태평소 20, 충의위 18, 겸사복·습독관 각 14, 족친위 8, 충찬위 7, 친군위 6, 궁인·시인 6, 의원·제주자제 2, 선전관·동몽훈도 각 1
계	3,005	

* 《經國大典》 권 4, 兵典 番次都目 참조.

서반에는 선전관·내금위·겸사복 정3품 각 1직으로부터 갑사 1,515직 등 종9품 1,906직에 이르는 3,050관직이 있었다. 이 중 선전관·겸사복·내금위·공신적장·친군위·별시위·족친위·충의위·갑사·충찬위 등과 사역원·훈련원·관상감·전의감·습독관은 양반 자제들이 입속하는 병종 및 직종이었다. 의원은 기술관이, 취라치·태평소·제주자제·동몽훈도 등은 양인이 각각 종사하는 관직이었다. 상의원·군기시의 궁인과 시인, 승문원·상의원, 사옹원·사복시·전설사의 동반잡직 제원, 장용대·대졸·팽배 등은 양인과 천인이 각각 종사하는 관직이었다.[104] 이들 체아직은 내금위 등의 정

104) 李成茂, 앞의 책, 130쪽.

〈표 7〉 동반 무록관 일람표

직 질	관 직	수	소속 관아별 인원
정·종 3	제 거	2	사옹원
정·종 4	제 검	11	수성금화사 4, 사옹원·예빈시 각 2, 전설사·전연사·전함사 각 1
정·종 5	별 좌	23	수성금화사 6, 교서관·상의원·군기시·예빈시·전설사·전함사·전연사·내수사 각 2, 빙고 1
정·종 6	별 제	54	귀후서 6, 조지서·활인서 각 4, 수성금화사·장원서·사포서·와서 각 3, 호조·형조·교서관·상의원·군기시·예빈시·전설사·전함사·전연사·내수사·소격서·빙고·사축서·도화서 각 2
정·종 8	별 검	5	사포서 4, 빙고 1
합 계	95		

*《經國大典》 권 1, 吏典 京官職 참조.

직과 같이 1년에 4회의 녹봉을 받았지만, 그 외는 근무기간과 관련하여 연간 1~2회만 녹을 받았다.105)

잡직에는 앞의 〈표 5〉에서 살펴본 동반 141직, 서반 1,607직이 있었다. 이들 직에 제수된 자는 양인도 있었으나 대개 천류였고,106) 그 녹봉액도 동·서반 정직자보다 적었다.

무록관은 녹봉이 지급되지 않는 관직이었는데, 동반의 정3품 당하관 이하의 경관직에만 설치되었다. 무록관에는 위의 〈표 7〉에서와 같이 정·종3품 사옹원 제거 1명 이하, 정·종 8품 사포서 별검 등에 이르는 95관직이 있었다. 무록관은 12개월만 근무하면 동반 정직에 제수될 수 있고, 정직과 같이 참상관은 「5考 3上」 이상으로 참하관은 「3考 2上」 이상으로 승자될 것이 규정되었다.107) 그러나 무록관은 6~7년을 근무해도 승자되기 어려웠

105) 선전관·겸사복·내금위·공신적장은 4맹삭 連等受祿하였고, 족친위는 仕數의 다소에 따라 各等受祿하였고, 친군위는 당번 4맹삭 연등수록하였다. 별시위·장사는 당번 一等受祿하였고, 충찬위는 사수에 따라 付祿되었고, 의원은 遞兒相遞受祿하였고, 濟州子弟는 親着多少 연등수록하였다(崔貞煥, 《高麗·朝鮮時代 祿俸制硏究》, 慶北大出版部, 1991, 306~309쪽).

106) 崔貞煥, 위의 책, 298~300쪽.

107) 《經國大典》 권 1, 吏典 京官職.

고, 10考에서 2번 「中」을 받은 양반 정직자가 폄출되면서 제수되는 관직인[108] 등 정직과는 비교가 되지 못하였다. 그러면서도 무록관은 양반이 제수되는 실직이고, 정직과 상통되었음에서 영직·산직과는 판이하였다. 그외에 겸직도 녹봉이 지급되지 않은 점에서는 무록관이었다. 그러나 겸직은 녹직인 동·서반 정직자가 겸대하는 관직이었음에서 순수한 무록관과는 달랐다.

2) 관 계

조선 개국 초의 관계는 고려 공민왕대 이후의 문·무산계를 계승·보완하여 문·무산계를 두고, 문반·종친·의빈과 무반의 관계로 적용하면서 성립되었다. 이후 세종 때 무산계에 9품계가 증치되고, 종래까지 문산계의 적용을 받던 종친·의빈을 위한 종친계·의빈계, 공상천예·조예·소유·나장·장수 등 잡류를 위한 동반 잡직계, 파진군·팽배·대졸 등을 위한 서반 잡직계, 평안·함경도의 토관을 위한 동·서반 토관계를[109] 각각 제정하면서 정립되었다. 세종대의 이것이 《경국대전》의 편찬과 함께 명문화되었다.

관계의 획득은 산계별로 차이는 있지만 대개 과거급제, 공신·원종공신에의 책록, 代加 등에 의하였다. 관계의 승진도 산계별로 차이는 있지만 대개 과거(중시)급제, 고과성적, 근무일수(5위제병종), 군공, 공신·원종공신에의 책록, 국왕즉위, 왕세자의 책봉이나 탄생, 大行王의 祔廟, 문·무관장권시, 대가 등에 의하였다.[110]

---

108) 《經國大典》 권 1, 吏典 褒貶. 10考 중 3中이면 파직이고, 5考나 3考 중 한 번이라도 中을 받으면 현직보다 높은 직을 줄 수 없고 2中인 자는 파직되며, 당상관 수령은 1中이라도 파직되었다.

109) 이글의 주제상 서술대상에서 제외하였다(이에 대해서는 李成茂, 앞의 책, 107~109쪽 참조).

110) 崔承熙, 〈朝鮮時代 兩班의 代加制〉(《震檀學報》 60, 1985), 8~16쪽.
韓忠熙, 〈朝鮮 世祖~成宗代의 加資濫發에 대하여〉(《韓國學論集》 12, 1985), 172~187쪽.

(1) 문산계와 무산계

가. 문산계

조선의 문산계는 개국과 함께 고려의 문산계를 계승하여 정1품 特進輔國崇祿大夫・輔國崇政大夫로부터 종9품 將仕郎까지 30계를 두면서 성립되었다. 태종 원년(1401) 경에 정1품 특진보국숭록대부가 대광보국숭록대부로 개정되고,[111] 태종 11년 이전에 보국숭정대부가 보국숭록대부로 개정되면서[112] 정립되었다. 《경국대전》의 편찬으로 명문화된 동반 품계는 다음의 〈표 8〉과 같다.

〈표 8〉 동반 관계 일람표

품	계	품	계
정1품	大匡輔國崇祿大夫(의정)	정5품	通德郎・通善郎
	輔國崇祿大夫	종5품	奉直郎・奉訓郎
종1품	崇祿大夫・崇政大夫	정6품	承義郎・承訓郎
정2품	正憲大夫・資憲大夫	종6품	宣敎郎・宣務郎
종2품	嘉靖大夫・嘉善大夫	정7품	務功郎
정3품	通政大夫(당상관)	종7품	啓功郎
	通訓大夫(당하관)	정8품	通仕郎
종3품	中直大夫・中訓大夫	종8품	承仕郎
정4품	奉正大夫・奉列大夫	정9품	從仕郎
종4품	朝散大夫・朝奉大夫	종9품	將仕郎

* 《經國大典》 권 1, 吏典 京官職 참조.

나. 무산계

조선의 무산계는 개국과 함께 고려의 무산계와 당・송의 무산계를 참용

111) 정종 2년에 閔霽가 특진보국숭록대부 우정승에 제수되었음이 확인되고(《國朝人物考》 閔霽碑銘), 태종 원년에 成石璘이 대광보국숭록대부였음이 확인되었다(《國朝人物考》 成石璘碑銘).

112) 보국숭록대부는 태종 11년에 盧嵩에게서 최초로 확인된다(《浩亭集》 盧嵩墓誌銘). 그러나 특진보국숭록대부가 태종 원년경에 대광보국숭록대부로 개정되었고, 태종 원년에 직제가 크게 정비되었음에서 태종 원년 경에 개정된 것으로 추측된다.

하여 정3품(상) 折衝將軍으로부터 종8품 修義副尉에 이르는 20계를 두면서 성립되었다.[113] 이에 따라 조선의 무반은 고려의 무반과는 달리 무산계를 받게 되었고, 무과까지 실시되어 문반과 함께 명실상부한 양반을 이루게 되었다.

그 후 세종 18년(1436) 윤6월에 명제의 영향을 받아 "동반직에는 9품계가 있을 뿐 아니라 권무직까지 있어서 차례로 진급하는 데 비하여 서반직에는 9품계가 없으므로 유외직인 隊正·隊副에서 직접 8품계로 승자하는 것은 순자법에 위배된다. 9품을 가설하여 그 폐를 개혁하라"[114]는 전교에 따라 정9품 진무부위와 종9품 진의부위가 설치되었다. 이와 아울러 서반 유외직인 대장·대부를 서반 정직인 정9품 사용으로 바꾸는 군직개편이 있었으니, 이는 9품계의 설치와 표리가 된 것이었다. 또 세종 29년에 서반 6품직으로부터 8품직까지도 기존의 종품직에 추가하여 정품직을 두게 되었다. 이로써 서반관계는 외형상 동반관계·동반관직 체계와 대등한 내용을 갖추게 되었다. 이 세종 29년의 서반관계가 세조 12년(1466)까지 대폭적인 階

113) 고려시대의 무산계는 성종 14년(995) 이전에 당·송의 무산계를 도입하여 종1품 驃騎大將軍으로부터 종9품(하) 陪戎副尉에 이르는 29계를 운영하였다. 그러나 고려의 무산계는 조선과 같이 무반의 산계로 운용된 것이 아니고, 향리·탐라의 왕족·여진의 추장·노병·공장·악인들에게 적용되었으며, 무반은 동반과 같이 문산계를 받았다. 당·송의 무산계는 종1품 표기대장군으로부터 종9품 배융부위에 이르는 17계(당)와 31계(송)가 운영되었으나 고려와는 달리 무반의 산계로서 운용되었다. 또 그 구성도 고려와 같이 종1품으로부터 종9품까지가 망라되고는 있으나 종1품~종2품은 각 품에 1계만 있고 정3품 이하는 각 품당 2계가 있었으며, 관계명은 종1품~정3품은 某某大將軍 종3품~종5품은 某某將軍이고 정6품 이하의 경우 각품의 상계는 某某校尉이고 하계는 某某副尉였다. 조선 개국 때의 무산계는 다음과 같다(《太祖實錄》 권 1, 태조 원년 7월 정미).

품	계	품	계	품	계
정3품	折衝將軍, 果毅將軍	정5품	忠毅校尉, 顯毅校尉	정7품	敦勇副尉
종3	保義장군, 保功장군	종5	顯信교위, 彰信교위	정7	進勇부위
정4	威勇장군, 威毅장군	정6	敦勇교위, 進勇교위	정8	承義부위
종4	宣節장군, 宣略장군	종6	承義교위, 修義교위	종8	修義부위

114) 《世宗實錄》 권 73, 세종 18년 윤 6월 계미.

名改定을 거쳐 《경국대전》의 편찬과 함께 다음의 〈표 9〉와 같이 명문화되었다.

〈표 9〉 서반 관계 일람표

품	계	품	계
정1품	대광보국숭록대부(의정)	정5품	果毅校尉, 忠毅校尉
	보국숭록대부	종5품	顯信교위, 彰信교위
종1품	숭록대부 · 숭정대부	정6품	敦勇교위, 進勇교위
정2품	정헌대부 · 자헌대부	종6품	勵節교위, 秉節교위
종2품	가정대부 · 가선대부	정7품	迪順副尉
정3품	折衝將軍(당상관)	종7품	奮順부위
	禦侮將軍(당하관)	정8품	承義부위
종3품	建功장군 · 保功장군	종8품	修義부위
정4품	振威장군 · 昭威장군	정9품	效力부위
종4품	定略장군, 宣略장군	종9품	展力부위

* 《經國大典》 권 1, 吏典 京官職 참조.

(2) 종친계 · 의빈계

가. 종친계

종친은 처음에는 문반에 포괄되어 문산계를 받았다. 그러다가 세종 25년(1443)에 당시까지 이루어진 관제정비, 宗親不仕의 천명과 관련하여 정1품 현록대부(상), 흥록대부(하)로부터 정6품 집순랑(상) · 종순랑(하)에 이르는 22산계가 제정되었다. 이것이 《경국대전》의 편찬과 함께 다음의 〈표 10〉과 같이 명문화되었다.

〈표 10〉 종친계 일람표

품	계	품	계
정1품	顯祿大夫, 興祿大夫	종3품	保信대부, 資信대부
종1품	昭德대부, 嘉德대부	정4품	宣徽대부, 廣徽대부
정2품	崇憲대부, 承憲대부	종4품	奉成대부, 光成대부
종2품	中義대부, 正義대부	정5품	通直郎, 秉直郎
정3품	明善대부(당상관)	종5품	謹節랑, 愼節랑
	彰善대부(당하관)	정6품	執順랑, 從順랑

* 《經國大典》 권 1, 吏典 京官職 참조.

나. 의빈계

의빈은 처음에는 문반에 포괄되어 문산계를 받았다. 그러다가 세종 26년에 당시까지 이루어진 관제정비, 儀賓不仕의 천명과 관련하여 정1품 수록대부(상)·성록대부(하)로부터 종3품 명신대부(상)·돈신대부(하)에 이르는 12산계가 제정되었다. 이것이 《경국대전》의 편찬과 함께 다음의 〈표 11〉과 같이 명문화되었다.

〈표 11〉 의빈계 일람표

품	계	품	계
정1품	綏祿大夫, 成祿大夫	종3품	奉順대부(당상관)
종1품	光德대부, 崇德대부		正順대부(당하관)
정2품	奉憲대부, 通憲대부	종3품	明信대부, 敦信대부
종2품	資義대부, 順義대부		

* 《經國大典》 권 1, 吏典 京官職 참조.

(3) 잡직계

조선 개국 초의 잡직관은 잡류로 불리면서 문·무산계의 적용을 받았고, 또 동·서반 잡직계가 구분되지도 않았다. 처음에는 內豎·악공의 유외직과 공상천예·조예·소유·나장·장수 등 잡류는 문·무산계를 받았다. 그러다가 세종 12년에 잡류와 문·무반이 조반에 혼잡된 문제를 시정하려고 설정된 서반 잡직을 뒷받침하기 위하여, 세종 26년(1444)에 정5품 봉사교위(상)·봉무교위(하)로부터 종8품 상공부위에 이르는 12서반 잡직계를 두면서 비롯되었다.[115] 이후 세조대까지 서반 잡직계는 정6품이 상한이 되고 정·종9품계가 설정되며, 그 산계명도 대폭 개칭되어 정6품 봉임교위(상)·수임교위(하)로부터 종9품 근력부위에 이르는 10계로 고쳐졌다. 이에 덧붙여 정6품 전악으로부터 종9품 부전성 등에 이르는 동반 잡직자의 제수를 위한 정6품 공직랑(상)·여직랑(하)으로부터 종9품 전근랑에 이르는

115) 《世宗實錄》 권 105, 세종 26년 윤7월 임오. 서반 잡직계는 다음과 같다.

정5품 奉事校尉·奉務교위 종6품 愼功교위·愼課교위 정8품 典功부위
종5품 承進교위·承供교위 정7품 服效副尉 종8품 尙功부위
정6품 修任교위·修職교위 종7품 服勤부위

10동반 잡직계가 설정되면서 정립되었다. 이것이 《경국대전》의 편찬과 함께 다음의 〈표 12〉와 같이 명문화되었다.

〈표 12〉 동·서반 잡직계 일람표

품	동반 잡직계	서반 잡직계
정6품	供職郞(상), 勵職郞(하)	奉任校尉(상), 修任校尉(하)
종6품	勤任랑, 効任랑	顯功교위, 迪功교위
정7품	奉務랑	騰勇副尉
종7품	承務랑	宣勇부위
정8품	勉功랑	猛健부위
종8품	赴功랑	壯健부위
정9품	服勤랑	致力부위
종9품	展勤랑	勤力부위

*《經國大典》 권 1·4, 吏典·兵典 雜職 참조.

동·서반 잡직계의 승자는 문·무산계와 같이 참상관은 「5考 3上」, 참하관은 「3考 2上」의 고과 성적에 의하였다.116) 그러나 잡직은 1년에 4都目으로 교체된 만큼 승자가 크게 지체되었고, 정6품이 한품이었다. 또 잡직자는 극소수가 동·서반 정직에 진출하기도 하였으나, 그 신분적인 지위 등과 관련되어 1계를 내려서 제수받는117) 등 차별을 받았다.

잡직계는 그 소지자의 신분, 상한 품계 및 문·무관직에 제수될 때의 차별로 보아 문·무산계는 물론, 종친·의빈계보다 열등하였다. 문·무산계는 외형적으로는 대등하게 규정되었지만, 문반 중심의 국정운영 및 그 소지자의 신분 등과 관련되어 문산계가 무산계보다 우월한 지위를 누렸다. 또 양반은 정1품에까지 제한없이 오를 수 있었으나, 중인은 원칙적으로 정3품 당하관까지밖에 오를 수 없었다. 즉, 기술관·서얼은 정3품 당하관에까지, 토관·향리는 정5품에까지, 녹사는 종6품에까지, 서리는 종7품에까지밖에 오를 수 없었다.118)

116) 《經國大典》 권 1, 吏典 京官職·권 4, 兵典 京官職.
117) 《經國大典》 권 1, 吏典 雜職.
118) 李成茂, 〈官職制度를 通해 본 朝鮮初期 兩班의 身分的 地位〉(《國民大論文集》 11, 1976), 122쪽.

3) 관직과 관계

관직은 관계를 토대로 하여 제수되었고, 관계는 관직 제수의 전제가 되었다. 따라서 동반직·서반직·잡직에 제수되기 위하여는 각각 문산계·무산계·잡직계를 가져야 하였고, 그가 가진 산계의 고하에 따라 그에 대응하는 관직에 제수되었다. 동시에 각자의 신분과 관련되어 양반은 정1품직까지 제한을 받지 않고 제수되었다. 그러나 중인인 기술관·서얼·토관·향리·녹사·서리는 원칙적으로 정3품 당하관직 이하에 제수되었고, 청요직에도 제수될 수 없었다. 천류는 잡직의 정6품직 이하에만 제수되었다.

관직의 제수에는 관품과 관계를 상응시키는 상당직(當品) 제수, 관직이 높고 관계가 낮은 守職 제수 및 관직이 낮고 관계가 높은 行職 제수 등이 있었다. 이 가운데 행직 제수는 제한이 없었지만 수직 제수는 7품은 2계를, 6품 이상은 3계를 각각 뛰어 넘어서 제수하지 못하도록 제한하였다.119) 관직 제수의 실제를 보면 문종대까지는 상당직 제수가 대부분을 점하면서 부분적으로 행수직 제수가 행하여졌고, 행수직 제수도 1~2계의 범위 내에서 행하여졌다. 그러나 단종대 이후에는 매우 잦아진 대대적인 공신책록, 軍功加資, 追恩加資 등 가자의 남발로 인한 관인의 고계화에 따라 행직 제수가 크게 확대되었다. 행직 제수는 성종대에 "당상관 100여 명이 8·9품의 군직에 행직 제수되었고, 당상관들이 遷轉의 기회를 넘겨다 보는 마음에서 녹이 없는 체아직까지 사양하지 않았다"120) 라고 하였음과 같이 비정상적인 제수가 성행하였다.121) 반면에 수직 제수는 그 수도 적고 제수규정에서 크게 벗어나지 않았다.

관직을 제수할 때 개국 직후에는 정1품 이하의 모든 관인이 대간의 署經을 거쳐야 하였다. 이후 성종 원년(1470)까지 1~3품이나 1~4품은 국왕의 승인만으로 임명장을 내는 官敎에 의하나, 4~9품 또는 5~9품은 서경에 의하

---

119) 《經國大典》 권 1, 吏典 京官職.

120) 《成宗實錄》 권 33, 성종 4년 8월 계해·권 82, 성종 8년 7월 임오.

121) 韓忠熙, 앞의 글(1985), 172~193쪽.

고, 1~9품 모두 서경이나 관교에 의하였다가, 1~4품은 관교, 5~9품은 서경으로 고정되면서 《경국대전》에 명문화되었다.[122] 또 문산계·무산계·종친계·의빈계·잡직계를 보유한 자는 원칙적으로 문반·무반·종친직·의빈직·잡직에 제수되었다. 그러나 문반이 좌천되면 무반직에, 종친·의빈이 문·무반직에, 무반이 문반직에 각각 제수되기도 하였는데, 이 때에는 그 산계도 제수되는 관직에 따른 산계로 전환되었다.

〈韓忠熙〉

122) 崔承熙, 앞의 책, 52~59쪽. 조선 초기 대간의 서경 범위는 앞장 사헌부 주 32) 참조.

Ⅲ. 지방 통치체제

1. 지방 통치체제의 특징
2. 8도체제의 확립
3. 군현제의 정비
4. 행정구역과 행정체계
5. 지방자치적 기구

Ⅲ. 지방 통치체제

1. 지방 통치체제의 특징

조선조 역대 지방통치의 기본방식은 왕권의 강약, 집권체제의 강화와 이완, 재지사족과 향촌사회의 성장 추세 및 훈구파와 사림파라는 집권세력의 성향에 따라 상이하였다. 勳戚과 관직에 일차적인 세력기반을 두고 막대한 토지와 노비를 소유하고 있던 서울의 훈구세력들은 군현제와 경재소, 유향소 鄕吏制, 面里制와 같은 향읍 또는 향촌 통치체제를 관권 주도형으로 운영하려 하였다. 이에 반해, 사회·경제적 기반을 일차로 향촌에 둔 사림은 재지사족 주도형으로 그것을 운영하려 하였다.

지방 통치체제의 근간인 군현제는 신라와 고려시대를 거치면서 점차 정비되어 마침내 15세기에 들어와서 획기적으로 개혁되었다. 고려의 다원적인 道制가 일원적인 8도체제로 개편되고 신분적·계층적인 군현 구획을 명실상부한 행정구역으로 개혁하는 과정에서 屬縣과 鄕·所·部曲·處·莊 등 任內의 정리, 소현의 병합, 군현 명칭의 개정 등을 단행하였다. 또한 고려의 事審官制가 경재소와 유향소로 분화되어 발전해 나갔는가 하면, 임내의 소멸과 直村化 및 인구의 증가에 따른 자연촌의 성장과 함께 군현의 하부구획으로 새로운 면리제가 점차 정착되어 나갔다. 또한 종래의 按廉使와 監務를 2품 이상의 관찰사와 士類 출신의 현감으로 대치하는 등 감사와 수령의 직급을 올리고 外官久任法과 部民告訴禁止法의 실시를 통하여 왕권의 대행자인 외관의 권한을 강화하였으며, 종래 향읍의 실질적인 지배자 위치에 있던 향리를 점차 지방관서의 행정 사역인으로 격하시킴으로써 중앙집권적 양반지배체제를 강화하였다.

이러한 조선 초기의 군현제 정비의 기본방향은 결국 위로는 고려시대 지방통치체제를 개혁하고 아래로는 조선 후기로 이어지는 과도기적 성격을 띠게 되었다. 가령 8도체제가 확립되었다 하더라도 전기에는 감사의 임기가 남쪽 6도와 북쪽 양계에 따라 차이가 있었고, 또 양계는 「率眷兼尹」한 데 비해 6도 감사는 「單身到界」하여 1년 임기 동안에 관내의 군현을 늘 순력하였다. 한편 전기에는 임내가 전국적으로 85개(속현 72, 부곡 11, 향 1, 소 1)나 존속해 있어서 후기처럼 면리제가 전국에 일제히 실시되지 못하고 지방에 따라 직촌과 임내가 병존하였다. 또 향리의 권한도 종전에 비해 많이 감축되었다고는 하지만, 후기와 비교해 볼 때 아직 그 지위가 현저하게 격하되지 않았으며, 재지사족의 분포도 일부 지방에 치우쳐 있었다. 또한 전기에는 경재소가 각기 해당 읍의 유향소를 거느리고 지방통치에 크게 작용하고 있었으나 이것도 임진왜란을 겪은 뒤 완전히 혁파되었다(1603).

조선 초기의 군현제 정비는 위로는 8도체제와 아래로는 면리제를 확립시키는 방향으로 나아갔다. 그 결과 지방통치는 군현을 중심으로 전개되었고 지방행정은 수령을 중심으로 행해졌다. 邑格과 수령의 직급은 여러 단계로 구분되었으나 행정 체계상으로는 모두 병렬적으로 직속상관인 감사의 관할하에 있었다. 다만 수령이 겸대하는 군사직으로 말미암아 수령 간에 상하의 계통이 이루어지기도 하였다. 특히 조선조의 중앙집권적 지방 통치체제가 비교적 잘 유지될 수 있었던 배경은, 왕→감사→수령으로 이어지는 관치행정적 계통과 경재소→유향소→面里任으로 연결되는 사족 중심의 자치적인 향촌지배 체제 및 이들 중간에 개재한 京邸吏·營吏·邑吏의 향리계통, 이 3자가 서로 견제와 균형을 유지할 수 있었기 때문이다.

한편 道政이나 邑政(군현통치)은 행정·사법·군사 등 전반을 취급하는 하나의 종합행정인데 여기에 감사와 수령이 단독 부임한다는 데 많은 문제점을 안고 있었다. 물론 감사 밑에 都事를 비롯한 여러 屬僚가 있고 대읍에는 부관인 판관이 설치되기도 했지만, 실제는 감사 또는 수령이 도나 고을의 정사를 전담하다시피 하였다.

또한 조선 초기 이래로 소현 병합책을 누누이 거론도 해보고 시도도 해보았지만 끝내 태종조의 수준을 크게 넘어서지 못하였다. 그렇게 된 배경은 대체로 국가적인 의도와 재지세력의 이해관계라는 두 가지 면에서 찾을 수 있다. 즉 효과적인 지방통치를 유지하기 위해서는 「분할해서 지배한다」는 원리 하에서 전국을 8도로 나눈 다음 각 도내를 다시 주·부·군·현으로 구획하고 군현 경계도 越境地와 犬牙相入地를 존속시킴으로써 군현끼리 서로 견제하고 경쟁 또는 감시하는 체제를 지속하려 했던 것이다. 양계지방을 제외한 남부 6도는 각 읍마다 土姓吏民이 존재하였고, 그들은 그 읍과 休戚을 같이 해 왔으므로 병합되거나 혁파된다는 것은, 곧 그 토착적 기반을 일조에 상실하고 타읍에 귀속되어야 했기 때문에 갖은 방법으로 군현병합을 방해하였다. 각 읍마다 경재소와 유향소를 구성한 토성사족과 유향품관이 있는가 하면, 다른 한편에는 경저리·영리·읍리로 연결된 향리세력이 서울과 지방에 연결되어 있었으니 군현 병합은 바로 이러한 본관세력으로부터 완강한 저항을 받았다.

군현 병합의 실패 요인 가운데는 당시 수취체제의 모순에서도 찾아볼 수 있다. 조세·역역·공물·진상 등 주민에 지우는 부담이 전국적으로 균평하게 일체화하여 전결수와 토질의 비척, 물산 및 호구의 다과와 같은 객관적인 기준에 의하여 책정되지 못하고 주로 기존의 군현을 단위로 하여 배정되었기 때문에 군현에 따라 주민 부담에 현격한 차이가 있었다. 그래서 속현을 거느린 주읍이나 군현 병합의 결과 새로이 속현을 가지게 된 주읍은 그 속현을 착취의 대상으로 간주하여 위로부터 배정받은 각종 부담을 속현에 과중하게 분배할 뿐만 아니라 심지어 주읍의 몫까지 떠맡기는 것이 예사였다. 한편 양반관료사회에서 職窠가 너무 협소한 京官職에 비해 330여 읍에 설치된 수령직은 인사적체를 해소시키는데 큰 몫을 차지하고 있었던 것이며 동시에 有蔭子弟를 위한 진출로로 여겨지고 있었다.

조선 초기에 단행된 지방제도 정비책은 상술한 바와 같이 하나의 획기적인 개혁이지만 다른 한편에서는 다음과 같은 한계성을 지니고 있었다. 즉 도제와 군현 구획의 개편, 임내의 직촌화, 군현 병합과 같은 시책을 실시하기도 하고 또 시도도 해보았지만 호구와 전결수를 기준한 합리적인 개편은 끝내 되지 못하였다. 또 임내의 직촌화에 따라 면리제는 정착되어 갔지만 국가의지에 의해 구획된 행정촌은 끝내 실현되지 못하였다. 하지만 군현 병합의 한계, 경재소와 유향소의 존속, 임내와 직촌의 병렬, 월경지와 견아상입지의 광범한 존속 및 강력한 재지세력의 존재 등의 사실을 가지고, 그저 후대적인 관점에서 중앙집권화가 제대로 되지 않은 지방분권적인 성격을 강조하거나 단순히 지방통치의 미숙성만을 내세울 수는 없다. 모든 역사가 계기적으로 발전한다고 볼 때 그러한 체제가 조선 초기의 지방통치에서는 오히려 편리했을지도 모른다는 사실을 염두에 두어야 할 것이다.[1]

2. 8도체제의 확립

고려의 5도양계 체제는 이성계 세력이 정권을 장악하면서부터 점차 새 왕조의 8도제로 정비되기 시작하였다. 우왕 14년(1388) 위화도회군 이후 조선의 개혁정치를 주도적으로 참여해 온 左侍中 趙浚의 다음과 같은 회고를 통해서 그 일단을 엿볼 수 있기도 하다.

> 전하께서 汚吏가 백성을 殘虐하고, 용렬한 장수가 도적을 키우는 폐단을 분개하여 조정에 건의, 대신을 方伯에 등용하여 각 도에 파견, 출척한 결과 藩鎭이 用律에 奔敗하던 걱정이 끊어지고 수령이 奉法에 貪殘하는 폐풍이 없어졌다(《太祖實錄》 권 2, 태조 원년 12월 임술).

이 때 종래의 안렴사 대신에 비로소 都觀察黜陟使가 각 도의 장관으로 파견되었다. 당시 임명된 감사는 모두 宰樞兩府의 대신들이었고, 왕으로부터 교서와 斧鉞을 받아 임지로 출사하였다. 동서 양계는 공민왕 말년부터 都巡問使를 파견하여 군사와 민정을 관장케 하였다. 5도의 감사가 경관에서 정식 전임관으로 되었던 공양왕 원년(1389)에는 양계의 도순문사가 도절도사로 개칭되어 정식 제수되는 한편, 首領官도 배치되었으나 동왕 4년에 다시 도순문사로 바뀌고, 이것은 관찰사가 파견되는 태종 17년(1417)까지 계속되었다. 도순문사는 성격상 5도의 관찰사와는 달랐다. 그런데 5도 내지 6도 감사는 태종 17년 양계와 함께 도관찰출척사로 통일되기 전까지 감사의 직함인 안렴사와 관찰사가 수차 반복되기도 하였다.

태조 2년 11월에는 양계를 제외한 각 도의 界首官을 다음과 같이 정하

1) 李樹健, 《朝鮮時代 地方行政史》(民音社, 1989), 11~35쪽.

였다.

京畿左道：漢陽·鐵原
京畿右道：延安·富平
楊廣道：廣州·忠州·淸州·公州·水原
慶尙道：慶州·安東·尙州·晋州·金海·星州
全羅道：全州·羅州·光州
西海道：黃州·海州
交州江陵道：原州·淮陽·江陵·三陟

위와 같이 획정했던 각 도의 계수관도 그 후 신축이 있었고 또 한양천도, 경기권의 재조정과 양광도의 개편에 따라 개성부를 留後司로 개칭하고 양광도를 忠淸道, 서해도를 豊海道, 교주강릉도를 江原道로 개정하였다. 조선조 지방제도의 획기적인 개혁이 태종조에 단행되었듯이 8도체제도 태종 때에 와서 확립되었다. 먼저 계수관 읍명이 조합되어 만들어진 도명이 정착한 과정을 살펴보면 전라·경상도는 이미 고려시대에 정해졌고, 충청·황해·강원도는 태조 4년에, 平安·永吉(함경)道는 태종 13년에 개정되었던 것이며, 동 14년에는 종래의 경기좌·우도를 합쳐 그냥 경기도로 호칭함으로써 비로소 8도제가 확립되었다.2)

이상과 같이 경기도를 제외한 외방 7도의 도명이 그 도내 계수관 읍명의 첫자로 조합되자 그 뒤 도명을 구성하고 있던 계수관의 읍격 승강에 따라 도명의 변경이 잦았다. 풍해도가 黃海道로, 영길도가 咸吉 또는 永安 및 咸鏡道로 바뀐 것이 그 예이다. 그런데 대명외교의 관문인 평안도와 대왜관계의 초면인 경상도는 수도를 둘러싸고 있는 경기도와 함께 반역사건과 綱常죄인의 발생이 없지 않았으나, 대외 체면상 타도와는 다르게 8도 명칭이 확정된 뒤 한번도 도명이 변경되지 않았다. 이처럼 경기도를 제외한 외방 7도는 철저한 계수관 읍명 위주의 도명을 채택했던 것이다.

고려 후기의 5도양계 체제가 조선 초기의 8도체제로 정착되기 위해서는 여말선초 계수관제의 치폐과정을 겪어야 했다. 고려 중기 이래로 도단위의 5도 양계가 구획되어 있었으나 실질적 지방행정의 중심단위는 계수관이었고,

---

2) 李樹健,《韓國中世社會史硏究》(一潮閣, 1984), 356~357쪽.

그 예하에서 행정실무를 담당하면서 지방사회를 지배한 것은 토착 향리였다. 여말에는 중앙의 정치질서가 문란해지자 지방행정은 거의 계통과 체계가 잡히지 않고 있었다. 이에 조선왕조는 집권적인 양반관료 체제를 확립하기 위하여 토호적인 향리에 대한 통제를 강화하는 한편, 외관의 지위와 권한을 강화하였다. 아울러 유능한 수령인가의 여부는 주민의 휴척에 직접적 영향을 미치기 때문에 수령에 대한 근무평가도 엄격히 행하고 그들의 비행을 방지하기 위하여 관찰사제를 강화하는 과정에서 과도기적으로 존속된 계수관에 대한 정리도 단행하였다.

조선왕조에서는 이른바 1관 1직의 원칙에 의하여 직임의 기능적 분화를 꾀하게 되고 또 이를 바탕으로 관료제가 마련되어 갔다. 그런데 계수관은 軍民兼全의 직임을 지니고 있었으니 시대의 추이에 따라 당연히 그 분화가 추구되고 여기에 도의 감사와 각 군현의 행정권이 강화되면서 계수관의 행정적 기능은 소멸되지 않을 수 없었다. 이에 군정의 기능만을 지니게 된 계수관은 국방체제가 강화되면서 순수한 군사조직으로 변모하여 갔다. 계수관을 바탕으로 지역단위의 방위체제인 軍翼道가 형성되고 군익도는 다시 세조조에 가서 鎭管體制로 개편되어 갔다.[3)]

한편 道域의 개편과정을 살펴보면, 여말의 「科田京畿」의 원칙과 새 왕조의 수도가 개성에서 한양으로 옮겨짐에 따라 경기도역의 개편이 수반되었고 따라서 경기도와 접경한 다른 도역도 연쇄적으로 개편되었다. 공양왕 2년, 경기를 좌·우도로 나누어 長湍·臨江·兎山·臨津·松林·麻田·積城·坡平縣을 좌도, 開城·江陰·海豊·德水·牛峰을 우도로 하고 여기에 다시 경기권을 확장하여 양광도·교주도·황해도(서해도)의 일부를 좌·우도에 귀속시키는 한편, 좌·우도에 각각 도관찰출척사와 수령관(경력 또는 도사)을 두었다.

태조 3년(1394) 한양에 천도한 다음에 다시 도역을 조정하여 平山·白川·谷山·遂安과 載寧·瑞興·新恩·俠溪는 수도의 남하에 따른 거리의 원격으로 황해도에 이속시키고 그 대신 양광도의 廣州·水原·楊根·雙阜·龍駒·處仁·利川·川寧·砥平은 경기도에 귀속시켰다. 그리고 광주·수원부 소관

3) 李存熙, 《朝鮮時代地方行政制度硏究》(一志社, 1990), 44~72쪽.

군현을 좌도, 楊州·富平·鐵原·延安府 소관 군현을 우도로 개편한 데 이어 태조 7년에는 충청도의 振威縣을 경기좌도에 이속시켰다. 태종 2년에는 경기 좌·우도를 합쳐 京畿左右道省이라 하고 관찰사와 도사를 두었다. 다시 동왕 13년에는 사방의 거리를 참작하여 연안·배천·우봉·강음·토산을 황해도에 이속시키고 伊川을 강원도에 귀속시킨 대신 충청도의 驪興·安城·陽智·陰竹과 강원도의 加平縣을 내속시킨 다음 좌·우도로 나누지 않고 그냥 경기도라 하여 수원에 감영을 두었다.

경기도역의 개편에서 충청도 영역의 일부가 경기도에 편입되자 정종 원년(1399)에 영월을 강원도에 할속시키는 동시에 原州牧의 임내인 永春縣을 충청도에 이속시키고 태종 13년에는 여흥 등 5읍이 경기도로 이속됨에 따라 경상도 尙州牧 관내 沃川·黃澗·永同·靑山·報恩을 충청도에 귀속시켰다. 강원과 충청 양도가 영월과 영춘을 서로 교환한 것은 견아상입지를 정리하기 위한 조치이며, 태종 13년에 가평현을 경기도에, 동왕 16년에 함경도 소속의 甲山郡 西面과 閭延 등지를 평안도에 이속시킨 것도 같은 취지였다. 옥천 등 5읍이 경상도에서 충청도로 넘어간 것은 경기도역의 확장에 따른 연쇄반응이란 의미도 있었지만, 도계나 읍계의 구획에는 산천을 경계로 하는 것이 보다 합리적이라는 사실이 고려되었다. 즉 秋風嶺이라는 분수령을 경계로 하여 洛東江으로 유입되는 지역과 錦江으로 유입되는 지역을 양도의 분계점으로 했던 것이다.

세종 16년(1434)에는 경기도 소속의 鐵原과 安峽이 강원도에, 충청도의 竹山縣이 경기도에 이속되었는데, 당시 철원은 봄·가을에 講武하는 곳으로 요역과 支供이라는 이중의 부담 때문에 피폐가 심하다 하여 병조가 이를 강원도에 이속시키고 그 대신 충청도의 죽산을 경기도에 이속시켰다. 이처럼 경기도역의 신축은 과전문제와 직결되어 있었다. 세종은 강력한 과전억압책의 하나로 세종 13년에 新科田法을 제정함과 동시에 태종 17년, 하삼도에 이급하였던 경기사전의 1/3을 다시 경기도에 환급하는 조치를 취하였다.

여말부터 나타나는 감사의 직함에 도관찰출척사 다음에 '兼監倉·安集·轉輸·勸農·管學事, 提調刑獄·兵馬公事'라는 여러 직능이 보여주듯이, 감사는 도내의 민생·풍속·수령의 치정 등을 순회 관찰하여 그 근무성적을 평가·

출척하는 동시에 관내의 창고감독, 주민안집, 조세·공부의 수합·운송, 農桑장려와 교화 등의 업무를 감독하고, 형옥과 군사문제는 왕 또는 중앙 정부에 품신하여 처리한다는 것이다. 사실 감사는 「一道之主」로서 도정을 총괄한다는 데서 이러한 장황한 직함은 의미가 없으므로 세종 5년에 삭제했다가 동왕 17년에 다시 부활되었다.

회군 이후 세조 12년 관제개혁 때까지 감사의 임용 기준과 직제 및 임기가 누차 개정되는 한편, 지방의 군사·행정·사법 및 수령 감독 등을 수행하기 위하여 감사와는 별도로 分臺·行臺監察 또는 敬差官·察訪 등을 수시로 각 도에 파견하기도 하였다. 세종 5년 12월에는 京外冗官을 도태시키기 위하여 각 도의 감사·兵馬節制使·水軍安撫使 및 감사의 수령관인 경력과 도사를 모두 경직으로 겸차하고 양계 감사는 종전대로 평양과 함흥부윤을 겸하고 병마절제사는 안주와 길주목사를 겸판케 하는 동시에 읍관 겸임자는 임기 2년에 솔권 부임토록 하였다. 이 때에 도태된 중외 용관이 총 69명에 녹봉 절약이 2,600여 석에 이르렀다. 한편 세종은 守令六期法 실시와 함께 경외관의 순환근무제를 활용하여 임기가 된 외관은 경관으로 입사시키고 아직 외관을 역임하지 않은 중견 경관을 각 도의 감사와 병사로 임명하였다.

태종조에 이미 확립된 8도체제 위에서 감사의 선임·임기·겸수령직(감영 소재읍) 문제에 대한 논의와 함께 부분적인 개정이 있었다. 세종은 즉위교서에서 감사의 임무가 막중함을 강조하는 한편, 사헌부에 명해 행대감찰을 8도에 특파하여 감사·수령의 賑濟勤慢을 염찰케 하였다. 세종은 부민고소금지법을 실시하는 동시에 주민의 寃抑을 해소하기 위하여 각종 감찰관을 각 도에 수시로 특파하여 외관의 탐학과 비행을 적발하고 백성들의 질병과 고통을 탐문하였다. 그는 이에 만족하지 않고 동왕 8년 8월에는 사헌부의 건의에 따라 감사도 중앙의 사헌부와 마찬가지로 관내 수령의 치정에 관하여 풍문추핵을 허용케 하였다. 세종은 수령 6기법 실시와 함께 수령의 상급기관인 도제와 감사의 직제에 대하여 지대한 관심을 갖고 중신들과 의논하여 그 개선책을 모색하였다.

8도체제 하에 있으면서도 조선 초기에는 이남 6도와 양계에 따라 감사의 직제와 임기가 상이한 데서 그 장단점에 대한 논란이 많았다. 평안·함경 양도는 여진과 접경하여 반측이 무상하니 감사가 구임하지 않으면 변경을 효과적으로 진정, 복종시킬 수 없었으므로 重鎭에는 土官을 설치하고 2년 임기의 감사를 솔권 부임케하여 감영 소재읍의 부윤을 겸임시켰다. 이러한 양계의 감사는 「率眷兼尹」한 데서 일반 수령과 같은 존재가 되어 풍헌과 출척의 기능을 제대로 지킬 수 없다 하여 세종 8년 대사헌 崔士康 등은 양계 감사의 솔권을 반대하였고, 좌사간 柳孟聞 등은 국가가 양계를 중시하여 임기 2년의 솔권 부임을 허용하고 있지만, 감사는 직책상 수령을 겸임해서는 안된다고 역설하였다.

세종은 도에 따라 감사의 임기가 같지 않고 또 1년 임기는 너무 짧다 하여 2기(년) 내지 3기로 하는 문제에 대하여 논의하려고 이조에 지시한 바 있다. 동왕 17년 9월에 지시를 받은 의정부가 이남 6도도 양계와 같이 2년 임기를 건의하자 세종은 거기에 따랐다. 그래서 17년 9월부터 20년 8월까지 8도 감사의 임기가 2년으로 계속되다가 다시 이조의 의견을 받아 들여 20년 9월부터는 종전대로 환원되었다. 양계 감사는 특수사정으로 인해 2년 임기가 적합하였지만, 이남 6도는 양계처럼 겸윤하지 않으니 순력 중 휴식할 곳이 마땅치 않고 항상 도내 제읍을 순시하니 유능한 수령인가 여부와 민생의 휴척을 1년 이내라도 두루 알 수 있으며, 또 감사는 대개 노장 관인이므로 2년간 跋涉巡行한다는 것은 실로 감당하기 어렵다하여 1년으로 다시 환원했던 것이다. 그 후 10년이 경과한 세종 30년 4월 다시 이조의 건의에 따라 6도 감사도 양계와 같이 감영소재 읍관을 겸임하되 임기는 모두(8도) 30朔으로 정하였다. 문종도 그 방침을 따랐으나 단종 2년에 가서 다시 종전대로 환원되고 말았다.

감사의 소재 읍 또는 그 도의 본영을 감영이라 할 때, 그것은 감사가 솔권 겸윤하는 양계와 단신 도계하는 남부 6도와는 사정이 서로 달랐다. 양계의 감영인 평양과 함흥은 후기의 8도 감영처럼 동일한 기구와 시설을 갖추었지만, 남쪽의 6도는 단지 도정을 종합하는 중심지 내지 감사가 순력할 때 일시 휴식하는 곳으로 존재하였다. 《世宗實錄地理志》 각 도의 道總條에 의하면, 각 도의 감영 소재지를 「置司某地(邑名)」라 하였는데, 당시 8도의 감영 소재지는 다음과 같다.

경기도(수원, 뒤에 광주)
충청도(청주, 뒤에 공주)
전라도(전주)
경상도 (경주, 뒤에 상주)
강원도(원주)
황해도(황주, 뒤에 해주)
평안도(평양)
함길도(함흥, 또는 영흥)

위와 같이 각 도의 감영은 도내 계수관 가운데 가장 큰 고을에 설치되었고 또 서울에서 到界 지점과 가까운 곳에 위치하였다. 임기 1년간 도내 제읍을 항상 순력해야 하는 6도 감영은 17세기 이후처럼 도의 중앙에 위치할 필요성이 적었다. 이는 조선시대 왕궁이 있는 서울을 중심으로 8도가 사방으로 藩屛해 있으면서 각 도에서 서울로 오는 것을 上京(서울로 올라간다)으로 표현했듯이, 8도의 감영도 도계 지점에서 멀리 떨어져 있지 않은 계수관에 위치하였다.

조선 초기에 6도 감영은 「率眷兼尹 任期二年」의 양계 감영과 후기의 8도 감영과는 차원이 달랐다. 宣化堂·澄淸閣과 같은 상설 관아시설은 필요 없었

〈표 1〉 도별 감사 이하 관원 통계

구분 \ 도별		경기	충청	경상	전라	강원	황해	평안	영안	합계
監營 소재읍		광주	청주	상주	전주	원주	해주	평양	함흥	8
監司 (종 2)		1	1	1	1	1	1	1	1	8
都事 (종 5)		1	1	1	1	1	1	1	1	8
守令	府尹	·	·	1	1	·	·	1	1	4
	大都護府使	·	·	1	·	1	·	1	1	4
	牧使	4	4	3	3	1	2	3	·	20
	都護府使	7	·	7	4	5	4	6	11	44
	郡守	7	12	14	12	7	7	18	5	82
	判官	5	1	7	6	3	4	8	·	34
	縣令	5	4	5	5	2	2	6	6	35
	縣監	14	37	34	31	9	7	5	4	141
驛官	察訪	3	3	5	3	2	2	2	3	23
	驛丞	3	3	6	3	2	1	·	·	18
敎官	敎授	11	4	12	8	7	6	11	13	72
	訓導	26	50	55	49	19	18	31	9	257
審檢	藥	1	2	3	3	1	1	2	3	16
	律	1	1	1	2	1	1	1	1	9

고 다만 감사가 도내 각읍을 순력하는 과정에서 물산이 풍성한 계수관이 主營 또는 留營으로 존재하면서 도내 각종 공사 집행의 중심지, 進上封上, 監試 및 도내 각종 公簿의 보관소(監庫)로서의 기능을 가진 데 불과하였다. 조선 초기의 감사는 수령의 「到任」(임지에 도착)과는 다르게 그 道界에 발을 디디면 곧 해당 도의 감사로서의 직무가 시작되므로 감사의 부임을 到界라 하였다. 따라서 신구 감사의 교대는 수령처럼 관아에서 거행하지 않고 도계 지점에서 하였다. 《經國大典》에 의거 8도체제가 정비된 뒤의 도 직제를 정리해 보면 앞의 〈표 1〉과 같다.[4]

3. 군현제의 정비

1) 속현의 주현화

조선 초기에도 고려 중기 이래 종래의 속군현에 설치했던 監務가 계속 파견되면서 속현의 主縣化가 진행되고 있었다. 이러한 감무의 설치는 현종 9년(1018) 군현제 개혁 때 主邑에 배속되어 있던 속군현을 대상으로 하였으며, 예종 원년(1106) 이후 인종·명종을 거쳐 여말 및 조선 태종조까지 계속되었는데, 회군 이후 태종조까지 시기별 도별 감무의 설치를 《세종실록지리지》에 의거하면 다음의 〈표 2〉와 같이 정리할 수 있다.

〈표 2〉 도별 감무신설 일람표

구분＼도별	경기	충청	경상	전라	강원	황해	평안	함길	합계
공양왕대	5	3	21	3	2	2			36
태조~태종	3	6	2	3	1	2	1		18
합 계	8	9	23	6	3	4	1		54

4) 조선 초기 감사의 관할 하에 있는 관원으로 이 표에 제외된 것으로는 경기도 麻田縣 소재 崇義殿官員, 諸陵參奉, 平壤府庶尹, 경상도의 倭學訓導, 황해·평안도의 譯學訓導, 경기도의 渡丞 및 양계지방의 重鎭에 설치되었던 土官 등이 있다.

공양왕 2년(1390)이 되면 실질적인 집권세력은 이미 이성계를 중심으로 한 조선의 개국관료로서, 그들의 건의에 의하여 지방제도에 많은 개혁이 진행되고 있었다. 그러나 공양왕대에 36현, 선초의 태조·정종·태종대에 18현, 모두 54현에 신설한 감무는 동일한 배경에서 설치되었던 것이다. 즉 국가는 중앙집권체제 정비의 일환으로 주읍에 소속된 많은 임내 가운데 우선 주현으로서 자립할 수 있는 조건을 갖춘 속현이나, 주읍과 멀리 떨어져 있어 官府와의 왕래가 불편하고 향리의 횡포가 심한 속현부터 수령을 계속 증파함으로써 민폐를 해소하고자 하였다. 그런데 후술하는 바와 같이 감무 신설은 반드시 국가적 내지 집권세력의 목적 달성에만 한한 것이 아니었다. 원의 간섭기 이래 선초까지 비정상적인 방법으로 임내가 주현으로 승격되어 감무가 설치된 곳도 많았는데, 이러한 경우는 호구 다소와 면적의 광협에 관계없이 다만 그 지방출신의 공로와 왕실과의 특별한 인연으로 인해 승격되었던 것이다.

여말까지 감무가 계속 신설됨으로써 주현이 될 만한 객관적 조건을 갖춘 속현에는 수령이 거의 설치되었다고 보이는데, 오히려 여말 선초에 이르면 주현과 임내를 막론하고 군소 현을 병합 또는 폐합하는 작업이 실시되고 있었으며, 또 1명의 감무가 여러 현을 겸임하는 곳도 있었다.

이상과 같이 종래의 임내에 대한 감무의 계속적인 신설은 고려의 집권화 과정에서 본다면 특기할 만한 사실이지만, 그에 못지 않게 감무를 비롯한 수령직의 강화 및 외관의 품계와 임용 기준이 계속 상향되었다는 사실도 주목해야 할 것이다. 감무란 지방관이 새로 설치되었다는 사실 그 자체 못지 않게 파견된 감무관이 과연 왕권의 대행자로서 부과된 임무를 충분히 수행하고 관인으로서 거기에 상응한 권위를 가지고 관내를 실질적으로 통치할 수 있었는가 하는 것이 우선 구명되어야 할 문제이다. 「秩卑人微」한 감무가 수령으로 파견되는 데에 따른 민폐는 특히 고려 말기로 갈수록 심하였다. 이러한 폐단은 위화도회군 이후 이성계가 정권을 장악하자 마침내 개혁되기 시작하여 창왕 즉위년(1388) 3월에는 조준의 건의대로 安集別監을 일체 폐지하고 다시 사류 출신의 朝官 6품 이상으로 현령·감무에 충당하였다. 이렇게 「參上官」(陞六)으로 승격된 감무는 태종 초까지 계속되다가 동왕 3년에 들어서자 본격적인 수령직 강화책이 대두되어 군현 명칭의 개정과 함께 감무를 「知縣事」 또는 「縣令」으로 제정할 것을 주장하는 논의가 있다가 마침내 태종 13년(1413) 지방제도를 크게 개혁할 때 비로소 현감으로 개정되었고 품계도 종6품으로서 고려의 7, 8품에 비하면 승격된 셈이다. 그런데 감무를 현감으로 개정한 것은 우선 비교적 큰 현에 두는 기존의 현령과 구별하고 「知郡事」와 마찬가지로 「監縣事」의 뜻을 따서 그렇게 개칭한 것이 아닌가 여겨진다.

한편 조선 초기 종래의 속현에 대한 수령 파견의 배경은 두 가지 측면에서 찾아볼 수 있다. 하나는 중앙정부의 행정적·군사적 필요에서 설치하는 하향식이 있는가 하면 다른 하나는 현지의 토성이민이나 해당 읍 출신 인사들의 요구에 의한 상향식이 있었다. 군현을 실질적으로 지배하던 토호적 성격의 吏族은 외관의 설치로 인해 지위가 저하되고 권한이 축소되었지만 외관의 설치는 한편으로는 중앙정부가 그 군현을 우대한다는 은전의 표시로 간주되었고, 또 외관을 매개로 하여 중앙과 긴밀하게 연결된다는 데서 향리 자제들의 상경 從仕에 큰 도움이 되었다. 외관 설치는 속군현에서 주읍으로 승격되는 효과도 있겠지만 그보다 더 중요한 것은 소속 주읍의 속박과 부당한 수탈로부터 벗어나 독립된 구획으로 중앙정부와 직결된다는 데서, 향리는 소속 읍의 간섭에서 떠나 독자적인 행동을 할 수 있고, 일반 주민은 소속 읍의 부당한 처우로부터 구제받을 수 있었던 것이다. 즉 임내의 주읍화가 단순히 중앙집권화를 기하고 향리의 지위를 격하시키는 결과만 초래한 것이 아니며, 그것은 재지세력 진출과 지역주민의 처우개선이란 효과를 가져왔던 것이다.[5)]

2) 임내의 정리

지리지에 의거한 조선 초기의 속현과 향·소·부곡·처·장 등 소위 임내가 분포되어 있는 지역은 대동강에서 원산만을 잇는 이남지방 즉 과거 통일

---

5) 李樹健, 〈朝鮮初期 郡縣制 整備에 대하여〉(《嶺南史學》 1, 1971).

신라시대의 영역에 한정되어 있다. 양계지방은 고려의 북진책에 의해 확정된 지역인 데다가 군사상 특수지대로 간주되어 당초부터 중앙정부의 통치력이 철저히 작용하였기 때문에 외관이 파견되지 않은 임내가 거의 존재하지 않았다. 대체로 임내 분포의 다과와 존속도는 그 지방 토착세력의 강약에 비례하였다. 즉 삼남지방은 고려 이래로 토착세력이 강하여 중앙집권력의 침투가 늦었기 때문에 그만큼 많은 임내가 오래도록 존속되었고, 영토확장에 따른 신설 州鎭에는 기존 토착세력이 없었던 것이며, 개경을 중심으로 한 경기·황해도 및 강원도의 일부 지역은 중앙정부의 政令이 원격지보다 철저히 작용할 수 있었기 때문에 조선 초기에 오게 되면 임내가 거의 없거나, 있어도 하삼도에 비하여 훨씬 적었다.

속현이나 폐현의 분포는 양계와 황해도보다 삼남지방에 집중되어 있으며, 부곡은 경상도가 가장 많고 전라·충청도가 그 다음이며, 향은 전라도가 제일 많고 그 다음이 경상·충청도이며, 소는 전라·충청·경상·강원도 순이며, 일종의 왕실 장원인 처와 장은 수도를 중심으로 한 경기·충청지방에 집중되어 있었다. 같은 주읍이라 하더라도 읍격과 지역에 따라 소속한 임내 수가 상이하였다. 가령 양계지방에 주로 설치한 진에는 임내가 거의 없었으며, 현령·감무와 같은 수령이 파견되는 하급의 주현에는 임내수가 적었다. 따라서 큰 읍일수록, 그리고 군현 등급과 수령의 품계가 높으면 높을수록 많은 임내가 소속되었다.

한 군현이 읍치를 중심으로 주위에 다수의 임내를 영유한 데서 주와 부가 되었고 원래의 자기 구역만을 갖거나 임내를 적게 가진 군현은 소현으로 남게 되었다. 즉 주·부·군·현은 읍치의 규모와 임내의 영속관계에서 읍격이 결정되었다. 그래서 군현 구획의 광협은 읍격의 고하와 토착세력의 강약과는 대체로 서로 비례하였다. 각 도의 계수관과 같은 대읍은 많은 임내를 소유하였고, 감영·병영 또는 계수관이 됨으로써 부근의 임내를 분할 소속시켰던 것이다.

(1) 속현의 정리

속현은 소속 주읍의 관내에서 독자적인 구역과 주민을 가지면서 縣司·鄕

吏·官奴婢·邑吏田·公須位田·公館·鄕校 등도 보유하고 있었다. 현사는 폐현이 되지 않는 한 존속되었고, 관노비는 태종 13년 외방 각관 관노비와 수를 정할 때 「無官各縣」 즉 속현에 10호로 정했던 것이 《경국대전》에는 40명으로 규정하고 있다. 읍리전과 공수위전은 고려 이래 존속되다가 세종 27년(1445)에 모두 없어졌고, 일반 속현에는 향교가 설치되지 않았으나 鄭麟趾의 〈海平縣 鄕校記文〉 처럼 善山府의 속현 해평현과 같은 경우에는 특별히 향교가 설치되기도 하였다. 또한 주읍과 멀리 떨어져 있는 속현에는 조세, 공물의 수납, 還穀·賑濟 등의 필요에서 각종 창고가 설치되기도 하였다.

고려 현종 9년(1018) 군현제 개혁의 결과 주읍에 소속되었던 속현은 고려 후기 이래 개편을 거듭하다가 마침내 15세기 초에 이르러 대대적인 정리작업이 실시되었는데, ① 속현의 주현화, ② 소속의 이동, ③ 병합, ④ 직촌화 등의 네 가지 경우가 주로 여기에 해당한다. 이 네 가지 정리 작업은 각기 개별적 또는 시간적 순서에 의하여 진행되었다기 보다는 각각 거의 동시에 실시되고 있었다. ③과 ④는 수개 이상의 속현이 병합되어 하나하나의 주읍으로 승격되거나, 주읍에 폐합되어 직촌화하는 경우이며 이러한 작업은 특히 이성계가 정권을 장악한 회군 이후부터 태조·태종·세종 3대에 걸쳐 광범하게 실시되었다. 이러한 임내의 정비문제는 속현과 향·소·부곡 등 구획의 성격과 위치한 지역에 따라 선후의 차이가 있었다.

이성계는 즉위 초부터 임내 정리에 주력하는 한편, 서북면의 제진을 행정적인 군현으로 개편하고 그의 말년에는 정도전을 동북면에 특파하여 군현을 새로이 구획하고 永興·靜邊·寧仁 등 제진도 혁파하여 「社」로 개편하고 각기 주읍에 직속시켰다. 태종은 태조대의 서북면 경략에 이어 연변에 산재한 여진의 거주지였던 여러 伊彦을 병합하여 昌城·石州·理州 등을 신설함으로써 종전의 군사지대가 행정구역으로 정비되어 갔다.

개성과 한양을 잇는 중부지방은 중앙집권화의 과정에서는 선진지역에 해당되므로 이 지역의 각종 임내는 이미 여말에 정비되었던 것이며, 왜구의 피해가 컸고 토착세력의 유망이 심했던 전라도지방은 태종 9년(1409)에 도내와 임내가 모두 혁파되어 소속 주읍에 폐합되었으나 다른 도는 정리작업이 제대로 진척되지 않아 동왕 10년에는 충청도 감사 韓雍이 다시 각 도의 속현 혁

〈표 3〉 시대별 속현 정리 상황

도별 / 시대	경기	충청	경상	전라	강원	황해	평안	함경	합계
① 현종 9년《高麗史》	49	59	114	87	28	16	5	7	364
② 공양왕 3년《高麗史》	15	18	47	51	20	3	0	7	161
③ 세종 14년《世宗實錄地理志》	12	15	49	0	19	0	1	14	110
④ 중종 25년《新增東國輿地勝覽》	5	7	14	2	12	0	0	2	72

파를 건의한 바가 있다. 속현의 정리는 중앙집권력의 강화와 토착세력의 약화라는 표리관계에 있는 두 현상이 동시에 이루어질 때 비로소 실효를 거둘 수 있었다.《世宗實錄地理志》·《新增東國輿地勝覽》에 의거한 고려 현종 9년 이래 조선 중종 25년(1530)까지 속현의 정리상황을 통계해 보면 〈표 3〉과 같다.

위의 〈표 3〉를 통하여 엿볼 수 있듯이 고려 현종 9년에 364개였던 속현이 여말에 와서는 161현으로 감소되었는데 이는 상술한 바와 같이 예종 원년(1469) 이래 감무가 계속 설치됨으로써 종래 속현이 주현으로 승격된 결과이며 다시 여말과 세종 14년(1432)을 비교하면 또 54현이 줄어든 셈인데, 이는 태종 9년에 단행된 전라도의 임내 혁파가 성취되었기 때문이다. 세종 14년에서 중종 25년까지 약 100년간의 감소 현상을 보면 전국적으로는 35현이 감소된 셈이고 도별로 보면 경기·충청·함경 3도가 격감된 반면, 경상·강원 양도는 별로 줄지 않고 있으며 전라도에서는 오히려 2현이 되살아난 셈이다. 중종 25년까지 존속한 상기 72개 속현도 그것이 전국의 여러 군현에 골고루 소속되어 있지 않고 특정 주·부와 같은 대읍에 속해 있는 것이 전체의 절반 이상을 차지하고 있다.

이상과 같이 조선 중기까지 존속했던 72개 속현은 17세기 이후에 가서는 어떻게 변천하였을까.《세종실록지리지》소재 속현이 그후 혁파된 경우는《신증동국여지승람》의 고적조에 「폐현」으로 기재된 것처럼, 동 지지 소재의 속현이 후기 읍지 또는 1861년 경에 편찬된《大東地志》(金正浩)에서는 모두 「古邑」條에 기재된 것을 보면 17세기 이후에 가서는 면리제로 개편되었던 것이다. 이들 72현 가운데 주읍과 멀리 떨어져 있거나 縣勢가 비교적 충실한 것은 주현으로 승격된 것과 행정구획 변경으로 다른 고을에 이속되는 경우도 있었으나 나머지는 모두 「面」으로 개편되었던 것이다.

(2) 향·소·부곡의 정리

鄕·所·部曲·處·莊도 군현과 같이 일정한 구역과 주민을 가진 구획으로 존재하였다. 태조 2년 4월 鷄龍山 新都를 정할 때 경기에 소속된 주현과 부곡·향·소가 무릇 81개나 되었다 하니,[6] 이 때의 향·소·부곡은 주현보다 하급의 행정구획으로 간주되었던 것이다. 향·소 부곡의 정리과정도 상술한 속현과 마찬가지로 주로 주현 또는 속현으로 승격되는 경우, 소속이 변동되는 경우, 혁파되어 직촌화하는 경우 등 세 가지가 있었다.

향·소·부곡이 주현으로 승격될 때 하나의 향이나 소 또는 부곡이 단독으로 주읍이 되는 예는 극히 드물고, 수개 이상의 향·소·부곡이나 촌이 합쳐 하나의 주현이 되는 경우가 보통이며 대체로 주현보다는 속현으로 승격되는 것이 많았다. 속현이 주현으로 승격된 예는 많은 반면, 향·소·부곡은 승격된다 하여도 겨우 속현에 머물고 있다는 데서 그들은 원래 규모가 영세하였음을 짐작할 수 있다. 그들의 호구와 면적이 하나의 주현으로 존속하기에는 너무나 영세하였기 때문에 속현 밖에 될 수 없었던 것이다.

향·소·부곡의 이속은 14세기 말에서 15세기 초에 걸쳐 광범하게 실시되었는데, 속현과 마찬가지로 어떤 주읍을 보강한다든지, 군현의 등급을 승격시키기 위하여, 혹은 견아상입지나 월경지 등 군현의 구역을 정리하기 위해서였다. 그러나 그들은 하나의 지역단위를 형성하고 있었으므로 이속할 때에 분할하거나 그 명칭이 소멸되진 않고 그대로 존속되었다. 그것들도 속현과 같이 주나 부와 같은 대읍에 많고 소현에는 대체로 적었다. 향·소·부곡에서는 토성이민이 속현처럼 완강하지 못하여 귀속문제에 있어서도 주체적인 행동을 취하지 못하였고 국가의 일방적인 조치에 따라 이속되거나 주위의 열읍이 다투어 차지하려는 대상이 되기도 하였다.

향·소·부곡의 혁파도 속현과 동일한 과정을 밟았다고 생각되나 속현보다는 그 시기가 훨씬 앞서서 진행되고 있었던 것이며, 소멸 내지 정리과정에 있어서도 지역에 따라 선후의 차이가 있었다. 전라도에서는 벌써 태종 9년에

---

6) 《太祖實錄》 권3, 태조 2년 4월 을사.

속현과 함께 향·소·부곡이 모두 혁파되었으나 기타 도는 아직 많이 존속하고 있었다. 그러나《世宗實錄地理志》소재 향·소·부곡 가운데 대다수는 전라도의 경우와 마찬가지로 이름만 남아 있을 뿐 실제로는 이미 소멸하여 직촌이 되었거나 또는 혁파과정에 놓여 있었다.

고려 후기까지는 전국적으로 광범하게 분포해 있었던 전대의 향·소·부곡·처·장이 조선 초기에 걸쳐 거의 임내로서의 자격이 상실되고《세종실록지리지》상에는 불과 82개만이 존속하고 있었으나 이것도 계속 소멸의 길을 걸어 성종 12년(1481) 경에 가서는 12개의 부곡·향·소만이《신증동국여지승람》의 속현조에 남게 되었고 나머지는 고적조에 수록될 정도로 모두 소멸되었던 것이다. 그러니 향·소·부곡은 속현과는 달리 벌써 고려 후기부터 주민의 신분적인 해방과 함께 격심한 北虜·南倭의 침략으로 인한 지역적인 이동이 심하였고 구역도 위축되어 특수한 것을 제외하면 그 규모는 대개 1개 면이나 촌과 비슷하였다. 심지어 어떤 것은 주민은 없고 지역만 있는가 하면 주민이 있어도 2호 내지 4호밖에 되지 않는 극히 영세한 형세를 지니고 있어 국가의 임내 정비책에 대해 조직적인 반대를 하거나 어떤 방해 요인은 없었으나, 이들을 중간에 놓고 부근 군현이 서로 다투어 차지하려는 데서 복잡한 문제가 많았다. 이와 같이 그들의 규모가 영세하였으므로 종래 그곳을 지배하던 長吏들도 대개 그들의 기반을 상실하고 다른 지방으로 유망해 갔던 것이며 혁파될 때는 폐합되는 주읍에 흡수되었거나 부근 군현에 분속되기도 하였다.

향·소·부곡의 원래 규모가 어느 정도였는지는 구체적으로 알 수 없으나《신증동국여지승람》편찬자의 말처럼 "신라시대 군현을 설치하면서 고을의 최소 단위인 현이 될 수 없는 곳에 향 또는 부곡을 두어 각기 소재 읍에 소속시켰다"[7]하니 향·부곡이 우선 현보다 영세하였음은 명백한 사실이다. 한편 향·소·부곡이 형성된 이래 장구한 세월이 경과하면서 변천이 빈번했기 때문에 15세기의 자료를 가지고 원래 모습을 구명하기는 어렵지만, 적어도 조선 초기에 이르면 그들의 규모가 소수의 경우를 제외하고는 대개 1개면이나 1개리 정도밖에 되지 않았다는 사실을 관계자료를 통하여 엿볼 수 있다.

7)《新增東國輿地勝覽》권 7, 京畿道 驪州牧 古跡.

그러니 종래의 향·소·부곡은 15세기에 와서 대개 면 또는 리·촌으로 개편되었던 것이며, 《신증동국여지승람》의 각 읍 속현조에 기재된 11개 부곡, 1개의 향과 소는 호칭은 비록 향·소·부곡이나 실질적으로는 속현과 동일한 취급을 받았던 것이다. 이들은 또한 당시의 문헌에 「縣」으로 표기된 적도 있으며 그 위치는 대개 소속 읍과 멀리 떨어져 있거나 월경지로 또는 견아상입지로 존재하였다는 것이 특히 주목할 만한 사실이며, 이것이 또한 조선 초기의 군현제 정비에서 즉시 정리되지 못하고 오랫동안 잔존한 이유 중의 하나일 것이다. 상기 13개의 부곡·향·소는 속현과 함께 소속 주읍의 관내에 독자적인 구역으로 16세기 초까지 존속하다가 그 이후 점차 면으로 개편되 었다.

3) 면리제의 정착

우리 나라에서 面里制가 본격적으로 시작된 시기는 조선 초기였다. 面과 里의 용어는 벌써 고려시대부터 《高麗史》와 선초 《실록》에 산견되나, 면리제가 처음으로 법전에 구체화된 것은 《경국대전》 부터이다.

> 京外는 5戸를 1統, 5統을 1里로 하고, 몇 개의 里를 합쳐 1面을 만들고 통에는 統主, 리에는 里正, 면에는 勸農官을 각각 둔다(《經國大典》 권 2, 戶典 戶籍).

그런데 이러한 법전 규정의 면리제가 실제 전국의 말단 행정구역에까지 보급되기 위해서는 상당한 시일을 요했던 것이다. 면리제가 정착되기 전의 여말 선초에는 주읍 관내에 직촌과 임내가 병렬해 있었던 것이며, 임내에는 다시 속현과 향·소·부곡 등 구획의 대소에 따라 속현 및 속현과 동일한 취급을 받던 향·소·부곡은 많은 리와 촌을 보유하고 그렇지 못한 향·소·부곡은 그 임내 자체가 하나의 리와 촌에 불과한 것도 있었을 것이다. 直村에는 이른바 자연촌과 지역촌(연합촌)의 구별이 있고 다시 촌과 함께 리와 면이 혼용되고 있었다.

이른바 자연촌과 지역촌은 고려를 거쳐 조선시대까지 존속되었는데, 동서남북의 방위명을 가진 촌은 지역촌의 성격을 띠어 면과 동일한 의미로 사용되었고 고유명을 가진 촌은 리와 같이 자연촌도 있고 지역촌도 있었던 것이다. 조선 초기에는 주·부·군·현이 각기 읍치를 중심으로 동·서·남·북면과 같이 몇 개의 방면으로 면을 나누고 이러한 면 밑에 리·촌·동의 자연촌이 부속되어 있었던 것이다. 그러나 이러한 面·坊·社·里·洞·村의 용례가 실제는 명확한 구분 없이 서로 혼용되어 시대와 지역에 따라 각양각색으로 호칭되었던 것이다.

면리제의 정비과정도 일반적인 군현제의 발전 추세와 마찬가지로 조선 초기에는 향·소·부곡이 리·촌으로 개편되었다가 나중에 인구증가에 따른 자연 촌락의 성장으로 리·촌이 다시 면으로 승격해 갔음을 후기의 읍지 소재 坊面條를 통해 알 수 있다. 즉 조선 초기에 향·소·부곡이 리 또는 촌으로 기재되었던 것이 17세기 이후에는 면의 명칭으로 나오기 때문이다. 여기에서 한 가지 유의할 것은 조선 초기를 후기처럼 守令→面→里로 체계화된 면리제를 연상하기 쉬운데, 초기는 고려시대와 조선 후기와의 중간에 개재한 과도기적 성격을 띠어 상술한 바와 같이 면과 촌, 또는 리와 동·촌이 때로는 상하관계, 때로는 병렬적으로 존재하면서 그 명칭이 혼용되고 있었다. 중국에서는 일찍이 자연촌의 호수를 기준하여 행정촌으로 편성하였으나, 조선조에서는 자연촌을 그대로 행정촌으로 편성하였기 때문에 명칭은 같은 리·촌이라도 실제 호수나 면적에서는 현저한 차이가 있었다. 어떤 리는 10여 개의 자연촌을 연합한 후기의 면과 같은 규모를 갖춘 것도 있고 불과 20~30호를 보유한 자연촌도 많았다. 조선 초기 군현의 하부 행정구획인 면리체계를 정리해 보면 다음과 같다.

- 主邑(守令)
  - 邑治(읍내) : 여러 里 또는 坊·洞으로 편성
  - 直村 : 面(村) (方位名을 띤 面 또는 村) → 里 (자연촌(屬坊·洞·村) / 지역촌(里)→自然村)
  - 任內 :
    - 屬縣→ (縣內(里→洞) / 直村(地域村→自然村))
    - 鄕所部曲→ (鄕·所·部曲(里·洞) / 地域村→自然村)

위와 같이 군현의 관내는 크게 읍치·직촌 및 임내로 구분되며, 직촌에는 다시 방위명을 가진 면이 있고 그 다음에 면과 같은 연합촌이 있으며 그 다음에 자연촌이 병렬해 있었다. 임내의 경우는 속현과 《신증동국여지승람》 속현조 소재 부곡·향·소 및 영세한 일반의 향·소·부곡에 따라 면리체계가 각기 달랐다.

한편 면리제의 실시와 함께 종래의 향리 대신에 사족 또는 民庶 출신의 권농관 내지 監考, 里正(長)이 면리 단위의 행정업무를 담당하게 된 것은 조선 초기 지방행정의 체제정비에 있어서 하나의 획기적인 사실이다. 수령이 면리행정에서 향리를 제치고 이족이 아닌 권농관이나 이정에게 업무를 맡김으로써 이제까지 향리가 향읍을 농단하고 주민을 침어하던 폐단을 없애고 수령의 정령이 보다 충실하게 민간에 반영될 수 있었다. 재지사족 중심의 유향소가 면리행정과 연결되면서 향리의 직무는 그만큼 위축되어 갔던 것이다.

그러면 조선 초기 임내의 정비에서 종래의 속현이나 향·소·부곡을 정리할 때 모두 직촌으로 개혁하지 못하고 그 중 상당수가 그냥 임내로 존치되었느냐 하는 것이 문제인데, 여기에는 당시 조선왕조로서는 한계가 있었고 군현개편과 임내의 직촌화라는 양자를 동시에 추진한다는 것은 힘이 벅찬 일이었다. 물론 종래의 임내 가운데 대부분은 선초에 이미 존속할 수 없을 정도로 소멸해 가는 과정에 있었으니 이를 직촌으로 개편하는 데는 별로 문제가 없었다. 이렇게 직촌이 된 임내는, 첫째 임내로서의 요건을 갖출 수 없을 정도로 쇠잔해진 것, 둘째 주읍과 근접해 있어 수령이 직접 통치할 수 있는 것이었다. 그 반대로 아직 그 때까지 임내로 존속하는 데 충분한 조건을 갖추었고 또 주읍과 멀리 떨어져 있는 임내는 수령이 직접 다스리기에는 불편한 반면, 오히려 기존의 주읍과 임내와의 행정체계를 그대로 이용하는 것이 훨씬 편리했기 때문에 직촌으로 만들지 않았을 것이다. 임내의 정리에 필연적으로 뒤따라야 할 면리제를 임내 혁파와 동시에 실시하는 데는 시간적 여유가 필요하였다. 이와 같이 임내 혁파와 동시에 면리제를 전국에 일률적으로 대치할 수는 없었기 때문에 종래 임내와 주읍과의 사이에 맺어졌던 행정체계를 그대로 당분간 유지하면서 서서히 면리제로 대치해 갔던 것이다.[8]

---

8) 李樹健, 〈直村考－朝鮮前期村落構造의 一斷面－〉(《大丘史學》 15·16, 1978).

4) 군현 명칭의 개정

군현 명칭의 개정과정을 살펴보면, 먼저 고유명칭에서 중국식으로 개정되는 경우와 질박한 속명에서 한자로 雅化되는 경우가 있으며, 또한 같은 지명이라 하더라도 구획의 고하와 등급에 따라 개정의 시기에 선후의 차이가 있었다. 이러한 지명 개정은 통일신라 이래 적극적인 漢化정책의 일환으로 추진되었다. 군현의 명칭은 신라 이래 여말까지 누차 개정과정을 거쳐 아화되었으나 읍격에 따른 명실상부한 정비는 조선 초기에 와서 단행되었다. 이에 반해 향·소·부곡이나 촌·리·동명과 같은 군현의 하부 구역명은 종래의 속명 그대로 조선 초기까지 전해지고 있었다. 행정구역도 도·군현·면리제의 정비와 함께 개정되어 나갔듯이, 그러한 행정구획의 지명도 차례로 개정되어 갔던 것이며, 특히 면리 명칭은 15세기 이후에 본격적으로 개정되어 갔던 것이다.

군현 명칭을 명실상부하게 개정해야 한다는 논의는 벌써 개국 초부터 활발히 제기되었다. 태종 3년(1403) 左司諫 安魯生 등은 이 문제에 대하여 고려 전기에 정비된 군현제가 후기에 와서 權奸이 擅政하자 權臣·入元宦寺·王師·國師들의 간청으로 군현과 향·소·부곡의 등급과 명칭이 혼잡하여, 일정한 기준 없이 함부로 승격되었으니 이를 시정해야 한다고 한 다음, 전국의 군현 등급을 명실상부하게 재편성할 시안을 제시한 바 있다.[9)]

이러한 사간원의 상소는 사헌부로부터 越職 論事했다 하여 탄핵을 받았지만, 군현제의 기본적인 문제를 거론한 과감한 개혁안이었다. 태종 초기관제의 개혁과 함께 고려의 유제를 청산하고 전국의 행정구역을 합리적으로 개편하자는 것이었다. 이에 자극을 받은 정부는 며칠 후에 면적의 광협과 인구 다소를 참작하여 주·부·군·현의 등급과 명칭 개정을 건의한 바 있다.

군현 명칭의 개정에는, 첫째 고려 후기 이래 무질서하게 승격되었던 읍격을 호구와 전결수에 따라 재조정하는 문제이며, 다른 하나는 부사 이하의 군현에 「州」字가 붙은 고을 이름을 다른 자로 대체하고 발음상 비슷한 것은

9) 《太宗實錄》 권 6, 태종 3년 윤 11월 임술.

서로 혼동되지 않게 개정하는 문제였다. 정부의 건의에 이어 이조도 태종 6년 7월에 군현 등급과 명칭 개정을 주청하자 태종은 이를 받아들였으나 곧 실천에 옮기지 못하다가 동 13년(1413)에 가서 실시하게 되었다. 즉 부윤·대도호부사·목사 외에 「주」자를 띤 도호부(單府) 이하의 군현명을 모두 山·川 두 글자 중 어느 한 자로 개정하였는데[10] 이 때에 개정된 군현이 다음 〈표 4〉와 같이 59읍에 달하였다.

〈표 4〉 태종 13년 州字邑名의 개정표

구분 \ 도별	경기	충청	경상	전라	강원	황해	평안	영길	합계
川 字	5	7	5	-	2	3	11	3	36
山 字	-	5	3	3	-	2	9	1	23
합 계	5	12	8	3	2	5	20	4	59

州는 본래 대읍의 호칭이었는데 이것이 고려 태조 23년(940) 군현의 명칭 개정 때 중소 군현에까지 적용됨으로써 읍명이 부합되지 않았던 것이며, 특히 양계의 신설 주진에 많았다. 이처럼 사실과 괴리된 읍명은 태종 13년 개정에서 비로소 정리되었다. 이에 앞서 충선왕 2년(1310) 군현의 명칭 개정 때 金州가 金海로, 禮州가 寧海로, 淮州가 淮陽으로, 吉州가 富平으로 각각 바뀌는 등 일부 府·牧의 명칭이 변경된 바도 있었다. 위 〈표 4〉와 같이 「산」 또는 「천」자로 바뀌는 것이 원칙이었지만 때로는 「주」자 대신에 「陽」·「城」으로 대치되었는데, 강원도의 襄州가 襄陽으로, 평안도의 龜州가 龜城으로 바뀐 것이 그 예이다. 이에 이어 태종 16년에는 영길도의 靑州를 北靑, 충청도의 寧山을 天安, 報令을 報恩, 강원도의 横川을 横城, 경상도의 甫城을 眞寶, 甫川을 醴泉으로 각각 개정하였다. 북청·천안·보은·진보 등으로 개정되기 전의 군현명은 바로 당시의 기존 읍명인 淸州·靈山·保寧·寶城과 발음이 같았기 때문이다.[11]

한편 고려 이래 특수한 경우, 부분적인 읍명의 변경이 있었다. 왕명을 피하여 章山과 章德을 慶山과 興德으로, 대신의 이름을 피하여 復興을 白州

10) 《太宗實錄》 권 26, 태종 13년 10월 신유.
11) 《太宗實錄》 권 32, 태종 16년 8월 기사.

로, 궁전명을 피하여 永寧을 永柔로 변경하였고, 태조 2년(1393)에는 동북면의 和寧府가 永興府로 바뀌자 경기도의 永興縣이 永平으로 고쳐졌으며, 태종 13년 7월에는 동북면의 定州가 서북면의 정주와 같음을 피하여 定平으로 고쳐졌다.

이상과 같은 군현 명칭의 개정은 별로 큰 구애가 없었으나, 군현을 병합할 때 새로 정해지는 읍명에 대해서는 문제가 복잡하였다. 군현과 향·소·부곡이 등급의 고하가 있는 것이 서로 병합될 때 정해지는 명칭은 으레 상위의 읍명이 하위의 것에 우선되겠지만, 같은 읍격의 것이 서로 합쳐질 때는 쌍방이 모두 자기 고을의 명칭이 새로 정해지는 읍명의 첫자에 배치되기를 희망하여 치열한 경쟁을 벌였던 것이며, 그 지방세력의 강약에 따라 읍명의 配字 선후가 결정되었다. 德恩과 市津 두 현을 합친 새 현의 명칭이 德恩으로 정해지자 시진 현민이 항의하여 恩津으로 개정되었고, 比屋과 安貞 두 현이 병합될 때 처음에는 安比로 했다가 나중에 비옥 현민의 요청으로 다시 比安縣이 되었다.[12] 군현 병합에서 새로 정해지는 읍명은 반드시 병합되는 두 현의 명칭 중 한자씩 따서 정하도록 관례가 되어 있었다. 그렇게 하는 이유는 병합당하는 쌍방에 모두 불평이 없게 균등한 대우를 해주기 위한 조치였다.

주현과 속현이 병합될 때는 원칙상 주읍의 명칭이 앞에 배치되며 군현과 향·소·부곡이 병합될 때는 의당 전자의 읍호를 앞에 두게 된다. 당시 군현 명칭의 개정에 대한 각 읍 주민의 반응을 보면, 해당 군현의 품관·이민들은 자기 고을이 비록 병합은 되더라도 옛부터 내려오는 명칭만이라도 존속시키기 위하여, 또는 병합된 경우 자기 읍명을 새로 정해지는 군현명의 앞자에 배치시키기 위하여 온갖 노력을 경주하였다.

군현 명칭은 본래 인구 다과를 기준하여 정해야 한다는 말과 같이, 군현의 등급과 명칭을 결정하는 요인 가운데 일차적인 요건이 호구수임은 예나 지금이나 다를 바 없으나 상술한 바와 같이 이러한 일차적인 기준을 무시한 채 갖가지 불합리한 요인에 의하여 군현 등급의 승강이 빈번했던 것이다. 戶

12) 《太宗實錄》 권 36, 태종 18년 7월 병진.
《世宗實錄》 권 20, 세종 5년 5월 을사.

口·田丁을 기준하여 읍격과 읍호를 정해야 하겠다는 국가적 노력은 고려시대에도 있었으나 본격적인 추진은 15세기 초부터 시작되었다. 태종 15년에는 주민이 1,000호가 넘는다 하여 原平·密陽·善山·平山·春川·肅川 등 7군이 도호부로 승격하였고, 세종 원년(1419)에는 1,300호가 된 大丘縣을 군으로 승격시킨 바 있다. 한편 세종조에는 지방 교관인 敎導와 訓導를 각 읍에 파견할 때도 호수가 기준이 되었다. 즉 세종 12년에는 500호가 넘는 靈山·彦陽·蔚珍縣에 교도를 설치하였고, 강원도 횡성현은 주민이 유망하여 500호가 되지 않는다 하여 기존 교도를 훈도로 대치했던 것이다.

조선 초기에도 고려의 유제를 완전히 청산하지 못하고 비합리적인 방식에 의한 군현 명칭의 승격과 강등이 있었다. 특히, 조선 후기에 올수록 명분과 강상을 중시한 나머지 반역, 모역사건이나 弑父·弑主와 같은 강상죄인의 태생지·거주읍에 대해서는 10년 한정으로 읍격과 읍명을 격하, 변경시키는 사례가 빈번하였다. 따라서 그러한 읍이 그 도명을 구성한 계수관일 때는 도명까지 변경되는 경우가 많았다. 이러한 읍명과 도명의 변경문제를 두고 조정에서는 합리론과 명분론이 맞섰지만 결국 명분론에 입각하여 읍명을 변경시켰던 것이다.[13)]

5) 소현의 병합과 그 한계

조선 초기의 군현제 정비에서 또 하나 특기할 만한 사실은 主縣의 병합문제였다. 전술한 바와 같이 감무의 증설과 속현 및 향·소·부곡의 정리작업은 여말이나 선초에 하나의 공통적인 현상이었지만, 주현의 병합문제는 새 왕조에 들어와서 본격적으로 거론되기 시작하였다.

특히 소현의 병합은 태종조에 이르러 활발히 추진되었다. 태종 3년 6월에 서북면에 碧潼郡을 설치하고, 雲州와 靑山을 병합하여 雲山으로 개칭하고, 동 7년에는 貞海와 餘美 양현을, 茂松과 長沙 양현을, 이듬해 7일에는 義昌과 會原 양현을 병합하여 각각 海美·茂長·昌原으로 개칭하였다. 태종은 그

---

13) 李樹健, 앞의 책(1989), 73~81쪽.

중반부터 왕권강화와 중앙집권을 위한 관제개혁, 수취체제의 정비, 奴婢中分法, 號牌法 등을 실시한 데 이어 그 13년 10월에는 도제와 군현제의 정비를 단행하였다. 그 이듬해 8월에는 군량확보와 지방재정을 절약하기 위하여 冗官을 정리하는 한편, 용구·처인 등 34현을 병합하였다. 즉 영길(함경)도를 제외한 7도 소재 34개 소현을 17현으로 병합하고 하나의 부곡과 향, 2개의 속현을 이속시켜 4현을 보강하였다.

태종 14년(1414) 12월에는 다시 경상도의 三岐·嘉樹 양현을 합쳐 三嘉縣으로, 황해도의 長淵과 連豊을 합쳐 長連으로, 경기도의 長湍과 臨津을 합쳐 臨湍으로 각각 개칭하였으며 전라도의 茂豊과 朱溪 양현을 합하여 茂朱縣으로 개칭하였다. 이렇게 소현을 병합 또는 개편하자마자 곧 여러 차례의 수정과 치폐가 반복되었다. 병합의 경우 심각한 문제는 병합당하는 현 가운데 어느 현이 주읍이 되느냐 하는 것이다. 대체로 병합되는 현 가운데 향리·관노비는 드세거나, 호구가 많고 면적이 넓거나 혹은 군사상 교통상 중요한 지점일 경우에는 주읍이 되고, 그렇지 못한 곳은 縣司가 폐쇄되고 향리·관노비는 신설된 주읍으로 옮겨져야 했다. 물론 그렇지 않은 경우도 있었다. 즉 두 현이 병합하여 한 읍이 될 때 하나가 주현이 되면 다른 하나는 속현과 다름없는 처지가 되기도 하였다.

태종 16년 5월에는 제주도의 행정구획을 개편하여 종래의 17현을 제주 본읍과 大靜·旌義 양현으로 통합 정비하고 그 나머지 14현은 모두 폐합하여 직촌으로 만들어 3읍에 각각 분속시켰다. 그런데 동왕 14년 병합된 군현은 속현과 월경지 등 특수한 구역의 병합을 제외하고는 서울의 경재소와 연결된 재지세력의 완강한 반대에 부딪쳐 동 18년 이전에 거의 환원되고 말았다.

세종 5년부터 수령구임법을 실시함에 따라 고을수의 과다로 인해 수령에 충당될 인재 확보가 어렵다는 이유를 내세워 군현 병합을 시도하였다. 세종대 전반기는 지속적으로 군현 병합이 시도되었으나 끝내 성과가 없었던 대신 그 후반기부터는 4군·6진 개척에 따른 「設鎭置守」와 「徙民入居」에 주력하여 양계 연변의 행정구획 정비에 획기적인 진전을 가져왔다.[14]

태종·세종의 유지를 계승한 세조는 원년부터 군현 병합에 관심을 갖고

---

14) 李樹健, 〈世宗朝 地方統治體制〉(《世宗文化研究(1)》, 精神文化研究院, 1982).

의정부에 지시, 논의케 한 다음 세조 2년에는 군현 병합의 사목까지 작성, 8도 감사에 하달한 바 있다. 그러나 세조의 군현 병합책에 대하여 梁誠之는 반대 상소를 하면서 군현 병합에 앞서 전국의 지도와 지지를 작성하여 군현 개편의 필수 참고자료인 산천지세, 도로길이 및 호구·전결의 다소를 파악할 수 있어야 한다고 주장하였다.[15] 그 결과 세조대의 군현 병합도 겨우 수개 현을 합친 데 불과하였다.

이상과 같이 군현 병합은 태조 이래 세조대까지 누차 시도도 해보고 실천도 해보았으나 큰 진전없이 대체로 태종 13년 개편 때의 수준을 유지하고 있었다. 그런데 《세종실록지리지》(1432)에서 《신증동국여지승람》(1530)까지의 시간적 간격은 약 100년 내외가 되지만 전국 군현의 등급별 증감의 폭은 극히 좁다. 우선 전국적으로 보면 세종대의 336읍(主邑)이 성종 초에는 329읍으로 줄어든 것은 경기도의 臨江·臨津의 병합과 평안도의 4군 혁파에 연유한 것이며, 군현의 읍격 승강을 보면 부윤과 대도호부는 변동이 없고 목사는 3읍, 도호부는 7읍이 증가한 반면 군수는 7읍, 현령이 1읍, 현감은 7현이 감소된 것 외에는 큰 변동이 없다.

군현 병합의 국가적 목적은 시대에 따라 다소 양상을 달리 하기도 했으나 대체로 조선 초기는 중앙집권 체제의 확립과 지방행정 체제의 정비라는 문제와 결부되어 거론되었다. 일반적으로 조선왕조는 중국에 비하여 군현의 규모가 호구·전결수로 보아 영세하였다. 「官多則民弊」라는 전통적인 유교사상의 입장에서 본다면 조선왕조는 국토의 면적에 비해 군현수가 확실히 과다하였다. 군현 병합의 동기는 전술한 바와 같이, 태종 14년에는 대륙정세의 긴급에 따른 군자 확보를 위하여, 세종 16년(1434)에는 수령 구임에 따른 인재난을 해결하기 위하여, 세조 2년(1456)에는 수취체제의 정비와 함께 전국 군현에 조세·공물·역역과 같은 주민부담을 균평하게 하기 위하여 각각 시도했던 것이다. 이러한 목적 외에도 衙祿田과 같은 지방재정을 절약하고 향리와 관노비의 부족을 해소하고 소현 주민의 부담을 경감시키며, 토착 향호들의 농간을 방지하려는 데도 병합의 목적을 두었다.

군현 병합은 세조가 말한 대로 향리들은 폐합 또는 移邑으로 인해 자기들

15) 《世祖實錄》 권 6, 세조 3년 3월 기미.

의 토착세력 기반이 상실되니 싫어하는 것이며, 일반 주민들은 제반 부담이 경감되고 향리들의 침어가 줄어들 것이니 환영하기 마련이었다. 한편 병합당하는 군현의 토성사족들은 鄕貫이 혁파되는 것을 못내 아쉬워하여 병합되거나 폐합되는 것을 적극 반대하였다. 그들도 토착향리와 마찬가지로 자기들이 이제까지 누리고 있던 토착세력 기반이나 한 읍을 농단하던 지위가 무너지고 타읍에 폐합되거나 대읍에 흡수됨으로써 무력한 상태에 놓이게 되기 때문이다. 그런데 군현 병합에서 종래의 주읍이 병합되면 그 곳의 향리는 합치는 고을에 흡수되고 완전한 직촌이 되면 문제는 적을 것인데 수령만 없어지고 향리는 그대로 남기 때문에 폐단은 여전히 남게 된다. 그러니 두 현이 병합될 때 현치로 남는 곳은 주읍, 그렇지 못한 곳은 속현과 같은 대우를 받게 되었던 것이다.

두 현이 병합될 때 새 현치를 두 현의 중간에 설치하고 두 현이 혼연일체가 되도록 철저한 병합이 이루어진다면 후유증은 별로 없겠지만, 그렇지 못할 경우에는 병합 전의 대등한 관계가 병합 후에는 한쪽은 주읍, 다른 한쪽은 속현이란 주종관계가 되고 만다. 그래서 결국 주현이 될 수 있는 최소한의 규모를 갖춘 속현은 주현으로 승격하고 직촌으로 정리할 수 있는 속현은 완전히 직촌화할 것을 요청하였다. 전자의 경우는 屬縣吏의 침학에서 현만을 보호하기 위하여 수령을 파견해야 한다는 것이다. 후자는 세종 25년(1443) 사간원의 상소와 같이 임내를 완전히 직촌으로 정리해야만 任內吏의 농간을 없앨 수 있다고 생각했던 것이다.

수령이 직접 다스리는 주읍은 향리의 농간이 적었으나 주읍과 멀리 떨어진 속현은 수령의 감시가 소홀하고 속현리를 통하여 수령의 정령이 전달되기 때문에 중간에서 속현리가 농간할 소지가 많았다. 세조 14년 대사간 芮承錫 등은 "수령과 속현리가 때로는 상호의존 관계를 맺고 있어 속현 주민만이 침어를 당하게 되니 그들을 일체 혁파해야 한다"[16]고 주장하였다.

군현 병합이 실패한 요인 가운데 또 하나는 당시 수취체제의 모순에서도 찾아볼 수 있다. 조세·공물·진상·역역 등 수취체제가 전국을 일체화하여 전결수와 토질의 비옥과 척박, 물산의 풍성과 쇠잔 및 호구수와 같은 객관적

16) 《世祖實錄》 권 46, 세조 14년 6월 무신.

인 기준에 의하여 책정되지 못하고 주로 기존의 군현을 단위로 하여 배정되었기 때문에 군현에 따라 주민부담이 현격한 차이가 있었다. 그래서 종래 속현을 거느린 한 주읍이나 군현 병합의 결과 새로 속현을 가지게 된 주읍은 그 속현을 착취대상으로 간주하여 위로부터 배정 받은 각종 부담을 이들 속현에 과중하게 분배할 뿐만 아니라 주읍의 몫까지 떠맡기는 것이 예사였다.

세조가 소현을 모두 병합하려고 했을 때 양성지가 반대한 것처럼 주·부와 같은 대읍을 주축으로 한 소현의 존치가 필요하였다. 왜냐하면 조선 초기는 후기처럼 군현의 하부 행정조직인 면리제가 확립되지 못한 관계로 수령이 혼자서 넓은 관내를 전담하기에는 벅찬 일이었기 때문이다. 교통과 수송수단이 미비한 당시로서는 중앙 정령의 전달과 보고, 使客접대, 조세·공부의 징수 조달하는 편의를 위해 주민과 관청과의 왕복거리가 7, 80리 이내 즉 일일생활권 안에 군현의 읍치가 있어야 한다는 데서 행정구획이 세분되었고 또 대·소읍이 뒤섞여 설치되었던 것이다.

조선 초기의 군현 병합책이 끝내 실효를 거두지 못하게 된 배경은 대체로 국가적인 의도와 재지세력의 이해관계라는 두 가지 면에서 보아야 한다. 즉 효과적인 지방통치를 유지하기 위해서는 「분할해서 지배」한다는 원리 하에서 전국을 8도로 나눈 다음 각 도내를 다시 주·부·군·현으로 구획하여 대·소읍을 뒤섞어 설치하고 군현 경계도 견아상입지와 월경지를 존치시킴으로써 군현끼리 서로 견제하고 감시하는 체제를 지속하려 했던 것이다.

그러나 양계지방을 제외한 남부 6도는 각 읍마다 장성한 재지세력이 존재하였고, 그들은 그 읍과 휴척을 같이 해 왔으므로 병합되거나 혁파된다는 것은 곧 그들의 토착적 기반을 상실하고 타읍에 귀속되어야 했기 때문에 갖은 방법으로 군현 병합을 방해했던 것이다. 토착세력이 영세한 속현 이하의 임내는 비교적 쉽게 정비될 수 있었지만 15세기 초까지 주읍으로 존속한 군현은 각 읍마다 경재소와 유향소를 구성한 토성사족과 유향품관이 있는가 하면, 다른 한편에는 경저리·영리·읍리 등으로 연결된 향리세력이 서울과 시골에 연결되어 있었으니 군현 병합은 바로 이러한 본관세력으로부터 완강한 저항을 받았던 것이다.[17)]

17) 李樹健, 앞의 글(1971).

6) 향리 직제의 개혁

여말 선초에는 불교적인 향읍질서가 성리학적 향촌사회로 대체해 나감과 동시에 지방행정의 주체도 수령을 중심으로 하는 향촌 주도세력이 이족에서 재지사족으로 옮겨가는 추세에 있었다. 이러한 시대적 변화과정에서 신분제의 재편성과 유교적인 이념에 입각한 지방제도가 정비되어 갔으며, 고려의 사심관제가 경재소와 유향소로 분화, 발전해 갔던 것이다. 조선 초기와 지방제도의 정비와 함께 對郡縣吏民策도 이러한 시대적 변화의 맥락에서 이해되어야 할 것이다.

조선 초기 군현의 행정실무를 담당했던 향리의 성분은 지역에 따라 상이하였다. 경상·전라·충청·강원도 지방은 토성이족이 향리의 주체가 된 데 반해, 집권화 과정에서 볼 때 선진지역에 해당되던 개성·한양 주위의 경기·황해도 지방은 토성의 亡姓化에 따라 비토성이족이 많았고, 양계지방에는 본래 토성이 없었으니 남부지방에서 사민입거한 「入鎭姓」이나 이입해 온 「鄕戶」(향역을 담당하는 민호)들에 의하여 향역이 집행되었는가 하면, 제주도는 한때의 편법으로 原鄕吏 외에 양민 중에서 선발된 「典吏」에 의하여 향역이 수행되기도 하였다. 조선 초기의 《실록》에 평안도와 함경도에는 「향리가 원래 없다」는 기록이 자주 보이는데, 이는 토성향리가 없다는 것이지 “향역을 담당한 吏屬이 없다”는 말은 아니다. 대동강에서 원산만을 잇는 이북지방에는 원래 토성이 없었으니, 이 지방에는 假吏가 있을 뿐 향리는 없었던 것이다. 또한 평양 함흥 등과 같은 양계지방의 重鎭에는 향리 대신에 「土官」을 설치했다.

조선 초기의 군현이민 대책에는 상술한 바와 같이 鄕曲을 무단하고 군현을 지배하였던 고려적인 향리를, 왕권의 대행자인 수령의 하부행정체제 하에 두는 대향리 시책의 적극적 추진과 함께 이른바 토성품관·유향품관에 대한 시책도 소홀히 하지 않았다. 그러한 시책에는 후술하는 경재소의 효율적인 운용과 유향소의 치폐가 첫째로 거론될 수 있다. 우리는 《세종실록지리지》의 성씨조를 통하여 각 읍의 향리는 물론, 중외 관인의 본관과 출신지, 중앙과 지방을 연결하는 경재소·유향소의 조직과 경저리·영리·읍리들의 연결상태를 파악할 수 있다.

군현 향리의 세계를 살펴보면 경재소와 유향소를 잇는 사족의 세계가 있듯이 중앙정부와 도 및 군현으로 연결된 이족세계가 형성되어 있었다. 각 읍의 이족들은 그 출자상 향리(토성)와 가리(비토성)로 구분되며 유력한 이족들은 호장과 記官層을 장악하여 그것을 세습했을 뿐만 아니라, 혼인도 그들끼리 하였다. 유향소의 임원이 반드시 향안 입록자 중에서 선임되었듯이 군·현 향리의 중요한 직과는 반드시 「壇案」(향리안) 등재자 중에서 임용되었다.

조선왕조의 양반관료 체제 속에서 경중 각사와 군현 관아 사이에서 문서작성·전곡회계·공사전달 등의 행정실무를 담당했던 胥吏와 향리는 역사의 표면에는 크게 드러나지 않았지만, 관청과 관원 사이를 연결하면서 중앙정계와 지방통치의 밑바닥에서 거미줄처럼 얽혀 있어 실제 권력 구조면에서나 권력의 행사면에 있어서 상당한 영향력을 지니고 있었다. 더구나 빈번한 정변과 사화, 거기에 수반된 관원들의 잦은 교체에도 행정상의 공백과 혼란이 야기되지 않고 왕조의 기본 운영체제가 유지된 것은 이들 중앙과 지방관청의 이속이 관아의 행정실무를 장악하고 있었기 때문이다. 그러므로 경중 각사의 서리는 「양반관료의 유모」라는 속어가 유행하였고, 교활했던 대구현의 향리 裵泄(세종조)은 역대 수령을 시봉하지 않고 솔거하는 위치에 있었던 것이며, 조선 초기의 강력한 왕권으로 군현을 병합하거나 구획을 개편코자 했을 때도 토성이민의 완강한 반대에 부딪혀 끝내 실천에 옮기지 못한 사례도 있었다.

수령이 비록 「一邑之主」라 하더라도 치읍 경험과 행정실무 능력을 제대로 갖추지 못한 채 단신 부임하는 데서 결국 기존의 향리체계 위에 얹히는 것이며, 품관·향리의 협조 없이는 수령의 자리를 제대로 유지할 수 없었다. 유력한 이족이 호장과 기관층을 세습하면서 1읍의 향리세계를 영도해 갔던 것이며 그들은 또한 上計吏·貢吏(進捧吏)·京邸吏·營吏 등의 조직을 통해 종횡으로 연결되어 있었다. 한편 그들 중에는 경중 각사의 서리로도 진출하였기 때문에 중앙정계의 동정을 예민하게 파악할 수 있었다. 또 경향 간을 연락하는 진봉리와 경저리는 경재소와 밀착되어 있는가 하면 또 그들 중에는 감사의 시중을 드는 영리로 차출되기도 했으므로, 군현의 이족들은 양반 관료 못지 않게 경중각사·경재소·경저리·영리·읍리를 잇는 거미줄과 같은 조직망을 형성하고 있었다.[18]

조선 초기의 대향리 시책은 첫째 토호적인 향리로서 중앙집권화에 일차적인 방해가 되었던 元惡鄕吏를 철저히 색출, 응징하고 열읍 간의 향리 조정을 적극적으로 추진한 데서, 많은 향리가 토착적 기반을 상실하게 되었다. 토호적 향리를 무력화시키는 데는 그들의 본관을 떠나게 하는 조치가 최상의 방법이었다. 왜냐하면 그들이 대대로 살고 있던 본관은 바로 그들 세력의 기반이요 근거였기 때문이다. 이러한 토착적인 향리의 기반은 여말 이래 북로 남왜로 인한 이동을 비롯하여 원악향리의 이속, 군현개편에 따른 이동 및 향호의 양계 입거 등으로 상실되어 갔다. 이는 단순한 이속이 아니라 번상과 쇠잔의 격차가 심한 열읍 간의 향리 수급을 조정하고 양계의 신설 주진에 부족한 향리를 충당해 주는 이중의 효과를 거둘 수 있었다. 향리 입사로의 제한과 봉쇄, 읍리전의 혁파(1445) 및 향리의 복식 제한책도 향리의 직제개편과 함께 조선 초기에 단행한 획기적인 시책이었다.

향역의 대가로 국가가 향리에게 지급했던 고려의 外役田은 향리의 신분적 지위 저하와 함께 그 규모가 점차 감소되어 갔다. 이러한 외역전은 세종 27년(1445) 7월에 드디어 혁파되고 말았다. 이는 전제, 세제의 개정 내지 상정의 일환으로 종래의 鄕校位田, 각 관의 衙祿田·公須位田·院位田·渡津尺位田 등의 재조정과 함께 각읍 人吏位田을 일체 혁파한 것이다. 이와 아울러 그 때까지 존속했던 兵正·倉正·客舍正·國庫直 및 紙匠位田도 모두 폐지되었다.

14세기 말 왕조교체와 함께 향리의 신분적 지위는 계속 저락해 가는 한편 免役·출사로도 고려시대에 비해 대폭 제한되었다. 이러한 추세는 국초에 이어 세종조에 와서 더욱 구체화되었다. 고려시대의 '吏有子三에 許一子從仕'의 규정이 종사에서 면역으로 바뀌었던 것인데, 향리의 면역·종사로는 대체로 과거, 군공, 3丁1子로 잡과 합격 및 書吏去官者의 길이 있었다. 3정1자 면역

18) 李樹健, 〈朝鮮朝 鄕吏의 一硏究－戶長에 대하여－〉(《嶺南大 文理大學報》 3, 1974).

법은 향리의 세 아들 가운데 한 아들을 일정한 수속을 거쳐 면역시켜 주는 것이다. 일정한 수속이란 우선 향리의 「3정 1자」는 감사의 문빙을 받아 잡과에 합격하거나 각사 吏典에 분속되어 仕滿 거관하는 것이다.

한편 세종 11년에는 각 읍의 향리 현황을 파악하기 위하여 호조에 명하여 최근 10년 이래의 각 읍 人吏案을 바치게 하고 향리수에 따라 기인의 선상수를 정하였는데, 이것은 후일 《경국대전》에서 다시 조정되었다. 현직 향리가 여말의 군공으로 첨설직을 받아 사족화하듯이, 국초에도 종군·종사하여 면역하는 경우가 많았다. 이러한 군공과 아울러 양계에 자원입거, 포도·효행, 수령에 대한 충성 등으로 면역의 특전을 받는 자도 있었다. 특히 입거향리의 면역 종사의 문제는 당시 북방 사민정책의 일환으로 국가의 중요한 관심사였다. 국가에서는 새로 개척한 양계의 연변지역에 가산이 부유하고 男丁이 많은 가호를 이민시켜 土兵을 확보함과 동시에 행정요원인 향호를 여러 가지 특혜를 주어 그 지방에 토착시키려 했던 것이다 이는 국가에서 이 지방에 토착세력을 부식시킴으로써 북방을 영구적인 封疆으로 만들려는 국방정책의 하나였다. 그러므로 국가에서는 입거를 자원하는 향리에게는 면역 종사의 길을 열어주고 또 감사취재·토관제수 등의 특권을 부여하였다. 그 후 입거향리 가운데 赴京 종사하는 자들이 많아지자 세종 28년(1446)부터는 입거 연월을 추산하여 일정한 기간이 지난 다음에 비로소 상경 종사를 허락하고 京職을 받더라도 罷閑 후에는 모두 귀향케 하는 조치를 취하였다.

향리의 직제와 복식은 국초에 이어 세종조에 와서 더욱 정비되어 마침내 《경국대전》에 법제화되었다. 고려시대의 호장층·기관(正)층·색리(史)층의 세 계층이 15세기 초에 와서는 호장층을 대폭 감축하는 한편, 군현의 지방 행정 실무를 분장하였던 6방층을 강화했던 것이다. 조선왕조의 중외 관직 체계와 업무분장이 吏·戶·禮·兵·刑·工으로 정비되자 향리 직제도 6방을 근간으로 이속이 편성되었다. 사실 종래의 호장층은 대개 토호적 존재로서 중앙집권화를 방해하는 위치에 있었고, 원악향리로 적발되는 향리는 주로 이들이었다. 복식은 전근대사회에 있어 신분을 변별하는 표징으로서 향리의 복식도 그 신분의 변천과 궤도를 같이 했다. '호장은 紫衫, 부호장에서 창정까지는 緋衫,

戶正에서 司獄副正까지는 綠衫, 兵·倉史 이하는 복색이 없다'는 고려시대의 향리 복식은 조정의 문무관과 비견할 만한 것이었으나 태조 6년(1397) 11월 예조에서 호장과 기관층에게 모두 녹삼을 입게 하고 호장에게만 木笏 지참을 허용하였다. 笠制와 장신구도 사족과 엄격한 구분이 생기게 되었다. 즉 사족은 보통 갓(笠)을 쓰고 관인은 公帽 또는 紗帽를 썼는데, 태종 15년(1415) 향리 복식의 개정에서 호장·기관은 平頂巾을, 통인·장교·역리는 頭巾을 쓰게 하고 평시에는 흑색 竹坎頭를, 눈비가 올 때는 油紙帽를 쓰게 하였다. 동왕 16년 정월에는 호장·기관층을 제외한 향리를 각 사의 이전 및 평인과 구별하기 위하여 흑칠 방립을 쓰게 하였다.

세종 20년 4월에는 고려시대 호장층에 허용했던 犀帶·象笏·玉瓔·玉環·珊瑚纓 등의 장신구 착용을 엄금할 뿐만 아니라 기왕의 특사된 서대까지도 玳瑁黑革帶로 바꾸어 주었다. 그 후 24년 9월에는 상기 품목 외에 瑪瑙纓의 착용을 금지시켰다. 특히 향리들로 하여금 수령 앞에서 부복례를 행하게 하고 방립을 쓰게 한 조치는 향리의 신분적 지위를 격하시키는 결정적 계기가 되었던 것이다.[19]

4. 행정구역과 행정체계

1) 행정구역

조선조의 지방 통치체제가 왕(중앙정부)→감사→수령→면리임으로 이어져 있듯이, 행정구역도 크게 서울→도→주·부·군·현→면(방·사)→리(동·촌)로 편성되어 있었다. 이들 구획을 종적인 상하관계로 볼 때는 크게 3층을 형성하여 목민관인 수령이 통치하는 군현(읍=고을)을 중심으로 위로는 상급 행정구역인 8개의 도역으로 편성되어 있고 아래로는 군현의 관내에 하부 행정구획으로 면 또는 그 밑에 리로 편성되어 있다. 《세종실록지리지》를 편찬했

19) 李成茂, 〈朝鮮初期의 鄕吏〉(《韓國史研究》 5, 1970).

던 조선 초기까지만 해도 각 지역의 성씨 본관이 주·부·군·현과 촌 또는 향·소·부곡·처·장별로 기재되어 있었다. 이들 구획은 고려 이래 지방행정상에서 개별적인 행정구역인 동시에 성씨의 出自地로 본다면 각기 본관이 되는 셈이며, 그 읍세와 토성이민의 형세에서는 대소·강약의 차이가 있었다. 《삼국사기》 지리지에서 《신증동국여지승람》까지의 역대 지지에 의거하여 각 구획의 연혁을 살펴보면 원구역 그 자체의 분할이나 분해작용은 극히 드물었던 것이다. 먼저 《신증동국여지승람》에 의거하여 15세기 후반을 기준으로 한양과 개성을 제외한 전국의 군현과 폐읍 및 기타 구획에 대한 통계는 다음 〈표 5〉와 같다.

〈표 5〉 각도별 각종 구획 통계

구분 \ 도별	경기	충청	경상	전라	강원	황해	평안	함경	합계
主邑數	37	54	66	59	26	24	42	22	330
屬縣數	5	7	44	2	12	·	·	2	72
廢縣數	18	13	19	65	8	5	2	11	141
部曲數	18	69	209	78	10	·	3	·	387
鄕數	11	21	32	50	3	7	6	·	130
所數	7	61	42	90	33	10	·	·	243
處數	14	9	2	3	3	4	·	·	35
莊數	4	2	1	·	1	1	·	·	9
驛數	54	71	158	60	82	31	39	54	549

* 출전 : 《新增東國輿地勝覽》 단 한양·개성 제외.

주읍 330, 속현 72, 폐현 141 등 합계 543읍은 신라의 9주 소관의 군현 450에 고려시대 북경 개척에 따라 양계의 신설 주진이 가산된 것이며, 또한 전대의 군현 가운데 일부는 여초의 정비기에 와서 폐읍이 되기도 하였고 일부 군현은 종래의 향·소·부곡에서 승격된 것도 있었다. 《신증동국여지승람》 소재 군현과 폐읍 및 과거의 향·소·부곡 등의 소재지를 살펴보면 각 구역의 유래가 강인하게 후대에까지 존속되고 있다. 그러한 곳은 한말까지 그 읍치의 규모에 따라 감영, 계수관 또는 중소 군현의 읍치 및 면의 중심지로 존재하였다.

(1) 도역과 군현 및 면·리 편성

앞에서 고찰한 바와 같이 태종조에 8도체제가 확립된 뒤 각 도역의 변동은 크지 않았다. 각 도계는 신라시대의 9주, 고려시대의 12목 혹은 10도 등의 구획을 바탕으로 하여 점차 5도양계 체제로 도역이 정해지게 되었으며, 특히 5도 지역은 각 도내 계수관의 읍명을 조합한 도명이 정착되면서 도역도 각 계수관의 영속관계에 있는 군현 분포를 고려하여 조정되어 갔다. 여기에는 왕조교체에 따른 수도의 이전, 과전법의 실시에 따른 도역의 재조정 및 산천 지세와 같은 보다 합리적인 기준 등이 참고되었는가 하면 또한 역사적인 전통도 중시하였다. 조선 초기 8도의 편성도 고려 이래의 기존 편제를 존중하였고 도역의 개편에는 읍계의 재조정에 따른 토성이민 간의 분쟁과 같은 문제는 거의 없었다. 따라서 태종조 8도체제의 정비에는 군현제 정비에 따른 분쟁과 같은 사례는 별로 없었고 당시에 편성된 각 도역이나 도계도 중간에 큰 변동 없이 한말까지 존속되었다.

태종조에 확립된 8도체제는 그 내용이 《세종실록지리지》에 담겨져 있으므로 여기에 의거, 각 도역의 편성과 그 연혁을 살펴보면 다음과 같다.

수도인 漢城府와 옛 수도인 開城府는 지방의 행정구획인 8도와는 별도로 경관직으로 하였다. 한성부의 행정체계는 고려시대 개성부의 예를 따른 것으로 관아의 서열은 6조의 다음이 된다. 그 관장사무는 수도 일원의 지역행정은 물론이고, 그 밖에도 일부의 전국적인 사무를 관장하는 것이니, 첫째 호적 사무로서 3년마다 등록하는 호적을 관리 보관하며, 둘째 소송 일부의 판결 사무로서 토지·가옥 및 산 등의 재산관계 송사는 여기서 처리한다. 성내와 성저 10리로 구획되어 성내는 5部를 두고 각 부는 坊으로 편성되어 있는데 동부는 12방, 남부는 11방, 서부는 8방, 북부는 10방, 중부는 8방이며, 성저 10리는 동으로 양주의 松溪院 및 大峴에 이르고, 서쪽으로는 楊花渡와 高陽의 德水院에 이르며, 남쪽으로는 한강 및 露梁渡에 이른다. 태조 초에는 판사 2명을 두었으나 예종 원년(1469)에 이르러 판사를 판윤(정2품)으로 고치고 그 밑에 우윤(종2)·서윤(종4)·판관(종5) 등을 두었다.

옛 수도인 개성부는 한양으로 천도 후에는 留後司로 삼아 留後·副留後·

斷事官·經歷·都事 각 1원을 두고 개성의 외곽지역을 관장했던 개성현령은 폐지시켰다. 사방 계역은 동쪽으로 松林縣의 板積川까지 15리, 서쪽으로 碧瀾渡까지 30리, 남으로 海豊郡의 朽介石까지 25리, 북으로 王興出洞까지 31리의 거리였다. 이 개성부는 조선 후기에 강화·수원·광주와 더불어 4都의 留守府로 개편되었다.

경기도는 앞 2절에서 이미 기술한 대로 태종 13년에 도역을 조정하여 연안·배천·우봉·강음·토산을 황해도로, 이천을 강원도로 환속케 하는 한편, 충청도로부터 여흥·안성·양성·음죽과, 강원도로부터 가평현을 경기도에 편입케 하였다. 세종대에는 철원과 안협을 강원도에 환속하였고, 감영을 수원에 두었다. 사방 경계를 보면 동으로는 강원도의 춘천과 원주에 이르고, 서로는 황해도의 강음과 배천에 이르며, 남으로는 충청도의 죽산과 직산에 이르고, 북으로는 황해도의 토산과 강원도의 이천에 이르러, 동서의 거리가 964리, 남북이 364리가 되며, 소관 군현수는 목 1, 도호부 8, 군 6, 현 26이었다.

충청도는 태종 13년 도역이 조정된 뒤에는 한말까지 변동이 없었으나 도명은 도를 구성하고 있던 계수관(忠·淸·公·洪州)의 읍격 승강에 따라 忠淸·公淸·公洪·忠洪道 등으로 개칭이 빈번하였다. 도의 사방 경계는 동으로는 丹陽縣의 竹嶺에 이르고, 서로는 泰安의 朽斤伊浦에 이르며, 남으로는 恩津縣의 鵲旨에 이르고, 북은 稷山의 牙州梯에 이른다. 동서의 거리는 477리, 남북이 244리이며, 소관 읍수는 목 4, 군 11, 현령 1, 현감 39읍이었다. 감영은 국초에는 청주에 있다가 선조 31년(1598)에 공주로 옮겼다.

경상도는 태종 13년 도역이 개편된 이래 한말까지 그대로 지속되었다. 이 도는 타도에 비해 地廣民稠하다는 이유로 도역의 중앙을 관류하는 낙동강을 기준으로 경상좌·우도로 분도해야 한다는 논의가 국초부터 있어 왔다. 그래서 중종 14년(1519)에는 도역을 나누어 낙동강 동쪽을 좌도, 서쪽을 우도로 하고 각각 감사를 두었으나 곧 환원되었고, 선조 25년 임진왜란으로 도로가 불통되자 다시 나누어 좌도는 경주, 우도는 상주에 설치하였다가 그 다음해에 다시 합하여 성주의 八莒(漆谷)縣에 감영을 두었다. 동왕 28년에 또 나누었다가 이듬해에 환원하여 감영을 달성(대구)에, 32년에는 안동에, 34년에는 다시 대구에 두었다. 사방 경계는 동쪽과 남쪽은 바다와 접해있고 서는 지리산 또는 減陰縣의 六十峴에 이르며, 북으로는 죽령 및 문경현의 草岾(조령)에 이르고, 동서의 거리는 376리, 남북이 448리가 되며, 소관 읍수로는 부윤 1, 대도호부 1, 목 3, 도호부 6, 군 15, 현령 6, 현감 34읍이었다.

전라도는 고려시대 도역이 확정된 이래 한말까지 거의 변동이 없었다. 감영도 전주에 설치된 이래 변동이 없었으나 도명은 계수관(全·羅·光州·南原 등)의 읍격 승강에 따라 全羅·全南·光南·全光道로 잠깐씩 개칭된 일이 있었다. 사방 경계는 동으로는 경상도 咸陽郡에 이르고, 서쪽·남쪽으로는 바다와 접하며, 북으로는 충청도 恩津縣에 이르러, 동서의 거리가 233리, 남북이 406리이며, 소관 읍수로는 부윤 1, 목 2, 도호부 4, 군 12, 현이 39읍이었다.

강원도는 태조 초에 종전의 交州江陵道에서 현재의 도명으로 바뀐 뒤 세종 18년(1436)까지 도역의 조정을 거치고 나서는 한말까지 변동이 없었다. 사방 경계는 동으로는 줄곧 바다와 접하고, 서로는 경기도의 가평현에 이르며, 남으로는 충청도의 永春縣에, 북으로는 鐵嶺에 이르러, 동서의 거리가 250리, 남북의 거리가 558리였다. 소관 읍수로는 대도호부 1, 목 1, 도호부 3, 군 7, 현 11읍이었다.

황해도는 종래의 서해·풍해도의 도명 변경과 함께 태종조까지 도역의 조정이 있은 뒤에는 거의 변동이 없었다. 도의 경계는 동으로는 경기도 朔寧縣의 薍田에, 서로는 豊川의 業淸江에, 남으로는 康翎의 九月峰 바닷가에, 북으로는 中和縣의 馬兒에 이르러, 동서의 거리가 426리, 남북이 235리이며, 소관 읍수로는 목 2, 도호부 3, 군 7, 현 12읍이었다.

평안도는 함경도와 함께 조선 초기의 북방개척으로 연혁이 복잡하였다. 국초부터 연변지역에 설치했던 종래의 진을 주·현으로 개편하는 한편 4군지역을 개척하였으나 세조 초에 폐지하였다. 태종 14년 평안도로 고친 다음 본래 永吉道(함경도)域인 갑산 서쪽 閭延 등지를 이 도에 편입시켰다. 도의 경계는 동으로 함경도 高原에, 서쪽으로는 바다에 접하며, 남으로는 黃州에, 북으로는 압록강에 이르러 동서의 거리가 323리, 남북이 423리였으며, 소관 읍수는 부윤 1, 대도호부.1, 목 3, 도호부 5, 군 21, 현 14읍이었다. 함경도는 여말 선초 대륙의 정세 변화에 따라 도역의 신축이 반복되기도 하였다. 태조는

〈표 7〉

各道別 州·府·郡·縣의 편성표

( )는 고을수

도별	수령 / 주부군현	부윤 (종2)	대도호부사 (정3)	목사 (정3)	도호부사 (종3)	군수 (종4)	현령 (종5)	현감 (종6)	비고
경기도	左道 (21)			廣州 驪州	富平·南陽·利川·仁川·水原	楊根·案山·安城	龍仁 振威 陽川 金浦	砥平·果川·陰竹·陽城·陽智·衿川·通津	광주는 선조 10년에 부윤, 정조 19년에 유수. 수원은 정조 17년에 유수.
경기도	右道 (17)	開城 (유수)		坡州 楊州	江華·長湍	朔寧·豊德·麻田·高陽	永平	抱川·積城·漣川·喬桐·交河·加平·竹山	강화는 광해 10년에 부윤, 인조는 5년에 유수. 개성은 세종 20년에 유수.
충청도	左道 (20)			忠州 清州		丹陽·天安·文義·槐山·沃川·清風	文義	堤川·稷山·懷人·延豊·陰城·清安·鎭川·木川·永春·永同·黃澗·青山·報恩	
충청도	右道 (33)			公州 洪州		林川·泰安·韓山·舒川·沔川·瑞山·溫陽		鴻山·平澤·定山·青陽·恩津·懷德·鎭岑·連山·魯城·扶餘·石城·庇仁·藍浦·結城·保寧·海美·唐津·新昌·禮山·全義·燕岐·牙山·大興·德山	尼山縣은 노성으로 개칭.
경상도	左道 (40)	慶州	安東		大丘·青松·寧海·密陽·順興·漆谷	清道·永川·醴泉·榮川·興海·蔚山·梁山·豊基	盈德 慶山 東萊 義城	河陽·龍宮·奉化·清河·彦陽·眞寶·玄風·軍威·比安·義興·新寧·禮安·迎日·長鬐·靈山·仁同·昌寧·機張·慈仁·英陽	순흥부는 세조 3년에 폐읍, 숙종 9년 복설. 칠곡부는 인조 18년, 자인현은 인조 15년에, 영양현은 숙종 2년에 각각 신설
경상도	右道 (31)			尙州 星州 晋州	昌原·金海·善山	陜川·咸陽·草溪·咸安·金山·昆陽	固城 巨濟 南海	開寧·居昌·三嘉·漆原·鎭海·河東·宜寧·聞慶·咸昌·知禮·安陰·高靈·山陰·丹城·泗川·熊川	안음은 안의현으로, 산음은 山淸縣으로 개칭.
전라도	左道 (24)			光州	南原·長興·順天·潭陽	寶城·樂安·淳昌	昌平 龍潭 綾城	光陽·玉果·南平·求禮·谷城·雲峰·任實·長水·茂朱·鎭安·同福·和順·興陽	능성현은 綾州牧으로 승격.
전라도	右道 (32)	全州		羅州 濟州		益山·古阜·靈岩·靈光·珍島·錦山·珍山·金堤·礪山	臨陂 萬頃 金溝	龍安·咸悅·扶安·咸平·康津·高山·泰仁·沃溝·興德·井邑·高敞·茂長·長城·務安·海南·大靜·旌義	珍原縣은 선조 33년에 장성에 편입.

도별 \ 수령 / 주부군현		부윤 (종2)	대도호 부사 (정3)	목사 (정3)	도호부사 (종3)	군 수 (종4)	현령 (종5)	현 감 (종6)	비 고
강원도	嶺東 (9)		江陵		襄陽·三陟	平海·通川·高城·杆城	蔚珍 歙谷		
	嶺西 (17)			原州	淮陽·春川·鐵原	旌善·寧越·平昌	金城	平康·伊川·金化·狼川·洪川·楊口·麟蹄·橫城·安峽	
황해도	左道 (14)			黃州	平山·瑞興	鳳山·谷山·安岳·載寧·遂安·信訓·金川	新溪 文化	兎山·長淵	牛峰縣과 江陰縣을 효종 3년에 병합, 금천군 신설.
	右道 (9)			海州	延安·豊川	白川	瓮津	長連·松禾·康翎·殷栗	
평안도	西道 (21)	平壤		安州 定州 義州	昌城·朔州·肅川·龜城	嘉山·郭山·中和·宣川·鐵山·龍川	龍岡 永柔 甑山 順安 江西 三和 咸從		
	東道 (21)		寧邊		江界·成川	祥原·德川·价川·順川·熙川·碧潼·雲山·博川·渭原·寧遠·慈山·楚山	三登	陽德·孟山·泰川·江東·殷山	理山이 초산으로 개칭.
함경도	南道 (15)	咸興	永興 安邊		北靑·德原·定平·甲山·長津·厚州	文川·高原·三水·端川		洪原·利城	장진부는 정조 11년, 후주부는 순조 13년에 각각 신설.
	北道 (10)			吉州	鏡城·慶源·會寧·鍾城·穩城·慶興·富寧·茂山			明川	무산부는 숙종 10년 신설.

그 고조 李安社(穆祖)의 묘가 孔州(慶興부근)에 있었으므로 동 2년에 이곳과 甲州에 성을 쌓고, 7년에 공주를 慶源府로 하는 등 두만강 방면에까지 경략의 손을 뻗쳐 그 중간지점인 亐籠耳(현 鏡城)에 만호진을 두고 그 관하에 石幕城(현 富寧)을 쌓았으나, 태종 10년에 여진의 공격을 받고 후퇴하여 목조묘를 함흥으로 이장하고 府를 鍾城으로 옮겼다. 그 뒤 세종 16년부터 북진을 재개하여 31년까지 6진을 두어 두만강 이남을 완전히 판도 안에 넣게 되었다. 태종 13년 도명이 동북면에서 永吉道로 개정된 뒤 咸吉·永安·咸鏡道로 누차 바뀌었고 감영도 함흥에서 영흥으로, 다시 함흥으로 옮기는 변동이 있었다. 도의 사방 경계는 동으로는 길게 바다와 접하고, 서로는 황해·평안도와 접경하며, 남으로는 철령에 이르고, 북은 두만강과 접경하여, 남북의 거리가 1,000여 리나 되며 동서는 광협이 한결같지 않아 수백여 리 또는 6, 70리가 되기도 하였다. 소관 읍수로는 부윤 1, 대도호부 1, 목 1, 도호부 4, 군 7, 현 1읍이었다. 《세종실록지리지》·《신증동국여지승람》에 의거한 조선 초기의 각 도별 도세는 다음 〈표 6〉과 같다.[20]

아래 표의 각종통계는 바로 조선 초기 각도의 형세를 말해주고 있다. 여말

〈표 6〉 각도별 도세 일람

항목 \ 도별	경기도	충청도	경상도	전라도	강원도	황해도	평안도	함경도	합 계
州府郡縣數	37	54	66	59	26	24	42	22	330
屬縣·廢縣	23	20	63	67	20	5	2	13	213
鄉所部曲處莊數	54	162	268	221	50	22	9	·	804
驛/院 數	54/114	71/213	158/474	60/261	82/67	31/78	31/91	54/47	549/1,355
戶 數	45,339	24,170	42,227	24,073	11,084	23,511	41,167	14,739	226,310
人 口(男丁數)	164,073	100,790	173,759	94,248	29,009	71,897	105,444	66,978	806,198
田 結 數	207,814	236,114	261,615	264,268	65,908	223,880	311,650	151,488	1,722,737

20) 이 표에서 主邑·屬縣·廢縣·鄉所部曲·驛院數는 《新增東國輿地勝覽》에, 戶數·人口數·田結數는 《世宗實錄地理志》에 의거하여 각각 통계하였다. 경기도의 호구와 전결수에는 한성부와 개성부의 것이 포함되어 있다. 그런데 《세종실록지리지》 소재 호구수와 전결수는 각 도의 道總과 各官(邑)별 통계에 따라 차이가 있으며, 또 戶와 口라는 의미도 후기의 호수·인구수와는 성질이 전혀 다르다.

선초에는 北虜南倭로 인해 남북간 또는 해륙간 인구의 이동이 격심했으며 각 도의 형세는 시기에 따라 융성과 쇠잔이 일정하지 않았다. 대체로 국초에는 왜구의 피해가 비교적 적었던 양계와 중부 내륙지방에 인구의 충실을 가져 왔고 삼남의 연해지방에는 반대로 인구의 유출이 많았다. 세종조부터 밖으로는 왜구가 종식되고 안으로는 정치·사회적 안정과 함께 주민 안집과 적극적인 권농정책으로 삼남지방에 인구의 유입이 많은 대신 강원도와 서북지방은 인구의 유출로 인해 점차 피폐해 갔다. 즉 전란 중에 피난의 목적으로 유리했던 인민이 각기 고토로 귀환하고 때마침 흉황이 계속되자 농업 생산성이 높은 연해 평야지대로 유리하였으며, 다른 한편에서는 對明·對女眞관계와 국경방비 등으로 인한 주민의 과중한 부담은 특히 양계와 황해도지방 주민의 유망을 촉진시킨 결과가 되었다.

조선왕조는 전국을 8도로 구획한 다음 각 도를 다시 동·서도, 남·북도 또는 좌·우도로 구분하고 거기에 관내 군현을 배속시켰는데, 이를 도별·읍격별로 정리하면 〈표 7〉과 같다.[21)]

조선시대를 통하여 전체 군현 330여 읍 가운데 군 이상은 그 나름의 읍세를 가졌으나 현감이 파견되는 140 내외의 소현은 읍세상 하나의 큰 면에 불과하였다.

《세종실록지리지》에 의거하여 주읍과 별도로 호구·전결수가 기재된 속현과 대읍 및 중소 군현의 읍세를 대비해 보면 그 격차가 매우 심하였다. 전자와 후자의 차이가 10배 내지 20배가 나는 곳도 있었다.

군현 구역의 내부구조와 그 개편과정을 제대로 파악하기 위해서는 任內의 직촌화와 면리제의 확립과정이 밝혀져야 한다. 임내는 보통 혁파되기 전의 속군현과 향·소·부곡·처·장 등을 지칭하였다. 또 주읍의 관할 구역내, 즉 관내와 같은 뜻으로 사용되기도 하고 속군현과 동일한 뜻으로 사용되기도 하였다. 임내는 아직 직촌화되지 않고 주읍 관내에 독자적인 구역을 보유하면서 그 곳을 실질적으로 지배하던 현리나 장리를 통하여 주읍과의 관계를 맺었다.

---

21) 이 표는 《經國大典》에 의거하되 조선 후기에 가서 변동된 군현은 후기의 자료에 의거하였으며, 李相佰의 《韓國史－近世前期篇》(震檀學會, 1962), 186～187쪽의 표를 참고하여 재작성한 것이다.

직촌이란 중간에 임내의 통치기구인 縣司(鄕・部曲司) 또는 현리・장리를 매개하지 않고 수령의 직접 통치 하에 있는 주읍의 직할촌이다. 즉 직촌은 어디까지나 임내를 전제로 한, 임내에 대한 대칭어이다. 따라서 직촌은 일정한 시기에 국한하여 형성된 것이 아니고 임내가 존재했던 시기에 임내와 함께 존재하였고 또 임내가 혁파되는 과정에서 계속 생기고 있었다. 그런데 직촌이란 용어의 사용시기는 임내가 본격적으로 정비되던 여말 선초이며 그 용어가 나오는 문헌도 이 시기에 편찬된 《고려사지리지》, 《경상도지리지》, 《세종실록지리지》, 《신증동국여지승람》 등의 지리지와 15세기의 실록에 국한된다.

여말 선초에 집중적으로 사용하던 직촌은 「임내의 혁파와 면리제의 실시」 사이에 과도기적으로 존재했던 촌락을 의미하지만 그 이전과 이후에 존재했던 직촌에 대해서도 언급이 있어야 할 것 같다. 우선 시대적 변천과정에서 촌의 유래와 성격을 다음의 셋으로 분류할 수 있다. 하나는 군현의 구성요소로서의 촌, 둘째는 주읍의 관내에서 임내와 병렬해 있던 독립촌, 셋째 임내의 소멸과정에서 생기는 직촌으로 나누어 볼 수 있다. 셋째의 유형에 해당하는 직촌이 바로 여말 선초에 임내의 소멸과정에서 형성된 것이다. 역사적 용어로서의 직촌은 바로 이 유형에 속하는 것을 지칭하였다. 이들 직촌의 명칭은 종전의 임내 명칭을 보유한 채 점차 면리제로 개편되어 갔다. 혁파된 임내는 직촌이 됨과 동시에 그 규모에 따라 면 또는 리・동으로 개편되었던 것이다.

촌의 용례를 살펴보면 대체로 세 가지 경우로 나눌 수 있다. ①조선시대의 「面」과 같은 지역촌으로서의 촌이 있고, ② 자연촌으로서의 촌, 이는 신라이래 통시대적으로 존재하였으며 또 조선시대의 리 또는 동과 같은 의미로 사용되었다. ③ 동서남북의 방위를 나타내는 것으로 「東村」・「南村」 등의 용례가 있는데, 이는 바로 읍치를 중심으로 「東面」・「南面」 등과 같은 의미였다. 그러니 이런 의미의 촌은 도면과 함께 동일한 추세로 발전하였다. 고려 초기의 도가 轉運・巡察의 구획으로 사용되어 점차 명실상부한 군현의 상급 행정구획으로 확정되어 나갔듯이, 촌과 면도 처음에는 단순히 읍치를 기준으로 동서남북의 방위를 나타내는 데 불과했으나 점차 방위명을 버리고 고유명을 띠면서 지역촌으로 발전하거나 조선시대의 리·동의 상급행정구역으로서의 면으로 발전하였다. 면리제가 확립된 뒤에는 군현의 구역이 크게 읍치·면·리(동)로 편성되었지만 조선 초기에는 읍치·직촌·임내로 구성되어 있었다.[22]

(2) 특수구획 : 월경지와 견아상입지

조선 초기 군현제의 개혁은 종래의 군현제가 갖는 불합리성과 신분적 성격을 지양하고 이를 명실상부한 행정구획화하려는 것으로 조선조의 중앙집권적 관료지배체제의 진전을 표시하는 것이다. 그러나 합리적인 지방 행정구획의 정비라는 측면에서 볼 때 이해하기 어려운 문제가 있는데, 그것이 바로 한말까지 군현의 한 특수구역으로 광범하게 존속했던 越境地(飛入地)와 犬牙相入地(斗入地)이다.

월경지는 군현 구역의 하나로 소속 읍의 경내에 있거나, 접경하여 존재한 것이 아니라 중간에 개재하는 타읍의 영역을 넘어서 따로 위치하면서 소재읍의 지배를 받지 않고 떨어져 있는 소속 읍의 지배를 받는다.[23] 이러한 월경지는 고려시대는 물론이고 조선 초기의 군현제 정비 이후에도 전국적으로 100여 개소가 각 도에 분포되어 있었고 심지어는 한말(1906)까지도 국내에 약 70여 개소나 존속되어 있었다.

월경지와 견아상입지의 실체를 구명하기 위해서는 먼저 그 개념부터 명확히 해 둘 필요가 있다. 양자의 차이점은 전자는 「越在他邑」한 데 반해 후자는 「侵入他境」한 데 있다. 당시 군현의 경계선이 확연하지 못한 점이나 인구가 희박하여 촌락이 서로 연접되지 않은 상황 하에서 비록 한 지점은 연접해 있으나 삼면이 타읍 경내에 깊숙이 침입했을 때는 두입지이면서 실제는 월경지와 다름이 없는 것도 있었다. 그래서 자료에 따라서는 월경지와 견아상입지가 서로 혼동된 것이 있었다.

임내가 주읍의 수탈대상이 되었듯이 월경지는 공물·진상·요역 등 주읍

---

22) 李樹健, 앞의 글(1978).

23) 旗田巍, 〈高麗·李朝時代における郡縣制の一形態－慶尙道安東府の屬縣·部曲の編成と飛地－〉(《和田博士古稀記念東洋史論叢》, 1960).

으로부터 배정받은 각종 부담이 과중하였고 수령 또는 향리의 사복을 채우는 존재로서 역할을 했는가 하면 주읍의 몫까지 떠맡는 것이 예사였다. 또 주읍 관리의 출장으로 숙식·供億을 위한 민폐도 많았다. 이러한 월경지·견아상입지는 조선 초기 지방제도의 개혁을 거론할 때마다 정리되어야 할 제1차적 대상이었지만 그것이 끝내 소멸되지 않은 채 한말까지 존속한 이유는 과연 어디에 있었을까. 그 존속의 이유가 조선조 지방제도 내지 행정구획의 미숙성에서 연유한 것이냐, 그렇지 않으면 지방행정 운영상 현실적인 필요에서 그 모순성은 인정하면서도 존속시켰을까. 물론 이러한 문제가 1차적으로 고려되어야 했겠지만 결국 여러 가지 요인이 복합되어 유지된 것이고 또 시대와 지역에 따라 각기 성격이 달랐다.

조선조의 행정구획은 여말의 그것에 토대를 두면서 임내의 폐합과 이속 등 전면적인 개편을 시도해 보았으나, 군현 병합과 월경지 정리문제는 끝내 소기의 성과를 거두지 못하였다. 그래서 군현 등급의 승격이나 영역의 신축에는 항상 임내의 이속이 수반되었고 자연지세를 기준으로 개편되는 경우는 적었다. 종래의 임내가 직촌이 되고 과거의 속현이나 향·소·부곡이 면리제로 개편되었어도 그들의 구역만은 분해되지 않은 채 독자적인 구역을 유지하고 있었다. 군현 병합이나 구획변경의 문제를 거론할 때마다 군신간에는 항상 '군현 연혁은 경솔하게 거론할 수 없다'고 해서 한편으로는 지방통치상 대소 군현의 경역이 서로 엇물려 섞여 군현끼리 견제와 감시체제를 유지하고, 다른 한편에서는 과거의 地誌 등 문헌적인 전거에 입각하여 가급적 현상대로 유지하려는 정부의 고식적인 태도가 작용하였다. 그러니 행정구역의 합리적인 개편이나 행정능률의 향상이란 문제보다는 항상 과거의 연혁을 중시하였다.

가령 군현이 혁파되었다가 복구될 경우 제반사정이 전에 비해 달라졌음에도 불구하고 해당 고을의 吏民들은 모든 것이 혁파 전의 상태로 환원되기를 간절히 바랐고, 국가에서도 그렇게 해주는 것이 해당 열읍 간의 분쟁을 최소화할 수 있었다. 이러한 현상이 바로 월경지의 정리를 불가능하게 하였다. 결국 월경지는 선초 이래 누차 대두된 군현 병합책이 끝내 성취되지 못하고 군현 구획이 너무 세분됨으로써 계속 존속되는 결과가 되었다.

월경지는 당시 수취체제의 모순 또는 지방 행정체계의 미비에서도 존속의 필요성이 있었다. 중·소읍에 소속된 월경지는 주읍 보강상 존속이 필요하였고 대읍은 대읍대로 소속 월경지를 놓치려 하지 않았다. 특히 바닷가 고을에 위치한 월경지는 주읍에 어물·소금 등 해산물을 공급해 주었고 주읍의 공물 진상의 조달에도 큰 비중을 차지했으며 심지어는 주읍의 경비 조달에도 상당한 몫을 부담하고 있었다. 월경지는 소수의 예외를 제외하고는 어염·목재 등 토산물이 풍부한 데다가 주민은 사족 이외의 양·천민이 대부분을 차지하고 있어 주읍 관리들이 거리낌없이 착취와 수탈을 감행할 수 있었다. 마치 모국이 식민지를 수탈하듯이 월경지는 주읍에 대하여 공부와 역역 등 항상 과중한 부담을 지고 있었다. 공부와 요역은 군현을 단위로 하여 배정되었기 때문에 대·소읍에 따라 현격한 차이가 있어 일반적으로 대읍에 유리하고 소읍일수록 불리하였다. 그러니 대읍에 소속된 월경지는 오히려 부근의 쇠잔한 읍에 이속되기를 원하지 않았던 것이며, 한편 대읍의 재지세력들은 소읍의 그것에 비해 월등히 우세하였기 때문에 대읍 소속의 월경지가 끝내 존속되었던 것이다.

주읍을 본관으로 하는 씨족 또는 주읍에 살던 사족이 소속 월경지로 이주함에 따라 주읍과 월경지와의 관계가 더욱 긴밀해졌다. 즉 경주·안동·상주·밀양·청주·전주·나주 등 대읍과 班鄕 소속의 월경지는 인접의 궁벽한 읍에 이속되기 보다는 그대로 있는 것이 일반 주민으로서는 제부담이 가볍고 사족에게는 仕宦·處世上 오히려 영예로웠던 것이다.[24)]

인구의 증가와 개간, 산업의 발달과 새 농법의 적용은 각 읍의 접경지대에 위치한 오지·벽지의 개발을 촉진시켰다. 해안과 삼남의 내륙 오지에 위치한 월경지는 어염과 목재산지 또는 川防(洑) 축조에 따른 벼농사 재배적지로서 열읍이 주목하는 대상이 되었다. 특히 견아상입지는 중소 군현보다는 대읍의 영역에 집중되어 있다. 각 도의 대읍을 대표한 계수관의 관내에 산지와 해변을 확보하려는 데서 영역이 인접 군현에 침입한 두입지가 많았다.[25)]

---

24) 李樹健, 〈朝鮮朝 郡縣制의 一形態 '越境地'에 대하여〉(《東洋文化》 13, 1973).

25) 대읍에 소속된 犬牙相入地를 예시하면 다음과 같다.
慶州府는 본읍에서 북쪽으로 安康·杞溪縣을 거쳐 神光縣·省法·竹長(부곡)

2) 지방 행정체계

(1) 도의 직제와 행정체계

조선시대의 도제는 태종조 8도체제가 확립된 뒤 각 도역은 한말까지 큰 변동이 없었으나 감영과 감사의 임기 및 겸관문제에 대해서는 계속 논란이 많았고 또 부분적인 수정이 가해졌다.

경기도 : 국초부터 한성부와 개성부가 京官制에 편입되면서 수도의 외곽지대를 관장했던 경기도는 조선 후기에 와서 4都체제가 갖추어지면서 광주·개성·수원·강화부가 경관직에 편제되어 경기도에서 분리되었다. 경기도 감영은 당초 수원에 개영하여 1년 임기에 경기감사가 그 곳을 중심으로 도내 제읍을 순력하였다. 단 경기감사는 서울을 한 가운데 두고 그 사방 군현을 순력하는 데서 감사로서의 부임절차와 임무수행이 타도 감사와는 상이한 점이 많았다. 가령 후기의 관례로서 경기감사에 제수되면 서울의 雇馬廳에서 到界하며 곧 궐내에 들어가서 숙배한 다음 별도의 감영에 있지 않고 감사의 사가에서 공무를 집행하는 관례가 있었다.

옛 수도 개성부는 태조 3년(1394)에 한성으로 천도한 뒤 개성유후사를 두고 유후·부유후·단사관·경력·도사 각 1명씩 두어 수호와 감시를 맡게 하였다가 세종 20년에 개성부유수로 고쳤으며 세조 12년(1466)에는 경기도에 예속시켜 유수·단사관·경력·도사를 없애고, 단지 부윤·판관 각 1명을 두었다가 예종 원년(1469)에 다시 개성부유수로 삼고, 유수(종2품) 일에 경력·도사(도사는 뒤에 폐지) 각 1명을 두었다.

충청도 : 태조 4년(1395) 종전의 양광도에서 충청도가 분리 확정되자 관찰사를 설치하고 청주목에 감영을 두었는데, 태종과 세종조에 감사의 兼牧문제가 대두하면서 태종 16년(1416)과 세종 30년(1448)에 충청도 감사가 한때 감영 소재읍인 청주목사를 겸임한 적이 있었으나 곧 환원되었다.

까지 침입해 있고, 安東府는 본읍과 격리된 奈城·春陽·才山·小川·甘泉 등지를 영유하였다. 尙州는 본읍과 원격한 永順·山陽·化寧縣을 영유하였고 晋州는 남으로 昌善島에 미치고 서북쪽으로는 智理山底에 있는 花開·岳陽·薩川 등지를 그 관내에 두었다. 全州는 그 영역이 멀리 서해안에 미치고, 水原과 光州도 그 영역이 서쪽의 해변에까지 미쳤다. 대읍에 소속된 월경지가 중소 군현보다 훨씬 많은 것처럼, 견아상입지의 경우도 극소수의 예외적인 것을 제외하면 대부분 각 도의 계수관급의 대읍에 소속되어 있었다.

경상도 : 경상도의 감영은 개국 초에는 경주에 있다가 세종 초부터 상주로 옮겨 임란 때까지 존속되었다. 경상도는 타도에 비해 地廣人衆이란 이유로 태종 7년에는 낙동강을 경계로 강의 서쪽을 우도, 동쪽의 좌도로 분도하기도 하였고, 중종 14년(1519)에는 감사의 업무가 과중하다 하여 종전의 구분대로 분도하여 우도감사는 상주목사를 겸하고 좌도감사는 경주부윤을 겸하게 하여 2명의 감사를 둔 적이 있으나 기묘사화로 인해 동년 12월에 다시 환원되었다.

전라도 : 전라도 감영은 국초부터 전주에 설치된 이래 1894년까지 변동이 없었다. 전주는 왕실의 관향으로서 줄곧 전라도의 감영이 되었던 것이다. 세종 30년에 전라도도 타도 감사와 마찬가지로 감영 소재읍인 전주부윤을 겸하였다가 단종 2년(1454)에 환원되었고 선조 34년(1601)에 다시 감사가 부윤을 겸하였다가 동왕 40년에 환원되었다.

강원도 : 태조 4년 강원도에 관찰사를 설치하고 원주에 설영한 이래 한말까지 감영의 변동은 없었다. 또 강원도 감사는 지역과 기후를 고려한 나머지 여름철에는 강릉과 삼척 등 영동에 체류하는 시간이 많았고 기타 계절에는 원주와 춘천 등 영서지방에 체류하면서 열읍을 순력하였다. 강원도 감사도 세종 30년과 중종 14년(1519)에 한때 감사가 원주목사를 겸임한 적도 있었다.

황해도 : 서해도에서 풍해도 또는 황해도로 도명의 변경과 함께 감영도 황주·풍천·해주로 옮겼다. 태조 4년 해주에 감영이 개설된 이래 변동이 없었으며, 세종 30년과 중종 14년에 한때 감사가 해주목사를 겸임한 적이 있었다.

평안도 : 태종 13년에 관찰사를 설치하여 평양에 감영을 개설한 이래 한말까지 변동이 없었다. 평안도는 함경도와 함께 이남 6도와는 처음부터 감사의 직제가 상이하여 임기 2년에 「率眷兼尹」하게 되었다.

함경도 : 태종 16년에 함길도에 관찰사를 설치하고 함흥부에 감영을 개설하여 부윤을 겸하였다. 그 후 세조 13년 李施愛亂 때 부중 사람에 의한 감사 살해사건을 계기로 성종 원년에 감영을 영흥으로 옮겨 永安道로 했다가 중종 4년에 다시 함흥부로 환원하였다.

이상과 같이 조선 초기에는 전국이 8도체제 하에 있으면서 도에 따라 감영과 감사의 직제에 차이가 있었다. 평안·함경도는 양계지방이란 특수사정으로 인해 처음부터 임기 2년의 솔권 겸윤한 데 비하여 이남 6도는 도에 따라 약간의 차이는 있으나 처음에는 임기 1년에 단신 도계하여 감영에 별도의 읍관을 둔 채 임기 동안 계속 도내 열읍을 순력하였다. 그 후 세종·중종·선조조에 걸쳐 감사의 久任과 兼尹·兼牧 문제가 조정에서 누차 거론되어 한때 양계 감사와 동일한 제도를 실시한 적도 있으나 그러한 시기는 모두 잠시였다.

도의 장관인 감사는 그 선임에서 부임까지 크게 3단계로 구분되는데, 첫째는 감사의 직에 제수되는 것이며, 둘째는 謝恩 및 辭朝하는 것이며, 셋째는 到任(界)하는 것을 말하는데, 감사는 이러한 단계를 거쳐야만 비로소 감사로서의 직위가 확고해진다 할 수 있다. 감사는 그 포괄적인 직임을 유감없이 처리할 수 있는 능력이 요구되므로 학식과 덕망이 높고 강직·공정·청렴한 자라야 했다. 감사 임용의 배제요건으로서는 贓吏의 자손이나 행실이 옳지 못하였거나 재가한 여자의 소생에게는 감사직이 제수되지 않았다. 감사의 相避규정도 타관직보다 광범하게 제약을 받아 그 도의 兵使·水使·守令·虞侯·評事·都事·察訪 기타 邊將 등과 친척관계가 되는 자에게는 감사에 제수되지 않았다. 또한 감사는 병사·도사와 함께 원칙적으로 출신도의 감사는 될 수 없었다.26)

각 도 감사의 관계를 조사해 보면 종2품을 중심으로 그 이상인 정2품 이상과 그 이하인 정3품이 많은데 경관직과 마찬가지로 行守法이 적용되었다. 대체로 조선 초기에는 종2품 이상이 많이 임용되었고 중기에는 법정 관품대로 종2품이 주류를 이루다가 후기에는 정3품인 通政이 감사로 임명되는 경우가 많아졌다. 시기에 따른 이러한 변화도 있었지만 오히려 각 도에 따른 행수법이 더 널리 적용되었다. 경기·경상·평안도와 같이 국가가 매우 중시하는 도에는 정2품 이상이 선임되었고 황해·강원도와 같은 작은 도에는 종2품 이하가 임명되는 경우가 많았다.

감사의 제수 절차로는 일반적으로 매년 정월에 의정부·6조·대간의 관원은 감사의 적임자를 이조에 천거하였는데, 이조에서는 모든 후보자 중에서 엄선하여 최후의 후보자 3인, 즉 3望을 구비한 望單子로서 왕의 落點을 받아 임용하였다.

제수받은 감사는 부임에 앞서 謝恩과 辭朝를 거쳐야 하는데, 사은이란 임관·승진·전보된 자가 국왕의 은혜에 감사하는 뜻에서 궐내에 들어가 大殿·大妃殿·世子宮 등에 謝恩肅拜를 드리는 것으로, 특히 외직에 제수되었

26) 張炳仁, 〈朝鮮初期의 觀察使〉(《韓國史論》 4, 서울大, 1978).

을 때는 사은을 마치고 乞暇도 하였다. 사조란 사은숙배를 드린 후 일정한 기간 내에 부임준비를 끝내고 다시 입궐하여 왕에게 하직의 숙배를 드리는 것을 말한다. 사조는 특히 감사 임기의 출발이라는 점에서, 또한 직위를 확고하게 한다는 점에서 매우 중시되었다. 새로 제수 받은 감사가 대전에 사조할 때에는, 대체로 왕은 그 도의 제반 사정에 대한 교시와 아울러 왕의 치정 방침과 선정할 것을 당부하고, 감사는 자기 계획이나 포부, 직무에 소홀하지 않고 성의를 다할 것 등을 왕에게 개진하기도 하였다. 하직숙배가 끝나면 부임에 앞서 주요 관직에 있는 사람을 찾아가 부임인사를 해야 하는데 그 도의 전임감사나 政曹大臣들이 그 대상이었다.[27]

신임감사가 서울을 출발하여 도계까지 도착하면, 이 때 전임감사를 비롯한 감영소속 관원과 이속 및 도계에 있는 수령들이 출영하여 신임감사를 환영하였다. 신구감사 사무의 인계인수는 감영시설이 갖추어진 양계와 그렇지 못한 이남 6도 및 6도의 감영이 양계의 감영과 동일한 시설과 체제를 갖춘 영조 30년대 이후에 따라 사정이 달랐다. 즉 감영체제가 갖추어진 경우는 도계지점에 위치한 交龜所에서 하거나 감영에서 했지만, 조선 초기 이남 6도의 경우, 감영체제가 제대로 갖추어지지 않았을 때는 예외 없이 도계지점의 교귀소에서 거행했던 것이다.

관찰사(감사)의 권한과 기능은 고려 이래 조선 후기까지 도제와 감사직제의 정비에 따라 계속 확대되어 갔다. 감사의 직함이 말해 주듯이 임기 6개월의 안찰사·안렴사는 관내 수령의 치읍을 주로 안찰·염찰하는 데 있었다면, 都觀察黜陟使로 바뀌게 되는 회군 이후에는 감사의 권능이 한 도의 행정·군사·사법을 포괄한 도정 전반을 관찰하고 수령의 근무성적을 고과하여 포폄하는 데 있었던 것이다. 벌써 여말부터 나타난 감사의 긴 직함인 '都觀察黜陟使兼監倉·安集·轉輸·勸農·管學事, 提調刑獄·兵馬公事'라는 내용에 감사의 주요 업무가 모두 포괄되어 있었다. 즉 도내의 모든 정사를 관찰하고 관내 외관을 출척하면서 그 관할업무를 보다 세분하여 ① 도내의 모든 창고에 보관된 관곡의 감독, ② 도민의 민생안정과 유이민의 안집, ③ 조세·공부의 수송·농잠·수리·식수 등의 권농사업, ④ 도내의 인재양성과

---

27) 張仁鎭, 〈朝鮮後期 慶尙監司考〉(《圖協月報》 21-1·2·3, 1980).

지방교육 및 교화업무 등을 겸임하며, 형옥과 같은 사법문제와 군정은 왕명과 중앙정부의 지시를 받아 품계하거나 협의·처리한다는 것이다.

감사는 국초부터 직급·임기·겸임·솔권·업무한계 등에 대하여 많은 논란이 있었다. 초기에는 수령의 감찰관으로 감사의 파견에 만족하지 않고 分臺·行臺監察·敬差官·察訪(驛官이 아닌) 등을 수시로 특파하여 감사·수령의 치도·치읍과 진제·민생질고를 조사 보고케 하였다. 한편 태종 3년(1403) 6월에는 종래 시행되고 있던 각 도 감사의 「管內守令權差法」을 폐지했으며 세종 8년(1426) 7월에는 감사도 대간처럼 수령의 비행을 풍문 탄핵케 하였다. 또한 감사는 관내 부윤과 도의 군정전담관인 병사·수사와는 관계상 동급이란 데서 행정체계와 업무수행상에서 갈등과 차질이 간혹 있게 되었다. 본래 한 도의 민정과 군정을 감사와 병사에게 분담시켜 양자로 하여금 分權相制케 한 것이나 실제 군사지휘권을 제대로 행사할 수 없는 감사가 군무까지 총괄하는 데서 문제가 많았던 것이다.

감사의 권한은 국초에는 막강했으나 점차 사헌부와 분대·행대에 견제 당하여 위축되어 갔다. 그러나 왕조 전체를 통하여 볼 때, 감사는 한 도의 행정·군사·감찰권을 한 손에 쥐고 있었다. 또한 감사는 국가의 기본이 되고 근간이 되는 인적 지원의 확보와 관리를 책임지고 있었다. 따라서 한 도의 호적·군적·요역의 관리는 물론, 경지·산릉·소택·광산·염분·목장과 같은 각종 재원과 수세원의 관리 등 전반적인 국가재산의 관리에 심혈을 기울여야 했다. 또한 감사의 직무 가운데는 권농이 큰 비중을 차지했다. 진황지개간, 수리시설, 양전, 적시 파종과 수확 및 농경기술을 개발시킬 책임을 지고 있었다. 한편 조선시대에는 흉년·기근이 잦았기 때문에 도민에 대한 賑濟의 책임을 지고 있었다. 여기에는 질병에 대한 의료, 유이민에 대한 안집이 포함된다.

형옥에 대한 감사의 권한도 컸다. 지방의 수령은 笞刑 이하는 律에 의거 直斷할 수 있되, 杖刑 이상은 감사에게 보고한 후 명을 받아야 벌을 줄 수 있었다. 또한 감사는 3품 이하와 流刑 이하는 직단할 수 있었다. 그러나 2품 이상의 고관 범죄자에 대해서는 직단할 수 없으며, 이 때에는 왕의 허가를 받아서 처리해야만 하였다. 사형수는 三覆法으로 처리하였는데, 감사는 먼저 差使員을 정하여 그 읍의 수령과 함께 추문케 하고, 그 다음에 차사원 2명을 정하여 考覆케 한 후, 마지막 단계로 감사가 親問한 다음 啓達케 하였다.

감사는 수령과 함께 管學事 즉 도내의 교육과 주민의 교화에 책임을 지고 있었다. 그러므로 감사는 순력할 때마다 향교에 들러 謁廟 考講을 하며, 관내의 교수와 훈도를 감독하고, 수령에 대한 고과 기준에서 「興學校」 문제에 비중을 두어 취급하였다. 조선왕조는 국초부터 농잠과 교학 장려책을 국가의 통치이념으로 삼아 서울에 성균관과 학당을 확충 또는 설립하여 인재양성에 주력하는 한편, 지방에는 군현마다 향교를 설치하여 민풍 순화, 지방민 교화 등 숭유주의에 입각한 교육정책을 적극 권장하였다.

감사의 직함이 관찰사라는 데서 감찰기능이 특히 중시되었다. "수령은 백성을 다스리고, 감사는 수령을 다스리고, 국왕은 감사를 다스리는 바 그 중점은 모두 백성에게 있는 것"이라 한 세조의 말과 같이, 近民之官인 수령을 감찰하는 것이 감사의 중요한 임무였다. 따라서 감사는 소관지역을 순력하여 수령의 치정을 공정하게 고과하고, 연 2회 等第啓聞하였는데《경국대전》고과조에 보이는 것처럼 '觀察使具守令七事實跡 啓聞'이라 하여 7사의 실적을 고과의 기준으로 삼았던 것이다. 감사가 수령 7사에 대하여 행한 고과표를 밀봉하여 왕에게 직접 올리면, 왕은 친히 열람하고 승지로 하여금 봉함한 후 이조에 송부하였다. 이조에서는 접수와 동시에 이를 전사하여 사헌부로 移文하였다. 감사가 평가하여 계문한 고과는 수령의 포폄에 직결되었기 때문에 그것은 절대적인 권위를 가졌다. 하지만 상·중·하로 등제하는 고과에 뚜렷한 비율이 정해져 있는 것이 아니기 때문에 때로는 수령들의 성적이 거의 모두가 「上」으로 등제되는 등의 모순도 없지 않았다. 감사는 수령뿐 아니라 관내의 모든 외관에 대해서도 규찰의 대상으로 삼아 수령의 예에 따라 고과·포폄하였다. 거기에는 찰방·역승·도승·교수·훈도·심약·검률 등이 포함되었다.

감사는 이상과 같은 일반행정·사법뿐 아니라 군사적인 기능까지 관장하고 있었다. 「監司摠治軍民」이라 한 데서 군정도 당연히 감사의 권한에 포괄되지만 감사의 직함에는 으레 병사·수사를 겸함으로써 더욱 확실해졌다. 감사는 결국 도내 일반 행정장관으로서의 기능, 감찰관으로서의 기능 및 군사적인 기능까지를 수행했던 지방의 최고 외관이었다.

《淸選考》 소재 8도의 감사를 조사해 보면 한 사람이 같은 도에 재임, 3任이 있는가 하면, 동일인이 2~3도 내지 4~5도 감사를 역임한 자가 많았다. 중앙정부에서 소수의 선택된 관료군이 政曹·三司·承政院을 배타적으로 자기들끼리 자리를 바꾸어 가면서 승진·전임했듯이, 8도 감사의 자리도 선택된 소수의 관료들에 한해 점유되고 있었다.

도정을 총괄하는 관찰사는 감영을 중심으로 관내의 제읍을 순력하면서[28] 업무를 수행하였다. 감영을 구성하는 기구로서는 인적 구성과 물적 시설로 나눌 수 있다. 전자에는 도의 장관인 감사 밑에 首領官인 경력(종4품) 또는 도사(종5품)와 판관·교수(종6품) 및 종9품의 훈도·심약·검률을 각 1명씩 두며, 행정실무를 담당하는 영리와 천역을 지는 영노비 등이 있었다. 후자에는 감사의 관아를 비롯하여 속료들의 衙舍, 吏隷들의 거소 기타 館樓·창고 등으로 구성되어 있었다.

경력 또는 도사는 감사의 수령관 즉 수석부관이란 뜻이며, 양자가 모두 관찰사의 보좌관임에는 틀림이 없지만, 경력을 두면 도사를 두지 않고, 도사를 두면 경력을 두지 않았기 때문에 양자가 함께 재직하면서 각기 사무를 분장하여 직무를 수행할 수는 없었다. 따라서 경력과 도사는 비록 관품의 높고 낮은 차이는 있다고 할지라도 직무의 내용은 동일했던 것이다.

도사는 亞監司(亞使)로서 한도를 규찰하고 감사 유고일 때에는 감사직을 대행하였으며, 감사가 순력할 때에는 감사와 소관지역을 나누어 순찰하기도 하였다. 특히 도사는 도내의 감찰·사법·향시·감시·교생고강 및 전정·군정 등의 사찰과 감독업무를 띠고 있어 마치 경중 각사의 감찰 직임과 비슷하였다.

조선시대 외직으로서의 판관은 크게 세 가지 종류가 있었다. 첫째는 대읍 수령의 부관격인 판관으로 국초 이래 각 도의 계수관인 부·목에 설치되었다가 중기 이후에 가서는 濟州·鏡城을 제외하고는 모두 폐지되었다. 둘째는

28) 조선 초기 감사의 巡歷行次는 매우 장관이었는데, 柳希春의 《眉巖日記草》에 잘 묘사되어 있다.

조운과 관련하여, 경기도에는 수운판관, 충청·전라도에는 해운판관이 각각 설치되었으나 이것도 후기에 가서 혁파되었다. 셋째는 감사가 임기 2년에 솔권 부임하여 감영 소재읍의 부윤 또는 목사·부사를 겸임할 때 營下 읍에 두는 판관(평양은 종4품인 서윤)이 있었다.

감사의 속료로서는 국초부터 파견되었던 검률과 심약 및 후기에 새로 설치된 中軍 등이 있다. 검율과 심약은 각기 형조와 전의감에서 차송되는 임기 15개월의 무록관이며 전자는 율의 해석, 적용과 집행에 관한 사무를 관장하고 법규와 刑의 통일을 기하는 직책을 가지며, 후자는 의원으로 감영과 병영 등의 의약사무를 관장하였다. 이들은 관물의 遞送이나 공문의 전달 등 驛政을 관장했던 찰방과 함께 감사가 순력할 때는 반드시 수행하였다. 8도 감영에 1명씩 배치된 중군은 정3품 당상관으로서 병조에서 차공되며 도내의 군사업무를 관장하였다.

이러한 감사의 보좌관 외에 감영에는 일찍부터 행정실무를 담당하는 營吏와 영중 잡역과 사환을 담당하는 營奴婢가 있었다. 군현에는 향리가 있듯이 감영에는 병영·수영과 같이 각 읍에서 차출된 영리가 있었다. 영리의 충원과 교체는 도내 각 읍의 유력한 호장급에서 차출하되 일정한 임기를 가지고 新差·重任·遞任 등 신진대사가 항상 계속되었다. 영리는 향리와 마찬가지로 이·호·예·병·형·공의 6방과 承發·啓書 등으로 업무가 분장되었고 도내의 역리에서 차출되는 驛頭가 있으며 그 정원은 도에 따라 일정하지 않았다. 영리는 감사가 순력할 때에 향도 내지 안내자로서, 또는 감사의 명령을 받아 수령의 치읍과 민정을 염탐하는 역할도 맡았다. 특히 감사의 순력에는 영리의 활동이 컸다. 감사는 관내 수령의 비행을 적발하기 위하여 영리를 사방으로 풀어 정보를 수집케 하는 한편 감사를 수행하는 영리는 감사의 수족으로 행세하였다.

도정을 총괄하는 관찰사의 임기가 1년이냐 2년이냐에 따라 감영의 기구와 시설에 차이가 있었다. 태종조 8도체제가 확립된 뒤에도 양계와 경기 및 남부 5도에 따라 임기는 물론, 감사가 겸윤(겸목)·솔권 여부에 따라 감영의 내부구조가 다를 수밖에 없었다. 충청·경상·전라·강원·황해 5도는 각기 청주·상주·전주·원주·해주를 감영으로 하고 있었으나 이들 감영의 소재읍에는 부윤 또는 목사가 각기 부관인 판관을 대동하여 읍을 다스리고 있었고, 비록 감영이 설치되어 있었다 하더라도 그것은 초기의 평양이나 함흥처럼 宣化堂·澄淸閣·布政門 등과 같은 감영 전속의 관아시설은 없었다. 이러한 감영은 도정을 총괄하는 중심지 또는 수합지로 역할하였고 임기 동안 끊임없이 순력해야 하는 감사의 일시 휴식하는 곳으로 간주되었다.[29]

(2) 군현직제와 행정체계

행정구역인 군현은 그 읍세의 규모에 따라 주·부·군·현으로 구획되었고 읍관인 수령은 거기에 대응하여 관계상 최고 종2품에서 최하 종6품에 걸쳐 있는 府尹·大都護府使·牧使·府使·郡守·縣令·縣監이 파견되었다. 이들 수령은 행정체계 상으로는 모두 병렬적으로 직속상관인 감사의 관할 하에 있었으며, 다만 이들 수령이 겸대하는 군사직으로 말미암아 수령 간에 상하의 계통이 이루어지기도 하였다.

이러한 수령의 행정체계는 태종조에 정비되고, 세종조의 보완기를 거쳐 마침내《경국대전》에 그 구체적인 모습을 담게 되었다. 그러나 군현의 행정조직은 그 후 도제와 면리제의 발달에 따라 계속 수정·보완되었다. 즉 行營에서 留營체제로 발전함에 따라 위로는 감사 또는 감영과의 행정체계에 변화가 수반되었는가 하면, 아래로는 향촌사회의 지배권이 향리에서 재지사족으로 대체됨에 따라 「邑司」(州司·府司·郡司·縣司 : 호장층의 집무청)[30]의 지위 저하와 함께 유향소의 기능이 강화되어 갔으며, 면리제의 확립은 면·리임이 수령의 하부 행정체계에서 향리와 함께 중요한 기능을 수행하게 되었다. 이상과 같은 수령을 중심으로 한 감사·감영과의 관계, 유향소와 면·리임 및 향리와 연결된 군현의 행정체계는 조선 초기부터 한말에 이르기까지 끊임없이 변천하였던 것이며, 같은 군현의 수령체제라 하더라도, 도에 따라 군현에 따라 각양각색이었다. 각《邑誌》소재 邑事例를 통하여 그러한 특징을 엿볼 수 있다. 앞에서 언급했듯이 도정이나 군정은 행정·사법·군사 등 전반을 취급하는 하나의 종합행정인데 여기에 道主 또는 城主로서의

---

29) 李樹健, 앞의 책(1984), 359~367쪽.

30) 李樹健, 〈高麗時代 '邑司'硏究〉(《國史館論叢》3, 1989).

감사와 수령이 단독 부임한다는 데 많은 문제점을 안고 있었다. 물론 감사 밑에 도사 등 속료가 있고 대읍에는 부관인 판관이 설치되기도 했지만, 실제는 감사 또는 수령이 도정 또는 군정을 전담하다시피 하였다.

경관직에 포함된 수도의 한성부, 옛 수도인 개성부, 토관이 설치된 양계의 읍 및 일반 군현에 따라 각기 행정체제가 상이하였다. 일반 군현도 크게 남부 6도 양계 및 제주도로 나눌 때 약간씩 차이는 있지만 대체로 17세기 이후가 되면 전국이 일체화되어 갔다. 먼저 《경국대전》과 《신증동국여지승람》 기타 《읍지》에 의거, 조선시대 일반 행정구획 단위로서의 군현의 기본구조를 수적으로 정리하면 다음 〈표 8〉과 같다.

〈표 8〉 조선시대 읍격에 따른 기본구조표

읍격 / 수령 / 구분		州 府 尹 종2품	州 大都護府使 牧使,정3품	府 都護府使 종3품	郡 郡 守 종4품	縣 縣 令 종5품	縣 縣 監 종6품
留鄕所	座首	1	1	1	1	1	1
	別監	3	3	3	2	2	2
邑 司		州(府)司	州(府)司	府 司	郡 司	縣 司	縣 司
敎 官		敎 授	敎 授	敎 授	訓 導	訓 導	訓 導
鄕校儒學生徒		90	90	70	50	30	30
官屯田結數		20	20	16	16	12	12
廩田	衙祿田結數	50	50	50	40	40	40
	公須田結數	15	15	15	15	15	15
外衙前	書 員	34	30	26	22	18	18
	日 守	44	40	36	32	28	28
官奴婢數		600	450	300	150	100	100
鄕校奴婢數		30	25	20	10	10	10

위 표와 같이 군현은 읍격과 수령의 관등에 따라 인적 구조와 물적 정액에 차이가 있었다. 그러나 정수는 법제상 정해진 것이며 실제는 邑勢의 융성과 쇠잔에 따라 차이가 있었다. 우선 수령의 하부행정체계로서는 읍사를 중심한 향리조직, 유향소를 중심한 재지사족 및 면리행정을 담당한 면·리임으로 구성되어 있고, 이들은 또한 서울의 京邸와 京在所, 감영·병영 등의 영

리·영저리와 계통화되어 있으며, 그 밑에 각종 천역을 담당하는 관노비가 있었다. 후기의 《읍지》 관직조에는 각 읍마다 수령 이하의 관원·吏隷가 정액되어 있다. 여기에는 향청의 임원인 座首와 別監, 軍官, 人吏(衙前·鄕吏·假吏), 知印, 使令, 官奴, 官婢, 妓生 등의 정원이 실려 있는데, 그 명칭과 정액은 시대와 지역에 따라 일정하지 않았다.

지방행정의 기본구획으로서의 군현은 일정한 구역에 일정한 주민, 그것을 통치하는 행정조직과 관아·창고 등의 시설을 가졌다. 당시 지방행정의 궁극적 지향점이란 왕권의 입장에서 본다면 중앙집권화와 농민의 효과적인 지배에 있었다. 그것은 군현행정을 책임진 「수령의 7사」에서 구체적으로 표현되어 있듯이 인구증가와 농업생산성 향상, 공정한 조세·공부의 부과, 주민교화에 역점을 두었던 것이다.

조선 초기 「祀典」의 확립과정에서 중앙집권적인 지방의 통치체제가 왕권을 정점으로 지방의 행정체계는 물론 주민의 신앙체계까지도 관권 주도의 방향으로 나아가게 되었다. 즉 조선왕조는 사전을 크게 大·中·小祀로 나누고 수도를 중심으로 관련 군현별로 정하였다. 그 결과 특정 사전을 제외하고는 모든 군현이 통일된 사전체계를 갖추게 되었다. 즉 고을마다 「鎭山」이 지정되고 文廟(향교소재)·社稷壇·城隍祠·厲壇 등 1묘·1사·2단이 설립되고 종래 잡다한 민간신앙은 비유교적인 淫祀로 규정하여 금단하였다.[31] 군현 단위의 사전은 군현 행정의 수장인 수령이 주재함으로써 명실상부하게 고을을 대표하였다. 또한 고을마다 국왕의 상징인 殿牌를 객사에 모시고 지방 관민이 여기에서 군신관계의 의식을 수행하였다.

군현 관아의 소재지 읍치는 군현 행정의 중심으로 대개 주위는 성곽(읍성이 없는 고을도 많음)으로 둘러 있고 그 안에 수령관아를 비롯하여 각종 관청, 누정·창고 등이 배치되어 있었다.

이러한 각종 관아시설의 규모는 대체로 읍격과 읍세에 비례하며, 조선 후기 지방도시의 성장추세에 따라 감영시설이 확충되어 나갔듯이 읍치의 규모와 관아시설도 확충되어 다음과 같은 시설이 갖추어지게 되었다.

31) 金泰永, 〈朝鮮初期 祀典의 成立〉(《歷史學報》 58, 1973).

客舍(殿牌奉安) 衙舍(東軒·守令官衙) 鄕校(文廟) 鄕廳(座首·別監執務所) 軍官廳 將官廳(中軍·別將·把摠 등) 邑司(州·府·郡·縣司) 作(秩)廳 兵房廳 刑房廳 工房廳 田制廳 官廳 貢廳 小星廳 使令房 通印房 官奴廳 軍牢廳 書廳 養武廳 選武廳 武學堂 贊籌堂 敎練堂 都訓導房 樂房 敎坊(樂府) 刑獄 邑倉 大同庫 補民庫 賑恤庫 社倉 등

지방통치를 직접 담당한 감사와 수령은 1도 또는 1읍의 군주와 같은 존재로서 일국의 통치를 맡은 왕의 분신이었다. 사실 역대의 선정 시기를 살펴보면 고려와 조선도 중국의 경우와 같이 예외없이 循良한 수령에 의한 치읍에 바탕을 두고 있었다. 지방통치가 근대국가처럼 발달하지 못한 당시에 지방주민의 고락과 휴척은 오로지 외관이 유능한가 여부에 달려 있었기 때문에 조선조의 역대 군주들은 수령 선임에 특별한 관심을 갖고 있었다. 태종·세종·세조·성종과 같은 군주들은 평소 經史를 열람하는 과정에서 군주의 선정은 결국 치민을 일선에서 담당하는 수령을 엄선하여 모두 循·良吏를 얻게 되면 정치는 자연히 잘된다고 믿었던 것이다.

수령의 질과 권위를 높이기 위하여 수령의 品秩을 참상관 이상으로 올리고 무능한 胥吏로서 수령이 되는 것을 막고, 文吏와 덕망을 갖춘 士流를 수령에 임용하는 일련의 조치가 회군(1388) 이후부터 추진되었다. 수령을 牧民, 近民 또는 「親民之官」이라 하여 그들의 선임과 고과에 매우 신중을 기했던 것이며, 지금의 수령은 봉건시대의 제후와 같다고 하였다. 一邑之主인 수령은 그 인품이나 자질·능력 여하가 읍민들의 생활에 직결되기 때문에 국초부터 수령의 임면·권한·임기·전보·승진 등에 관한 활발한 논의와 법제적 수정·보완과정을 거쳐 마침내 《경국대전》에서 구체적으로 규정되었다.

초창기의 수령은 일반행정 뿐만 아니라 지방의 군사권도 장악하고 있었기 때문에 반드시 문무 겸비자를 선임해야만 했다. 세종 초에는 종래와 같이 양계와 각 도 연변의 수령은 필히 武才가 있는 자로 임명하고 변방의 군사적 요지는 上·中·下緊으로 구분, 적임자로 임용케 하였다. 국초에는 도평의사사 6조·대간에게 수령에 임용할 인재를 천거토록 하여, 공평·청렴하며 재능이 있는 사람을 얻어 임무를 맡기되 만 30개월이 지난 후 현저한 치적을 보인 자를 경관으로 발탁 등용시키고 천거된 사람이 적임자가 아니면 擧

主까지 논죄케 하였다. 한편 연변·연해의 수령은 문무를 겸비한 자로 임용되어야 하기 때문에 선임과정은 이조와 병조가 협의했으며 그들의 고과에도 감사와 병사가 서로 협의하였다. 수령에 대한 선임의 신중은 署經에도 반영되었다. 사헌부·사간원의 관원이 회합하여 수령 후보자에 대한 서경을 철저히 행하고 그 결과를 참조하여 수령으로서의 적임 판정이 난 후에야 정식 제수하였다.

수령의 임기가 태조·태종대에는 30개월, 세종에서 단종대에는 60개월(6期), 세조대에는 다시 30개월로 실시되다가 《경국대전》에서는 1,800일로 규정되었으며 未率眷 수령은 900일이 지나면 이임이 가능하였다.

이상과 같은 국초 이래 태종·세종대의 외관지위 강화책과 서임제·임기제는 세조·성종조를 거치면서 다소 수정을 가하여 《경국대전》에 법제화되었다. 그런데 수령은 군현 주민을 직접 다스리므로, 그들로부터 얼마나 徵稅調役을 원활히 할 수 있느냐 하는 것은 주로 수령의 치정에 달려 있었다. 그러나 수령은 직속상관인 감사 외에 중앙의 대간, 수시로 파견되는 행대와 경차관 및 그 읍의 경재소 등 여러 계통의 감시와 견제를 받고 있어서 치읍의 득실을 막론하고 그 임기를 제대로 채우지 못하는 경우가 많았다. 그런데 조선시대 전국읍지 소재의 《各邑先生案》에 의거, 역대 수령의 임기를 분석한 결과를 살펴보면 법전 규정과는 상당한 거리가 있었다.[32] 대체로 세종에서 성종조까지는 당초 세종의 의도대로 수령 엄선, 구임, 경외관 순환 근무제가 제대로 지켜졌다.

한편 수령은 감사·병사 등 다른 외관들과 마찬가지로 부임에 앞서 의정부·6조·대간 및 그 도나 읍의 前官宅을 방문하여 그들로부터 교시와 조언을 청취하고 하직인사를 하는 것이 관례가 되어 있었다. 이는 본래 국왕이 수령을 인견하는 취지와 같은 것으로 막중한 외임을 원만하게 수행하기 위해서는 덕망과 경륜 및 풍부한 경험을 갖춘 원로대신, 풍헌지관인 대간 및 그 읍과 유관한 재경관료들을 차례로 방문할 필요가 있었던 것이다. 성종은 의정부·이조에 다음과 같이 傳旨한 바가 있었다.

---

32) 李源鈞, 《朝鮮時代 地方官의 交遞에 관한 硏究》(東亞大 博士學位論文, 1987).

> 《大典》 안에 새로 제수된 경외 관직자와 出使者로 하여금 政府·銓曹를 參謁케 한 것은 정부·전조를 중시하여 그들로 하여금 내외 庶官을 두루 管攝토록 한 것이며, 다른 한편에서는 참알을 통해 新除者의 타당 여부와 인물의 선악 여부를 관찰할 수 있기 때문이다. 그런데 근간 들리는 소문으로는 정부·전조의 낭청들이 참알할 때에 예물이란 명목으로 물자를 요구하니 앞으로는 그런 폐습을 혁파하라(《成宗實錄》 권 186, 성종 16년 12월 정미).

왕이 이렇게 지시한 것은, 수령이 부임에 앞서 정부·전조 등을 참알할 때 賄賂와 徵索·청탁을 자행하였고, 부임 후에는 경중 각사 또는 재경관료들로부터 이른바 「折簡求索」이 빈번했던 세태를 경계하기 위해서였다.

조선시대의 경·외 관서는 관리직인 양반출신의 관료와 행정실무 담당층인 중인계의 이속으로 구성되어 있었다. 양자는 본래 토성이란 같은 뿌리에서 나왔으나 15세기 이래 양반사회가 확립되는 과정에서 사족과 이족으로 명확히 구분되어 갔다. 그러니 조선시대에는 왕을 정점으로 경중의 각 사마다 사족인 官과 이족인 吏가 중앙정부를 구성했듯이, 지방행정도 전적으로 사족인 외관과 이족인 향리 및 재지사족에 의하여 운영되고 있었다. 마치 중앙의 집권세력이 그 권세를 계속 유지하려면 고관 요직을 놓치지 않고 버티어 나가는 데서 가문의 영광을 지킬 수 있는 것과 같이, 각 고을의 이족들은 향리세계의 상층부인 호장층의 확보 여부가 그들 세력의 소멸과 성장에 직결되었다. 그래서 양반사회에서는 족세·가세에 따라 國班(1국을 대표한 양반), 道班(1도를 대표한 양반), 鄕班(고을을 대표한 토반)이란 양반의 등급이 있듯이 향리세계에도 각 읍의 이족을 대표한 명문이족이 있게 되었다.

군현향리들은 그 읍의 수령은 물론 감영과 중앙정계에까지 연결되어 있어 비록 양반으로부터는 멸시와 천대를 받았지만 실제 지방행정에 있어서는 그 형세가 대단하였다. 우선 군현의 각종 장부와 공문서가 그들의 손안에 있었으니 호적이나 신분관계 자료를 개변하는 데도 용이하였다. 그래서 본관을 모칭하거나 선대의 世系를 조작하여 현재는 자기들이 이역을 지고 있지만 본래는 사족이었다는 것을 의식적으로 내세웠던 것이다.

향리세계는 일찍부터 신분 위계상으로나 직무 분장상으로나 상·중·하의 三壇과 三班이란 용어가 관용되어 왔던 것이다. 따라서 조선 초기에는 향리세계를 거론할 때마다 호장·기관·장교라는 구분이 있었고 이들을 통청할 때는 삼반 또는 삼반관속이라고 하였다.[33] 그러나 수령직의 강화와 향리지위의 격하라는 시대적 추세에서 향리직제도 향청의 조직과 함께 수령의 하부 행정체계로 일원화되어 종전의 호장·기관 구분은 점차 무의미해졌고 그 대신 호장도 이방·호방·형방 등과 함께 6방체제에 흡수되고 말았다.

5. 지방자치적 기구

1) 경재소와 유향소

京在所는 留鄕所와 함께 고려의 事審官制에서 분화 발전한 것이지만, 무엇보다 14세기 말 왕조 교체기에 새 왕조를 창건하는데 주역을 담당했던 신흥사대부 세력이 이제까지 군현의 지배권을 갖고 있던 향리를 배제하고 재경관인과 연결된 재지사족 주도의 지방통치와 성리학적 향촌사회를 확립하려는 과정에서 양자가 거의 동시에 서울과 지방에서 각각 설치 운영되었다. 경재소와 유향소는 그 구성원이나 소재지 및 기능상으로 볼 때 별개의 기구인 것처럼 보이지만, 실제 양자는 서로 불가분의 표리관계에 있어 따로 떼어 설명할 수 없다.

경재소란 용어는 벌써 공양왕 2~3년의 국보호적에 나타남을 보아, 고려의 사심관제가 여말에 이르러 사족이 크게 재경관인과 유향품관(또는 토성품관)으로 분화되는 추세가 급진전되자, 각기 재경·재향 세력별로 경재소와 유향소가 설치 운영된 것으로 보인다.[34]

이러한 경재소의 조직과 임원 및 직무에 관한 구체적인 규정은 세종 17년(1435)에 비로소 나타나는데, 그 내용은 다음과 같다.[35] 즉 군현토성에서 상경 종사한 재경관료로서 본관, 부·모·처의 내·외향 등 연고가 있는 주·

---

33) 李勛相, 《朝鮮後期의 鄕吏》(一潮閣, 1990).
34) 《成宗實錄》 권 137, 성종 13년 정월 신유.
35) 《世宗實錄》 권 69, 세종 17년 9월 기사.

부·군·현 중에서 혈연적 또는 지연적으로 가장 가깝다고 보는 이른바 「八祖戶口法」에 의한 8개 향(읍)을 최대범위로 한 경재소의 조직 범위로 정하였는데, 관품에 따라 최고 8개 향에서 최하 2개 향(읍)의 경재소를 맡게 되었다. 이는 바로 고려의 사심관 조직과 비슷한 것이며, 경재소마다 좌수 1명, 참상(6품 이상)·참하(7품 이하) 별감 각 2명씩 모두 5명의 임원을 둔다는 것이다. 그러니 경재소는 사심관에 비해 재경관인들의 참가 읍수가 확대된 셈이다. 유향소의 임원은 주·부·군·현이란 읍격에 따라 임원의 정원이 다른데 경재소는 관계자료의 결여로 그 상세한 정원은 알 수 없다. 경중 각사마다 당상과 낭청이 있듯이 경재소 임원에는 당상·좌수·별감이 있었다. 당상은 그야말로 당상관이 선임되고 별감은 당상이나 좌수보다 관직이 낮은 자가 선임되었다.

경재소는 사심관제의 변형으로 충숙왕 5년(1318)에 사심관제가 공식적으로 혁파된 후에도 비법제적인 임의의 조직체로서 군현에 따라 잔존하다가 새 왕조의 개창과 동시에 확대 재조직되어 갔다고 볼 수 있다. 그것은 군현의 형세와 상경 從仕勢의 융성·쇠잔에 따라 조직 시기의 더딤과 빠름이 있었던 것이다. 그런데 조선의 개국 초에 외방거주 품관과 한량을 상경 시위케 한 조치는 중앙정부의 입장에서 본다면 이른바 「强根弱枝策」의 하나로 볼 수 있으며, 한편 국가는 재경관인으로 하여금 제각기 연고지에 따라 경재소를 조직케 하고 그것을 통해 지방을 보다 효과적으로 통제하려 했던 것이다. 이와 함께 재경관인들은 경재소와 유향소를 발판으로 각기 연고지의 지방행정은 물론, 자기들의 사회적·경제적 기반도 부식해 갔던 것이다. 제주와 양계지방의 重鎭에 「土官」을 설치하여 토착세력을 기미 내지 회유했듯이, 경재소의 운용도 처음에는 이러한 지역부터 국가적 관심이 집중되었다.

세종은 제주와 양계의 신설 중진에 대하여는 경재소를 통한 효과적인 지방통치를 바라마지 않았다. 세종은 양녕대군과 효령대군으로 하여금 각 도 제읍의 유향소를 분장시킨데 이어 동왕 20년에는 신설진인 경원·회령·경흥·종성에, 동 29년에는 온성에, 대군·왕자들로 하여금 각기 경재소를 관장케 하였다. 사실 함경도는 조선왕조의 「興王之地」 또는 왕실의 친척이 사는 豊沛鄕으로 간주되어 개국 초부터 국가는 이 지방 경략에 특별한 관심을 가졌다.

특히 양계지방에 대한 회유책은 이남 6도와는 달랐다. 가령 국초 이래 호구성적·군적작성·양전사업과 같은 집권책과 수취체제의 정비문제는 으레 유예되어 왔으며, 현지의 토호 자제를 서울에 초치하여 거경 시위하게 한 다음 벼슬을 주고 또 중진에는 토관을 설치하여 재지세력을 회유 무마한다든지, 왕자들로 하여금 각 읍의 경재소를 분장케 하는 일련의 조치가 바로 그것이다. 세종은 이러한 신설 주진의 제반 규모를 마땅히 남부 군현과는 달리 해야 한다면서 6진 자제 가운데 재간이 있는 자를 선발, 상경 종사시키고 왕자들로 하여금 각기 경재소를 관장하도록 하면, 이곳이 영구히 북방의 藩屛이 될 것이라고 하였다.

경재소는 각기 소관 군현의 유향소와 긴밀한 종적 유대를 가지고 유향소 임원의 임면권, 향리규찰, 향중인사의 천거와 보증, 향풍교화, 공부·진상의 독촉, 경저리 사역, 貢物防納 및 소관 군현의 요구사항의 건의 등 실로 광범한 활동을 하였다. 법제상 수령의 치정에는 관여할 수 없다 하였지만 실제는 소관 군현의 공무에 대하여 수령에 압력을 가하는 경우가 많았다. 특히 경재소는 15세기 초 군현구획의 개편, 임내의 이속, 읍격의 승강, 읍치의 이전, 군현의 병합문제 등에 대하여 상당한 영향력을 행사한 바 있다.[36)]

각 읍의 경재소에는 당상·좌수·별감 등의 임원이 있었다. 참가자격은 본관·출신지·외향·처향 등 8향 외에도 祖先墳墓 소재읍·수령 임지도 가능했던 것이며, 본인의 자천 또는 현임자의 추천이나 권고에 의하여 선임되었다. 경재소 임원은 관할유향소 임원의 임명권을 가지며, 향리규찰과 인재 천거 및 향중인사들로부터 갖가지 청탁을 받는 경우가 많았다. 경재소는 자체 일정한 예산을 갖고 경조비, 감사·수령의 전송연, 방문객 접대비 등에 충당하였는데, 그 예산은 해당 읍의 유향소나 京邸에서 공급되었다. 유향소는 경재소에 歲饌·節饌과 같은 일정한 예물을 보내왔다. 경재소 임원은 부모상을 당하거나 외관으로 서울을 떠나게 되면 사임하였다.

---

36) 金聲均, 〈京在所의 性格에 對한 一考〉(《亞細亞學報》 1, 1965).
金龍德, 《鄕廳硏究》(韓國硏究院, 1979).
周藤吉之, 〈鮮初における京在所と留鄕所とに就いて〉(《加藤博士記念東洋史集說》, 1937).

경재소는 재경세력 또는 관권 주도의 지방 통치체제를 확립하려는 조선 초기에는 매우 중요한 존재였다. 그래서 재지사족 중심으로 조직된 유향소는 15세기에 걸쳐 여러 차례 치폐를 거듭한 데 반하여 경재소는 임진왜란 전까지는 그러한 과정을 밟지 않았다. 지방에서 상경 종사한 뒤에는 그들은 각 지방에 산재한 소유 토지와 노비 또는 출신지 소재 토지와 노비를 지배해 왔는데, 바로 경재소가 그러한 기능을 담당했던 것이다.

재경관인들은 혈연과 지연, 인맥과 학연 또는 동료적 연결에서 각각 소유 토지·노비의 소재지 외관들과 연락하여 외지 농장의 관리와 외거노비의 추쇄와 수공에 협조를 구할 수 있었다. 재경관인이나 재지사족을 막론하고 그들의 2대 재산인 토지와 노비가 크게 父邊·母邊·妻邊 및 祖母·曾祖母·外祖母邊 등으로부터 전래된 것과 마찬가지로 경재소도 재경관인들의 그러한 연고지(8향)별로 조직되었기 때문이다.

이러한 경재소가 바로 재경관인들로 하여금 서울에 살면서도 전국 각지에 산재한 토지와 노비를 지배하여 그들로부터 收租·收貢(노비신공)을 효과적으로 수행할 수 있었던 요인이다. 특히 16세기 이래 노비의 도망문제가 심각하게 대두되면서 사족들의 도망노비 추쇄문제는 그 읍 수령들의 적극적인 협조가 필요하였다. 성종조 李深源의 상소에 보이듯이, 재경관인들과 외관의 청탁은 경재소를 매개로 하여 이루어지는 경우가 많았다.[37]

경재소에 의해 임명된 유향소는 군현 지배권을 향리로부터 회수하기 위해서 경재소의 힘을 빌렸던 것이며, 재경관인들은 각기 경재소를 발판으로 하여 그 읍 수령과 유향소에 직접·간접으로 영향력을 행사함으로써 연고지의 지방행정은 물론, 자기들의 경제적 기반도 부식해 갔던 것이다.

유향소는 여말 선초 신분제의 재편성과정에서 이른바 토성품관·유향품관이 각 읍마다 존재하게 되었고, 군현 내지 향읍 지배세력이 향리에서 재지사족으로 점차 대체되는 과정에서 서울의 경재소와 함께 유향소가 자발적으로 조직·운영되어 갔던 것이다. 그것은 재지사족의 번성과 쇠잔 여부에 상관 관계를 갖고 있다고 여겨진다. 재지사족이 일찍이 형성된 대읍·웅부는 벌써 여말부터 설치된 것 같으나 그렇지 못한 소현과 벽읍은 15세기에 들어

---

37) 《成宗實錄》 권 91, 성종 9년 4월 기해.

와서 조직되었다.

재지사족은 이른바 「토성품관」·「유향품관」이라 불리는 부류들로서 여말에 남발되었던 첨설직을 받아 이족에서 유향품관으로 성장한 부류 또는 왕조교체와 세조찬탈 때 낙향한 재지사족이 중심이 되어 유향소를 설치·운영했던 것이다. 그러니 조선왕조의 진전에 따라 재지사족들은 성리학적 향촌질서를 확립하고 새 농법을 적용, 지역개발을 활발히 추진하는 데서 그들의 정치·사회적 세력도 신장해 나갈 수 있었던 것이다. 유향소를 발판으로 한 재지사족들의 향촌지배에 대한 신장추세는 결국 세조의 전제정치와 관권 중심의 중앙집권화와 충돌하여 세조 13년에 폐지되고 말았다.

유향소 혁파에 관한 기사는 《세조실록》에서는 보이지 않으나 성종 13년부터 유향소 복설운동이 전개되면서 朝臣들의 진언 중에서 세조조의 유향소 혁파 사실이 밝혀졌다. 세조 13년 유향소 혁파 경위에 대해서는 대체로 두 설이 있다. 하나는 함경도 각 관의 유향품관들이 李施愛의 반란에 가담하여 수령들을 擅殺하였으므로 혁파되었다는 것이며, 다른 하나는 李克培의 말에 근거한 것으로 세조 말년 충주민이 수령을 고소하려 할 때 유향소에서 수령을 고소하는 것이 불가하다고 하여 사람들을 침학하였는데 이 사건이 세조에게 알려져서 혁파되었다는 주장이다.[38]

성종 19년 이른바 「유향소 복설절목」에 의거, 새 모습으로 복설된 유향소는 鄕射堂과 같은 시설의 확충, 조직의 강화, 향안의 작성, 향규의 제정과 함께 수령 치읍의 보조기관인 군현의 「貳衙」로 정비되어 갔다. 당초 사림파가 의도했던 방향이라기보다는 오히려 관권 주도로 나가게 되었다. 그것은 戊午士禍를 계기로 훈구세력이 명종조 말까지 계속 집권했기 때문이다. 유향소의 임원에 관해서는 자료에 따라 약간의 차이는 있으나 후기의 읍지에 의거하여 조사해 보면 좌수는 읍격에 관계없이 1읍 1인이며 별감은 주·부는 3인, 군·현은 2인이 일반적이었다. 그런데 유향소는 조선 후기에 오게 되면 향청 또는 향소라 부르게 되었고 그 조직과 권한은 시대 또는 군현에 따라 현저한 차이가 있었다.

柳希春의 《眉巖日記》에 의거한 유향소의 실태는 다음과 같다.

---

38) 李泰鎭, 〈士林派의 留鄕所復立運動〉(《震檀學報》 34·35, 1972·1973).

첫째, 지방에서 상경 종사한 사림이나 훈구계열의 재경관인들 할 것 없이 다 같이 각기 연고지별로 관품에 따라 최고 8향에서 최하 2향의 경재소에 참여하면서 각기 그 읍의 유향소나 경저(리)와 밀접한 관련을 맺고 있었다.

둘째, 각 읍의 유향소 임원(鄕任)의 임면권은 전적으로 경재소에 품신하여 결정되었다. 향임의 선정은 鄕望을 가장 존중했던 것이며, 향망은 향안에 등재된 향중 인사들의 공론에 의해 좌우되었다. 경재소 임원이나 향임을 맡고자 하는 자도 모두 향망에 의거, 선임되기를 희망하였다.

셋째, 경재소와 유향소 사이에는 임원 선임문제를 두고 갈등과 분쟁이 야기되었고, 경재소 임원 사이에도 유향소 임원의 임면문제를 두고 서로 친소나 이해관계가 얽혀 대립하는 경우가 많았다.

경재소가 존재했던 조선 초기에는 유향소의 임원 임명권과 주요공무의 결정권이 경재소에 귀속되어 있었고 향안이나 향규도 경재소의 승인을 받아 확정했으며, 유향소의 기타 권능 가운데 중요한 사항은 반드시 사전에 경재소의 결재를 요했으니 초기의 유향소는 완전히 경재소의 장악하에 놓여 있었다 해도 과언은 아니었다.[39)]

2) 면리임과 5가작통제

군현의 하부 행정구획으로서의 面里편성과 면리임의 행정체계는 15세기 후반에 반포된《경국대전》에 비로소 규정되었으나 그것이 실제 향촌사회에까지 정착되기 위해서는 상당한 시일이 걸렸다. 국초 이래 수령의 하부 행정체계로 直村과 任內가 병렬해 있었으면서 그 행정의 실제는 수령→향리→면리임→면리주민, 또는 수령→유향소→면리임→면리주민으로 연결되었는가 하면 15세기 말 유향소가 복설, 재정비되면서 수령→향리의 체계에서 향리를 제치고 수령→유향소→면리임으로 계통화한 군현이 있기도 하였으나 대체로 16세기부터는 수령→향리 또는 향청→면리임으로 연결되어 결국 면리임은 수령의 지휘·감독 하에서 향리와 향청의 중간단계를 거쳐 면리행정을 수행해 갔던 것이다.

---

39) 李樹健, 앞의 책(1989), 331~332쪽.

조선 초기의 면리체계는 대체로 다음과 같은 상태 하에 놓여 있었다고 상정할 수 있다. 즉 임내의 직촌화는 지방행정제도의 발전이란 측면에서도 중요하지만 향촌사회 세력이 토성이족에서 재지사족으로 교체되었다는 데 큰 의미를 찾을 수 있다. 그런데 이러한 향촌지배세력의 교체도 일시에 성취되지 않고 15·16세기에 걸쳐 서서히 진행되었으며 지역에 따라 선후의 차이가 있었다. 留鄕所와 司馬所 같은 재지사족의 집합체가 일찍이 형성된 대읍·반향에서는 그 교체시기가 빨랐으며, 사족이 아직 집단적으로 형성되지 못했던 소현이나 벽읍은 훨씬 늦었던 것이다. 사마소를 구성할 생원·진사 출신 인사가 확보된 군현부터 그것이 설치될 수 있는 것처럼, 유향소도 재지사족이 확보된 뒤에야 설치 운영될 수 있었던 것이다.

임내의 직촌화에 따라 종래의 임내리가 권농관·감고 등으로 대치되고 촌장·촌정이 이장·이정으로 교체되었는가 하면, 다른 한편에서는 유불교체라는 시대적 추세에 편승하여 불교적이고 이른바 淫祀, 香徒的인 토성이족 중심의 향읍질서가 里社와 社倉의 설치, 향규, 향사·향음주례, 향약·동약 등을 제정 또는 시행하는 사족 중심의 유교사회로 발전하는 추세에 있었다. 그러나 그러한 시대적·사회적인 추세에도 불구하고 토성이족이 온존하던 군현에는 여전히 향리들이 수령의 통제하에 촌락을 지배하고 권농관·이정을 지휘 감독했던 것이다. 이러한 현상은 16세기 후반부터 사림세력의 성장과 함께 변모하여 면리의 행정체계는 점차 수령→향리, 또는 향청→면리임의 방향으로 나가게 되었다. 수령의 하부 행정체계 속에 있던 권농·方別監·감고·이정 등은 매월 5일마다(六衙日) 관아를 출입하면서 향촌행정을 수행하고 있었다. 국가에서는 이러한 면리임을 가급적 품관이나 유식층에서 선임하려 했지만 사족들은 관직을 선호한 나머지 그러한 향임이나 면리임을 기피하였고 그 대신 鄕品·庶類들이 임용되는가 하면, 심지어 사노들이 한 마을의 권농·이정·포도장을 모두 맡는 예도 있었다.

재지사족이 향촌지배권을 장악한 16세기부터는 효과적인 지방통치를 위하여 외관들은 호구성적·籍軍·양전과 징세·調役과 같은 업무에 학덕을 겸비한 향중 인사들을 활용하려 하였다. 이에 반해 학문과 벼슬을 선호했던 양반층은 행정실무와 향임 및 면리임을 천시하여 그러한 差任을 기피하였다.

왕권을 대행하는 감사나 수령은 효과적인 지방통치를 위하여 주민들에게 신망이 두터운 사림을 각종 차사원이나 향임 등에 임명함으로써 농민지배와 원활한 징세조역을 수행할 수 있다고 생각하였다. 그러나 향중 사람들은 관권 주도의 차임을 기피한 데서 관권으로부터 보복을 받아 鄕曲을 무단하는 토호로 지목되어 처벌되는 경우가 많았다. 재지사족들의 그러한 인식으로 인해 좌수·별감과 같은 향임을 제외한 각종 감고나 倉任, 면리임은 기피되어 그들의 예속 하에 있는 鄕品寒族이나 서얼들이 담당하였다.

초기 실록에서는 면리임으로 권농·이정·이장·방별감·감고·색장 등의 용어가 나타나고 있다. 호구·군역파악, 권농·관개수리시설 감독, 유이민 단속, 포도, 진제 등의 업무수행에 있어서 이러한 면리임의 용례가 나오고 있지만 그러한 직임이 체계화되지는 않았다. 한편 향촌사회에서는 종래의 불교적·음사적인 향도계와 향도회가 마을마다 사람마다 참여하는 상황으로서 향규·향약이 보급되기 전에 리·동 단위로 우리의 전통적인 향촌조직체와 자체의 규약을 갖고 있었던 것이다.

향촌사회가 이러한 상태에 있을 때 새 왕조는 隣保正長法이나 五家作統法을 실시하여 여말 이래 동요된 향촌사회를 안정시키고 호패법의 실시와 유이민 단속, 호구파악 및 효과적인 징세·조역을 기하기 위하여 군현제 정비와 함께 면리제도를 시행했던 것이다. 세종 10년(1428) 한성부의 坊里 편성을 보면 도성 내에는 방만 있고 리는 없으며 따라서 그 리를 맡은 이정도 없이 방의 管領이 바로 이정의 기능을 수행하였고, 성저 각 리는 관령이 권농의 기능을 수행하였다.

5가작통법은[40] 본래 태종 8년(1408) 成石璘의 건의에서 논의된 인보정장법에서 비롯하여 세종 때에 확립되었으며, 《경국대전》 호적조에 동리별로 家坐順에 따라 5가 1통으로 작통하도록 규정되기에 이르렀으나 실제 향촌사회에 정착된 시기는 후기였다.

면에는 권농관, 리에는 이정, 통에는 統主를 둔다는 법제가 벌써 《경국대전》에 규정되었으나 16세기 말까지는 제대로 실시되지 못하였다. 그러한 면리임도 향촌사회의 성장과 함께 조선 후기로 오게 되면 면리의 새로운 지역

---

40) 申正熙, 〈五家作統法小考〉(《大丘史學》 12·13, 1977).

적 편제의 진행과 함께 그 호칭이 변하고 직임 자체도 분화·다양화되며, 면임·이임간의 지휘체계도 잡혀가게 된다.

面里任의 신분과 자격은 지역과 시대에 따라 현저한 차이가 있었다. 정부에서는 수령의 치읍을 보좌하고 주민을 교화·감독하기 위해서는 유향품관이나 학덕과 신망이 있는 재지사족에게 면리임을 선임하려 했지만 실제 향촌의 유식자는 기피하였다. 면리임은 직임상 수령→향리와 연결되고 때로는 중인층인 향리의 지시를 받아야 하기 때문에 평소 관아 출입을 탐탁치 않게 여기고 향리·관속들을 멸시했던 사족 출신이 면리임을 기피한 것은 오히려 당연한 추세라 하겠다. 이에 반해 양반이 아닌 계층은 면리임을 통한 對官民관계에서 관권을 빙자하여 신분을 향상시키거나 경제적 부를 축적할 수 있기 때문에 오히려 선호하는 경향을 띠었다. 특히 조선 후기 향리·서얼층의 성장과 함께 비양반층은 면리임을 매개로 하여 사회·경제적 지위를 향상시켜 갔던 것이다.41)

3) 향촌 제규약과 좌목

조선시대 향읍 또는 향촌사회에는 그 구성원이나 단체의 조직체계와 운영상 갖가지 내부 규약과 각종 조직체의 명부인 座目들이 있었다. 그러한 규약에는 향규를 비롯하여 향약·동약·계약 등이 있으며, 좌목에는 향안과 동안 및 각종 계안 등이 있었다.

유향소의 임원은 경재소가 그 읍의 유향품관이나 향중인사 가운데 鄕望이 높은 자를 선임한다고 하였다. 그런데 그 향임에 선임되는 자는 반드시 향안에 등재된 사람이어야 했다. 즉 국초 이래 군현에 따라 그 향읍을 영도할 수 있는 문벌과 학덕을 갖춘 사족의 父老·子弟에 의한 조직이 존재했음을 알 수 있다. 그 조직은 고려 이래 각 邑司를 구성했던 향리의 壇案(향리안)이나 후대의 각종 鄕紳錄과 같이 조직 참가자의 명부, 즉 향안(지방에 따라 鄕座目·鄕錄·鄕彦錄·鄕籍·靑襟錄 등으로 호칭)을 갖추고 있었던 것이며,

41) 金俊亨, 〈朝鮮後期 面里制의 性格〉(서울大 碩士學位論文, 1982).

의결기관이면서 향사·향음주례·春秋講信·경로례·향약독회 등의 거행과 기타 친목의 장소이기도 한 향회 또는 사무소이면서 공동의 집합장이기도 했던 향청(鄕射堂·鄕所)을 갖고 있었다.

최근 향안과 향규에 관한 일련의 연구에서 조선시대 향촌사회는 향약이 보급되기 전인 15세기부터 지방유력자들에 의한 자율적 조직체가 존재했음이 밝혀졌는데 향안은 그 구성원의 명부이며 향규는 그 규약이라는 것이다. 특히 그러한 연구에서는 향규를 향약과 동일시했던 종래의 연구를 비판하고 향약의 보급에 앞서서 유향소와 향안을 규제하는 향규가 있었음을 밝혔다.[42] 이러한 향규는 향안 작성과 함께 여말 이래 재지사족들에 의한 유향소가 설치 운영되자 군현별로 서서히 제정되어 갔던 것이며 향약이 본격적으로 수용되기 전부터 유향소의 설립과 동시에 규정되었다고 볼 수 있다. 이러한 향규는 종래의 香徒관계 규약과 함께 실시되어 오다가 중국의 향약이 보급되자 종전의 불교적이고 음사적인 의식과 관습이 주자학적 실천윤리로 대치되어 나가는 과정에서 점차 향규의 향약화 현상을 가져왔던 것이다. 그러한 사실은 최근 향규관계 자료들이 계속 공간되면서부터 더욱 밝혀지고 있다.

향안에는 이른바 世族이어야 입록될 수 있었다. 즉 군현토성에서 상경 종사하였다가 낙향한 가문, 토성에서 재지사족으로 성장한 가문 및 타도·타읍출신 사족으로 이주하여 벼슬·학문 덕행을 갖춘 가문이 향안에 들 수 있었다. 대소과에 응시하거나 仕宦上의 서경에서 결격사유가 없는 그런 가문이 1차 대상이 되었으며, 부계를 비롯하여 외계와 처계에 하자가 없는 가문이어야 했다. 따라서 향안 입록여부에 따라 「鄕內」(향안 가입자)와 「鄕外」로 나뉘어지기도 하며 군현에 따라서는 향외가 문벌상 향내를 압도하는 예가 많았다. 반향과 대읍에는 大姓 명문이 많아 향안 입록이 그만큼 정선되었지만 세족이나 재지사족이 아직 제대로 형성되지 못한 벽읍이나 서북 양계지방에는 家格이 떨어지는 향품·한족들이 향안에 입록되기도 하였다.[43]

---

42) 田川孝三, 〈李朝の鄕規について〉(《朝鮮學報》 76·78·81, 1975~76).
——, 〈鄕憲と憲目〉(《鈴木俊記念東洋史論叢》, 1975).
金龍德, 〈鄕規硏究〉(《韓國史硏究》 54, 1986).

43) 田川孝三, 〈鄕案について〉(《山本博士紀念東洋史論叢》, 1973).
金仁杰, 〈조선후기 鄕案의 성격변화와 在地士族〉(《金哲埈華甲紀念史學論叢》, 1983).

성리학적 향촌질서의 정착과 재지사림의 성장에 따라 향사당을 세우고 향안을 작성하여 그 입록자에 한해 유향소 임원이 되게 하였다. 군현 내지 향촌지배세력이 이족에서 사족으로 대체되어 갔듯이 종래의 講武·習射장소로서의 향사당은 유향소와 결부되면서 향사·향음주례·향약독회 등을 수행하는 장소로 발전하였고 다른 한편에서는 군현 병사들의 강무당 내지 養武堂으로 발전해 갔던 것이다.

향안은 경재소·유향소의 설치와 거의 동시에 작성되기 시작하였는데 군현에 따라 현저한 지속의 차이가 있었다. 조선왕실의 풍패향인 영흥과 함흥부에서는 벌써 세조·예종 연간에 작성되었고 안동·진주·상주·나주·밀양·김해·예천·청도·함안 등 재지사림이 일찍부터 형성되었던 반향이나 재지사족이 강성했던 삼남의 대읍에는 성종 19년 유향소 복설과 함께, 그리고 기타 일반 군현에서는 대개 16세기 말에서 17세기에 걸쳐 작성, 비치되었던 것이다.

유향소의 조직과 임원 선정, 향임의 직무와 권한, 향촌교화 및 향안의 입록 범위와 절차 등에 관한 사항을 규정한 것이 향규이다. 즉 향규는 유향소의 임원 또는 구성원에 의하여 立議 또는 完議 형식으로 의정된 것이며, 유향소의 발전과 함께 규약의 내용도 점차 정비되어 갔던 것이다. 동안이 갖추어진 뒤에 동규 또는 동약이 마련되듯이, 유향소가 설립·운영되고 향안이 작성됨에 따라 유향소와 향안을 규제할 향규가 나오기 마련이었다. 李民寏은 그가 제정한 의성현의 향규에서 다음과 같이 언명하였다.

> 향규란 무엇이냐. 그것은 바로 유향소를 규제하는 것이다. 향규가 향규를 규제하는 것이 아니라 그것을 규제하는 주체는 바로 유향소이다. 鄕風의 美惡은 향규의 行不行에 달려 있고 향규의 行不行은 유향소 임원의 賢不肖에 달려 있다(《嶺南鄕約資料集成》 題義城鄕規後).

향규는 바로 유향소를 규제하는 규약이었다. 따라서 우리의 유향소가 독자적으로 설치·운영되었듯이, 효령대군(補)과 李滉 등에 의하여 규정된 향규는 본래 중국의 향약과는 관계없이 유향소의 설립, 향안의 작성과 함께 구체화되어 갔던 것이다.

조선 시대의 향규는 크게 세 갈래로 내려 왔다고 생각되는데, 첫째는 효령대군에 의해 성안된 함경도 제읍의 향규, 둘째 영남지방에서 유래된 것이 이황에 의해 체계화된 禮安을 비롯한 영남지방의 향규, 셋째 향약을 가미한 李珥의 海州一鄕約束을 비롯한 일련의 기호지방 향규가 그것이다. 그런데 이 세 가지는 16세기 말에 오게 되면 모두 주자의 增損呂氏鄕約을 典範으로 한 향약의 범주 안에서 향규를 보려는 데서 전래의 향규가 모두 향약화되고 말았다. 선조 8년 동·서 분당을 계기로 사림이 분열되자, 남인 또는 영남학파의 세계에서는 이황의 향규·동규·족계를 모범으로 한 향약이 경상도지방에 자리잡게 되었고, 기호지방에서는 이이의 향약을 전범으로 간주했던 것이며, 효령대군의 鄕憲을 전승한 서북지방은 관권의 영향으로 기호지방과 같이 이이의 것을 적극 수용하게 되었던 것이다.

15세기 이래 재지세력들에 의한 활발한 향촌 개발과 함께 동성촌락의 발달은 다시 동약·동안의 보급을 가져왔다. 이러한 향규나 동약·족계 등은 기본적으로 재지사족 상호간의 상부상조를 통하여 그들의 결속력을 강화하고 이를 바탕으로 하여 그들의 지배하에 있던 하층민을 보다 효율적으로 통제하고자 한 것이다.[44]

향약은 본래 송대의 藍田呂氏가 창안한 향촌자치에 필요한 4개 덕목과 상호협조 등을 규약한 것으로 뒤에 朱子의 증보에 의해 더욱 완비되어 《朱子大全》·《小學》과 《性理大全》에도 실려 있었으므로, 향약이 우리 나라에 소개된 것은 주자학의 전래와 거의 같은 시기였다. 또한 여씨향약은 주자가 편집한 《소학》에 실려 있었기 때문에 《소학》 교육의 보급과 함께 15세기부터 사대부계층에 수용되어 갔다. 이러한 향약은 성리학적 실천윤리를 향촌사회에 보급시키려 했던 사림에 의하여 영남지방부터 점차 전국으로 확산되어 갔다.

향약은 유향소와 불가분의 관계에 있기는 했으나 유향소와 같은 행정기구는 아니었고 어디까지나 향촌자치의 규약이었다. 이는 군현을 단위로 한 것도 있지만 지방의 사정에 따라 적용의 범위를 좁혀 향(면)약·동약·동계·족계 등으로 축소화된 것이 보통이었다. 이와 같이 향약은 그 지방의 사정에 알맞게 짜여진 규약에 의하여 제정되었으나 그 내용은 여씨향약에서 보이는

44) 鄭震英, 〈朝鮮前期 安東府在地士族의 鄕村支配〉(《大丘史學》 27, 1985).

德業을 서로 권하고 過失을 서로 규제하고 禮俗을 서로 교환하고 患難을 당하면 서로 구출한다는 것 등이 포함되어 있어 이른바 권선징악의 상부 상조를 골자로 하는 향촌의 규약이었다.45)

향약을 《소학》교육과 함께 유교의 이상정치 실현의 수단으로 간주한 趙光祖 일파는 중종 13년(1518)에 향약을 대량 발간하여 전국에 반포하고 그 실시를 권장하였다. 향약은 기묘사화(1519)로 인해 한때 중단되었다가, 중종 38년 왕명에 의해 지방에 따라 간헐적으로 다시 실시된 적이 있었다. 향약 시행에 대한 활발한 논의는 선조 초에 제기되었다. 거듭된 사화 끝에 마침내 사림이 중앙정계를 장악하게 되자 그들 가운데는 향약을 전국적으로 당장 실시하자는 주장과 敎民보다는 養民이 앞선다는 전제하에 국민의 생활을 안정시킨 뒤에 실시해도 늦지 않다는 신중론이 맞서고 있었다.

향약의 임원은 都約正·副約正·直月 등이 있으나 이들은 대개 유향소의 좌수·별감·유사 등이 겸하기 마련이어서 향청과 그 조직체계를 거의 같이 하고 있었다. 그러나 향약은 때로 임원들의 권리남용과 자체 내의 상호 이해 충돌과 모함 등으로 오히려 풍속을 해치는 경우도 있었으나 유교적 도덕을 선양하고 향촌자치 정신을 일깨우는 데 크게 이바지하였다.

이러한 향약과 함께 민간에는 촌락단위로 동계·향도회가 있었다. 사실 향도는 고려 이래의 祈佛단체인 동시에 향촌공동체로서 이른바 음사와도 밀접한 관계에 있었다. 향약은 중종 13년 이래 비로소 소수 사림세력에 의해 극히 제한된 범위에서 간헐적으로 시행되어 왔다면, 향도와 향도계·향도회는 세종 5년 12월 知順安縣事 朴甸의 진언과 같이 '마을마다 사림마다 모두 향도를 맺어' 會飮·매장 등 촌락주민의 공동체적 행위를 수행했던 것이다. 촌락의 수호신에 대한 祀神 행위를 통해 결속되는 향도는 농촌사회에 있어서 공동노동인 「두레」와 養生送死에 관한 상호협조인 喪葬契 및 기타 각종 계와 관련하여 운영되었던 것이다. 이러한 촌락민 중심의 각종 결사는 주자학을 통치이념으로 내세운 양반지배 체제하에 편찬사료에는 기재되지 않았지만 사실 마을마다 존재하였다.

향약이 위로부터 또는 사족 중심의 규범적인 자치규약이라고 한다면, 밑으

---

45) 田花爲雄, 《朝鮮鄕約敎化史の硏究》(鳴鳳社, 1972).

로부터 자연적 또는 혈연적인 특수 이익을 토대로 한 자연발생적인 것으로는 契가 있었다. 이는 과거부터 내려오던 자치조직으로 조선시대에도 널리 유행하였다. 향약이 유교적인 권선징악, 化民成俗 등을 힘써 행하는 데 중점을 둔 것이라면, 계는 「香徒」와 같이 농민들이 중심이 되어 상호부조, 「寶」와 같은 存本取息에 중점을 두는 것으로 대개 촌락단위의 소규모적인 것이 많았고 때로는 동계·통계와 喪布契·군포계 등 특수계도 많았다.

촌락을 단위로 하는 규약인 동약은 향약의 하부조직으로서 향약과 거의 동시에 실시되었다. 동약도 향규·향약의 보급과 동시에 발전하였다. 이황의 출생지인 예안현 溫惠(溪)洞에서 그의 문중이 중심이 되어 온혜동약을 제정 실시하자 그의 문인들은 제각기 거주하는 동에서 동약을 개별적으로 제정·실시하였다. 때마침 사족의 동성촌락이 도처에서 형성되자 그들에 의한 동약·동안이 마련되었다. 현존 동약과 동안은 대체로 그 지방을 대표한 명문거족들의 거주지와 일치하였다. 15세기 말에서 17세기에 걸쳐 제정·실시한 동약 중에서 奈城(李弘準, 1510년경)·溫惠洞(李滉)·河回洞(柳成龍)·良佐洞 등의 동약이 가장 유명하였다. 이러한 동약에는 향약의 4개 덕목 가운데 「患難相恤」에 가장 큰 중점이 두어졌다. 당시 향촌생활에서 水火災難과 기한·질병 및 상장에 관한 상호협조가 가장 절실한 문제였던 것이다. 그래서 당시의 각 지방 동약에는 초상과 장사에 대한 부의·擔持軍·酒食제공 등에 관한 규약이 주종을 이루고 있었다.

이상과 같은 향촌의 제규약과 좌목문제가 지방통치와 무관한 것같이 보이지만, 실제로 그것은 관치행정면에서나 향촌자치적인 면에서 직접·간접으로 매우 중요한 기능을 수행하였던 것이다. 조선시대 지방행정의 궁극적 지향점이란 결국 왕권의 대행자인 수령의 치읍·치민에 있어 官長과 政令에 대한 주민의 순종과 협조, 효과적인 징세·조역, 농민의 생산성 향상과 민생 안정 및 재지사족들의 하층민 지배에 두고 있었다고 볼 수 있다. 향규·향약·동약이 각기 그 내용과 기능에서 약간의 차이는 있다 하더라도 그것은 결국 유교적인 윤리에 입각한 화민성속에 목적이 있는 것이며, 왕권을 정점으로 하는 양반지배 체제의 유지 강화에 역점이 두어졌던 것이다.

〈李樹健〉

Ⅳ. 군사조직

1. 초기 군사제도의 정비
2. 5위체제의 확립과 중앙군제
3. 진관체제의 확립과 지방군제
4. 군령·군정기관의 정비
5. 군비의 확충

Ⅳ. 군사조직

1. 초기 군사제도의 정비

1) 초기 중앙군제의 정비

(1) 10위제와 특수부대

조선조는 개국한 지 9일만에 문무관제를 정하여 반포하였다. 이에 의하면 서반은 동반과 별도로 武散階를 설정하여 구분하는 동시에 중앙군제는 10위로 구성 발표하였다.[1)]

여기서 발표된 10위는 義興親軍左衛·右衛·鷹揚衛·金吾衛·左右衛·神虎衛·興威衛·備巡衛·千牛衛·監門衛 등으로 각 위는 중·좌·우·전·후의 5領으로 편성되었다. 이러한 건국 초기의 10위제도는 의흥친군좌·우위를 제외하고는 고려 말 거의 그 기능이 마비되었던 중앙의 2군 6위(8위)를 그대로 준용하였음을 알 수 있다. 이들 10위는 고려시대와는 달리 각 위에 5령씩 합속되어 있기 때문에 전체 50령, 약 5만 명으로 편제되었다. 이 위에는 고려시대의 유제인 上將軍·大將軍·都護八衛將軍·將軍·中郎將·別將·散員·尉·正 등 상급 지휘관과 하급 지휘관에 의하여 지휘 통솔된다고 하였다.

그러나 이와 같은 10위제도는 장교 이상을 관료체제의 정돈과 연결시켜 재편성할 방향을 정한 것에 불과하였다. 즉 고려 말 중앙군은 무관의 관료체제와 군사조직의 실제가 동떨어져 있던 형편에서 갑자기 정비된 중앙군사조직이 나타날 수 없기 때문이다. 그러므로 正 이상의 무신에 대하여는 그 편성과 존재의 사실을 인정할 수 있으나 각 영이 실제로 군사를 균등하게 편

1) 《太祖實錄》 권 1, 태조 원년 7월 정미.

성하였다고는 볼 수 없는 것이다. 이렇게 보면 중앙군사력은 李成桂의 친위부대인 의흥친군위에 집중되어 있었음을 알 수 있다. 결국 건국 초기의 10위는 그 형태만을 남기고 있던 고려 말 이후의 8위에 이성계 중심의 의흥친군위를 합속시켰던 것이다.

이러한 사실은 앞서 말한 문무백관제도를 반포하였을 때 인사행정에서도 살펴볼 수 있다. 즉 종친·훈신 등의 힘있는 자들이 의흥친군좌·우위의 都節制使·節制使·同知節制使 등을 집중적으로 겸대하고 있는 반면, 8위에 대하여는 다만 한사람이 判八衛事을 겸하고 있는 것을 보더라도 알 수 있다. 각 위가 다 같은 병력을 소유하고 있었다면 이같이 판팔위사 한 사람으로 8위를 담당시키지는 않았을 것이다. 이로 보아 비록 건국 초기에 10위 제도라고는 하나 사실상의 군사력은 의흥친군위에 있었고 그 외의 8위는 고려제도를 답습하였을 뿐 실속은 거의 없었으며 이러한 불합리를 시정하기 위하여 중앙에는 정비되지 않은 각종 특수부대가 존치되어 있었던 것이다.[2)]

중앙군의 실세였던 의흥친군위는 고려 말 창왕 즉위년(1388) 8월 이성계가 中外諸軍事를 도총하게 했던 都摠中外諸軍事府를 그가 즉위하면서 파하고 그 이름을 의흥친군위로 바꾼 것이다.[3)] 따라서 의흥친군위는 이성계의 휘하 병사인 함경도 출신의 토착적 사병의 성격을 띠고 있었으나 그가 왕위에 나아가면서 중앙군의 실세로 등장한 것이다. 이들 친군위는 주로 궁성을 시위하고 왕의 행차에 배종했으며 왜구가 있을 때는 그들 가운데서 장수를 징모하여 일부 군사를 이끌고 출전하기도 한 핵심적 군사력이었다.

조선 건국 초기에는 10위와 더불어 중앙군으로서 고려 말부터 반법제적으로 두어진 成衆愛馬가 있다.[4)] 성중애마의 정확한 내용은 잘 알 수 없다. 고려 중기에 초기의 병제가 무너지면서 변칙적인 특수부대가 나타나게 되는데 충렬왕 때에는 衣冠子弟를 불러 왕을 숙위토록 하고 그들을 忽赤라 하였다. 그 중 왕의 측근기관인 內侍·茶房 등 近侍의 임무를 띤 자들로 군사기능을

---

2) 閔賢九, 《朝鮮初期의 軍事制度와 政治》(韓國硏究院, 1983).
3) 《太祖實錄》 권 1, 태조 원년 7월 정유.
千寬宇, 〈朝鮮初期 五衛의 形成〉(《歷史學報》 17·18, 1962 ; 《近世朝鮮史硏究》, 1979).
4) 金昌洙, 〈成衆愛馬考〉(《東國史學》 10, 1966).

강화하였는데 성중애마는 순수한 직업적 전투부대는 아니었으나 군사력을 가지고 있었기 때문에 군사력의 일익을 이루고 있었다.

조선 건국 초에도 그대로 유지된 성중애마는 忠勇四衛·近侍四衛를 비롯하여 司楯·司衣·司彛·司饔 등의 여러 계열이 궁중 대소사를 관장하는 기능을 가지고 있었으며 이들은 왕궁의 중요한 군사력을 형성하고 있었다. 이 같은 성중애마는 새로운 군사제도가 확립되어 궁성 호위제도가 자리잡히기까지 그대로 존치되었으니 태종 이전까지 성중애마가 차지하는 군사적 비중은 매우 큰 것이었다.

의흥친군위와 더불어 중앙에서 군사력의 내용을 이루고 있는 것으로 侍衛牌가 있었다. 의흥친군위가 조선 초기의 중앙군의 핵을 이루고 있었으나 고려말부터 병권을 장악하고 있었던 것은 여러 장수들의 사병격인 시위패였던 것이다. 물론 고려 말부터 이들 장수 중심의 군사체제를 지양하려는 시도가 있었지마는 정치적인 면에서 왕권 중심의 권력 집중이 확립되어 있지 않은 상태에서 근본적인 변화는 불가능하였다.

이러한 領兵체제는 거의 그대로 조선왕조로 넘어와 이성계는 즉위와 더불어 "종친과 대신에게 각 도의 병을 分領하도록 한다"[5]고 하였다. 따라서 이들 重臣들은 각 도의 절제사를 겸하고 직접 각 주군에 공문을 보내서 軍丁을 가려내어 서울에 올라오도록 하였는데 이들은 대개 양인 농민인 軍士로서 그들 상번병을 시위패라 했으며 이들이 중앙에서 주요한 군사력의 일부를 형성하고 있었다.

이상에서 보는 바와 같이 조선 건국 초기의 중앙군의 실태는 법제적인 측면에서의 10위와 사실상 중앙군사력을 이루고 있는 왕실 사병으로서의 의흥친군위 그리고 중신들의 사병적 성격을 띠고 있었던 시위패 및 반법제적인 존재였던 宮中府衛 병력인 성중애마가 존치되어 있어 중앙군을 국가적 체제 아래 재편성하려는 노력이 계속될 수밖에 없었다.[6]

왕실과 중신들의 사병적 기반을 중심으로 이루어졌던 중앙군에 대한 국가적 통제체제로의 전환은 건국 초기부터 시도되었다. 즉 태조 2년(1393) 9월

5) 《太祖實錄》 권 12, 태조 6년 7월 정사.
6) 閔賢九, 앞의 책, 106쪽.

고려 말부터 설치되어 있던 三軍摠制府의 義興三軍府로의 개편은 군사의 중추기관으로서 위치가 확고해져 갔음을 알게 한다.7) 그러나 설치 초기의 의흥삼군부는 의흥친군위의 군사력을 인계 받고 중·좌·우군 절제사에 모두 이성계의 近族인 왕자·군을 임명하여 의흥친군위 자체를 그대로 옮겨 놓은 것 같았다.8)

의흥삼군부가 각 군의 절제사를 갖는 체제에서 판사라는 단일책임자를 갖는 관서의 성격을 취하고 여기에 판사로 鄭道傳이 임명되면서 군사관계의 총본부로서 권력을 장악하게 되었다. 정도전은 《朝鮮經國典》에서 의흥삼군부는 군사 전반에 걸친 강력한 통어권을 갖도록 해야 한다고 주장하고 10위는 물론 각 지방에서 번상하여 온 시위패도 의흥삼군부의 통제를 받도록 해야 한다고 하였다. 따라서 정도전은 진법훈련 등도 삼군부에서 관장하도록 하는 동시에 모든 군사에 관한 감독권과 지휘권을 의흥삼군부로 귀일시키려는 노력을 계속하였다. 그 일차적인 시도가 10위제의 명칭 변경이었다. 즉 태조 3년(1394) 2월 判義興三軍府事 정도전은 다음과 같이 그 명칭을 변경하여 十司로 하고 3군에 분속시켰다.9)

義興親軍左衛	──→	義興侍衛司	
義興親軍右衛	──→	忠佐侍衛司	中 軍
鷹 揚 衛	──→	雄武侍衛司	
金 吾 衛	──→	神武侍衛司	
左 右 衛	──→	龍驤巡衛司	
神 虎 衛	──→	龍騎巡衛司	左 軍
興 威 衛	──→	龍武巡衛司	
備 巡 監	──→	虎賁巡衛司	
千 牛 衛	──→	虎翼巡衛司	右 軍
監 門 衛	──→	虎勇巡衛司	

위의 개혁안에서 보듯이 명칭을 바꾼다는 것은 옛 것을 고쳐 새롭게 한다는 뜻이었으나, 내용상으로는 4시위사·6순위사의 구분과 각 사를 3군에 예

7) 《太祖實錄》 권 4, 태조 2년 9월 병진.

8) 《太祖實錄》 권 4, 태조 2년 10월 기축. 당시 의흥삼군부의 節制使를 보면 中軍 永安君 芳果, 左軍 無安君 芳蕃, 右軍 興安君 李淸 등이 겸하고 있다.

9) 《太祖實錄》 권 6, 태조 3년 2월 기해.

속시킴으로써 10위를 강화 개편하여 수도경비와 궁성시위의 중심병력으로 삼겠다는 의도를 알 수 있다. 또한 지휘계통인 삼군부에 10사를 분속한 조치는 비로소 실병력과 지휘관계를 명백히 한 것으로 생각된다.[10)]

뿐만 아니라 당시 정도전의 개혁안은 9개 조항으로 이루어져 있는데 이외에도 시위패의 정원과 통솔관계 등도 규정하고 있다. 또한 정도전은 의흥삼군부의 통제권을 확립하는 동시에 여러 중신들이 장악하고 있었던 사적 시위패에 대한 영속관계를 제약하기 위하여 진법훈련을 강화하기로 했으나 결과적으로 이방원의 쿠데타에 의하여 숙청됨으로써 중앙군제의 정비는 다음 정종대로 넘어갔다.

(2) 사병혁파와 10위제의 변화

중앙집권체제를 갖추기 위하여 정도전이 계획한 병권의 중앙 집중화는 왕자의 난으로 말미암아 실패로 돌아갔으나 이를 계기로 왕권 중심의 중앙군사체제가 이루어지게 되었다. 즉 왕자의 난으로 방원의 정치세력이 확립되고 그가 세자로 봉해지면서 권력의 방향이 잡히게 되자 새로운 안정을 지향하는 노력과 함께 사병혁파론이 제기되어 본격적으로 논의되었다. 특히 정종 2년(1400) 4월 사헌부 겸대사헌 權近, 門下府左散騎 金若采 등의 상소에 의하여 왕 및 세자전의 시위를 제외한 일체의 私門直宿을 불허하고 「家不藏兵」의 원칙이 재확인되었다.[11)]

사병혁파가 공식화되자 절제사가 거느린 군마는 모두 집으로 돌려 보내어 삼군부에 속하게 하고 서울에 머물고 있는 절제사를 혁파하였다. 뿐만 아니라 절제사가 거느린 사적 시위패도 모두 혁파하게 되자 조선왕조의 정치적 안정과 집권화를 위한 중앙군의 대정비가 시급히 요구되었다.[12)] 사병을 혁파하고 중앙군을 강화하기 위하여 취해진 조처가 甲士의 복립이었다.[13)] 이

---

10) 千寬宇, 앞의 글(1962), 66쪽.

11) 《定宗實錄》 권 4, 정종 2년 4월. 이전에도 정종 원년 11월에 사헌부에 의하여 이미 사병혁파에 관한 논의를 제기한 바 있으나 이 때에 와서 정종과 세자에 의하여 사병 혁파를 공식화하였다.

12) 《定宗實錄》 권 5, 정종 2년 9월.

13) 《定宗實錄》 권 6, 정종 2년 12월.
車文燮, 《朝鮮時代 軍制硏究》(檀國大出版部, 1973).

갑사는 중앙군의 기간요원으로 10사의 각사에 분속시키고, 10사는 수도 일반 치안에 많은 관심을 갖게 되었다. 비상수단에 의하여 왕위에 나아간 태종은 別侍衛·內禁衛·內侍衛 등의 친위적인 성격의 특수 병종을 잇따라 설치하여 왕권강화·권력집중의 노력을 경주하였다. 뿐만 아니라 그의 친위병인 갑사의 수도 늘려 갔다.

이와 같이 사병을 혁파한 뒤 10사의 지휘관으로는 공신과 부마 등을 임명하여 왕권을 강화시켰다. 즉 태종 9년(1409) 10월에 개편된 9侍衛司·1巡衛司 체제에서 보여주듯이 순위보다는 시위임무에 주력하고 있음을 알 수 있다.[14] 그러나 10사의 시위체제로의 전환은 고려시대 巡軍萬戶府를 잇는 都府外라는 경찰병력의 義勇巡禁司가 있어 10사 가운데 유일하게 순위를 담당했던 忠武巡禁司와 더불어 순작·감순을 담당했기 때문이다.[15]

10사제도는 태종 18년(1418) 세자에게 양위하는 당일에 개편되었다. 즉 10사에 龍奮司와 虎牙司의 2사를 증설하여 3군에 4사씩 분속하게 하였던 것이다. 이는 상왕으로 퇴위한 태종이 이후에도 병권을 장악하였기 때문에 왕과 상왕 중심의 중앙군체제로 변개되면서 2사가 더 늘어나게 된 것이다. 그러나 중앙군의 병권이 두 왕에게 분할됨으로써 오히려 약화되는 현상이 나타나 태종이 죽은 세종 5년(1423) 12월에는 흉년을 이유로 증설된 2개사를 폐지하고 다시 10사제도로 환원하였다. 그러나 폐지된 2개사는 세종 25년(1445)에 다시 증설되어 12개사로 개편되었는데 이는 중앙군의 기간병인 갑사의 수가 6,000명에서 4,500명으로 감소된 것을 메우기 위한 조처였던 것으로 생각된다.

12사제도는 문종 원년(1451)에 다시 5사로 정비된다.[16] 문종은 12사 60령의 지휘관인 護軍의 질적 저하를 이유로 하여 12사를 의흥·충좌·충무·용양·호분의 5사로 개편하고 나머지는 혁파하되 그 병력은 모두 5사에 분속

14) 《太宗實錄》 권 14, 태종 7년 12월 정해·권 18, 태종 9년 10월 을축.
15) 韓沽劤, 〈麗末鮮初 巡軍硏究〉(《震檀學報》 22, 1961).
《太宗實錄》 권 18, 태종 9년 10월 을축.
16) 《文宗實錄》 권 7, 문종 원년 5월 갑오. 문종은 세자로 있을 때부터 《陣法》을 편찬하는 등 군정에 많은 관심을 보였는데 五司制度로의 개편도 그가 스스로 제안한 것이다.

하도록 하였다. 다시 5사는 의흥·충좌·충무사는 중군으로, 용양사는 좌군으로, 호분사는 우군으로 하여 각각 3군에 분속되었다. 그리고 5사에는 필요에 따라 설치되었던 甲士·別侍衛·銃筒衛·防牌·攝六十 등의 여러 특수병종을 분속시켜 5사 25령으로 하되 2개사가 입직하면 3개사가 출직하는 원칙을 세웠다.

이러한 5사제도로의 전환은 전투편성을 전제로 한 5군(중·좌·우·전·후군) 편제와 진법을 전제로 한 5陣法과 직결되는 편제로 세조 때에 마무리되는 5위제도의 전제가 되는 것이다.[17]

2) 초기 지방군제의 정비

(1) 육수군

건국 초기의 지방의 陸守軍 역시 고려의 유제를 그대로 답습하였다. 즉 고려 말에는 각 도마다 전담하는 도절제사가 있어 경기좌·우도·양광도·경상도·전라도·서해도·교주도·강릉도의 8도 군사행정 및 전투수행을 위한 군사구역을 책임지고 있었던 것이다. 그리고 북방지역은 8도와는 달리 軍翼체제를 이루고 있었다.[18] 그러나 도절제사나 혹은 부절제사는 대개 서울에 머물러 있어서 실제로 모든 지방의 군사를 장악하고 있는 것은 절제사가 거느리고 있던 기간요원들이었다. 즉 지방의 육수군은 兵馬(團鍊)使·知兵馬使·兵馬(團鍊)副使 등에 의하여 그 기능이 발휘되고 있었다.[19]

이러한 체제는 태조 6년(1397) 5월에 가서 군사단위로서의 도가 폐지되고 각도에 2곳 내지 4곳의 진을 두어 도절제사 대신 첨절제사를 두고 부근 군현와 병마를 통괄하는 동시에 도순찰사의 감독을 받도록 했다.[20] 그러다가 이듬해 10월 다시 도절제사가 복설되는 것을 볼 수 있다. 이는 정종이 즉

---

17) 陸士 韓國軍事硏究室, 《韓國軍制史－近世朝鮮前期篇－3》(陸軍本部, 1968).
18) 《太祖實錄》 권 3, 태조 2년 5월 경오.
閔賢九, 앞의 책, 181~183쪽.
19) 《太祖實錄》 권 1, 태조 3년 3월 을사.
20) 《太祖實錄》 권 11, 태조 6년 2월 갑오.

위한 지 2개월 되던 때로 도절제사의 제도가 국초에는 거의 없던 내용을 갖추게 되었고 또한 도절제사영이 두어져 營軍이 설치되는 것도 이 때부터라 생각된다. 개국 당시 일반 행정구역과 같은 뜻을 갖던 도절제사제도는 태종 9년(1409) 10월 11개도로 정비되었으나 이후 조선조의 지방 행정구획이 8도제로 정비되면서 兵馬道도 8개도로 정비되어 갔다. 이러한 조직은 세조 초에 지방군제가 정비될 때까지 계속되었다. 그러나 8도 중 경기도에는 평시에 도절제사가 없었고 풍해도와 강원도에는 처음 파견되었으나 뒤에는 관찰사 겸임으로 이루어진 것 같다. 또 경상·평안·함길도 등에 는 2명의 도절제사를 두는 경우도 있었다. 전담 도절제사가 파견되는 도에는 병영과 감영의 소재지가 분리되어 있었으며, 이런 경우 그 지방의 수령은 도절제사가 정하기도 하며 서서히 병마도의 지위를 굳혀가게 되었던 것이다.

한편 도의 영과 연결되는 진의 설치는 이미 언급한 바와 같이 태조 6년에 병마도가 한때 폐지됨으로써 그 도에서 요새가 될 수 있는 곳에 설치하고 첨절제사를 두어 지키게 했다. 이는 특히 남방지역의 방어기지로서 구실을 하게 된다. 당시 처음으로 두어진 진을 보면 다음과 같다.

충 청 도……蕁 城·藍 浦·伊 山
경 상 도……合 浦·江 州·東 萊·寧 海
전 라 도……沃 溝·木 浦·興 德·兆 陽
풍 해 도……豊 州·甕 津
강 원 도……三 陟·杆 城

진의 설치는 국방군으로서의 지방군이 확고한 지위를 갖게 되어 조선조 지방군인 鎭軍의 성립을 가져왔다. 그 뒤 도절제사 道가 다시 복설된 뒤에도 각 도마다 군의 소재지가 약간의 변화는 있었으나 《世宗實錄地理志》에는 17개소로 기록되어 있다.

이와 같이 하여 도절제사가 파견되는 도(營)와 첨절제사가 파견되는 진으로 정비되는 동시에 이를 유지하는 군사력을 營鎭軍이라 하였다.[21] 지방군으

21) 閔賢九, 앞의 책, 181~187쪽.

로서의 영진군은 주로 馬兵으로서 지방 영진에 부방하는 군대였다. 당시 양민이 지는 의무병역은 대개 陸守·騎船軍으로 나눌 수 있다. 육수군의 테두리에 들어갈 수 있는 군대로는 번상숙위하는 시위패·영진군 그리고 수성군 등이 있다. 영진군과 수성군은 독자적인 지방의 육수군을 이루고 있었다. 그러나 영진군이 마병으로 편제된 반면 수성군은 주로 보병으로 편제되어 있었고 그 대우도 매우 열악한 상태에 있었다.

영진군·수성군 이외에도 陵 등을 수호하는 守護軍과, 해안 요새지에 설치된 영진군의 결함을 메우면서 내륙지방을 수호하기 위한 雜色軍 등이 있었다. 이러한 잡색군은 鄕吏·官奴·無役百姓 및 公私賤口를 망라한 것이었다.22)

시초에 잡다하게 설치되었던 병종은 세조 때에 이르러 正兵으로 일원화될 때까지 존속되었다.

(2) 수군(기선군)

水軍은 초기에는 騎船軍 혹은 船軍으로 일컬어져 고려 말 조선 초의 왜구 격퇴에 많은 역할을 하였다. 건국 초에는 중요한 항구마다 處置使·節制使 등을 두었고 세종 2년(1420)에는 수군도절제사를 폐지하여 병마절제사가 겸한 일이 있으나 이듬해 이후 다시 그 중요성에 따라 도안무처치사·첨절제사 및 처치사 등을 두었다. 이들 밑에는 중요성을 감안하여 都萬戶·萬戶 등은 배치하여 수군을 지휘하였는데 이들의 지휘를 받는 수군을 기선군이라 했던 것이다. 그러나 수군도절제사 등이 최고지휘관이라고는 하지마는 실제로 관찰사의 간여 범위가 넓어서 초기에는 겸하는 경우가 적었으나 세종 12년(1430) 水軍節度使로 변개된 이후에는 관찰사나 병마절도사가 겸하는 경우가 많았다. 기선군·선군 등으로 불리는 수군은 태종의 사병혁파와 갑사 등의 복립 등으로 시위패의 상경숙위가 사실상 중요시되지 않음으로써 그 일부가 수군에 편입되었다. 따라서 그 수가 불어나 《세종실록지리지》에는 수군(기선군)의 正軍 수가 약 5만에 이르고 있다.

수군인 기선군의 증가는 신분적 제한이 가해짐으로써 정비되어 갔다. 기선

22) 《世宗實錄》 권 93, 세종 23년 6월 신미.

군은 여말 선초에는 대개 연해민 가운데 바다에 익숙한 자로 충당하고 그들이 지는 역이 苦役이라 하여 어·염의 이권을 보장해 주었다. 그러나 국가 정치가 안정되면서 권력지배체제가 강화됨에 따라 특전이었던 어·염의 이권은 소금을 구어 바쳐야 하는 고된 역으로 변하여 오히려 부담으로 바뀌었다. 기선군에 종사하는 것을 점차 천시하게 되고 역을 피하려는 자가 나타나기 시작하자 자연히 신분적으로는 身良役賤의 현상이 나타났다. 따라서 기선군에는 세력이 없고 가난한 연해민이 속하게 되었다. 뿐만 아니라 이들에게도 奉足이 배당되었으나 지방군이 대체로 4번 교체인데 반하여 양번 교체로 불리한 것이었다. 전국의 기선군이 대체로 같은 조건 아래 있었지만 경기지방과 같이 수도에 가깝다는 이유로 喬桐·江華 등은 長番 교체로 하여 수군 정비 이후의 기선군의 전형적 존재가 되었으며 이러한 수군체제는《경국대전》에 규정하여 정비되었다.

(3) 익 군

동·서북면의 지방군 조직은 고려 이래의「翼軍」조직으로 대표된다. 익군 조직은 고려 초기의 州鎭軍과 비슷한 성격을 가진 것으로 고려 말 공민왕 7년(1353)에 국경지대의 경비를 강화하기 위하여 군사적 기능이 강한 지역 단위별 행정구역을 설치하고 국경지대를 요새화 하는 동시에 강력한 방어선을 구축하려고 했다.[23]

그래서 西京軍民萬戶府·安州軍民萬戶府 등을 설치하고 상만호·부만호 등을 임명하였다. 그 후 紅巾賊의 침입과 대명관계의 성립 등으로 원과 대립하여 장차 東寧府의 정벌을 단행하려던 공민왕 18년(1369) 11월 서북면이 서경 만호부의 좌익·우익·전군·후군·정예·충성·신첨·신성 등의 10군을 비롯하여 각 국경지대의 요지에 역군을 두고 상만호·만호를 두었다. 따라서 익군 조직은 일정한 지역에 軍翼을 두고 이것을 합쳐 하나의 군사단위로 삼은 데서 비롯하였다.

서북면에서도 이 익군 조직이 조선조 건국초기에는 그대로 적용되었다. 태조 원년(1392) 9월 당시의 익군 조직을 보면 평양의 10익, 안주의 10익, 의주

---

23)《高麗史》권 44, 世家 44, 공민왕 7년 6월 계미.

의 4익 등 24개의 규모였다.[24] 그러나 당시 서북면은 전반적인 인구를 파악할 수도 없을 만큼 그 행정력이 약했으며 동북면은 강역조차도 확실하게 구분되어 있지 않은 형편이었다. 그래서 태조 6년(1397) 12월에는 정도전을 東北面都宣撫巡察使로 파견하여 순무하게 하였다. 이 때에 永興道·吉州道가 정해지고 지방 행정단위가 마련되어 관원이 배치되는 동시에 각 관별로 익군 조직이 이루어졌다.[25]

이와 같이 익군체제가 동·서북면에서 정비된 것은 태조 6년 이후이었다. 따라서 남방의 여러 도가 시위패 이외에 영진군을 갖게 될 무렵에는 이 지역에서는 시위패와 익군이 구분되었다. 그러므로 북방지역에서의 익군은 남방의 영진군과 같이 영진별로 분속되어 임무를 수행하는 군과는 달리 각 익에 소속되어 군사활동을 하게 되었다.

이후 익군 조직은 동·서북면을 막론하고 보다 큰 지역을 중심으로 하는 체제로 바뀌어졌다. 즉 서북면과 동북면의 모든 지역을 軍翼道에 분속시키는 조치가 처해진 것이다. 서북면인 평안도는 세종 6년(1424) 6월 각 익의 소속 군현을 재조정하여 평양·안주·의주·삭주·강계의 6개의 군익도로 나누고 인근 모든 지역을 이 군익도에 분속시켰다.[26] 또한 동북면은 이듬해 2월에 함흥·영흥·길주·경원의 4개 군익도로 나누고 각 도를 중·좌·우의 3익으로 나누어 편성하여 국난에 대비하도록 하였다.[27] 평안도는 5도 20익, 함경도는 4도 12익으로 편제되었으며 《세종실록지리지》에는 평안도의 안주도 대신 寧邊道로 개편되어 있다.

이러한 익의 책임자는 모두 행정책임자가 각 군익의 군사직까지 겸하였기 때문에 행정책임자의 계급에 따라 병마절제사(2품)·병마단련사(3품)·병마단련부사(4품)·병마단련판관(5·6품)이라 했는데 가령 평안도 의주목사는 義州道中翼兵馬節制使를 겸하는 따위이다.

이와 같은 북방에서의 군익도 설치는 전통적 국방지대인 이 지방에 각 도별로 병마도절제사가 있기는 하지만 전지역을 몇 개의 군사지대로 다시 나

24) 《太祖實錄》 권 2, 태조 원년 9월 기해.
25) 《太祖實錄》 권 12, 태조 6년 12월 경자·권 13, 태조 7년 2월 경진.
26) 《世宗實錄》 권 24, 세종 6년 6월 병진.
27) 《世宗實錄》 권 27, 세종 7년 2월 경신.

누고 이들 각 군익도는 구체적 군사행동상의 단위를 이루어 사태에 대처하도록 한 것이다.

또 주력인 익군은 남방의 영진군과 비슷하지만 영진군이 番次에 따라 징발되었을 때 각 진에 가서 복무하였지만, 전자는 거주지가 곧 복무처였고 따로 징발되지 않더라도 항상 군인이었던 것이다.28)

3) 군역제도의 정비

(1) 군역의 일원화

조선조의 國役 가운데 가장 전형적인 것은 바로 軍役이었다. 따라서 군역의 대상자는 원칙적으로는 국민개병제이므로 양인 이상의 모든 男丁이었으며 나이는 16세부터 60세까지였다. 그러나 이른바 양반계층으로 표현되는 지배층은 벼슬을 한다는 등의 여러 명목 아래 사실상 군역에서 벗어나고 군역은 절대 다수인 양인 농민만이 졌다.

고려 말의 공양왕 3년(1391)에 이루어진 科田法에서는 군전을 받는 층이 있었다. 그러나 국방상 주도적 위치에 있던 시위군·기선군과는 구별되는 계층이었으며 기선군에게는 사실상 토지가 급여되지도 않았다. 이 때의 군전은 受田牌라 불리는 한량관리가 5결 내지 10결의 토지를 분급받고 赴京宿衛의 임무를 띠고 있었다.29) 그러나 사실상 국방력의 주체는 기선군과 시위군이었다. 기선군은 지방에서 수군도절제사 등에 의하여 지휘되며 선상 근무를 하는 해군인데 반하여 시위군은 각도 도절제사에 의하여 초출되고 또 상경숙위하도록 되어 있는 육군이었다. 이들은 대체로 일반의 양인 농민을 중심으로 편성되었으며 이들 이외에 따로 한량관리가 군전을 지급받으며 부경숙위하는 이원적인 군역체제가 이루어지고 있었다.

그러나 사병혁파가 이루어지고 태종이 집권하면서 갑사·별시위·내금위 등의 금군이 잇따라 복립 신설되면서 이원적인 군역체제는 균형을 이룰 수

---

28) 閔賢九, 앞의 책, 236쪽.

29) 《高麗史》 권 78, 志 32, 食貨 1, 田制 공양왕 3년 5월.

있었다.30) 이와 같은 이원적 군역체제는 태종대를 거쳐 세종대까지 지켜졌다. 이러한 이원적 군역의 파악방식에 변화가 온 것은 중종 말엽이었다. 즉 세종 22년(1440) 이전에 3,000명에 불과했던 갑사가 세종 31년에는 7,500명으로 증가하는 등 중앙군의 각 병종이 대폭적인 증가를 보였다. 따라서 이들의 번차수를 늘리고 근무기간도 단축되었으며 하번의 중앙군은 모두 각 지방별로 거주지 영진에 錄籍하는 동시에 각 관별로 수령의 책임 아래 파악하는 사례가 나타났다.31)

세조 원년(1455) 9월에 이르러 巨鎭을 설치하면서 갑사 등 각종 중앙의 특수병과 시위군·영진군 등 지방군을 일률적으로 각 익에 소속시키고 이들의 군적도 중익과 도절제사영·병조에 각각 비치하며 이들의 번상도 중익→도절제사→병조의 계통을 밟아 처결하도록 함으로써 군역의 파악은 일원화되었다.32) 즉 모든 군사는 그 거주지에서 파악하도록 일원화된 것이다. 이러한 변화는 세종대 후기의 전세제도의 정비와 徭役 부과의 새로운 기준에 의한 군역의 질적인 변화가 추구되었고 또한 이 당시는 조선조 정권이 안정되고 정치체제가 확립되는 시기여서 수도나 궁궐의 시위병을 위하여 많은 군사를 유지할 필요가 없었기 때문에 이들을 국방병력으로 전환시키고자 했다. 결국 군액은 거주지별로 파악하고 단기간으로 줄어든 번상숙위 기간을 제외하고는 그 지방의 군사력을 이루게 함으로써 京軍役을 별도로 파악하던 군역 파악방식은 자연히 지양되어 군역 파악의 일원화가 이루어진 것이다.33)

(2) 보법의 성립

군역 부과의 대상자는 어떤 형식으로든지 직접 군복무를 하던가 아니면 현역을 도와주는 보조인이 되어 임무를 수행하는데 이것은 현역병인 戶首와 이를 도와주는 奉足制로 나타난다.

고려 말 이후 국방을 담당하였던 시위군이나 기선군은 대개 양인 농민이

30) 閔賢九, 앞의 책, 62~67쪽.
31) 《世宗實錄》 권 88, 세종 22년 2월 기묘·권 106, 세종 26년 9월 정해.
32) 《世祖實錄》 권 2, 세조 원년 9월 계미.
33) 閔賢九, 앞의 책, 69쪽.

었지만 군역의 대가로 토지의 급여에 참여하지 못하였다. 그러나 이들 가운데 현역에 복무하는 호수는 무기를 스스로 마련하는 것은 물론 왕복에 드는 식량의 지참에 이르기까지 많은 경제적 부담을 지지 않으면 안되었다. 따라서 징발되어 복무하는 자 이외의 장정이 그 부담을 나누어지지 않으면 안되었으니 이것이 봉족인 것이다.

건국 초기인 태조 3년(1394)에 마병의 경우 5丁이 1군을 내고 보졸의 경우엔 3정이 1군을 내도록 하자는 건의가 나오고, 동 6년에는 다시 16세로부터 60세에 이르기까지의 人丁은 품관 마병의 경우 봉족 4명, 무직 마병의 경우 봉족 3명, 보병의 경우는 봉족 2명을 분급하며 봉족은 가능한 한 내외 족친으로 충당하지만 그렇지 않으면 일반 군정으로 하며, 船軍도 3정이 병정 한 사람을 낸다는 규정이 강조되었다.[34]

그러나 초기의 혼란이 극복되고 차츰 제도가 완비되기 시작한 태종 때에 와서 국역 전반에 걸쳐 신분의 차등, 전결의 다소 등에 따라 봉족의 수급에 차등이 정해졌다. 즉 태종 4년(1404)에 이르러 국역부담자 전반을 대상으로 하여 봉족의 수가 公定되었다.[35] 물론 이러한 조치는 군역 부과자가 중요한 내용을 차지하고 있지만 이미 군역 자체에 상당한 병종별 분화가 이루어졌음을 알 수 있다. 이 중에서도 절대 다수를 차지하고 있는 것은 의무군역인 정군이었다. 따라서 군역을 직접 담당하는 정군은 경제적 여력이 있는 자로 충당한다는 원칙이 성립됨으로써 초기에는 토지의 다소에 따라 봉족호의 수급에도 차이가 났다. 그러나 군역의 대상자는 인정이기 때문에 戶보다 인정이 중심이 되었으며 이들 인정은 대체로 자연호 및 혈연관계 등을 중심으로 하여 편성되었는데 3정 1호의 원칙이 적용되었다.

이와 같은 자연호 중심의 3정 1호 문제는 각종 부작용을 수반하였다. 즉 10정이 넘는 富戶인 경우와 반대로 1정이나 2정밖에 없는 貧戶 등이 뒤섞여 있음으로써 立役 부담의 경감 내지는 과다 등의 현상이 일어나는 불합리가 발생했던 것이다. 뿐만 아니라 토지와 입역의 路程 등도 문제가 되는 혼란이

---

34) 《太祖實錄》 권 6, 태조 3년 8월 기사 · 권 11, 태조 6년 2월 갑오 · 권 15, 태조 7년 9월 갑신.

35) 《太宗實錄》 권 7, 태종 4년 5월 계해.

야기되지 않을 수 없었다.

이러한 각종 모순을 제거하기 위한 방법이 2정 1보를 단위로 하는 保法의 성립이었다. 즉 세조 때에 와서 5위와 진관체제가 완비되기 시작하여 모든 의무 군역자들이 거주지 단위로 파악됨으로써 군역도 일률적으로 확대시키면서 號牌法을 강화하고 人丁搜括을 적극적으로 펴는 동시에 세조 10년(1464)에는 보법을 마련하였다.

세조 10년 10월 하삼도(충청 · 전라 · 경상도) 軍籍使의 携行事目의 규정에 보면 "2정을 1보로 하고 田 5결을 1정에 준하도록 하되 奴子도 봉족수로 계산한다"[36]고 하였다. 따라서 과거 3정 1호의 자연호 단위에서 2정 1보와 인정 단위의 보법이 성립된 것이다. 이제는 과거 자연호의 단위에서 벗어나 인정수를 중심으로 하여 짜여짐에 따라 인정이 많으면 많은 보가 성립되고 單丁인 경우에는 다른 호와 아울러 보를 만들게 해서 作保에 공정성을 기한 것이다. 여기에서 다시 정군 가운데 토지의 다과 및 노자의 다과 등까지도 給保 내지는 군역부과의 기준으로 삼게 됨으로써 어느 정도 역부담의 공정성을 기할 수 있었다.

이같은 경제적 고려는 결국 토지나 노자가 많은 자에 대하여는 급보규정이 없는 경우도 있었다. 그러나 《경국대전》에 기재된 보병은 세조 때의 보법에 기초를 두고 있으나 대토지 소유자인 지배층의 이해관계가 크게 작용하는 토지의 다과에 관한 것은 고려의 대상에서 사실상 제외되고 있으며 노자의 경우도 准丁의 반수만을 保로 계산하여 경제적으로 유족한 자가 사실상 이득을 보는 결론이 나오게 된다.

《경국대전》에 규정된 급보규정을 군역에 한하여 정리해 보면 다음과 같다.[37]

無 保……親軍衛 · 別侍衛 · 族親衛 · 忠義衛 · 忠贊衛 · 忠順衛
1 保……步正兵 · 破敵衛 · 壯勇衛 · 隊 卒 · 彭 排 · 漕 軍
1保丁……騎正兵 · 水 軍
2 保……甲 士

위에서 보는 바와 같이 보의 수급은 경제적인 면은 거의 고려되지 않고 다

36) 《世祖實錄》 권 34, 세조 10년 10월 을미.
37) 《經國大典》 권 4, 兵典 給保.

만 신분이나 기능면을 고려하여 분급하고 있음을 볼 수 있다. 즉 보가 없는 경우에는 신분적으로 상층에 속하여 보가 없더라도 생활할 수 있고 또한 이들은 벼슬길이 열려 있었다. 正兵 등은 보도 적지만 의무군역이기 때문에 급료도 받지 못하였다. 이와 반대로 중앙군의 핵심인 갑사같은 경우는 그 신분과 기능이 인정되어 보의 수도 많지만 遞兒職[38]이기는 하나 급료도 지급되는 대우를 받았던 것이다.

그러나 이러한 戶·保제도는 성립 초기부터 각종 폐단을 수반하였으며 조선조 중기 이후에는 보법의 문란을 가져오고 말았다.

2. 5위체제의 확립과 중앙군제

1) 5위체제의 확립

조선 초기의 10사제도가 5軍·5陣 체제를 기초로 하여 문종대에 5사제도로 정리되었음은 이미 언급하였다. 그러나 이러한 5사체제는 세조대에 이르러 조선왕조 초기의 군사제도가 확립되면서 중앙군도 5위체제로 확립되었다. 즉 세조 3년(1457)에 지금까지의 5사체제를 전면 무시하고 여러 군사를 그 병종에 따라 특정한 위에 속하도록 하였으며 지금까지 중·좌·우·전·후의 5위의 이름은 5사의 것을 본뜨게 됨으로써 5사는 전법상 편성인 5위에 병합된 것이다.

뿐만 아니라 이 개혁에서는 중앙군의 군사지휘권이 五衛鎭撫所로 넘어갔으며 또한 지방에서 번상하던 시위패(뒤의 정병)가 번상에서 제외되기도 하였다.[39]

이것은 뒤에 다시 5위에 편입되지만 의무병역의 번상이 얼마나 어려운가 하는 것을 나타내주는 것이다. 그러나 이 지방의 시위패가 5위에 편입되어 있지 않다고 해서 5위와 전혀 무관한 것은 아닌 듯하다. 5위에는 속해 있지

---

38) 李載龒, 〈朝鮮前期 遞兒職에 대한 考察〉(《歷史學報》 35·36, 1967).
39) 《世祖實錄》 권 7, 세조 3년 3월 을사.

않지만 大閱과 講武 등에 관여하고 있는 것으로 보아 당시 시위패는 역시 지방별로 파악되고 있는 것 같다. 또 당시에는 명칭상으로는 5사 25령으로 편성되었던 것을 5위 25부, 즉 領을 部로 개칭하였다. 뿐만 아니라 5사의 영은 각종 군사가 고르게 분속됨으로써 구성원의 수가 같았으나 5위 체제에서는 인원수가 같지 않은 각 군사가 병종별로 각위에 속하기 때문에 5위 25부는 5사 25령과는 수에서 다른 것이었다.

세조 때에 처음 개편된 5위제도와 그 소속 병종을 보면 다음과 같다.

中　衛(義興衛)……甲　士·近　仗
左　衛(龍驤衛)……別侍衛·攝六十
右　衛(虎賁衛)……忠順衛·防　牌
前　衛(忠佐衛)……忠義衛·受田牌·銃筒衛
後　衛(忠武衛)……忠贊衛·京侍衛牌·別　軍

이들 5위의 각 병종은 대개 신분상의 특권으로 명복상의 병역을 거쳐 관직에 나아가는 병종과 試取에 의하여 선발되고 녹봉을 받는 병종들로 사실상 5위의 병력은 이들 직업군인을 바탕으로 한 것이었다. 따라서 시위패의 편입 여부가 5위의 본질을 좌우할 만한 것은 아니었다.

세조 때에 성립된 5위제도는 25부에 소속되어 있는 군대의 다과가 고르지 못하다는 이유와 또 병종의 개변 등으로 말미암아 예종 때의 두 차례에 걸친 재조정을 거쳐 《經國大典》에 명문화되었다.

이를 《경국대전》에서 보면 다음과 같다.[40]

義興衛(中 衛) : 甲 士·補充隊
　中 部 : 京中部·開城府·京畿楊州·廣州·水原·長湍진관군사
　左 部 : 江原道江陵·原州·襄陽진관군사
　右 部 : 忠淸道公州·洪州진관군사
　前 部 : 忠州·淸州진관군사
　後 部 : 黃海道黃州·海州진관군사
龍驤衛(左 衛) : 別侍衛·隊 卒
　中 部 : 京東部, 慶尙道大邱진관군사
　左 部 : 廣州진관군사

---

40) 《經國大典》 권 4, 兵典 京官職 五衛.

右 部 : 晉州진관군사
前 部 : 金海진관군사
後 部 : 尙州진관군사
虎賁衛(右 衛) : 族親衛·親軍衛·彭 排
中 部 : 京西部, 平安道安州진관군사
左 部 : 義州·龜城·朔州진관군사
昌城·昌州·方山·麟山진관군사
右 部 : 成川진관군사
前 部 : 寧邊·江界·碧潼진관군사
碧團·高山里·渭原·理山·寧遠진관군사
後 部 : 平壤진관군사
忠佐衛(前 衛) : 忠義衛·忠贊衛·破敵衛
中 部 : 京南部, 全羅道全州진관군사
左 部 : 順天진관군사
右 部 : 羅州진관군사
前 部 : 長興·濟州진관군사
後 部 : 南原진관군사
忠武衛(後 衛) : 忠順衛·正 兵·壯勇衛
中 部 : 京北部·永安道北靑진관군사
左 部 : 甲山진관군사, 三水·甲山진관군사
右 部 : 穩城·慶源·慶興진관군사
柔遠·美錢·訓戎진관군사
前 部 : 鏡城·富寧·會寧·鐘城진관군사
高嶺·潼關진관군사
後 部 : 永興·安邊진관군사

위에서 보는 바와 같이 중앙군을 이루는 거의 모든 병종이 5위에 편입되어 입직·숙위와 시위 및 수도방어의 임무를 수행하고 있다. 뿐만 아니라 전국의 진관을 망라한 지방군사까지 위별로 분속되어 있다. 그러나 이들 지방군은 각 지방의 절도사에게 지휘권이 맡겨져 있었다. 따라서 지방군의 분속은 그들이 직접 번상하여 수도방어에 대처하는 것이 아니라, 대열 등에 대비하여 전국의 번상군사를 거주지의 진관별로 파악하고 5위에 분속시킨데 불과한 것 같다. 이런 면에서 보면 5위는 특수병들 이외는 구체적인 부대로서 보다는 전국을 망라한 하나의 훈련체제로서의 성격을 지니는 것이라 할 수 있다.

그러나 5위에 속해 있는 각 병종은 모두 중앙군의 핵을 이루고 있는 것으로 5衛都摠府가 이것을 통괄하며 병조의 속아문으로서 행정적인 면에서 지휘를 받고 있다. 《경국대전》에 의하면 오위도총부는 5위의 군무를 장악하고 관원으로 도총관(정2) 5명, 부총관(종2) 5명, 경력(종4) 4명, 도사(종5) 4명으로 되어 있다.

2) 5위의 병종

5위의 성립에서 보는 바와 같이 이에 속해 있던 병종은 모두 13개 병종으로 되어 있다. 이들은 때로 신분도 서로 다르고 수나 임무도 같지 않았으며 근무 연한이나 대우도 거의 같지 않았다.

이러한 각 병종은 대개 다음과 같이 세 가지 종류로 나누어 볼 수 있다. 첫째는 왕실 호위를 이유로 왕실의 먼 친척이나 대신들의 무능한 자제 및 공신자손 등 특권지배층에 대한 특별대우의 하나로 편제된 병종들이 있다. 따라서 이들은 처음부터 군사적인 기대를 바랄 수 없는 존재로 족친위·충의위·충찬위·충순위[41] 등이 이 계열에 속한다. 이러한 계열에는 양천의 구분이 불명한 賤役者에게 賤을 면하고 양인이 될 수 있는 기회를 주기 위하여 설치된 보충대 등도 이에 속할 수 있다.[42]

둘째는 일정한 무예시험을 거쳐서 선발된 일종의 직업군인으로 서울에서의 각종 시위는 물론 때로는 동·서북면의 방위까지 담당하는 기간병력을 이루는 특수병들이 있다. 물론 이 가운데는 무예에 뛰어난 양반자제도 많이 입속해 있었으나 때로는 장용위와 같이 천인이 속해 있는 경우도 있었다. 이러한 계열에 속한 병종으로는 별시위·갑사·친군위·파적위·장용위·팽배·대졸 등이 있다.

끝으로 양인의 의무적인 군역으로서 戶·保에 의하여 번상숙위하는 正兵이 있다. 대전에 의하면 이들이 갑사와 더불어 가장 수가 많은 병종이다. 정병이란 이름은 세조 5년(1459)부터 사용된 것인데 초기에는 시위패·시위군

41) 車文燮, 〈鮮初의 忠順·忠贊·忠義衛에 대하여〉(《史學硏究》 19, 1966).

42) 有井智德, 〈李朝補充軍考〉(《朝鮮學報》 31·22, 1963).

으로 불려졌던 것이다. 뿐만 아니라 세조 10년(1464)의 기록에 의하면 각 지방의 영진군 등도 모두 정병으로 합속되어 중앙에 번상하는 정병과 각 지방의 요새지에 부방하는 留防 정병으로 구분되어 있다. 이들 정병은 8번 교대로 2개월씩 복무하도록 되어 있다. 대전에 규정된 정병의 수는 알 수 없으나 성종 3년(1472)의 기록에 의하면 번상병의 총원이 42,500명으로 이를 8번 교대로 나누어 보면 실제로 복무하는 병력은 5,710명에 이르러 정상적으로 번상이 이루어질 경우 갑사와 더불어 가장 많은 수를 이룬다.

《경국대전》을 바탕으로 5위 소속의 병종을 알기 쉽게 정리해 보면 다음의 〈표 1〉과 같다.[43)]

〈표 1〉 5위소속 병종 일람표

병종	설치년도	시취과목	신 분	군사적 기 능	원 액 (상번액)	분번액・복무개월	체 아	가계일수	거관잉사한계	급보
甲 士	정종 2년	木箭・片箭・騎射・騎槍 (단, 착호갑사는 走力첨가	양반・양인상층	衛兵 (중앙군의 주력)	14,800 (2,960)	5번 / 6삭	종4품 이하 2,000원	62 양계 114	종4품 (실) 정3품	2보 양계 2보1정
別侍衛	정종 2년	木箭・片箭・騎射・騎槍	양반	衛兵	1,500 (300)	2번 / 6삭	종4품 이하 300원	48	종3품 정3품	없음
親軍衛	태종초	木箭・鐵箭・片箭・騎射・騎槍	양반 (함경인)	親兵	40 (20)	2번 / 12삭	종4품 이하 20원	56	종3품 정3품	〃
破敵衛	세조 5년	木箭・片箭 走(一走) 力(一力)	양인	步軍	2,500 (500)	5번 / 4삭	—	106	종5품 (影) 정3품	〃
壯勇衛	세조 5년	木箭 走(一走) 力(一力)	천인	奴軍	600 (120)	5번 / 6삭	종6품 이하 15원	62	종6품 (影) 정3품	1보

43) 이 표는 閔賢九, 앞의 책 및 千寬宇, 〈朝鮮初期 五衛의 兵種〉(《史學硏究》 18, 1964)과 車文燮, 앞의 글 등을 중심으로 작성하였다.

彭 排	태종 15년	走(三走 이상) 力(三力 이상)	신량역천	役軍	5,000 (1,000)	5번 / 4삭	종8품 이하 1,020원	1,080	종8품 (實) 정6품	1보
隊 卒	태종 15년	走(三走 이상) 力(三力 이상)	신량역천	使令軍	3,000 (600)	5번 / 4삭	종8품 이하 601원	1,080	종8품 (實) 정6품	1보
正 兵	세조 5년		양 인 양반하층	義務兵役	정액없음 42,500 (5,310) 성종 3년	8번 / 2삭 (留防 4번 1삭)	종5품 (影) 정3품	62 留防 245	종5품 (影) 정3품	騎1보 1정 步1보
忠順衛	세종 27년		양반	勳位	정액없음	7번 / 12삭	–	75	종5품 (散) 정3품	없음
族親衛	국초		양반(왕실원친)	勳位	정액없음	장번	종5품 이하 23원	644	종5품 (散) 정3품	〃
忠義衛	세종 즉위년		양반(삼공신자손)	〃	〃	장번	종4품 53원	144	종4품 정4품	〃
忠贊衛	세조 2년		양반(원종공신자손)	〃	〃	5번 / 4삭	종6품 이하 20원	39	종3품 정3품	〃
補充隊	태종 5년		천인(양반천첩자손)	주로 使令軍 역할	〃	4번 / 4삭	–	1,000	종9품 (雜)	〃

세조 때에 성립된 5위체제는 중앙군의 근간을 이루는 것으로 그 편제는 《경국대전》의 반포 이후로부터 임진왜란에 이르기까지 제도상으로는 큰 변화가 없었다.

그러나 5위에 속해 있는 병종의 질은 저하되어 거의 허구화되는 경우를 볼 수 있다. 이러한 현상은 근무 연한의 장단, 신분체제의 不均, 대우의 불합리, 役의 난이, 경제기반의 불안 등으로 말미암은 것이었다.[44]

44) 車文燮, 앞의 책.

이에 따라 《경국대전》의 성립 이후에는 군사제도가 해이해지고 또한 代立의 폐단이 발생하는 등 제구실을 다하지 못하였다. 뿐만 아니라 진법체제와 긴밀한 관계를 가지고 전국의 각 진관별 군사 파악을 바탕으로 했던 6위체제는 대열·강무 등의 停廢상태가 계속됨으로써 더욱 무력해졌으며 변란시에는 국방병력으로서의 지방군보다 그 중요성이 떨어지는 느낌이 있다.

3) 금 군

중앙군의 핵심인 5위제도가 성립되면서 이들 병종은 주로 수도방어의 병력으로 전환함과 동시에 왕권을 직접 호위하는 친위병인 禁軍은 5위 이외의 별도 정예부대로 편제되었다. 이러한 금군은 고려 말의 2군 6위와 함께 왕권호위부대로서 都府外·儀仗衛·堅銳府·忠勇衛 등이 각종 금군의 구실을 한 것으로 생각된다. 이들 금군은 成衆愛馬로 불려져 조선 초기에도 그대로 존치되어 있었다.

그러나 사병이 혁파되고 태종이 즉위하면서 별시위·갑사·내금위·내시위 등 중앙군의 근간을 이루는 병종들이 잇따라 설치됨으로써 성중애마는 이에 흡수 소멸되었다. 그러나 세조 때에 5위체제가 정비되면서 서서히 금군과 위병의 차이가 생겨났다. 즉 왕권을 직접 호위하는 금군으로서 내금위·겸사복·우림위 등이 설치되어 5위체제와는 달리 또 하나의 중앙군을 이루게 되었다.

內禁衛는 태종 7년(1407) 10월 궁중에서 입직 숙위하던 잡다한 병종을 정리하여 제도화한 것이다. 처음에는 태종 9년에 설치되었던 내시위와 함께 三軍府에 속해 있었으나 세종 6년(1424)에 내시위를 내금위에 병합하여 명실공히 금군의 핵심이 되었다. 세조가 중앙군을 5위제도로 개편할 때 독립한 친위대로서 내금위절제사의 지휘 아래 하나의 군영을 이루었다. 절제사는 세조 5년(1459)에 內禁衛將으로 개명하여 법전화하였다. 내금위는 타관이 겸임하는 장(정2품) 아래 모두 190인밖에 안되는 소수였으나 시험에 의하여 선발되어 금군의 중추가 되었다. 뿐만 아니라 이들은 모두 長番으로 정3품

1인, 종3품 1인, 종3품 4인, 종4품 7인, 종5품 18인, 종6품 28인, 종7품 49인, 종8품 39인, 종9품 44인으로 190인 전원에게 품계가 주어진 병종으로 모두 遞兒祿을 받는 가장 대우가 좋은 병종이었다. 내금위는 법전화된 이후 만호 등 외임으로 진출하는 경우가 많아 때로는 預差內禁衛制까지 도입하였으며 연산군 때에는 한때 잠시동안 衝鐵衛로 개칭되기도 했다.45)

내금위와 같은 기능을 가지고 기병으로 이루어진 금군에 겸사복이 있었다. 이는 궁중의 輿轂을 맡았던 내사복시와의 관련에서 생겨난 것으로 생각되며 세조 10년에 제도화하여 내금위와 함께 금군의 쌍벽을 이루었다. 이들도 타관이 겸하는 겸사복장(정2품) 아래 정원은 50인으로 모두 체아직을 받았다. 즉 정3품 1인, 종3품 2인, 종4품 5인, 종5품 6인, 종6품 9인, 종7품 6인, 종8품 9인, 종9품 14인으로 구성되어 있었다.46)

《경국대전》의 성립 이후에 금군으로 羽林衛가 성종 23년(1492) 4월에 설치되었다. 여기에 들어가는 구성원은 관료들의 자손이기는 하나 첩자라는 조건 때문에 관계로의 진출이 극히 제한되었던 庶孽 신분층이었다. 역시 타관이 겸하는 우림위장 2인 아래 50인의 정원을 가지고 있고 전원 체아록을 받았으나 그 지체가 겸사복이나 내금위보다는 떨어지는 것이었고 이들은 다른 금군과는 달리 신분적인 제약성을 보충해 주는 것으로 생각되는 給保의 규정이 별도로 설정되었다. 우림위도 연산군 때에는 한때 폐지되었다가 중종이 즉위하면서 다시 복설되었다.47)

내금위장·겸사복장·우림위장은 금군의 지휘관인데 內將이라 하여 행정상으로 병조판서의 총령 아래 內三廳이라 했으며 뒤에는 유음자제가 많이 채용되었다.

또한 금군구실을 한 것으로는 중종 때에 설치된 한량 중심의 定虜衛와 성종 때의 팽배·대졸·파적위 등에서 젊고 건장한 자로서 선발되어 국왕이 行幸할 때에 호종하던 淸路隊 등이 있었으나 법전화되지는 않았다.48)

---

45) 車文燮, 〈鮮初의 內禁衛에 대하여〉(《史學硏究》 18, 1964 ; 앞의 책).
46) 南都泳, 〈朝鮮初期의 兼司僕에 대하여〉(《金載元博士回甲紀念論叢》, 1969).
47) 崔孝軾, 〈羽林衛硏究〉(東國大碩士學位論文, 1977).
48) 車文燮, 〈中宗期의 定虜衛〉(《史學志》 1, 檀國大, 1967).

이 밖에도 궁중과 관계되는 서반직으로 정식관제 밖에 있었던 宣傳官廳과 守門將廳 등의 관서가 있었다.

특히 선전관은 고려 말부터 있어온 제도로서 국초에는 8인을 궁중 안에 두고 마치 동반에 있어서의 승지와 같은 군사적 역할을 담당하였다. 이들은 주로 궁중에 교대로 직숙하면서 사졸의 진퇴를 호명하는 形名과 왕의 出駕에 吹螺케 하는 啓螺·侍衛·傳命·符信出納 등 왕의 지근한 자리에서 모든 행정을 직접 담당하는 군사비서 기관이었다. 뒤에는 廳을 두고 인원도 70여 인으로 늘어났다. 초기 8인의 선전관은 정3품에서 종9품까지 1명씩으로 체아록을 받았으며 서반직으로서는 바람직한 淸宦자리였다.

수문장은 궁궐문을 지키는 책임을 지는 자들로 초기에는 일정한 관직이 없고 무관의 4품 이하를 윤번으로 임명하여 궁궐문을 지키게 했으나 이것도 뒤에는 정직을 두고 관청으로 설치하게 되었다.

4) 5위의 군계급과 편제

군의 계급은 건국 초기에는 대체로 고려의 제도를 그대로 계승하여 각 위에 上將軍(정2품)·大將軍(종3품)·都護諸衛將軍(정4품) 등을 두고 그 밑의 각 영에 將軍(종4품)·中郞將(5품)·郞將(6품)·別將(7품)·散員(8품)·尉(정9품)·正(종9품)을 두었으나 곧 上護軍·大護軍·護軍·司直·副司直·司正·副司正·隊長·隊副로 개칭하였다. 사직과 부사직은 주로 갑사가 담당하고 대장·대부는 流外庶人職으로서 이들은 모두 초기에는 봉록을 받았고 일반 병졸은 이들의 지휘를 받았다.

그러나 세종 18년(1436) 대장·대부를 고쳐 9품직인 司勇으로 하고 세조 3년(1457)에 5위·5부제가 성립되면서 衛將·部將 등이 생기고 세조 12년에 다시 이것을 세분하여 법전화하였다. 이것을 정리하여 보면 다음의 〈표 2〉와 같다.[49]

49) 《經國大典》 권 4, 兵典 京官職 五衛都摠府.
이 〈표 2〉는 閔賢九, 앞의 책에서 옮김.

〈표 2〉

품질	품계	직함	인원수
정 3 품	折衝將軍・禦侮將軍	上護軍	9
종 3 품	建功將軍・保功將軍	大護軍	14
정 4 품	振威將軍・昭威將軍	護軍	12
종 4 품	定略將軍・宣略將軍	副護軍	54
정 5 품	果毅校尉・忠毅校尉	司直	14
종 5 품	顯信校尉・彰信校尉	副司直	123
정 6 품	敦勇校尉・進勇校尉	司果	15
종 6 품	勵節校尉・秉節校尉	副司果	176
정 7 품	迪順副尉	司正	5
종 7 품	奪順副尉	副司正	309
정 8 품	承義副尉	司猛	16
종 8 품	修義副尉	副司猛	483
정 9 품	效力副尉	司勇	42
종 9 품	展力副尉	副司勇	1,939

위 〈표 2〉에서 보듯이 군계급 체계가 오늘날과는 그 개념이 같지 않은 것으로 생각된다. 왜냐하면 각 병종 자체가 그에 소속된 인원의 사회적 신분계급을 나타내는 신분사회였기 때문에 모든 병종에 공통된 계급제도는 존재할 수가 없기 때문이다. 가령 정병인 경우 당번 때가 되면 兵馬官의 압령아래 상경하여 지정된 곳에서 임무를 수행할 따름이었다. 그러나 중앙의 5위에 속해 있는 병종 가운데에는 체아직을 받는 자들이 있었다. 그들은 종9품 이상의 양반 체아직을 받아 근무하고 당번 중에는 그에 상당하는 대우를 받았다.[50)]

《경국대전》에서 5위를 설명하는 가운데 상호군 이하 나열되어 있는 약 3,000명 가량의 5위의 인원수는 체아직 수급자를 말한다. 따라서 이 위계와

50) 李載龔, 앞의 글(1967).

직명은 5위 병종 가운데 일부에만 해당되는 것이지만 어느 면에서는 계급과 연관시킬 수 있다. 따라서 5위체제 안의 각급 직과는 5위 소속의 여러 병종의 일부에게 주어지는 한편 내금위나 겸사복을 비롯하여 각 처의 관원들이 수직하도록 되어 있다. 그러므로 5위의 각급 직함은 전체 군계급과는 틀리는 것을 알 수 있다. 뿐만 아니라 展力副尉로부터 折衝將軍에 이르기까지의 서반의 관계도 계급과 비슷하게 규정되어 있으나 이들은 모두가 5위체제에서의 군계급에 의탁해서 사실상은 군사관계 이외의 요원들에게도 이들 서반직을 주었던 점을 살펴보면 조선 초기 사회의 관료적 일면을 엿볼 수 있다.[51]

5위체제의 부대편제의 기간은 卒-伍-隊-旅로 진법체제에 의하여 조직되었다.[52] 이를 표로 설명해 보면 다음과 같다.

단 위 명 칭	卒	伍	隊	旅
원 수	1	5	25	125
지 휘 관		伍 長	隊 正	旅 帥

즉 최말단의 단위조직인 伍는 군사 5명을 단위로 하는 조직인데 5진법에 의한 편성 원칙에 좇아 125명을 구성원으로 하는 旅까지의 존재를 알 수 있다. 이러한 편성 원칙은 중앙의 5위에 있어서 뿐만 아니라 각 지방의 군사조직인 留防體制에서도 그대로 통용되었다.

그런데 5위는 진법원칙에 의한 전투대형과도 같은 뜻을 갖는 것으로 인원수에 관계없이 5위의 陣은 다음과 같은 내용을 갖도록 되어 있었다.

지 휘 관	大 將	衛 將	部 將	統 將
진 단 위		衛	部	統
부대별편성단위	5衛	5部	4統	

즉 모든 진은 병력의 많고 적음에 관계없이 1위·25부·100통의 편성을 갖도록 되어 있었는데 가장 말단의 편성단위인 통이 어떠한 내용으로 이루어

51) 閔賢九, 앞의 책, 165~167쪽.
52) 《世祖實錄》 권 7, 세조 3년 3월 기사.

지는가에 따라 전체의 병력규모가 결정되는 것이다. 따라서 대가 통을 이룬다면 5위의 병력은 2,500명이 되며 여가 통을 이룰 때는 5위의 병력은 12,500명에 이르도록 되어 있었다. 부는 4통으로 이루어졌지만 그 내용은 步·騎가 각각 2통으로 구성하도록 되었다. 그러므로 부라는 단위부대는 보·기의 병과가 합속되는 「제병과연합」의 단위부대로 간주될 수 있었다. 한편 모든 군령계통은 각급의 부대단위 순으로 이루어졌으며 특히 지휘관이 전사하는 경우 차하급 지휘관이 사형 당하는 것이 당시의 軍律이었던 것이다.[53)]

5) 수도방위의 실제

수도 한성에는 왕권 보호를 직접 담당하는 금군이 있고 또한 수도방위를 위한 5위가 있었으나 궁극적으로는 모두가 왕권의 보호와 직결되며, 이 왕권의 보호는 상대적으로 수도방위와 직결될 수 있었다. 당시 사회는 치안과 방위가 구분되어 있지 않고 모두 행정적으로는 병조의 소관이기 때문에 치안이 곧 방위와 직결되는 형편이었다. 따라서 이들 금군이나 5위병들은 평시에는 주로 입직과 행순·시위 및 훈련에 종사하고 왕이 行幸할 때는 이를 扈駕侍衛하였고 일단 유사시에는 왕권을 보호하기 위한 수도방위 부대로서의 국방기능을 하게 되는 것이다. 먼저 6위의 지휘·감독기관인 五衛都摠部를 비롯한 각 위가 있었던 군영의 위치를 살펴보면, 오위도총부는 《萬機要覽》에는 '昌德宮 弘文館 서쪽에 있다'하였고, 《漢京識略》에는 《東國輿地勝覽》의 기사를 인용하여 '하나는 昌德宮 仁政殿 서쪽에 있고, 하나는 昌慶宮 弘化門에 있다'고 했다. 그리고 도총부의 지휘를 받는 5위에는 衛將所가 있었는데 그 위치를 《만기요람》에서 보면 다음과 같다.[54)]

外 所=義興衛……昌德宮 동문인 泥洞
南 所=龍驤衛……昌德宮 서문인 金虎門 안
西 所=虎賁衛……昌德宮 서문의 하나인 曜金門 안
東 所=忠佐衛……昌慶宮 동우문인 宣仁門 안(舊 瑞麟門)

53) 閔賢九, 앞의 책, 167~168쪽.
54) 《萬機要覽》 軍政篇 1, 五衛.

北　所＝忠武衛……昌慶宮 景化門 안

이상에서 도총부나 위장소의 위치는 국왕이 어느 궁에 있는가에 따라 달라지는 것같다. 즉 왕이 慶熙宮에 있을 때에는 이들이 경희궁을 중심으로 배치되고 있는 것을 볼 수 있기 때문이다.[55)]

그러면 다음에 5위군이나 금군의 기능을 입직·행순·시위 등의 세 가지로 나누어 《경국대전》을 중심으로 살펴보고자 한다.

(1) 입 직

入直은 한 마디로 왕권을 보호하기 위하여 궁궐을 숙직하는 것을 말한다. 따라서 이는 금군이나 중앙군에 부과된 가장 큰 임무였다. 이들 장병의 입직은 3일마다 교대하되 군사행정 본부인 병조 관원만은 매일 교대하도록 했다. 이를 구체적으로 살펴보면 5위는 각 위의 1부씩이 궁궐에 입직하되 입직하는 전날 저녁에 병조에서 분담 입직할 장소와 시간을 배정하여 왕의 허락을 얻어 도총부로 그 계획을 넘기면, 도총부는 이 공문에 의하여 차례로 각 위에 통보하고 입직의 임무를 수행하도록 하였다. 그리고 5위의 위장들은 왕의 지명으로 분령하고 겸사복장, 내금위장 및 수문장 역시 왕의 지명을 받았다. 그러나 조선 초기에는 수문장제도가 확립되지 않았기 때문에 서반 4품 이상으로써 望差하도록 하였다. 또한 군사행정의 책임관서인 병조의 당상관(판서 1, 참판 1, 참지 1) 1인과, 실제 지휘감독의 책임이 있는 도총부의 당상관(도총관 5, 부총관 5) 2인은 中所에 입직하되 각각 그 청사를 설치하였다. 여러 위는 숙직소 밖에 별도로 중소를 설치하고 겸사복과 내금위도 역시 각각 중소 곁에서 숙직하도록 하되 겸사복은 3번으로, 내금위는 5번으로 나누어 입직하도록 하였다. 상호군이나 대호군·호군 등도 5번으로 나누어 護軍廳에 입직하도록 하여 입직체제를 강화하였다.

이들이 입직 교대하는 날은 여러 장수가 왕에게 숙배하고 받았던 擲奸牌를 궁궐 안에서 바치도록 하였다. 이 척간패는 위장이나 부장 기타 범행자를 검거하기 위하여 순찰하는 장교 등이 휴대하는 원형의 목패로서 표면에 「擲

55) 《漢京識略》 권 1, 慶熙宮內各司.

奸」이란 글씨를 새기고, 뒷면에는 「御押」이라 새겨져 있는 것으로 병조와 도총부는 이 척간패를 항상 받고 있었다. 따라서 궁성에 입직하는 모든 將士들은 병조와 도총부에서 일단 그 신원에 대한 척간을 받게 하는 동시에 그들이 가지고 있는 무기에 대하여도 철저한 점검을 행하여 입직근무에 소홀함이 없도록 하였다. 그러나 야간척간을 행할 때에는 반드시 왕에게 보고한 후 임무를 수행하도록 하였다.

또한 병사들의 坐作진퇴를 호령하는 形名을 위하여 선전관 2명이 나팔수와 같은 역할을 담당했던 吹螺赤 2명을 데리고 대궐 근처에 숙직하여 만약의 사태에 대비하고 있었다.

만약 왕이 行在한 때에도 궁궐경비를 소홀히 할 수 없었으므로 留都하는 세 대장이 세 곳에 나누어 머무르고 매일 장소를 바꾸되 작은 일은 먼저 집행하고 난 후에 왕에게 알리고, 처벌해야 할 사건이 생기면 행재 때의 조례에 의하여 처리하도록 했다. 이와 같은 조처는 병조에서 일이 생겼을 때에도 마찬가지로 처리하여 빈틈이 없었다.[56]

(2) 행 순

行巡은 입직과는 달리 부단히 궁궐 내외나 도성 내외를 순찰하는 것을 말한다. 이러한 행순의 기능은 5위군이 평시에 가지고 있는 큰 기능 중의 하나이다. 먼저 궁궐 안에서의 행순을 살펴보면 5위의 위장과 부장은 군사 10명을 인솔하고 시간을 나누어 순찰한 뒤에 이상 여부를 직접 왕에게 알리도록 하였다. 그리고 가장 중요한 도성 내외의 순찰에는 사실상 군사적 기능이 거의 없는 충의위·충찬위·충순위·족친위와 왕의 금군인 내금위를 제외하고 군사기능을 가진 5위의 각 1부씩의 입직에서 교대한 출직군사를 병조가 두 곳으로 나누어 정하고 행순하도록 하였다. 또한 그때그때 왕의 지명을 받은 巡將과 監軍 혹은 出入番將 등이 궁궐에 들어가 왕에게 숙배한 후 대궐 안에서 순찰패를 반납 및 수령하게 했으며 각 순찰분단의 領官이 받는 패는 순장이 전부 맡아 나누어주도록 하였다. 여기에서 보는 바와 같이 그날그날 행순의 모든 책임은 사실상 순장이 지게 되어 있는데 이 순장은 고유의 직

56) 《經國大典》 권 4, 兵典 入直 擲奸.

책이 아니고 왕의 지명에 의하여 책임을 지게 되어 있었다. 순장은 대개 중추부의 知事(정2품, 6인) 이하 同知(종2품, 7인), 僉知(정3품 당상, 8인) 이상의 관이 추천 임명되었고, 부족할 때에는 품계는 높으나 관직이 첨지 이하로 낮은 行職 당상관을 추천·임명하였다. 행순의 실제적인 책임을 지는 영관은 상호군·대호군·호군을 임명하고 부족할 때는 별시위 가운데서 6품 이상의 관을 임명하였다. 순찰 감독에 임하는 감군은 선전관이나 병조 및 도총부의 당하관을 추천하여 임명하였다.

그리고 궁성 4문 밖에 숙직하는 일도 병조에서 각각 상호군이나 대호군·호군 중의 한 사람을 정하고 부족하면 행직인으로 충당하였으며 그들에게는 正兵 5명이 배정되었다. 도성 내외에는 警守所가 있었는데 이 경수소에는 보병 두 사람이 그 부근의 주민 5명을 거느리되 그들이 가지고 있는 弓·劒·杖 등을 휴대하게 하여 나무로 만든 경수패의 하나인 更籤을 받아 숙직하게 하였다. 그러나 주민 가운데 노인이나 질병, 과부 등의 부양하는 자가 없는 사람들은 이 경수소 근무에서 제외되었으며 산골짜기에 있는 경수소에는 정병 5명이 배치되었다.

궁궐의 정문인 광화문을 지키는 호군은 초저녁에 병조에서 요령인 鐸과 병조의 참의나 참지가 만든 야간순찰의 암호인 軍號, 즉 말마기[言的]를 받고 통행금지 시간인 人定이 되면 정병 2명으로 하여금 요령을 흔들면서 궁성을 순찰하게 하였고 4면의 경수소와 각 문도 차례로 이어받아 계속 순찰하다가 통행금지가 해제(罷漏)되면 그치도록 하였다. 이 사이에 경비를 더욱 강화하기 위하여 실제 순찰운용의 영관인 巡官은 매 시[更]에 궁궐을 순회하면서 4면의 경수소와 각 문에 나아가 경청을 회수하여 날이 밝으면 병조에 반납하였다. 뿐만 아니라 순장도 경비를 더욱 튼튼히 하기 위하여 불시에 직접 경수소에 나아가 검찰하는 등 이중 삼중으로 단속하고 경비를 강화하였다.

이와 같이 경비를 더욱 강화하는 한편으로 통행금지 시간이 되면 볼일 없는 사람의 통행이 금지됨은 물론 궁궐이나 도성의 문들을 일제히 닫아 외부와의 접촉을 단절하고 행순하는 장졸만의 통행이 가능하게 하였다. 궁성문은 병조의 注書와 도총부 당하관 그리고 열쇠를 관장하는 司鑰에 의하여 개폐되었으나 그 열쇠는 승지에게서 받고 개폐 후에는 다시 반납하였다. 그리고 도성문은 호군과 장교인 五員이 각각 자기가 담당한 도성문의 개폐를 관장하고 교대할 때는 병조에 그 열쇠를 반납하였다. 만약 왕이 밖에 나가 있을 때에는 수문장이 열쇠를 관장하고 왕명에 의해서만 개폐할 수 있었다.

그러나 모든 문을 폐쇄하고 사람의 통행을 금지하였다 하더라도 갑작스럽게 생기는 일 등으로 꼭 야간통행을 해야 될 경우가 있게 마련이다. 이러한 경우 비상조치로서 통행을 허락하지만 서울의 안위를 위하여 조심스럽고 신중한 조치를 취하는데 야금 중이라도 다음의 세 경우는 통행이 인정되었다.

첫째, 급한 공무가 있는 관리, 질병과 장사·출산 등의 부득이한 일이 있어 통행을 해야 할 경우이다. 이럴 때 직접 순관이나 경수소에 피치 못할 사유를 보고하면 순관과 경수소는 사람을 시켜 경첨을 가지고 그가 목적하는 집까지 보호해서 연행하도록 하였다. 그리고 이튿날 병조에 보고하여 진실 여부를 조사시켰다.

둘째, 巡廳에 통행금지 해제의 깃발인 通宵旗(밤의 통행을 허락하는 기)가 게양되었을 때는 비록 아무런 標信이 없다 하더라도 통행이 자유롭게 인정되었다. 통소기가 걸리는 때가 언제인지 대전에는 규정이 없어 알 수 없으나 명절이라든가 혹은 나라에 큰 경사가 있을 때 이 통소기가 게양되는 것이 아닌가 한다.

셋째, 야간통행을 함으로써 맡은 바 임무를 수행할 수 있는 병조·형조·의금부·한성부·수성금화사와 5부의 直宿員 등은 통행할 수 있었다. 그러나 이들이 통행을 하려면 모양이 둥글고 한 면에는 「通行」이라 쓰고 또 한 면에는 「通行」이라 篆字로 낙인한 통행표신을 승정원에서 받고 또한 병조에서 군호를 받아 각각 그 관청의 아전과 사령을 거느리고 아무 때라도 그들의 직무를 수행할 수 있게 하였다. 물론 통행표신은 이튿날 아침에 승정원에 반납하도록 하였다.

한편 통금 중에 도성문이나 궁궐문을 열어야 할 경우의 절차를 살펴보면 다음과 같다.

첫째, 지방으로부터 급한 용무로 왕에게 啓達할 일이 있을 경우 도성문은 열지 않지만 전달은 되었다. 즉 이 때는 도성문을 지키는 책임자인 호군이나 요원이 문틈으로 이를 받아 급히 궁궐 문까지 나아가서 상주하였다.

둘째, 정해진 시간 이외에 도성문을 여는데 있어서의 절차를 살펴보면 어떠한 이유에서 도성문을 열어야 할 때에는 반드시 궁중에서 둥근 모양의 한 면에는 「信符」라 篆字로 쓰고 또 한 면에도 역시 전자로 「信符」라 인각한 개문신부를 내려야 가능하였다. 이 개문신부는 둘로 쪼개어 호군이나 오원이 右符를 가지고 있는데 궁내의 左符가 내려지면 이와 맞추어 보고 맞을 때만 문이 열려졌다. 그리고 이들이 교대할 때는 반드시 병조에 반납하고 교대한 자가 다시 병조에서 우부를 받아서 간직하였다.

셋째, 궁궐문을 시간 외에 열어야 할 때가 있다. 이런 경우에는 모양이 네모나고 한 면에는 「開門」이라 쓰이고 뒤에 「御押」이 있는 개문표신을 사용하였으며 또 불시에 궁궐문을 닫아야 할 때도 역시 「閉門」이라 쓴 폐문신표를 받아서 닫았으며 긴급을 요할 때는 이 궁궐의 개·폐문표신은 도성문을 열고 닫을 때도 직접 통용할 수 있었다.

다음에 통금을 어긴 자나 군사가 군률을 어겼을 때의 경우를 살펴보면 만약 군관이나 경수고에서 아무런 이유 없이 통행하는 자를 체포하였을 때에는 일단 근처의 경수소로 넘기고 이와 같이 차례로 넘겨 순청에 구금시킨 후 다음날 행정관청인 병조에 보고하였다. 그러나 3품 이하관은 직접 구속하지만 당상관이나 사헌부·사간원의 관리는 그들을 수행하고 있는 관청 하인인 根隨를 인질로 가두고 본인은 돌려보내며, 도성 밖에서 이런 자가 있을 때에는 경수소에 수감했다가 새벽이 되면 순청에 보고하도록 하였다. 만약 사유를 속이고 야간통행을 위반한 자나 그 위반자로부터 뇌물을 받고 석방해준 자가 있을 때는 모두 군령으로 이를 엄하게 다스리도록 하였다. 이상과 같이 그때그때 임시로 임명되는 순장의 직권 아래 행순의 막중한 사명이 지켜져 서울은 철저히 방어되고 있었던 것이다. 이러한 막중한 사명을 가진 순장은 도성 내외의 행순군사를 초저녁에 이름과 대조하여 점검하고 통행금지가 해제된 후에 다시 점검하고 해산시키는 동시에 군사의 출결과 각 시간마다의 이상 유무를 병조에 보고함으로써 그의 책임을 다하였다. 그리고 행정적으로 총괄의 책임을 지고 있는 병조의 당상관은 모든 숙위, 행순인과 각 문의 파수인, 그리고 경수소 직숙인의 성명을 초저녁에 정해진 군호와 함께 밀봉하고 승정원을 통하여 왕에게 상신하고 왕으로 하여금 이를 항상 파악할 수 있도록 하였다. 이를 省記라고 하는데 대궐 내에 입직하는 여러 장수와 선전관, 겸사복, 상·대호군, 호군 및 각 관청의 관리 및 순장, 순관 외의 출사는 이름은 쓰지 않고 총 인원수만 적었다.

위에서 기술된 것은 주로 야간의 순행에 관한 것이나 평시에 있어서도 궁궐이나 도성 내외의 경비를 강화하기 위하여 경수소 이외에 그 문을 지키는 파수군을 고정 배치하였다. 즉 궁궐문은 병조가 5위의 기간병인 정병과 갑사를 차출하여 여러 곳에 분속시켰고 또 대졸 10명을 차출하여 광화문과 종묘문을 지키게 했다. 그리고 도성문은 입직에서 나온 출직 보병으로써 파수하게 했는데 興仁·崇禮·敦義·東小門은 책임자로 호군을 임명하고 그 나머지 문은 司直 이하의 군관인 오원을 책임자로 임명하였다. 대개 대문에는 30명, 중문과 대문의 좌우 협문에는 20명, 소문과 중문의 좌우 협문에는 10명의 군사를 배치하여 지키게 하였다. 그리고 종묘문은 4명, 도성문은 8명으로 하여 각각 평시에 이를 지키도록 하였다.[57]

(3) 시위·첩고·첩종

이 시위는 좁은 의미의 侍立을 뜻한다. 가령 왕이 군의 習陣을 친히 보기 위한 의식인 대열이라던가, 강무 혹은 순회여행인 순행, 왕이 친히 행하는 수렵을 말하는 打圍 및 왕이 친히 행하는 국가 제사 등의 각종 행사가 있을 때에 병조가 왕이 명령하는 대로 시위조건을 만들어 공문을 담당 군문에 보내면 그 시위조건에 따라 시위하였다. 이는 왕세자의 경우도 마찬가지였다. 또한 왕이 친히 제사를 행할 때에는 旗鼓를 장비한 시위군이 제단 밖에 머물러 시위하였고 묘나 능에 제사지낼 때는 문 밖에 머물러 시위하였다. 만약 크고 작은 국가정사가 있어 국왕에게 축하를 드리는 朝賀가 있을 때라든가 연회가 있을 때에는 위장이 그 군사를 이끌고 궁정에 정렬 시위하게 했으며 병조와 도총부 이하의 관직으로서 군무를 띤 자 및 겸사복은 왕의 가까이에서 시립하고 내금위는 별시위와 함께 궁궐 계단 위에 정렬하여 왕권을 보호하였다. 그러나 보통 고관들이 왕을 만나 상주하는 常參이 있을 때에는 입직하고 있던 장사들로 하여금 시위하게 하였는데 입직 장사는 궁정에 들어오는 대로 각각 그 방향을 점하도록 하였다. 즉 東所로 들어온 자는 동쪽에서 방향을 점하여 시위하도록 한 따위다.

그리고 대내에 입직한 군사들을 집합시킬 때에는 큰 북을 계속하여 두드렸는데 이것을 疊鼓라 하였다. 이는 평시에 있어서 비상에 대처하는 훈련이라든가 혹은 실제로 비상에 처하여 왕권을 급속히 보호하고 국가의 안위를

57) 《經國大典》 권 4, 兵典 行巡·啓省記·門開閉.

지키기 위한 조치로 생각된다. 궁중에 있는 큰 북이 계속해서 울리면 각 문을 지키는 자 이외의 입직한 모든 위의 군사는 勤政殿 뜰에 모여서 각각 그 방향을 점하고 정렬하였는데 병조는 思政殿 남문의 좌협문인 東閤門 밖에 시립하고, 도총부가 그 다음, 그리고 상·대호군, 호군이 이에 따랐으며 금군인 내금위는 우협문인 西閤門 밖에서 시위하였고 겸사복은 왕의 바로 앞에서 시위하였다. 이는 대궐 안에서의 뜻밖에 군사동원으로 시위하는 것이지마는 왕이 만약에 군사들을 대열하고자 할 때는 궁중 누마루에 걸려 있던 대종을 계속해서 울려 신호로 삼았는데 이를 疊鐘이라 하였다. 만약 대종이 계속해서 울리면 입직하고 있던 모든 군사가 앞에서 본 첩고의 예에 의하여 모두 모이고 왕이 만약 근정전이나 다른 문에 나오면 그 나오는 곳을 따라서 그 뜰에 모여 왕을 호위·시립하였다. 그리고 5위 소속의 군사들은 光化門 앞길부터 종로, 홍인문까지 열을 지어 시립하고 위장 이하가 명을 받들어 영솔하였다. 이 정렬 시위를 구체적으로 보면 의흥위의 좌부는 광화문 앞에 서고, 후부가 그 다음, 중부가 그 다음, 전부가 그 다음, 우부가 그 다음으로 열립했으며 용양위·호분위·충좌위·충무위 등이 그 뒤에 열립하였는데 각 부의 차례는 의흥위의 예를 따랐다. 또 이 때는 군사뿐만 아니라 백관들도 그 소속 관청을 지키는 한 사람의 관리 이외는 모두 갑주를 입고 군기를 준비하여 각각 궁문 옆의 조우 장소인 朝房에 모여서 명령을 기다렸다. 다만 국가의 기초가 되는 종묘와 사직의 관리들은 모두 그 소속관청을 그대로 지키게 했으며 외국 사신들이 머물고 있는 객관의 인원은 객관을 떠나지 못하게 하였다. 그리고 대궐 내의 모든 관청과 도성 밖에 있는 여러 관청도 각각 소속 관청에서 명을 기다리게 했으며 미처 대궐문을 나가지 못한 자는 조방에 모이고 대궐문을 들어오지 못한 자는 문 밖에 모이게 하여 움직이지 못하게 하였다. 그리고 왕을 직접 모시고 있는 시신들은 경복궁 동문인 建春門과 서문인 迎秋門에 모여서 명을 기다리게 했다. 그리고 출직한 병조나 도총부·위장·부장·선전관·사복·내금위 및 훈련원·군기시의 관리들은 본청을 지키는 자 외는 모두 광화문 앞에 모여서 명을 기다리게 했다. 다만 군기시는 두 사람이 명을 기다리고 나머지 사람은 본청과 직숙소를 지켜야 했다. 이는 군기를 관장하는 곳이기 때문에 대열이 있다고 해서 그 경비를 소홀히 할 수는 없었기 때문일 것이다. 그리고 궁성 4문 및 도성 여러 문은 모두 표신을 대조한 후에야 출입할 수 있었으며 왕의 가마가 문을 나서면 표신의 대조를 풀었다.[58] 이러한 왕의 거동을 중심한 철저한 경비와 시위는 왕의 위용을 갖추는 데도 의의가 있겠으나 국권과 왕권이 사실상 왕권으로 귀일되었던 당시 사회의 단면을 나타내는 것으로 생각된다.

이상에서 보는 바와 같이 금군과 5위군은 왕권 보호를 중심한 입직·행순·시위 등의 기능을 다하기 위하여 왕조적인 법의 테두리에서 최선을 다하고 있었다. 이는 곧 왕권의 소재와 연결된 수도권의 방위와 직결되고 있음을 보여준다. 당시로서는 이러한 금군과 5위군의 직무 수행의 기능이 수도방위제도와 직결되는 것이었으며, 이러한 제도적인 조치가 임진왜란을 계기로 하여 5軍營이 차례로 설치됨으로써 경비 내지는 방위제도가 더욱 확연하게 수도를 중심으로 정비되어 간 것이었다. 그리고 중앙군은 그들이 지니고 있는 기능을 충분히 발휘하기 위하여 매월 2일과 16일에는 敎閱과 습진에 참가했으며 2월과 9월의 20일에는 서울 교외에서 병기 점검을 받아야 했고, 번상 군사들은 때로 도총부 당상관에 의하여 騎·馱馬의 점열을 받아야 했다. 또한 평소의 실력을 양성하기 위하여 출직하면 助番巡綽 이외는 반드시 3일 안의 하루는 훈련원에 나아가 습진이나 활쏘기 등을 연습하지 않으면 안되었으며, 여기에서도 소관 부장 및 훈련원 당상관에 의하여 점검 시험되었으며 승진에도 도움을 받게 하여 사기를 높이는 등, 항상 수도를 지키는 중앙군으로서의 사명을 다하도록 하였다.

3. 진관체제의 확립과 지방군제

1) 진관체제의 성립

鎭管體制의 성립은 동·서북면의 軍翼道체제가 전국화하면서 성립되었다. 종래까지는 연해안 지역에만 鎭을 설치한 방어조직은 내지 주현의 방어가

58) 《經國大典》 권 4, 兵典 侍衛·疊鼓·疊鐘.

소홀한 난점을 가지고 있었다. 따라서 세조 원년(1455) 내륙지방에 거진을 설치하고 주변의 여러 고을을 분속시키는 조처가 취해졌다.[59] 그리하여 전국의 각도를 다시 몇 개의 군익도로 나누고 각 군익도는 중·좌·우의 3익으로 이루어졌던 것이다. 가령 경기도의 예를 들어보면 광주·양주·부평 등 3개의 巨鎭과 교동·강화·개성부의 3개 獨鎭으로 이루어지며 거진의 경우 부근의 여러 고을을 중·좌·우익으로 편입시켜 하나의 군사단위를 이루고 있는 것이다.[60]

이 때의 군익도체제가 전국화하면서 몇 가지 규정이 함께 나타나고 있다. 첫째, 각 익의 지휘관은 수령이 겸대하는데 중익 수령의 경우 某道某鎭中翼兵馬節制使, 좌·우익 수령의 경우는 某道某鎭左右翼兵馬團練使·副使·判官으로 지칭한다는 것이다.

둘째, 甲士·別侍衛·銃筒衛·近仗·攝六十·防牌·別軍·侍衛諸營諸鎭諸浦軍士를 비롯한 모든 군사는 익에 속하며 번상·습진·취재도 중익을 중심으로 각 익에서 관할하고 군적은 중익과 도절제사·병조에 비치한다.

셋째, 군령계통은 도절제사→중익절제사→제익의 계통을 이룬다.

결국 국방에 대처하는 군사단위로서의 군익도의 지위를 뚜렷하게 하는 조치로 볼 수 있다. 이러한 개편의 이유는 남방지역에 대한 국방력 강화의 필요성에서 찾을 수 있다. 물론 왜구에 대비하기 위해서도 지방군화된 중앙군의 군사력을 바탕으로 하여 새로운 국방력 강화의 필요성을 충족시킬 수 있었는데 그 구체적인 방법을 북방의 군익체제에서 도입했던 것이다.

이같은 지방군제의 개편은 전국의 모든 지역을 군사조직에 포함하여 군사지대화하는 데 성공했으며 전국의 지방 군사조직이 비로소 일원화되어 남방의 여러 지역과 북방의 요해처를 동일체계 속에 포함시키게 된 것이다.

세조 원년(1455)의 획기적인 대개혁에 의하여 전국화되었던 군익도체제는 세조 3년 10월에 진관체제로 바뀌게 되었다. 즉 주요한 지역을 중심으로 중·좌·우익의 편성을 갖던 종래의 체제는 주요한 지역을 거진으로 하여

---

59) 《世祖實錄》 권 2, 세조 원년 9월 계미.
60) 위와 같음.

나머지 주변지역의 제진이 그 휘하에 소속되도록 한 것이었다.[61] 가령 경기도의 예에서 보면 종래 3개 도와 3개 독진으로 편성되었던 것을 수원·광주·양주·강화·개성 등 5개의 진으로 나누어 그 주위의 고을들을 합속시키고 있다. 여기서 주목되는 것은 앞서의 3개 도로 나누었던 도 대신 진이란 명칭이 나타나는 점이다. 도에는 여러 의미가 있고 고려 이래 지방군의 파악단위로 도라는 명칭이 사용되었던 것이며 북방의 군익체제 정비에 따라 역시 도를 단위로 삼았던 것인데 이 때에 비로소 진으로 바뀐 것이다. 행정구역상의 도와 혼동되는 복잡성을 피한다는 이유도 있겠지만 종래 지방군사상의 요해지였던 진의 계열과 연결시켜서 요새지 군사기지로서의 거점적 성격을 분명히 하기 위하여 이러한 변화가 나타났다고 생각된다.

그리고 종래 중·좌·우익의 체제가 지양되고 거진을 중심으로 제진이 이에 속하도록 한 것은 제진 각자에게 독자성을 부여하고 일원적 군사체제를 더욱 분명히 한 것이라 생각된다. 또한 지휘계통에 있어서도 군익도체제 하에서는 中翼兵馬節制使에 명령권이 있다고 규정했지만 중익에 속한 단위지역이 여럿 있는 경우도 많아 혼란이 있었으므로 거진을 따로 떼 내어 다른 제진과의 상하관계를 분명히 할 수 있었던 것이다. 이 때의 개혁은 종래 지역의 특수성에 따라 존치되었던 독진제를 지양하고 전지역을 망라하는 진관체제로 변개되었음을 볼 수 있다.

이러한 진관체제의 운용과 기능은 세조 4년에 재조정되었다.[62] 중익의 기능이 거진으로 옮아갔으며 수령이 겸대하는 각 진의 병마 명칭에서도 중익 또는 좌·우익이란 부분이 없어지고 갑사 등 모든 군사가 거주지에서 군적에 등록되고 그에 대한 방대한 관할권이 거진에 귀속되는 원칙에는 변함이 없었다.

진관체제로의 개편은 전국을 군사지대화하는 조직체로 묶는 데는 성공하였으나 아직도 지방에는 시위패(군) 혹은 영진군·정군 등의 다원화된 군사의 명칭이 그대로 이어지고 있었다. 이러한 불합리를 시정하기 위하여 세조

61)《世祖實錄》권 9, 세조 3년 10월 경술.
62)《世祖實錄》권 11, 세조 4년 2월 을묘.

5년 북방의 정군과 남방의 시위패 등을 正兵으로 합칭하고[63] 세조 10년 영진군을 정병에 합속하는 조치가 이루어졌다.[64]

종래 남방 여러 도의 경우 각 관별로 시위군이 抄定되어 중앙에 번상하고, 또 영진군에 초정되어 각 도의 병영이나 연해지역의 진에 부방하던 체제와는 달리 각 관의 정병은 평시에 거주하는 지역의 방위력을 이루다가 번차에 따라 상경하였고, 요해지에도 상주하는 留防正兵 수를 배당했던 것이다. 영진 내의 부방이 요해지에의 유방으로 되었을 뿐이지만 시위패와 영진군을 함께 정병으로 파악하게 된 것은, 전국의 각 지역을 진관편성으로 묶어서 균일한 국방체제를 이룩한 것에 상응하는 국방병력의 일원화 조치였다.[65]

2) 진관의 편제와 유방

진관체제가 성립된 것은 전기한 바와 같이 세조 3년으로 그 뒤에도 약간의 수정을 가하고《경국대전》에 법적으로 규정하여 조선 초기 지방군제의 골격을 이룬다. 세조 12년에는 각 도와 각 진관의 병마책임자의 명칭이 바뀌었으나 각 관의 수령이 절제사 이하를 겸임하는 원칙은 그대로 지켜졌다. 당시 개칭된 병마책임자들의 명칭을 보면 다음과 같다.[66]

> 都節制使→節度使, 都節制使鎭撫→虞候, 團鍊使→僉節制使,
> 團練副使→同僉節制使, 團鍊判官→節制都尉

따라서 각도에는 兵馬節度使(=兵使)가 있어 도내의 陸守軍에 대한 지휘권을 행사하는 主鎭이 있고 그 아래에는 牧使(정3) 등이 예겸하는 경우가 많은 첨절제사(府尹은 節制使)가 거진을 단위로 군사권을 장악하고 있었으며 말단 제진은 군수(종4) 이하가 동첨절제사 이하의 직함을 갖고 있었다.

병마절도사는 경기·강원도의 경우 單兵使이기 때문에 관찰사(종2)가 예겸했지만 충청·전라·평안도의 경우는 전임병사 이외에 관찰사가 겸하는 겸

---

63)《世祖實錄》권 18, 세조 5년 11월 기묘.
64)《世祖實錄》권 34, 세조 10년 9월 경오.
65) 閔賢九, 앞의 책, 247~251쪽.
66)《世祖實錄》권 38, 세조 12년 정월 무오.

병사가 또 있었으며 경상·평안도의 경우는 국방상 중요성에 비추어 관찰사가 예겸하는 겸병사 이외에 전입병사가 각각 2인씩 있었다. 관찰사는 한 도의 행정책임자로서 군사관계 행정을 관장한다는 뜻에서 병사를 겸하였을 뿐이다. 그러므로 실질적인 군사 지휘관계는 주진의 각도 절도사(경상좌·우도, 함길은 남·북도)로부터 거진의 첨절제사로, 또 그로부터 제진의 동첨절제사로 연결되는 일원적 계통이 확립되어 있었다. 그러나 행정권을 專掌하는 관찰사는 여러 진의 병마관을 겸하는 수령들의 직속 상관이었기 때문에 군사면에서도 강력한 권한을 가질 수 있었던 것이다.

한편 수군도 육수군의 진관편성에 좇아 진관조직을 갖추게 되었다. 이미 《세종실록지리지》에도 각 도의 수군은 2명의 僉節制使 또는 都萬戶 등의 지휘 아래 각 浦에 만호가 딸리도록 되어 있었기 때문에 《경국대전》에 보이는 수군의 진관조직은 새로운 변화가 아니었다.

각 도의 수군 최고지휘관은 水軍節度使(=水使, 정3)였는데 강원도·황해도·평안도 및 영안도에는 육수군과 마찬가지로 관찰사나 병사가 겸하는 1인으로부터 3인의 수군절도사가 있었으며 경기, 충청도에는 1인의 전임수사와 관찰사가 겸임하는 1인의 兼水使가 있었고 경상도와 전라도에는 각각 2인의 전임수사와 1인의 겸수사가 있었다.

〈표 3〉 鎭管 편성표

京畿道 : 병사 1(관찰사) 수사 2(관찰사·경기수사)

<table>
<tr><td colspan="2">관 찰 사</td><td colspan="2">(병사·수사겸) 감영=漢城府 서문외</td></tr>
<tr><td rowspan="5"></td><td>(첨절제사)</td><td>(동첨절제사)</td><td>(절제도위)</td></tr>
<tr><td>(廣州진관)
광주목사</td><td>驪州·利川목사, 楊根군수</td><td>광주·여주판관·砥平·陰竹·陽智·竹山·果川 등 현감</td></tr>
<tr><td>(水原진관)
수원부사</td><td>富平·南陽·仁川부사, 安山·安城군수</td><td>수원판관·振威·陽川·龍仁·衿川현령, 陽城·通津현감</td></tr>
<tr><td>(楊州진관)
양주목사</td><td>坡州목사·高陽군수</td><td>永平·抱川·積城·交河·加平현감</td></tr>
<tr><td>(長湍진관)
장단부사</td><td>江華부사·豊德·朔寧·麻田군수</td><td>漣川·喬桐현감</td></tr>
<tr><td colspan="2">수 사</td><td colspan="2">수영=南陽·花梁灣</td></tr>
<tr><td rowspan="2"></td><td>(첨절제사)</td><td colspan="2">(만 호)</td></tr>
<tr><td>(月串진관)
월곶(강화)첨사</td><td colspan="2">永宗浦(인천)·草芝梁(강화)·濟物梁(강화)·井浦(교동)·喬桐梁(교동)만호(=교동현감겸임)</td></tr>
</table>

忠淸道 : 병사 2(관찰사 · 충청병사) 수사 2(관찰사 충청수사)

관　찰　사	(병사 · 수사겸)　감영=尙州	
좌병사 · 우후	병영=海美	
(첨절제사)	(동첨절제사)	(절제도위)
(충주진관) 충주목사	淸風 · 丹陽 · 槐山군수	충주판관, 延豊 · 陰城 · 永春 · 堤川 현감
(淸州진관) 청주목사	天安 · 沃川 · 군수	청주판관, 稷山 · 木川 · 文義 · 懷仁 · 천안 · 鎭川 · 報恩 · 永同 · 黃澗 · 靑山 현감
(公州진관) 공주목사	林川 · 韓山군수	공주판관, 全義 · 安山 · 恩津 · 懷德 · 鎭岺 · 連山 · 尼山 · 扶餘 · 石城 · 燕岐 현감
(洪州진관) 홍주목사	西天 · 瑞山 · 泰安 · 溫陽 군수	홍주판관, 平澤 · 鴻山 · 德山 · 靑陽 · 大興 · 庇仁, 結城 · 藍浦 · 保寧 · 牙山 · 新昌 · 禮山 · 海美 · 唐津현감
수 사 · 우 후	수영=保寧	
(첨절제사)	(만　호)	
(所斤浦진관) 소근포(泰安)첨사	唐津浦(당진) · 波知島(서산)만호	
(馬梁진관) 마량(庇仁차)첨사	舒川浦(만호)	

慶尙道 : 병사 3(관찰사 · 좌병사 · 우병사) 수사 3(관찰사 · 좌수사 · 우수사)

관　찰　사	(병사 · 수사겸)　감영=尙州	
좌병사 · 우후	좌병영=蔚山	
(첨절제사)	(동첨절제사)	(절제도위)
(慶州진관) 경주부윤 (병마절제사)	울산 · 梁山 · 永川 · 興海 군수	경주판관 · 淸河 · 迎日 · 長鬐 · 機張 · 東萊 · 彦陽현감
(安東진관) 안동대도호부사	寧海 · 靑松 부사, 醴泉 · 永川 · 豊基군수	안동판관, 義城 · 盈德 현령, 奉化 · 眞寶 · 軍威 · 比安 · 禮安 · 龍宮현감
(大邱진관) 대구부사	密陽부사, 淸道군수	慶山현령, 河陽 · 仁同 · 玄風 · 義興 · 新寧 · 靈山 · 昌寧 현감
우병사 · 우후	우병영=昌原	
(상주진관) 상주목사	星州목사, 善山부사, 金山군수	상주 · 성주판관, 開寧 · 知禮 · 高靈 · 聞慶 · 咸昌현감
(晋州진관) 진주목사	陜川 · 草溪 · 咸陽 · 昆陽 군수	진주판관, 南海현령, 居昌 · 泗川 · 三嘉 · 宜寧 · 河東 · 山陰 · 安陰 · 丹城현감
(金海진관) 김해부사	창원부사 · 咸安군수	巨濟 · 固城현령, 漆原 · 鎭海 · 熊川현감

좌수사 · 우후	수영=東萊
(첨절제사)	(만 호)
(釜山진관) 부산포(동래)첨사 (京 職 겸)	豆毛浦(동래) · 甘浦(경주) · 海雲浦(동래) · 漆浦(흥해) · 包伊浦(동래) · 烏浦(영덕) · 西生浦(울산) · 多大浦(동래) · 鹽浦(울산) · 丑山浦(영해)만호
우수사 · 우후	수영 : 巨濟 · 加背梁
(첨절제사)	(만 호)
(薺浦진관) 제포(熊川)첨사 (경 직 겸)	玉浦(거제) · 平山浦(남해) · 知世浦(거제) · 永登浦(거제) · 蛇梁(고성) · 唐浦(고성) · 助羅浦(거제) · 赤梁(진주) · 安骨浦(웅천)만호

黃海道 : 병사 1(관찰사) 수사 1(관찰사)

관 찰 사	(병사 · 수사겸) 감영=海州	
(첨절제사)	(동첨절제사)	(절제도위)
(黃州진관) 황주목사	平山 · 瑞興부사, 鳳山 · 安岳 · 載寧 · 遂安 · 谷山 信川군수	황주판관, 新溪 · 牛峯 · 文化현령 · 兎山 · 長連현감
(해주진관) 해주목사	延安 · 豊川부사, 白川군수	해주판관, 甕津현령, 松禾 · 殷栗 江陰 · 康翎 · 長淵현감
(첨절제사)	(만 호)	
(所江진관) 소강(옹진)첨사	廣岩梁(은율) · 阿郎浦(장연) · 吾叉浦(장연) · 許沙浦(풍천) · 芾乙浦(강령) · 龍媒梁(해주)	

全羅道 : 병사 2(관찰사 · 병사) 수사 3(관찰사 · 좌수사 · 우수사)

관 찰 사	(병사 · 수사겸) 감영=海州	
병사 · 우후	병영=康津	
(첨절제사)	(동첨절제사)	(절제도위)
(全州진관) 전주부윤 (병마절제사)	益山 · 金堤 · 古阜 · 錦山 · 珍山 · 礪山군수	전주판관, 井邑 · 興德 · 扶安 · 沃溝 · 龍安 · 咸悅 · 高山 · 泰仁현감, 萬頃 · 臨陂 · 金溝현령
(羅州진관) 나주목사	光州목사 · 靈岩 · 靈光군수	나주 · 광주판관, 함평 · 高敞 · 長城 · 珍原 · 茂長 · 南平 · 務安현감
(南原진관) 남원부사	潭陽부사 · 淳昌군수	남원판관, 任實, 茂朱 · 谷城 · 鎭安 · 玉果 · 長水현감, 龍潭 · 昌平현령
(長興진관)	珍島군수	강진 · 해남현감
(順天진관) 순천부사	樂安 · 寶城군수	光陽 · 求禮 · 興陽 · 同福 · 和順현감, 綾城현령
좌수사 · 우후	좌수영=순천梧桐津(현 麗水)	

	(첨절제사)	(만 호)	
	(蛇渡진관) 사도(興陽)첨사	會寧浦(장흥)・達梁(영암)・呂陽(홍양)・馬島(강진)・鹿島(홍양)・鉢浦(홍양)・突山島(순천)만호	
우수사・우후		우수영=海南	
	(臨緇島진관) 임치도(咸平)첨사	黔毛浦(扶安)・法聖浦(영광)・多慶浦(영광)・木浦(무안)・於蘭浦(영암)・群山浦(沃溝)・南桃島(진도)・金甲島(진도)만호	
	(兵馬・水軍 절제사)	(동첨절제사)	(절제도위)
	(濟州진관) 제주목사	———	제주판관, 大靜・旌義현감

江原道 : 병사 1(관찰사) 수사 1(관찰사)

관 찰 사		(병사・수사겸) 감영=原州	
	(첨절제사)	(동첨절제사)	(절제도위)
	(江陵진관) 강릉대도호부사	三陟・襄陽부사, 平海・杆城・高城・通川 군수	강릉판관, 蔚珍・歙谷현령
	(원주진관) 원주목사	春川부사, 旌善・寧越・平昌군수	원주판관, 麟蹄・橫城・洪川현감
	(淮陽진관) 회양부사	鐵原부사	楊口・狼川・伊川・平康・金化・安峽현감, 金城현령
	(첨절제사)	(만 호)	
	(삼척진관) 삼척포첨사	安仁浦(강릉)・高城浦(고성)・蔚珍浦(울진)・越松浦(강릉)만호	

永安道 : 병사 3(관찰사・남병사・북병사) 수사 3(관찰사・남수사・북수사)

관 찰 사		(병사・수사・영흥부윤겸) 감영=海州	
		(동첨절제사・만호)	(절제도위)
	(영흥진관) 영흥부윤	定平부사, 咸興・高原군수	영흥판관
남 병 사		(수사・북청부사겸) 병영=北靑	
	(첨절제사)	(동첨절제사・만호)	(절제도위)
	(북청진관) 북청부사	端川군수	북청판관, 利城・洪原현감
	(安邊진관) 안변대도호부사	德原부사・文川군수	
	(甲山진관) 갑산부사	雲寵(갑산)만호	
	(三水진관) 삼수군수		
	(惠山진관) 혜산(갑산)첨사		
	(첨절제사)	(만 호)	

		浪城浦(안변)·道安浦(정평)만호	
북 병사·우후·평사		(수사·경성부사겸)	병영=鏡城
	(첨절제사)	(동첨절제사·만호)	(절제도위)
	(경성진관) 경성부사	西北(吉州)·斜个洞(明川)·斜下北(길주)·朱乙溫(경성)·魚游澗(경성)만호	경성판관, 吉城·明川현감
	(慶源진관) 경원부사	阿山(경원)·阿吾東(경흥)만호	경원판관
	(會寧진관) 회령부사	豊山(회령)만호	회령판관
	(鐘城진관) 종성부사	防垣(종성)만호	종성판관
	(穩城진관) 온성부사	永建(온성)만호	온성판관
	(慶興진관) 경흥부사	撫夷(경흥)만호	
	(富寧진관) 부령부사	茂山(?)·玉連(?)만호	
	(訓戎진관) 훈융(경원)첨사		
	(潼關진관) 동관(종성)첨사		
	(高嶺진관) 고령(회령)첨사		
	(柔遠진관) 유원(온성)부사		
	(美錢진관) 미전(온성)부사		
	(첨절제사)		
		(만 호)	
		造山浦(경흥)만호	

平安道 : 병사 2(관찰사·평안병사) 수사 2(관찰사·평안수사)

관 찰 사		(병사·수사·평양부윤겸)	감영=平壤
		(동첨절제사·만호)	(절제도위)
	(평양진관) 평양부윤	평양서윤·中和군수	평양 판관, 龍岡·三和·咸從·甑山·順安·江西현령
병 사·우후·평사		(수사·영변대도호부사겸)	병영=寧邊
	(永邊진관) 영변대도부사	雲山·熙川·博川군수	영변판관, 泰川현감
	(安州진관) 안주목사	안주·肅川목사·嘉山군수	안주판관, 永柔현령
	(成川진관) 성천목사	德川·价川·慈山·順川祥原군수	陽德·孟山·江東·殷山현감, 三登현령
	(義州진관) 의주목사	鐵山·龍川군수	의주판관

	(江界진관) 강계목사	楸坡(강계)·上土(강계) 만호	강계판관
	(龜城진관) 구성부사	宣川·郭山군수	
	(朔州진관) 삭주목사	仇寧(삭주)만호	
	(昌城진관) 창성목사		
	(碧潼진관) 벽동군수	阿耳(理山)만호	
	(渭原진관) 위원군수		
	(寧遠진관) 영원군수		
	(滿浦진관) 만포(강계)첨사		
	(麟山진관) 인산(의주)첨사		
	(方山진관) 방산(의주)첨사		
	(昌州진관) 창주(昌城)첨사		
	(高山진관) 고산리(강계)첨사		
	(첨절제사)	(만 호)	
	(宣沙浦진관) 선사포(鐵山)첨사		
	(老江진관) 노강(안주)첨사		
	(廣梁진관) 광량(三和)첨사		

육수군과 수군의 진관체제의 편성 내용은 위의 〈표 3〉과 같다.[67] 진관체제가 전국을 하나의 군사조직의 체제 안에 편입되도록 했으나 모든 지역에 무장한 군사를 상주시킬 수는 없었다. 따라서 전국 각지에 거주하고 있던 軍丁들은 평시에는 중앙에 번상하거나 특수 국방지대에 부방할 따름이었다. 그러므로 평상시의 전지역에는 해당 진관에 소속되는 각종 군사가 비번인 채로 자기 생업에 종사하고 있어서 실제로는 잠재적인 군사력을 이루고 있었다.

앞에서 이미 말한 바와 같이 전략상 혹은 국방상 중요한 특수지대가 법전적으로 설정되어 있어서 항상 군사를 주둔시켰다. 이것이 유방군으로 그 편

67) 이 표는 李相佰,《韓國史－近世前期篇－》(震檀學會, 1962)에서 옮김.

〈표 4〉 전국 留防 일람표

	留防 4旅	留防 3旅	留防 2旅	留防 1旅	합 계
忠清道		주 진	庇仁·藍浦 泰安		9旅(1,125명)
慶尙道	주 진	東萊·熊川	寧海·金海 泗川·迎日	南海·巨濟	24旅(3,000명)
全羅道		주 진	沃溝·茂長 扶安·順天	興陽·珍島	13旅(1,625명)
黃海道			康翎·長淵	黃州·遂安 豊川·甕津	8旅(1,625명)
江原道				江陵·三陟	2旅 (250명)
開城府	正兵留本府 巡綽				
平安道	兩界甲士·正兵 留防本邑				
永安道					

성 내용은 위의 〈표 4〉와 같다.[68]

위의 표에서 볼 수 있듯이 북방의 양도와 개성부를 제외한 전국 각 도의 국방상 요해지역에는 1旅로부터 4旅의 군사가 상주하고 있었던 것이다. 이들 지역은 대체로 《세종실록지리지》에 나타나는 영진과 거의 비슷한 것을 알 수 있다. 이들 지역에는 각도의 정병 가운데 유방을 주임무로 하는 유방 정병이 교대로 복무하였다. 영진군의 후신인 이들은 번상 정병보다 약간 뒤지는 존재였지만 1保를 지급받는 양인군사였다.

한편 개성부의 경우는 관내의 정병이 巡綽을 통해 주로 치안 유지에 종사했으며 양계는 정병뿐만 아니라 감사도 양계 갑사라 하여 모두 거주지에 유방하였다. 이는 이곳이 곧 국경지대의 요해지였으므로 자기가 거주하는 곳을 지키도록 한 것이다.

진관체제에 의해 전국의 국방체제는 제도상으로 일원화되고 또한 유사시에는 각 진관을 중심으로 自戰自守하는 등 제도상으로는 일원화되었지만 내용상의 차이는 유방과 번상의 실제에 그대로 남아 있었다. 또한 雜色軍의 편제도 제도상 그대로 유지되었지만 사실상의 국방태세를 반영하는 것은 바로 유방군의 배치였던 것이다.[69]

---

68) 《經國大典》 권 4, 兵典 留防.
69) 閔賢九, 앞의 책, 259쪽.

3) 진관체제의 변화와 제승방략

세조 3년(1457)에 시작하여 12년에 지휘관의 명칭이 개편되면서 완성되던 진관체제는《경국대전》반포 이후 서서히 변화를 가져왔다. 즉 전국을 군사지대화하고 방위망화했던 진관체제는 성립기반이 지나치게 광범위한 것으로 실제 유사시에는 오히려 무력함을 드러내고 그 기능을 상실하였던 것이다.

이러한 무력함은 중앙에 있어서 갑사 등 기간병이 군사로서의 능력을 갖추게 되고 국가의 경제기반 등이 허약했다는 점과 지방의 행정관인 문관 수령이 군사지휘권을 겸하게 됨으로써 군사를 잘 알지 못하여 국방에 무관심하게 되는 등이 또 하나의 요인으로 작용했기 때문이다. 뿐만 아니라 진관체제 아래의 정병과 수군 등은 정해진 기한의 복무를 마치면 농민으로 돌아와 생업에 종사할 수 있었으나 또한 徭役을 지지 않으면 안되었다. 이에 대하여 이들에게 保人이 설정되기는 했으나 단위 보인의 수가 감소되고 있었으며 종래까지의 자연호 단위의 경제권을 위협하는 요소까지 있어 군사의 부담능력을 더욱 가중시키기도 했다.

이와 같은 불합리를 해결하기 위하여 한때 放軍收布를 기도하기도 했다. 방군수포는 장정들에게서 布를 거두어 이것을 재원으로 하여 군대를 양성한다는 것이고 일반 양인인 농민들은 생업에 종사할 수 있어 서로가 편리한 조치로 생각되었다. 그러나 방군의 대가로 받은 포가 군사적인 목적에 쓰여지지 못하고 오히려 지방 수령들의 사사로운 이익에 쓰여지면서 그 실효성이 없어졌으며 일반 농민들은 전세·공물·진상물·요역 등에 동원됨으로써 그 생활은 더욱 어려워질 수박에 없었다. 이러한 결과는 관의 허가를 받은 것이 아니었으나《경국대전》이 성립될 때부터 공공연히 행해졌고 이것이 중종 때에는 일시적으로 장려되기도 했다. 진관체제의 기본 골격은 戶·保에 의한 것이었다. 그러나 번상이나 유방 정병에 주어졌던 보인의 도망·유리 등의 현상은 정병이 보인의 부담까지 져야 했고 또한 정병을 기피하는 자를 위한 代立의 폐단이 나타나 진관체제 유지에 급급하지 않을 수 없었다. 더욱이 수군은 그 폐단이 육수군보다 더 심한 편이었다. 그들의 역이 여러 병종 가운데 가장 고된 중역이었을 뿐 아니라 세습적인 요소가 많았다. 게다가 연해의 각 浦는 행정구역과 관계없이 근처 연해민이 아닌 자로 충당하는 등의 모순으로 사실상 진관체제를 유지하기가 힘들었다.

그렇기 때문에 당초의 전국적인 방위망인 진관체제는 정규의 군사가 남아 있지 않았던가 또는 남아 있다 하더라도 군사적 기능을 거의 갖추고 있지 못하여 할 수 없이 일단 유사시에는 군사가 아닌 계층까지 총동원하여 대처하는 이른바 「制勝方略」의 응급적 分軍法으로 대신하게 된 것이다. 즉 제승방략적 분군법은 각 진관별로 자전 자수하는 것과는 달리 유사시에 각 읍의 수령이 소속된 군사를 이끌고 본진을 떠나 배정된 방어지역인 信地로 가서 공동 대처하는 것을 말한다. 이러한 제승방략은 가까이 있는 각 읍의 군사가 하나의 방어진지로 모여 대처하기 때문에, 후방지역에는 군사가 없어 1차 방어선이 무너지면 그 뒤에 방어할 수 있는 군사력이 없어 2차로 방어할 수 있는 방도가 없는 우려를 크게 내포한 전법이다.

제승방략은 중종 때의 남방에서의 三浦倭亂, 명종 때의 乙卯倭亂 등을 겪는 동안에 시도된 전략이며 이는 진관체제가 붕괴되기 시작한 데 대한 하나의 보완책에서 나온 것이기도 하였다. 따라서 제승방략의 특색은 각 지방의 군사를 제도상으로 겸찰하던 소관 수령이 인솔하여 미리 할당된 방어진지에 가서 대기하면 都元帥·巡邊使·防禦使·助防將 등 중앙으로부터 임시로 파견되는 京將과 본도의 병·수사가 제각기 지휘관이 되는 것이었다. 그러나 순변사·방어사·조방장 등의 경장 파견은 삼포왜란 이래 계속되던 제도였으며 제승방략은 비전투원까지 동원하기 위한 거국적인 군사체제였으나 임진왜란에서 李鎰의 패배 등으로 보아 이것도 역시 거의 제구실을 못하였음을 알 수 있다.

한편 북방 특히 양계지방 등에서도 제승방략에 의한 분군법이 행하여지고 있었다. 그러나 북방에서는 남방과는 달리 경장의 파견은 제한되고 있었다. 설사 경장이 파견된다 하더라도 경장 중심의 지휘계통으로 편제되는 것이 아니라 그 도의 절도사를 중심으로 하는 지휘계통을 보조하는 역할에 지나지 않았다. 이 점은 원래 북방의 지방관 편제가 대개 무인 중심으로 이루어진 데 원인이 있었다.

그러나 선조 21년(1588) 3월 3일 함경북도 병마절도사 이일이 상주한 「請行制勝方略狀」은 남방의 그것과 사뭇 다르다. 이에 의하면 함경북도에 賊變이 일어났을 경우 이를 물리치기 위한 방략으로 6진(온성·종성·회령·부령·경원·경흥)의 大分軍과 3읍(명천·길주·부령)의 分軍에 의하여 도내의 전시편제를 새로이 편성한 것이다. 한마디로 이는 유사시에 북도병마절도사를 중심으로 한 도내의 전병력을 집중적으로 동원하려는 체제이다. 그리고 이일은 위의 請行狀에서 남도의 군사를 북도의 유사시에 동원하여 남도의 각 읍의 수령을 繼援將·遊擊將·助防將 등으로 차정하고 각 위에 분속 분군할 것을 요청하고 있다. 그러나 북도의 제승방략도 근본적으로는 남방의 그것과 별 차이가 없으나 다만 남방의 경장 중심체제와 북방의 병마절도사 중심체제의 차이가 보여진다.

따라서 제승방략은 제승할 수 있는 방략이라는 의미로 그 역사적 의의는 종래 방어체제인 진관체제가 군사의 피폐와 지방관의 무성의 등으로 그 기능이 상실되자 남아 있는 병력을 총동원하여 집중적으로 적을 막는 방책으로서 남방에서는 경장의 파견이 잦아 새로운 분군법에 커다란 위치를 차지하는 형태로 나타났던 것이다.

그러나 북방에서는 경장의 응원이 없는 형태로 나타났으나 진관체제를 대신하는 전법이라는 점에서는 사실상 양자가 궤를 같이 한다. 북도에서 제승방략을 체제화하는 데는 선조 21년 이일의 「청행제승방략장」에서 언급되었으나 이 때는 이미 선조 16년에 野人 尼蕩介의 亂 등 큰 전란을 겪고 이를 토대로 한 것이었다. 이 전란은 북방에서 일어난 전란 중 가장 대규모적인 것으로 이 때까지 없었던 都巡邊使 이하 방어사·조방장 등이 경군을 이끌고 이곳에 처음으로 파견되기도 했다. 이것은 그 동안 이 지방의 진관체제적인 방어태세가 겨우 명맥을 유지하고는 있었으나 이러한 국난을 당하자 그 허구성이 여지없이 드러났음을 볼 수 있다.

이 난이 있은 뒤 당시의 장수 이일이 이곳의 병마절도사로 부임하여 새로운 방어체제로서 을묘왜란 이후 시행되기 시작하였던 남방의 제승방략적 분군법을 도입하여 방어를 강화하였고 이듬해에는 정비를 마친 다음 야인 소탕전을 감행하여 전과를 올리기까지 하였던 것이다.

그러나 이러한 제승방략이 지방군제로서 어느 정도 실용성이 있었는가 하는 것은 의문이다. 즉 진관체제의 자전자수하는 전술에서 제승방략적인 전술로의 이행이 임진왜란과 같은 큰 위난을 맞았을 때는 거의 그 구실을 다하지 못하였음은 이미 언급하였다. 따라서 왜란 중에 柳成龍 등이 진관체제의 재정비를 주장하고 있음을 볼 수 있다.

4. 군령·군정기관의 정비

1) 군령기관의 정비

(1) 의흥삼군부와 군령권

조선조 건국초기의 군령기관은 고려 말의 三軍都摠制府를 태조 2년(1393)에 義興三軍府로 고쳐 새로이 관원을 임명함으로써 새 군령기관으로 성립되었다.[70] 따라서 의흥삼군부는 삼군도총제부의 뒤를 그대로 이어 새로운 왕조의 집권화 시책에 중요한 역할을 담당하였다.

의흥삼군부의 설립은 첫 단계로 삼군총제부로부터 의흥삼군부라는 통수부가 서서 각 절제사가 임명되는 것과 둘째 단계로 그 위에 판사라는 직함을 갖는 장관이 임명되는 것으로 나누어 생각할 수 있다.[71] 조선이 건국하면서 최초로 이루어진 조치는 이의 설립과 함께 각 도병을 분령하고 있던 종친·훈신들이 중·좌·우절제사를 겸하게 되었으며, 조선 건국에 가장 공로가 컸던 정도전이 장관인 판사에 임명됨으로써 이들 절제사들을 견제하려는 의도를 엿볼 수 있다.

당시의 의흥삼군부의 편제를 보면 다음과 같다.

判義興三軍府事(정도전)
- 鎭撫所(鎭撫)
- 中軍(節制使)
- 左軍(節制使)
- 右軍(節制使)

70) 《太祖實錄》 권 4, 태조 2년 9월 병진.
71) 閔賢九, 앞의 책.

판사 밑에 각각의 절제사가 수직관계를 이루고 있으면서 한편으로 진무소가 있어서 의흥삼군부라는 군령기관의 참모부와 같은 역할을 하였다.72)

의흥삼군부는 사적 영속관계에 있는 모든 군사를 형식적으로나마 일원화된 체계에 의해 파악하려는 집권화 시책에서 이루어진 군령기관이었다. 앞장에서 이미 언급한 바와 같이 의흥삼군부는 10衛→10司에 대해 형식적이기는 하지만 사병이 혁파될 때까지 감독·지휘권을 발휘하였다. 한편 의흥삼군부는 번상·숙위하는 각 도별 주군의 시위패를 진무소에 소속시킴으로써 규제하는 기능도 가졌다. 그러나 군적의 장악이 각 절제사에 의하여 이루어지고 있었기 때문에 실제적으로는 진무소에 속한 것은 아니었다. 따라서 지방군의 관계에서는 도절제사에 의해 파악되는 육수군과 수군절제사에 의해 파악되는 기선군이 각각 방면군으로서 해당 지휘관에 의해 통괄되었다.73)

그러나 사적 영속관계에 있는 시위패의 존재 때문에 철저한 군령권을 행사할 수는 없었으나 진법 훈련의 강화나 虎符 사용 등을 통해 집권화에 부응하는 중앙군 정비에 힘써 비대해져 가는 현상이 나타났다. 이러한 집권화 시책의 일환으로서의 군령권이 극소수의 건국유공자에 의해 주도되었기 때문에 권력 배분상의 불균형을 가져와 제도상의 무리가 생기게 되고 마침내 왕자의 난이란 큰 변혁이 일어나게 되는 배경을 이루었다.

(2) 병조권의 강화와 삼군진무소

조선왕조는 두 차례의 왕자의 난을 겪으면서 정종 2년(1400)에 사병의 혁파가 이루어지는 동시에 대규모의 관제개혁이 이루어졌다. 이 때의 개혁 가운데 가장 중요한 것이 병권 즉 군령체계의 문제였다. 전기한 바와 같이 의흥삼군부의 비대화로 초래된 제도상의 불균형을 시정하는 것이었다.

이 때의 관제개혁에 나타난 군령체계상의 변화는 중추원과 의흥삼군부를 합속시켜 녹관을 갖는 三軍府를 확립시키고 의정부와 삼군부의 종적 관계를 수립하여 군령계통을 層層的으로 한다는 것이었다.74)

---

72) 鄭道傳,《朝鮮經國典》上, 治典 軍官.
73) 閔賢九, 앞의 책.
74)《定宗實錄》권 4, 정종 2년 4월.

이러한 개혁은 허구화된 중추원 기능을 흡수함으로써 삼군부의 위치를 확립하는 동시에 삼군부의 요원은 의정부의 구성원이 될 수 없다고 못박아 군령체계상 발명권을 갖는 재상이 발병권을 갖는 삼군부 총제의 상위에 있어야 한다는 논리에서 정부와 군부를 구분하려는 의도를 나타내고 있다. 뿐만 아니라 삼군부의 중·좌·우 3군은 각각 구분되어 통할하도록 하였다. 判三軍府事·知三軍府事·同知三軍府事 외에 각 군별로 총제가 있어서 소속 군을 통할하도록 하였다. 이는 사병혁파로 삼군부가 명실상부하게 군사를 장악함으로써 분할 통할하게 하여 병권의 편중을 경계하고 병권의 집중을 견제하도록 한 것이다.

의흥삼군부는 태종 원년(1401) 7월에 承樞府로 개편되었다. 이 때에 승정원이 없어지고 비서인 知申事 등이 승추부 소속으로 되면서 군기장악 기능과 왕명출납 기능이 다시 통합되어 고려 초기부터 있어온 중추원제도로 되돌아간 것이며 최고위의 宰臣이 승추부의 판사를 겸임하도록 하였다.[75]

이같이 왕명출납 기능과 군기 기능의 통합으로 이루어진 승추부는 과거 태조가 집권화 시책을 강화하는 가운데 의흥삼군부의 장관직이 정도전에게 맡겨지고 병권과 정권이 통합되다시피 되었던 것과 마찬가지로 河崙 등 태종의 친신들로 하여금 정권과 병권의 주축을 겸장하게 하여 정치적 안정과 집권화의 촉진을 기하고자 했던 것이다.

태종 3년 6월에 이르러서는 독자적인 삼군도총제부가 설립되고 다시 승추부와 분리되는 별도의 체계를 갖게 되었다.[76] 즉 중·좌·우군에 각각 도총제부가 설립되어 각군의 도총제부에는 都摠制 이하 摠制·同知摠制·僉摠制의 직위가 마련되어 각 군을 관장하기에 이른 것이다. 이와 같은 삼군도총제부의 성립으로 군령체계는 다음과 같이 정비되었다. 즉 군령상의 최고기관은 승추부로 군기에 관한 사항은 의정부의 개입을 받지 않고 왕명을 받도록 되어 있고 삼군도총제부의 각군 도총제는 승추부에서 합의된 특명을 받고 다시 각 군별로 분속되어 있는 10司의 각각에 전령하게 되는 것이었다. 그러나 승추부의 요직을 의정부의 고위직을 갖는 자가 겸총함으로써 의

---

75) 《太宗實錄》 권 2, 태종 원년 7월 경자·권 4, 태종 2년 11월 경인.
76) 《太宗實錄》 권 5, 태종 3년 6월 계해·을해.

정부가 승추부의 우위에 서 있었다. 그리고 승추부가 군기를 장악하고 군령상 최고의 지위에 있기는 했으나 직접적인 군사 장악과 간격이 있었으므로 전군 특히 중앙군을 통일적으로 장악하고 통합하는 지위는 존재하지 않았다.

또한 삼군도총제부를 각 군별로 설치한 것도 군의 장악 단계에서 비대한 병권의 통합이 이루어지는 것을 우려했기 때문으로 생각된다. 따라서 발령·발병·거병에 의한 종적인 병권의 분산뿐만 아니라 횡적인 상호 규제를 위한 배려도 아울러 취해지고 있는 것으로 생각된다.

조선 초기의 정치제도는 태종 5년(1405)에 이르러 중요한 변화가 나타나고 군령계통에도 새로운 양상이 나타났다. 가장 큰 정치제도의 변화는 과거 정3품 아문에 지나지 않았던 六曹權이 정2품 아문으로 승격되었고 6조의 하나인 병조는 승추부의 기능을 병합하여 군령과 군정을 총괄하는 기관으로 부상하여 군령체계에도 변화가 일어난 것이다.[77] 이어서 6조의 분직이 정해지고 이른바 속아문제도가 확립됨으로써 병조의 지위가 확실하게 되며 태종 8년 이후에는 의정부가 담당했던 서무를 6조로 귀속시키면서 6조 중심의 정치체제가 강화되었으며 병조권도 상대적으로 강화되었던 것이다.[78]

이같은 6조권의 강화로 군령상 병조와 삼군도총부의 상하관계가 성립된다. 즉 병조의 속아문제도를 통하여 삼군도총제부가 병조의 속아문화했으며 공문의 이송 절차에서도 상하관계가 뚜렷이 나타난다. 따라서 강화된 병조가 최고의 군령기관으로 되었으며 중·좌·우의 삼군도총제부가 병조로부터 명을 받아 10사의 말단까지 전령하도록 계통이 서게 된 것이다. 그러나 병력을 실제로 장악하면서 광범한 권력을 행사할 수 있었던 삼군도총부의 군령상 지위는 결코 무시할 수는 없었다.

또한 태종 8년(1408) 2월에는 領三軍事處라는 군령상의 합의기관이 나타난다.[79] 이 영삼군사처라는 회의체는 병조에 의한 군령권의 獨專을 막고 군사 운용의 실제에서 서로 협조할 수 있도록 설치된 것으로 생각된다. 즉 병조에

77) 《太宗實錄》 권 9, 태종 5년 정월 임오.

78) 《太宗實錄》 권 9, 태종 5년 3월 병신·권 15, 태종 8년 정월 임자.

79) 《太宗實錄》 권 15, 태종 8년 2월 갑진.

의한 군령체계상의 단일화가 갖는 병권 집중의 우려를 해소시키기 위하여 병조의 명령을 옮겨 받고 실제의 용병에 앞선 단계에서 군령의 확인을 기하고 용병의 실태를 파악하도록 하기 위하여 영삼군사처가 설치되었던 것으로 생각된다.

(3) 군령권의 정비

군령체계는 태종 9년 8월 三軍鎭撫所가 설치되면서 새로운 변화가 일어난다. 이 때에 태종은 병조가 군사관계에 전단적 권리가 있는데 대해 "병조는 모두 유신으로 充選되어 있으므로 군사를 指劃하는 것이 마땅치 않다"고 하여 삼군진무소를 설치하고 都鎭撫·上鎭撫·別鎭撫 각 1인과 鎭撫 27인을 임명하였던 것이다. 이러한 조치는 문관 중심의 병조에 치우쳐 있는 병권에 대한 배려에서 취해진 것이었다.80)

영삼군사처의 후신인 삼군진무소는 곧 의흥부로 개칭되었는데 이 때의 병조와 의흥부의 사이에는 관장사항이 구분되어 있었다. 즉 군령에 관한 사항은 의흥부가 장악하고 병조는 군정업무를 분장하도록 한 것이다.81)

당시 병조와 의흥부와 군사관계 업무분장을 보면 다음과 같다.

兵　曹 : 銓選·儀仗·差備·稟命移文等事
義興府 : 考察軍士省記·監申巡牌出納·稟命出令等事

이로 보면 인사·의식 등의 군정은 병조가 장악하고 군령사항은 의흥부가 장악하도록 한 것이다. 당시 의흥부에는 兼判事(2품)·知事(2품)·同知事(2품)가 각 1인씩, 그리고 3품 이하의 진무를 두었는데 2품의 고위직은 갑절로 늘었다. 의흥부가 군령기관으로 설립되어 있는 동안 삼군도총제부는 그 예하에 있으면서 군령체계는 의흥부·삼군도총제부·10사의 선을 따라 세워지고 있었으며 군정을 장악하는 병조가 의흥부와의 협조관계를 유지하도록 되어 있었다. 태종 12년(1412) 7월에 이르러 의흥부는 혁파되고 군사관계는 다시

80) 《太宗實錄》 권 18, 태종 9년 8월 경술.
81) 《太宗實錄》 권 18, 태종 9년 8월 정묘.

병조에서 총령하게 되었다.[82] 이로써 모든 군령은 병조가 王旨를 받들어 각 군에 行移하고 각 사는 다시금 10사에 전명하게 하는 병조에 의한 단일적 군령체계가 복구된 것이다.

태종 14년을 전후하여 삼군진무소가 복설되어 병조와 삼군진무소는 다시 양립된 채 군령기관으로서의 기능을 가지게 되었다.[83] 그러다가 태종 18년에 이르러 태종이 세종에게 전위하면서 병권을 계속 장악하기 위하여 몇 가지 조치가 취해졌다. 전에 義勇衛를 설치하여 세자가 군사지휘를 분령하도록 했던 것인데 전위함에 이르러서는 종래의 삼군진문소를 새로이 義建府 鎭撫所로 하고 의용위진무소를 삼군진무소로 했던 것이다.[84] 그러나 의건부는 곧 폐지되어 삼군부(삼군도총부)에 합속되는데 이는 적극적으로 병무를 전단하기로 한 태종이 형식상의 병권 양분상태를 불필요하게 여긴 때문이다.

이로써 군령계통은 병조와 三軍都鎭撫所가 양립된 채 삼군도총제부·10사의 상위에서 지휘권을 행사하게 된 것이다. 그 후 세종 4년(1422)에 태종이 사망하고 동 14년 3월에 삼군도총부는 혁파되고 중추원이 복설되어 숙위와 경비 등의 임무를 맡게 되었지만 군령상의 기능은 형식적인 것으로 되어 마침내 職掌이 없는 관서로 되어버린다.[85]

따라서 군령계통상으로는 병조와 진무소가 양립된 채 가장 중요한 기능을 갖고 있었다. 세종대 전반 및 그 후대에 이르기까지 두 기관은 병치되어 군령을 장악하였다. 이러한 군령기관의 양립을 이해하기 위하여 군령계통상의 병조와 삼군진무소의 상호관계 및 군령체계의 실상을 보면 다음과 같다. 병조와 삼군진무소의 상호관계는 많은 논란거리가 되었다. 당시는 이미 정치적으로 안정된 상태에 있었기 때문에 두 기관의 관계 조정은 문무의 지위 및 정치권력의 편성 형식과 연결되었을 뿐 특정한 정치적 사건에 영향받지는 않았다고 생각된다. 병조와 삼군진무소는 군령을 같이 장악하기로 되어 있었

---

82) 《太宗實錄》 권 24, 태종 12년 7월 무신.
83) 閔賢九, 앞의 책, 279~280쪽.
84) 《太宗實錄》 권 36, 태종 18년 8월 정해.
85) 《太宗實錄》 권 55, 세종 14년 3월 을해·권 56, 세종 14년 5월 신유.
《世祖實錄》 권 29, 세조 7년 정월 무신.

지만 성격을·달리하는 두 기관은 서로 군령계통상 열세에 서지 않으려고 했던 것인데 세종 14년 9월을 전후한 일련의 논의를 통하여 당시 군사 지휘 체제의 일면을 파악할 수 있다.

군령체계상 같은 지위에 있는 두 기관은 태종 때에는 군령의 移受는 큰일일 경우 병조 당상과 도진무가 함께 나아가 왕으로부터 승명하고, 큰일이 아닐 경우 병조 낭청과 삼군진무소의 진무가 함께 승정원에 나아가 승명하도록 되어 있었다. 그리고 세종이 즉위하면서 병권은 상왕인 태종이 전단 처리하였다. 그러나 상왕을 위해 별도로 代言(承旨)을 임명하지 않고 병조가 대행하게 되자 진무가 병조에 나아가 명을 받도록 하였다. 따라서 태종이 사망한 뒤에도 소규모의 군령관계의 천명이 있으면 병조 낭청이 승정원에 나아가 승명하고 진무소 진무가 다시 병조에 가서 승명하였고, 군령상 移文의 권리를 갖는 병조가 3군에 직접 이문하면서 삼군진무소에는 이문하지 않는 사태가 벌어지고 있었던 것이다.

이러한 불합리에 대하여 세종 14년 9월 삼군진무소는 국초의 의흥삼군부와 계열이 같음을 상기시키고, 군령을 승명할 때 병조 낭청과 삼군진무소의 진무가 함께 승정원에 나아가도록 하고, 군무에 관련된 정령은 병조가 삼군진무소에 대하여 빠짐없이 이문하도록 하며 진무의 劾罪도 병조에서 멋대로 하지 않도록 할 것을 주장했던 것이다.[86] 그러나 이에 대한 반응은 삼군진무소는 병조의 예하기관으로 되어야 한다는 詳定所 견해가 지배적이어 군령상 열세를 회복하려던 진무소의 노력은 실패했으나 병조에 예속되는 사태는 일어나지 않았다.

(4) 오위도총부의 성립과 군령권의 확립

태종대에 군령기관으로 설립된 삼군진무소는 세종대 전반에 걸쳐 병조와 더불어 군령상의 기능을 가지고 존속하였다. 그러나 중앙군으로서와 5위체제가 성립되면서 군령권에 대한 변화가 일어났다. 문종 6년(1451) 7월 10사가 5사로 되자 3군은 중군 예하에 3사, 좌·우군 예하에 각각 1사를 두게 되었다. 삼군진무소는 각 군별로 분할·통솔하도록 되어 있지 않았으므로

86) 《世宗實錄》 권 57, 세종 14년 9월 임신.

그 기구 자체에 변화는 없었으나 5사의 명을 받는 절차에는 변화가 초래되었다.[87)]

그 후 세조 3년(1457) 4월 5사가 5위에 병합되어 부대편성과 진법체제가 하나로 되면서 중앙군제가 확립되는데 이 때에 삼군진무소는 五軍鎭撫所로 개칭된다.[88)]

세조 12년 정월에 관제상의 대개혁이 이루어지면서 오위진무소는 五衛都摠府로 개칭되어《경국대전》에 군령기관으로 등재되었다.[89)] 오위도총부에는 都摠管과 副摠管을 합하여 10인이 있었는데 이는 삼군진무소 때의 도진무가 바뀐 이름이나 그밖에 경력·도사가 각각 4명씩 있어서 행정상의 실무를 장악하였다. 타관이 겸임하게 되어 있는 도총관·부총관의 위계가 각각 정2·종2품으로 오위도총부와 5위의 군무를 장악 처리하도록 되어 있었다. 그러면 병조·오위도총부·5위의 군령에 대한 실제적 관계는 어떠하였던가를 살펴보자. 먼저 오위도총부는 5위의 지휘감독권을 가졌다. 다만 5위라는 조직이 평시에는 병종별로 입직·행순하는 것이 주요 임무였으므로 오위도총부의 도총관은 이것을 총지휘하였으며 5위라는 군사조직에 대한 별도의 사령부와도 같은 위치에 있는 것이 오위도총부였다고 생각된다.

5위와 병조와는 군령상 상하관계에 있었다. 즉 군사기관으로서의 5위에 대한 행정상의 감독권은 병조에게 달려 있는 것이었다. 비록 군정에 대한 사항에서의 상하관계라고는 하지만 군사관계 전반에 대한 병조의 권한은 자연히 커지게 마련이었다. 인사문제를 포함한 군무 일체가 병조 소관이기 때문에 군령계통면에서 병조는 5위에 대하여 영향력을 발휘하였다.

오위도총부와 병조의 관계는 횡적인 협조관계에 놓여 있었다. 오위도총부는 6위에 대한 지휘 감독권을 갖는 군령기관으로서 그 지위는 확고한 것이었다. 그러나 오위도총부의 도총관은 종실 중에서 또는 고위관리 중에서 10명이 兼攝하는 것이었고 그 관원으로도 경력과 도사가 각 4명씩 있을 뿐 관서로서의 구성은 그다지 짜임새가 있는 것이 아니었다. 따라서 5위 병력에

87)《文宗實錄》권 9, 문종 원년 9월 신묘.
88)《世祖實錄》권 7, 세조 3년 4월 갑오.
89)《世祖實錄》권 38, 세조 12년 정월 무오.

대한 입직 · 행순을 감독하는 것이 실제의 직무였다. 반면에 병조는 군정을 총괄하는 처지에 서서 모든 移命과정에서 제외되지 않을 뿐만 아니라 국방 정책 전반에 대한 기획과 집행을 관장했기 때문에 사실상 영향력은 컸고 군령상의 지위도 무시할 수 없었다. 즉 5위에 대한 군령권은 오위도총부에 있었지만 병조는 군정상 5위를 속아문으로 거느리며 오위도총부와는 횡적인 협조관계에 있었다.[90]

2) 군정기관의 정비

(1) 건국 초기의 군정기관

조선이 건국되면서 관제개혁을 단행하였을 당시에 있어서의 군정기관으로서 병조가 담당하는 것은 武選 · 兵籍 · 郵驛이라고 규정하고 있다.[91] 그러나 건국 초기에는 고려 이래의 都評議使司의 권한이 컸고 문무관의 인사권은 고려시대와 마찬가지로 尙瑞司에 있었으며 이는 권력의 중심부에 위치하고 있었다. 그런가 하면 태조 2년(1393)에 최고의 군령기관으로 만들어진 의흥삼군부가 군정을 포함하는 군무 전반에 걸쳐 방대한 기능을 갖는 중추적 관서로 되자 상대적으로 병조의 군정상의 지위는 더 약화될 수밖에 없었다.

태조로부터 태종 초에 이르기까지 병조가 관여하고 있었던 군정사항은 다음의 몇 가지에 불과하였다.

첫째, 무관의 인사관계에 병조는 소극적으로 간여하였다. 즉 태조 4년에 10사의 장군과 5員 · 10將에 대한 자격심사나 충당에 의흥삼군부와 함께 참여하도록 조치되고 있는 것이다.[92] 그러나 의흥삼군부와 함께 간여하는 경우 주도권은 병조가 아니라 의흥삼군부가 장악하고 있었다. 사실상의 인사권을 장악하기 위하여 이조와 더불어 고려 초의 「政案之法」을 시행하도록 요청한 일도 있었지마는 상서사에 의한 인사행정이 행해진 상황에 변혁을 가져올

---

90) 閔賢九, 앞의 책, 287~288쪽.
91) 《太祖實錄》 권 1, 태조 원년 7월 정미.
92) 《太祖實錄》 권 7, 태조 4년 2월 병인.

수는 없었다.

둘째, 병조는 무과를 주관하도록 규정하고 있다. 건국 직후에 공포된 「入官補吏之法」에서 무과는 병조가 관장하도록 규정하고 있으며 무과 출신자는 訓練觀에 보내어 병서 및 무예를 시험하고 3등으로 구분하여 서용하도록 되어 있으나 무과가 본격적으로 실시되지 않았기 때문에 이러한 조치는 그리 큰 의미를 가질 수 없었다.93)

병조가 이와 같이 군정상 주요한 위치에 서지 못했던 점은 사병이 혁파되지 않아서 그 지휘계통이 사적 영속관계의 영향을 많이 받고 있었다는 사실과도 깊은 관계를 갖는다.

병조의 관장사항 가운데 하나인 군적 관리도 각 장수가 소관 군사의 군적을 장악하는 형편이었으므로 실제로 이루어지지 못하였다. 따라서 건국 초기의 병조의 군정기능은 거의 유명 무실한 상태였음을 알 수 있다.

결국 군사정책은 거의 모두가 의흥삼군부에 의하여 계획되고 집행되었다. 태조 2년 5월 의흥삼군부가 설치되고 곧 정도전이 판사로 취임한 이후, 10위의 개칭과 3군 분속 등 대개혁을 제시한 태조 3년 2월 상소를 비롯한 많은 개혁안이 의흥삼군부 또는 判義興三軍府事 정도전의 명의로 제기되고 있으며 대부분의 건의사항은 채택되고 있다.94) 그러므로 당시의 의흥삼군부는 최고의 군령기관인 동시에 최고의 군사정책기관의 위치를 지니고 있었다.

뿐만 아니라 의흥삼군부는 무관 양성을 위한 교육업무도 관장하였다. 태조 6년 정월에 설치된 의흥삼군부 舍人所는 고대의 제도를 본받아 의관 자제들의 무예를 교습시킨다는 곳이었다. 그러나 실제의 활동은 별로 나타나지 않는다. 또한 건국 초의 侍衛牌는 사적 영속관계에 놓여 있었고 그 군적은 절제사가 장악하고 있었지만 부분적인 파악은 역시 의흥삼군부의 소관이었던 것 같다.

국방정책을 마련하는 최고의 기관이었고 군적의 관리에 관여하며 무관 양성을 위한 교육을 주관하도록 되어 있었던 의흥삼군부는 강력한 군정상의

---

93) 《太祖實錄》 권 11, 태조 6년 5월 임자.
94) 《太祖實錄》 권 5, 태조 3년 2월 을해.

최고기관이었고, 문서상의 군정기능을 가지고 있던 병조는 사병혁파 이전까지는 그 기능이 거의 허구에 가까웠던 것이다. 군정기관이 정비되지 않은 건국 초기에는 군정의 기능을 가지고 있는 관서로서 병조·의흥삼군부 이외에도 중추원과 훈련관·군자시 등이 있었다.

중추원은 고려시대의 것을 제도상 그대로 이어 받은 것으로 주로 군기와 왕명의 출납을 담당하도록 되어 있었지만, 군사관계는 의흥삼군부의 존재 때문에 허구화되고 왕명출납의 기능만을 가지고 있을 뿐이었다.

한편 무예훈련과 兵書·戰陣의 교습을 책임지도록 되어 있는 훈련관은 상당한 기능을 발휘하고 있었다. 태조 3년 정월에는 中軍軍候所를 흡수하여 훈련과 교습을 주관하는 기관으로서의 위치를 확실히 하였다.[95] 특히 진법훈련이 강화됨에 따라 매우 중요한 역할을 하였던 것이다. 또한 훈련관으로서 주목되는 것은 무과의 주관이다. 태조 4년 4월에 최초의 무과 都試를 통해 33명을 선발하였는데 이는 훈련관에서 맡았던 것으로 여겨진다.[96] 훈련관은 使(정3품)를 장관으로 하고 관원 약간 명을 갖고 있었는데 겸관들로서 채워졌던 것 같다.

이 밖에 병기를 취급하는 군기감이 있어서 중요한 위치에 있었으며 또 군자감은 軍旅糧餉을 맡은 군수지원 관서였다.[97] 이들 두 기관은 判事(정3품)를 장관으로 하고 있었다. 또 사복시도 있어서 輿馬·廐牧을 맡았던 것인데 이것도 역시 군정부문의 하나로 간주할 수 있다.

(2) 병조의 군정기능 확립과 속아문

태종 5년(1405) 정월 병조권이 강화되기 이전까지는 전기한 바와 같이 군정기관으로서의 병조의 위치는 큰 변동이 없었다. 그러나 이 때부터 병조는 승추부(의흥삼군부의 후신)를 흡수하여 정2품 아문으로 되며 무관의 인사권도 장악하게 되었다. 그런 데다가 군정기관으로서의 병조의 골격을 뚜렷하게 해준 것은 같은 해 3월에 처해진 6조의 분직 및 소속 관아의 詳定 조치였다.

95) 《太祖實錄》 권 5, 태조 3년 정월 임자.
96) 《太祖實錄》 권 1, 태조 원년 7월 정미·권 7, 태조 4년 4월 신묘.
97) 《太祖實錄》 권 1, 태조 원년 7월 정미.

이 때에 병조의 업무가 다시 규정되었으며 또 이를 분담하는 3개의 司와 그 소관 업무가 정해졌고 군사관계의 여러 관서는 병조의 속아문으로 귀속되었다.[98]

이 때에 규정된 병조의 소관사항은 武選·府衛·調遣·職方·兵甲·出征·告捷·講武로 나타나고 있다. 무관에 대한 인사행정, 군사의 調發 및 전쟁사태에의 대처 및 훈련 등을 주된 내용으로 하는 소관사항은 다시 武選司·乘輿司·武備司의 3개 예하 사에 의해 분장되었다. 그리고 중·좌·우의 3군을 비롯하여 훈련관·사복시·군기감 등 군정관계 관서들은 병조 소속으로 규정되었다. 이러한 조치는 군정기관으로서의 병조의 위치를 확립해 주는 것이었다. 또한 강력한 단일적인 군령기관으로서의 면모도 아울러 갖추게 되는 점을 제외하고는《경국대전》에 규정화될 때까지 큰 변동이 없었다.

《경국대전》에 의하면 3개의 사를 갖는 병조의 핵심 관원은 判書(정2품)·參判(종2품)·參議 및 參知(정3품) 등 4인의 당상관과 正郎(정5품)·佐郎(정6품)이 각 4인씩 있었다.[99] 6조 가운데 다른 기관에서는 볼 수 없는 참지는 知兵曹事가 개칭된 것으로서 병조의 과다한 업무에 비추어 다른 曹와는 달리 추가 배치된 인원이다. 물론 병조의 모든 관원은 거의 문신으로 임명되었다.

건국 초기 병조의 관직으로 주목되는 것은 判事와 兼判書의 존재이다. 6조가 정2품 아문으로 승격되고 이·병조가 문·무관의 인사권을 장악하게 되자 정승으로 하여금 判吏·兵曹事를 겸섭시켜서 주로 인사관계를 장악하도록 했다. 뒤에 이러한 제도가 철폐되고 판서가 명실공히 장관으로서 기능을 발휘하게 되지만 때때로 군정과 군령에 걸친 방대한 권한에 비추어 의정부의 고관을 판병조사 또는 겸병조판서로 임명하여 진용을 강화시키는 예가 많다.[100]

병조의 관아는 司憲府의 남쪽에 있었지만 궁내에서의 업무 수행을 위하여 창덕궁 금호문 밖에 內兵曹를 두어 분사로서의 기능을 발휘하도록 했다.

---

98)《太宗實錄》권 9, 태종 5년 3월 병신.
99)《經國大典》권 1, 吏典 京官職 六曹.
100)《增補文獻備考》권 218, 職官考 5, 兵曹.

내병조는 주로 군령체계상 궁내에서 시위를 주관하고 儀仗에 대하여 관할했는데 관원은 정해진 인원 가운데 일부가 내병조의 업무를 관장하도록 하였다.[101)]

《경국대전》 가운데 정비된 병조의 소관 업무는 예하의 무선·승여·무비 등 3사가 분담하도록 했는데 그 대강인 「武選·軍務·儀衛·郵驛·兵甲·器仗·門戶·管鑰之政」을 세분화하여 분담하도록 했다. 이를 나열해 보면 다음과 같다.[102)]

武選司 : 武官·軍士·雜職의 除授·告身·祿牌·附過·給暇 및 武科 등에 대한 사무.

乘輿司 : 鹵薄·輿輦·廐牧·程驛·補充隊·皂隷·羅將·伴倘 등에 대한 사무.

武備司 : 軍籍·馬籍·兵器·戰艦·點閱軍士·訓鍊武藝·宿衛·巡綽·城堡·鎭戍·備禦와 征討, 군관·군인의 파견·番休·給保·給暇·侍丁·復戶 및 火炮·烽燧·改火·禁火·符信·更籤 등에 대한 사무.

위에서 보는 바와 같이 병조의 무선사는 인사관계의 여러 업무를 분장하였다. 무관과 군사의 임면 및 그에 따른 각종 부대업무로서 告身·祿牌 등에 대하여 책임을 맡았으며 서반 소속의 잡직 제수도 무선사에서 관장하였다. 무과도 여기서 주관하였다. 무과는 3년에 한 번씩 치르는 式年試(정기시)였지만 이러한 정규의 무과 이외에도 특별한 사정에 따라 增廣試 등이 개설되곤 하였다. 한편 「取才」라 하여 각 병종별로 필요한 요원을 시취로 충당하기도 했다.

승여사는 왕의 행차와 수레 및 廐牧 등에 관한 의장 사항을 비롯하여 보충대·조예·나장·반당 등 儀衛와 관계되는 특수한 병종이나 胥吏에 대한 사항을 책임맡았다.[103)] 특히 승여사에 있어서, 교통관계인 정역에 대한 관장은 주목된다. 그러나 대체로 군사에 직접 관계 있는 사항보다는 왕 및 관료의 의위에 대한 업무를 위주로 하는 것이 승여사였다.

끝으로 무비사는 병조가 장악하는 군무 가운데 무선사가 책임 맡은 인사

101) 閔賢九, 앞의 책, 296쪽.
102) 《經國大典》 권 1, 吏典 京官職 六曹.
103) 《經國大典》 권 4, 兵典.

관계 업무와 승여사가 책임 맡은 의위관계 업무를 제외한 모든 업무를 관장하였다. 즉 군적·병기·훈련·진지구축·병력조정·봉화 등 광범위한 업무를 맡았던 것으로 군정사항 가운데 가장 중요한 것들이 망라되어 있다. 특히 군적의 장악은 매우 큰 업무였다. 각 지방의 鎭管(행정구역상의 邑)에서 파악하여 작성된 군적을 각 도의 병마절도사와 병조에 비치하여 관리하였던 것으로 전국적인 군역 부담자의 파악과 가용병력의 행정상 장악은 무비사를 통해 병조에 의하여 이루어졌던 것이다. 무예의 훈련, 숙위와 순작, 진지구축 등도 모두 무비사에서 계획하고 감독할 책임이 있었다. 그 밖에 방위업무나 전투의 수행도 실제로 무비사 관장사항의 하나였다. 이렇게 보면 국방관계의 거의 모두를 무비사에 의해 분장 처결하도록 되어 있었다.

또한 병조에는 속아문으로 五衛·訓鍊院·司僕寺·軍器寺·典設司·世子翊衛司가 있다.[104] 이 가운데 5위는 전술한 바와 같이 중앙군의 핵심을 이루었는데 그 자체가 부대와도 같은 것으로 오히려 병조의 군정상 지위를 나타내주고 있으며 세자익위사의 경우는 특수임무를 수행하는 것이었다. 이 밖에 훈련원을 비롯한 관서는 대체로 병조의 군정기능을 보좌하고 분담하는 기관이었다. 그러므로 군정기관의 중추적 존재인 병조와 더불어 이들을 검토함으로써 당시의 군정관계는 그 윤곽을 파악할 수 있다.

이 가운데 가장 중요한 것은 훈련원이었다. 이미 건국 초기의 군정기관을 설명하는 가운데 지적된 훈련관이 훈련원으로 개칭된 것으로 기능상에는 별다른 변화가 없었다. 그 직능은 「軍士試才·鍊藝·武經習讀之事」였다. 특히 무과의 경우 중앙에서는 훈련원이 장악하고 복시를 치를 때에도 병조와 더불어 주관하였다. 취재와 연무의 경우에도 훈련원이 주장하고 있어 군정상 차지하는 위치가 매우 중요하였음을 알 수 있다.

사복시는 초기와 마찬가지로 輿馬·廐牧을 장악하는 마정기관이었다.[105] 전쟁관계 또는 교통통신 등을 살필 때에 차지하는 위치는 매우 중요하였으므로 사복시의 임무도 군정상으로 중요한 것이었다. 이 사복시는 병조의 승여사와 밀접한 관계를 가지고 있었다.

---

104) 위와 같음.

105) 南都泳, 〈朝鮮牧子考〉(《東國史學》 8, 1965).

〈표 5〉 병조 및 병조속아문 기능·조직 일람표

各衙門	所掌	所屬官員
兵曹	掌武選·軍務·儀衛·郵驛·兵甲·器仗·管鑰之政	判書 1원(정2품) 參判 1원(종2품) 參議·參知 각 1원(정3품) 正郞 4원(정5품) 佐郞 4원(정6품)
五衛		將 12원(종2품) 上護軍 9원(정3품) 大護軍 14원(종3품) 護軍 12원(정4품) 副護軍 54원(종4품) 司直 14원(정5품) 副司直 123원(종5품) 司果 15원(정6품) 副司果 17원(종6품) 部將 25원(종6품) 司正 5원(정7품) 副司正 309원(종7품) 司猛 16원(정8품) 副司猛 483원(종8품) 司勇 42원(정9품) 副司勇 1,939원(종9품)
訓練院	掌軍士試才·鍊藝·武經習讀之事	知事 1원(종1품) 都正 2원(정3품, 1원 兼) 正 1원(정3품) 副正 2원(종3품) 僉正 2원(종4품) 判官 2원(종5품) 主簿 2원(종6품) 參軍 2원(정7품) 奉事 2원(종8품) 習讀官 30원
司僕寺	掌輿馬·廐牧	提調 2원(종1품~종2품) 正1원(정3품) 副正 1원(종3품) 僉正 1원(종4품) 判官 1원(종5품) 主簿 2원(종6품) 安驥 1원(종6품잡) 調驥 1원(종7품잡) 理驥 1원(종8품잡) 保驥 1원(종9품잡)
軍器寺	掌造兵器	都提調 1원(정1품) 提調 2원(종1품~종2품) 正1원(정3품) 副正 1원(종3품) 僉正 1원(종4품) 別坐(정5품) 判官 2원(종5품) 別坐(종5품) 別提(정6품) 注簿 2원(종6품) 別提(종6품) 直長 1원(종7품) 工製 5원(종7품잡) 奉事 1원(종8품) 工造 2원(종8품잡) 副奉事 1원(정9품) 參奉 1원(종9품) 工作 2원(종9품잡)
典設司	掌供帳幕	守 1원(정4품) 提檢 2원(정종 4품) 別坐 2원(정종 5품) 別提正 2원(종6품)
世子翊衛司	掌陪衛東宮	左·右翊衛 각 1원(정5품) 左右司禦 각 1원(종5품) 左右翊贊 각 1원(정6품) 左右衛率 각 1원(종6품) 左右副率 각 1원(정7품) 左右侍直 각 1원(정8품) 左右洗馬 각 1원(정9품)

군기시는 국초의 군기감이 개칭된 관서로 병기의 제조를 전담하였다. 특히 태종 이후 당시의 주요 병기였던 화약병기의 제조와 개량에 많은 힘을 기울였던 것이다. 사복시와 군기시에는 장관인 正(정3품)이 1원씩 있었지만 고관이 겸임하는 都提調 또는 提調가 있어서 소속 관원을 감독하도록 되어 있었다.

이 밖에 帳幕을 供設하도록 되어 있는 전설사가 있었으나 이는 국초의 司幕이 忠順扈衛司·忠扈衛로 개칭되었다가 다시 명칭을 바꾼 것으로 일종의 하급 의위기관으로 비정할 수 있다. 세자익위사는 세자를 배위하는 임무를 갖는 것이므로 군정과는 직접 관계되지 않는 관서였다.

병조의 속아문 가운데 훈련원은 중요한 군정의 위치에 있었다. 사복시와 군기시도 독특한 임무를 관장하고 있었지만 군정 기능상 크게 중시된 것은 아닌 것 같다. 따라서 군정기관으로서의 병조의 위치는 확고하여 방대한 군사관계 업무는 거의 도맡아 처리하였던 것이다. 지금까지 살펴본 병조와 그 속아문의 기능과 군직을 《경국대전》을 중심으로 표로 만들면 앞의 〈표 5〉와 같다.[106]

5. 군비의 확충

1) 화기의 발달과 성능

(1) 화기 제조의 발달

고려 말의 공민왕대에 중국으로부터 전래되었던 화약은 공민왕 말기에 이르면 화약병기의 제조는 물론, 焰硝·硫黃 등의 원료를 공급받아 화약을 제조할 수 있는 단계에 이르렀으며 崔茂宣에 의하여 火㷁都監이 설치되었다.[107] 이 화통도감의 설치로 화약을 원료로 하는 大將軍砲·二將軍砲 등 거

106) 이 표는 閔賢九, 앞의 책, 300쪽에서 옮김.
107) 《高麗史》 권 77, 志 31, 百官 2, 火㷁都監.

의 20종에 달하는 화기가 제조되어 여말 왜구를 격퇴하는 데 동원되었다. 그러나 고려 말의 신흥세력인 이성계 일파가 사실상 집권층에 뛰어들었던 창왕 원년(1389)에 趙浚의 상소에 의하여 화통도감이 폐지되었다.[108] 이는 한마디로 당시 정권을 거의 장악하고 있었던 이성계 일파로서는 고도의 성능을 가진 화기의 발달은 언제 갑자기 자파세력을 뒤엎을지 모르는 결정적 요소로서 경계와 억제의 대상이었기 때문인 것으로 생각된다.[109] 따라서 이성계가 조선왕조를 개창한 뒤에도 화기제조 정책에는 소극적인 면을 보였다.

그러나 비상수단에 의하여 왕권을 장악했던 태종대에 이르면 화기제조에 적극성을 띠기 시작하였다. 즉 태종 원년(1401) 윤3월에 최무선의 아들 崔海山을 등용하여 화기제조를 본격화하였다.[110] 최해산은 權近의 건의에 의하여 군기주부로 발탁되어 태종의 적극적인 뒷받침과 아버지 무선이 전해준 비법을 중심으로 연구에 전심하였다. 이러한 최해산 등의 노력으로 화약의 성능이 더욱 향상되고 연구의 진전에 따라 태종 4년에는 군기감별군이 편성되고 화통군이 증원되었다. 태종 7년에는 화약의 성능이 두 배로 증가하였고 火藥匠 33명이 군기감에서 화약의 제조를 계속할 정도로 발전하였다. 태종 9년 정월에는 화차가 李韜·崔海山 등에 의하여 제작되었는데 그것은 鐵翎箭 수십 개씩을 장탄한 銅桶 등을 수레에 싣고 달리면서 화약으로서 발사하는 것이었다.[111] 이렇게 화기와 화약제조가 활발해지자 그 해에 紫霞門 안에 무기고를 신축하고 이어 軍器別監·本監이 지어졌으며, 태종 17년에는 火藥監造廳이 낙성되었다. 이와 같이 화기의 발달은 태종 10년에서 15년에 이르는 사이에는 화기의 제조와 그 발사시험이 거의 매년 거듭되어 드디어 화포를 종래의 방어용 및 해전용 화기에서 성을 공격하는 것으로까지 발전시켰다.[112] 그 사이에 군기감에서 제조된 화통은 1만 자루가 넘었으며 그것들은 100여 개소의 성과 160여 척의 병선에 배치되었다.[113]

---

108)《高麗史》권 118, 列傳 31, 趙浚.
109) 許善道,《韓國火器發達史》상 (陸軍士官學校 軍事博物館, 1969).
110)《太宗實錄》권 1, 태종 원년 윤3월 경인.
111)《太宗實錄》권 18, 태종 9년 10월 병진.
112) 許善道, 앞의 책.
113)《太宗實錄》권 30, 태종 15년 7월 신해.

뿐만 아니라 태종 13년(1413) 경에는 크기가 다른 세 가지의 碗口 20門이 만들어졌다. 그것은 돌로 만든 탄환을 발사하는 것으로 명나라 초에 만들어진 盞口砲를 본 떠서 만든 화포였다. 이 때에 만들어진 완구는 사정거리 150보에 달하는 것이었지만 나중에 震天雷가 사용됨으로써 攻城用으로 제일 좋은 화기로 발전하였다.

이와 같이 태종대는 최해산의 중용, 藥匠에 대한 賞賜, 火㷁試放의 성행 등 왕의 적극적인 권장과 그 뜻을 받들어 父傳의 비법을 향상시키기 위한 최해산의 적극적인 노력과 공로로 화기 발달에 의의가 큰 시기였다. 그러나 당시의 화기는 거대하고 육중하여 사용에 극히 불편하면서도 화약의 소비량이 컸고, 당시 명에서 성행하였던 一發多箭法은 끝내 터득하지 못하였다. 태종 당시에 사용된 화기의 구체적인 이름으로는 火㷁, 火車, 火砲, 碗口(大·中·小), 蒺藜砲, 地·玄字砲 등을 들 수 있다. 발사물로는 鐵翎箭과 아울러 탄환류(石彈子)의 출현을 짐작할 수 있으며 사정거리는 2~30보 내지 500보 정도이고 주조재료는 오로지 동·철이었던 것 같다.[114]

화포의 주조기술과 화약의 제조기술이 향상되면서 세종 때에 이르러서는 중국기술의 모방에서 벗어나려는 독자적 경향이 나타나기 시작하였다. 세종이 즉위하면서는 염초생산의 확대와 화약성능의 비약적인 향상을 가져와 세종 5년(1423) 경부터는 염초생산이 전국적으로 확대되었다.[115] 특히 염초토는 염초 煮取에 가장 중요한 재료로서 화약제조에 필요한 유황과 목탄 등과 함께 3대 요소인 것이다.

염초제조는 전국 각 도에 할당하는 常貢으로 되었지마는 염초의 공납으로 화약제조의 비법이 보급되면 왜인에게 전습될까 우려하여 국가에서 철저히 규제하기로 하였다. 염초제조의 활성화는 그만큼 화기기술의 개량발달을 가져왔다. 화포 개량의 노력은 새로운 발명을 가져오게 했다. 세종 초기부터 완구의 개략, 화통 이름의 변경, 發火의 출현, 信砲의 사용, 소화포의 출현 및 鐵彈子의 사용 등이 나타난다.[116]

---

114) 許善道, 앞의 책.
115) 《世宗實錄》 권 19, 세종 5년 정월 신묘.
116) 《世宗實錄》 권 27, 세종 7년 정월 계사.

그리하여 세종 12년 6월에는 火砲放射軍 즉 포병을 전국적으로 배치하였고, 그 제도는 더욱 발전하여 세종 16년 정월에는 화포 준비인과 발사인을 구별하여 목표물에 따라 화포의 방향각을 조절할 줄 아는 훈련된 병사가 배치되어 포병과 같은 새로운 병종이 창설되었다.117) 그와 함께 지상 전투에서는 수성에만 쓰이던 화포를 말에 싣고 포병은 말을 타고 행진하다가 공격지점에 오면 말에서 내려 화포를 발사함으로써 공격용 화기로서의 사용이 시도되었다. 또 전국 해안에 포대를 증축하여 화포를 비치하게 함으로써 해안포로서의 사용도 이루어졌다.

세종 14년부터 이듬해까지 태종 이래의 숙원이었던 한 발에 화살을 많이 쏠 수 있는 일발다전법인 火砲箭이 발명되었다. 이 화포전은 雙箭火砲라 하여 1차 야인정벌에 쓰이기도 했다. 이러한 일발다전법은 掃火矢라 하여 일본에 전해지기도 했다.118)

세종 23년(1441) 10월에는 火鞘가 발명되었다. 그것은 길이 4~5척의 대나무에 구멍을 뚫어서 그 속에 金鏃小走火를 넣고 헝겊으로 만든 도화선을 써서 불을 붙여 두었다가 던지는 일종의 수류탄 같은 것이었다. 이러한 발전적 기운에도 불구하고 화포 제조기술은 결코 만족할 만한 수준에 도달하고 있지 못하였다.

세종은 그것의 기술향상을 위한 가능한 모든 행정적 지원을 아끼지 않았다. 세종 26년 가을에는 冶所, 즉 화포주조소를 행궁 옆에 짓게 하고 자신의 직접 지휘 아래 연구와 실험을 거듭하는 시험제작을 거쳐 새로운 규격의 화포를 만들어 냈다. 그리고 여러 차례에 걸친 발사시험을 거듭한 끝에 마침내 한 발에 여러 화살을 쏘아 내는데 성공하였다. 그 결과 天字 화포는 화약을 많이 쓰지 않더라도 1,000보나 나갈 정도가 되었다. 이듬해 8월에는 화포를 전면적으로 다시 주조하는 일에 착수하였으며 종래의 화포는 모두 폐기되고 개량된 새 형식의 화포가 만들어졌다. 세종 30년 9월에 편찬 간행된 《銃筒謄錄》은 그 화포들의 조작법과 화약사용법 등을 상세히 기록하고 정확한 그림

117) 《世宗實錄》 권 46, 세종 11년 11월 경신 · 권 47, 세종 12년 6월 임진 · 권 59, 세종 15년 정월 경오.

118) 有馬成甫, 《火砲の起源とその傳統》(吉川弘文館, 東京, 1962), 293쪽.

으로 표시한 책이었다.[119]

《총통등록》의 간행은 조선 화포제조에 새로운 전기를 마련하였다. 즉 종래 중국식 화기의 모방관계를 완전히 청산하고 조선 특유의 형식과 규격을 갖춘 독자적 발전단계에 들어섰음을 뜻하는 것이다. 그러나 이 귀중한 업적인 《총통등록》은 국가의 기밀 유지를 위한 조치들이 대대로 강구되는 사이에 전해지지 않고, 성종 5년(1474)에 편찬된 《國朝五禮儀序例》의 〈兵器圖說〉에서 그 내용의 일부를 엿볼 수 있다. 이 《총통등록》은 세조 12년(1466) 11월에는 한글판 《총통등록》에 나와 일반 병졸들도 능히 숙달하게 되기도 했다.[120]

세종은 화기의 독자적 제조 개발에 힘썼을 뿐 아니라 염초자취와 방사군의 강화를 위하여 司礴局을 궁중에 설치하고 화약생산의 증가와 그 비밀보장을 꾀하였고 한편으로 銃筒衛를 설치하여 방사군의 대량 확보와 그 질적 향상을 위하여 총통군을 강화하기도 하였다.

세종의 화포에 대한 노력은 문종에 의하여 계승 추진되었다. 문종 원년(1451) 정월에 화차전을 쏘았고 2월에는 화차의 제조를 완성하였다.[121] 이 제도는 태종 때의 화차와 같은 것인지는 알 수 없으나 그 제도는 車子(수레) 위에 架子를 만들어 싣고 그 안에 中神機箭 100개 혹은 4箭銃筒 50개를 꽂아 넣고 심지에 불을 붙여 차례로 발사하는 것으로 오늘날의 로켓과 같은 구조였다.[122] 화차 창제에 성공한 문종은 우선 경중에 50량, 의주 등 양계 4읍에 각 20량씩 모두 130량을 제조 비치토록 하여 이후 제조와 보급에 크게 주력하였다. 또 將軍火砲 및 銃筒線穴의 확대 등도 모색하는 동시에 일반 군기를 고치고 보충하는 데에도 노력하였다.

그러나 문종 이후에는 화기에 대한 연구나 이용이 정체된 느낌을 주고 있고, 중종과 명종대에는 天·地·玄·黃의 중화기와 선조 초에 소형화기인 勝字銃筒의 제조가 있었으나 별다른 진전을 보지 못하였다.

---

119) 許善道, 앞의 책.
《世宗實錄》 권 121, 세종 30년 9월 병신.
120) 《世宗實錄》 권 133, 五禮 軍禮序例兵器.
121) 《文宗實錄》 권 1, 문종 원년 정월·2월.
122) 許善道, 〈麗末鮮初 火器傳來와 發達(하)〉(《歷史學報》 26, 1965).

(2) 화기의 종류와 성능

조선 초기의 기록에 나타나는 화기의 종류는 대개 《세종실록》에 나오는 銃筒圖인 《국조오례의서례》의 〈병기도설〉에서 찾아볼 수 있다.123)

병기도설에 기록된 총통은 銃筒碗口·將軍火筒·一銃筒·二銃筒·三銃筒·四箭銃筒·四箭長銃筒·八箭銃筒·細銃筒·鐵信砲·新製銃筒 등 11종인데 이 가운데 신제총통을 제외하고 나머지 10종은 모두 세종 때 제작된 것들이다. 그리고 이외에도 〈병장도설〉에 기록된 각종 화기 가운데 문종 11년에 창안한 화차와 세조 13년(1467)에 처음 만들어진 신제총통을 제외한 나머지 화기, 즉 총통완구, 장군화통, 1총통, 2총통, 3총통, 4전총통, 4전장총통, 8전총통, 세총통, 철신포, 大箭, 次大箭, 中箭, 次中筒小箭, 次小箭, 細箭, 次細箭, 細長箭, 次細長箭, 大·中·小蒺藜砲, 大·中·小散火筒, 大·中·小神箭, 大·中·小發火, 地火 등 34종은 전기한 세종 30년(1448) 9월에 편찬된 《총통등록》의 기록과 그 내용이 같은 것으로 생각된다.

세종 말 이전의 총통에 대하여 그 종류나 크기·구조 등을 자세히 알 수 없으나, 세종 말에 새로이 연구된 총통완구를 비롯하여 10가지의 총통과 세조 때에 제조된 신제총통에 대하여 병기도설에 기록되어 있어 그 크기와 구조 등을 자세히 알 수 있는데 그 규모는 다음 〈표 6〉과 같다.124)

세종 27년에 이룩된 총통 대개혁의 특징은 첫째 箭의 사정거리가 전보다 2배 정도 늘어난 것과 한번에 여러 발의 전을 발사할 수 있게 한 점 등은 총통의 성능을 전보다 훨씬 높인 것이다. 위의 두 가지 특징 즉 성능을 높여주기 위하여 총통의 내부구조를 개량시켜야 했다.

세종 27년 이전 조선 총통의 내부구조는 현존하는 한국 최고의 총통으로 추정되며 늦어도 고려 말 조선 초에 제작된 듯싶은 慶熙古小銃筒이나 세계 최고의 총통 중의 하나인 스웨덴의 Loshult 소총통과 같이 총의 觜口에서부터 속으로 들어갈수록 점점 좁아지다가 화약이 폭발하는 곳인 약통에서는 다

123) 「銃筒圖」는 《世宗實錄》 권 133, 五禮軍禮序例 兵器條에 수록된 것이던 《國朝五禮儀》는 세조대에 姜希孟의 손을 거쳐 성종 5년에 申叔舟 등에 의하여 완성되었다.

124) 蔡連錫, 《韓國初期火器硏究》(一志社, 1981).

〈표 6〉 〈兵器圖說〉의 發射器 규모

단위 : mm

	銃筒名	重量	共長	觜		激木筒長	藥筒長	冒柄長 및 足高	發射物
				內徑	長				
대형	銃筒碗口	203근	618	339.0	237.1	107.2	268.5	5.2	石丸(1)
	將軍火筒	104근 10량	895.1	100.9	531.1	117.8	246.2		大箭(1)
	一銃筒	41근 8량	747.6	67.2	538.6	100.9	86.2	21.9	次大箭(1) 中 箭(1)
	鐵信砲	76근 4량	408.6	100.9	105.3	130.6	172.7		
소형	二銃筒	3근 8량	449.9	26.2	257.1	27.5	95.6	69.7	小箭(1) 細長箭 次細長箭
	三銃筒	1근 3량	331.8	16.6	148.4	21.2	85.3	76.9	次中箭(1)
	四箭銃筒	1근 6량	263	21.9	122.1	23.1	48.4	69.4	細 箭(4) 次細箭(6)
	四箭長銃筒	2근 10량	430.5	24.1	255.9	23.1	81.2	70.3	次小箭(1) 細長箭(4) 次細長箭(6)
	八箭銃筒	2근 3량	313.3	29.4	161.5	33.7	46.2	71.9	細 箭(8) 次細箭(12)
	新製銃筒	10량	196.7	13.4	87.5	15.6	46.9	46.9	新製銃筒箭(1)
	細銃筒	3량 5전	140.0	8.4	80	10.0	46.9	3.1	次細箭(1)

시 넓어지는 無激木形銃筒의 내부구조와 같은 형이었을 것으로 추정된다. 이러한 무격목형총통에 대하여 세종 때에는 많은 연구와 실험을 통하여 총통의 약통 앞 부분에 激木을 끼울 수 있는 격목통을 만들고 그 앞 부분에 전을 끼우는 觜가 있도록 한 격목형총통의 내부구조를 바꾸었다. 격목형총통의 내부구조를 갖춘 총통은 약통에서 화약이 폭발할 경우, 높은 압력이 될 때까지는 연소가스가 새지 못하다가 갑자기 높은 압력에서 격목이 격목통에서 뛰쳐나가며 觜에 있는 전들을 발사시킴으로써, 격목형총통은 무격목형총통보다 적은 화약으로 여러 발의 전(화살)을 더 멀리까지 쏠 수 있는 것이다.

그리고 총통의 뒷부분에 있는 冒柄에는 길이 700~800mm의 둥근 나무(柄木)를 박아 유럽에서와 같이 손잡이로 사용하였다. 이러한 격목형의 총통은 1579년 경에 처음으로 만들어진 승자총통에서 土隔形의 내부구조로 바뀐다. 토격형총통의 내부구조는 觜의 내경과 약통의 내정이 동일한 형태로 되어 있다.

발사물은 전 대신에 丸을 사용하였다. 《국조오례의서례》의 〈병기도설〉에 따르면 각종 총통에서 사용한 발사물은 다음과 같이 분류할 수 있다.

丸 : 石丸(銃筒碗口用)

箭 ─┬─ 木箭 ─┬─ 鐵翎 － 大箭, 次大箭
　　│　　　　└─ 皮翎 － 中箭, 次中箭, 小箭, 次小箭, 新製銃筒箭
　　└─ 竹箭 ── 羽翼 － 細箭, 次細箭, 細長箭, 次細長箭

또한 각 전의 규모는 다음 〈표 7〉 과 같다.[125]

〈표 7〉 각종 箭

단위 : mm

箭의 종류 ＼ 부분 명칭		箭			鏃		翎		
		長	上下兩圍	中圍	鏃長	根	長	後長	材料
大·中·小箭(木)	大箭	179.3	9.4	9.8	11.1	14.1	43.7	52.6	皮
	次大箭	159.7	5.9	6.5	8.4	12.5	35.2	54.3	〃
	中箭	73.0	4.1	4.1	5.6	8.4	31.8	-	〃
	次中箭	47.1	1.5	1.7	3.0	6.2	10.3	14.7	〃
	小箭	25	1.7	1.7	3.4	4.1	12.5	-	〃
	次小箭	25	1.4	1.4	3.4	3.4	12.5	-	〃
	新製銃筒箭	16.9	1.3	1.3	3.12	.5	9.4	-	〃
細箭(竹)	細長箭	25.9	0.8	0.8	2.8	4.1	5.0	-	羽
	次細長箭	25.9	0.8	0.8	2.8	4.1	8.1	-	〃
	細箭	19.7	0.8	0.8	2.2	4.1	6.6	-	〃
	次細箭	19.7	0.8	0.8	2.2	4.1	6.6	-	〃

조선 초기의 화기 가운데 가장 독창적인 것으로는 문종에 의하여 직접 창안된 火車이다. 이 화차는 수레 위에 四箭銃筒 50개를 설치한 銃筒機와 中小神機箭 100발을 동시에 발사할 수 있는 神機箭機 가운데 한 개를 올려 놓고 사용한 것이다. 신기전은 한국의 로켓형 화기로 고려 말 최무선에 의해 제조된 「달리는 불」 즉 走火로 이러한 로켓형 화기는 세계 4위에 해당된다. 이

125) 蔡連錫, 위의 책, 181쪽.

주화는 세종 29년(1447)에는 두 달에 3만 개 이상이 사용될 정도로 화기로서의 비중이 컸다. 그리고 그 이듬해에는 주화의 이름을 신기전으로 바꾸어 계속 사용하였고, 그 종류로는 大·散火·中·小神機箭이 있다.

이와 같은 신기전을 발사할 때 사정거리를 최대한으로 높이기 위하여 수레의 바퀴 축대에 기둥을 세워 그 위에 차체를 올려놓음으로써 신기전의 발사 각도를 최대 43도까지 조정할 수 있게 하였으며 4전총통기나 신기전 발사틀은 모두 藥線을 차례로 연결하여 동시에 연발로 발사하였던 것으로 특히 연발 이동식 로켓발사대인 신기전기를 부착한 화차는 당시 외국의 어떤 로켓 발사대보다도 정밀하고 과학적이었다.[126]

이 외에 폭탄으로 發火筒과 蒺藜砲筒이 있었다. 발화통은 종이로 만든 통속에 화약을 넣은 것으로 종류에는 대·중·소 및 대신기 발화통이 있다. 질려포통은 나무로 둥글게 깎고 속을 비워 그 속에 화약·철파편·쑥잎 등을 넣어 적의 배에 던지거나 산 위에서 굴려서 사용하였으며 그 종류에는 대·중·소질려포가 있다.[127]

---

126) 蔡連錫이 실제 火車를 만들어 神機箭을 실험 발사한 일이 있다. 이 그림은 그 때의 총통이 장치된 화차이다.

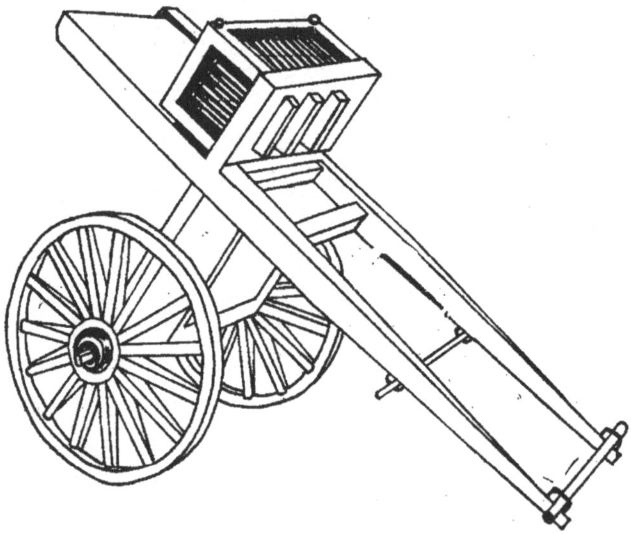

127) 蔡連錫, 앞의 책.

2) 군량미의 확보와 운송

(1) 각도 군량미의 확보

국방에 가장 중요한 것은 군사조직의 강화 및 활용에 있지만 이것을 활용하고 유사시에 대처하기 위하여는 軍糧의 확보가 가장 중요한 것임은 두말할 필요가 없다. 조선왕조에서도 과전법을 제정하면서 軍資位田을 책정하였다. 즉 고려 말 공양왕 2년(1390)에 발족한 軍資寺를 중심으로 각 도에서 새로 개간한 토지를 비롯하여 양전이 불가능한 바닷가와 섬의 토지 및 측량의 착오로 잉여되는 토지 등을 이에 충당하게 하여 그 田租를 경중과 각지에 저축하게 하였다.

그래서 군자위전은 태조 7년(1398)에 약 10만 결이었다. 물론 과전법의 실시는 당시 신흥세력이었던 이성계 일파의 경제적 기반을 마련하는데 있었지만 또 하나의 이유는 토지 국유화의 원칙을 고수하고 군량을 비축하여 유사시에 대처하기 위한 것이기도 하여 과전법의 실시는 기본적인 군량미 확보에 성공하였던 것이다.

그러나 과전법의 공포로 군량 확보의 기본적인 토대는 마련되었으나 모든 문제가 해결된 것은 아니었다. 우선 유사시에 대처할 수 있는 군량미의 축적이 필요했고, 둘째 군자전에서 소출되는 전세는 비교적 일정한데 태종 이후 군자를 포함한 국가재정은 팽창일로에 있었으며, 셋째 특정지역에 발생하는 군수 부족은 그 때마다 보충되지 않으면 안되었다.128)

따라서 군수증가에 대한 기본적인 해결은 군수미가, 첫째 軍資田稅에서 비롯되므로 군자전세를 늘리기 위한 방안이 강구되었다. 이를테면 양전을 철저히 시행한다거나 개간을 장려하여 군자전의 항목을 확대하는 조처가 태조 이래 추진되었다. 둘째 세종 이후 하삼도에서부터 새로운 세법인 貢法을 시행하여 군수를 비롯하여 모든 수세액을 증대하는 방안이 강구되었다. 셋째

128) 金鎔坤, 〈朝鮮前期 軍糧米의 確保와 運送〉(《韓國史論》 7, 국사편찬위원회, 1980). 조선 초기의 군량미에 관해서는 위의 글이 있을 뿐, 거의 연구된 바가 없다. 따라서 이 글도 위의 글에 의하여 작성하였으며, 다만 필자 나름대로 장·절을 바꾸어 요약·서술하였음을 밝혀 둔다.

屯田을 세종 이후 재차 시행함으로써 각 지역의 군수미 부족 분을 해결하고 있다. 조선왕조의 군량미 확보는 이원적 과정을 통하여 달성되었다. 즉 국방상의 특수지역인 양계(함경·평안도)는 수세액 모두가 군자로 충당되는데 반해 일반 주현, 즉 6도의 전세는 중앙의 재정으로 쓰여지는 상납 전세와 지방재정에 충당되는 州倉 소속의 전세로 나뉘어졌기 때문이다. 따라서 보통 전국의 전결을 이야기할 때는 양계를 제외한 6도 전결을 말하는 경우를 볼 수 있는 것이다. 여기에서도 각 도의 군량미라고 하면 양계를 제외한 6도를 지칭하는 것이다.

각 도의 군자전세의 일부는 조운을 통하여 중앙에 상납되고 나머지는 주창에 비축하였으며 주창에 소속된 군자미는 그 지역의 군수에 쓰여졌으며 둔전 소출도 역시 군자에 충당되었다.

따라서 각 주현에서는 군자곡으로 충당할 수 있는 계기가 생길 때 가능하면 군수의 명목으로 확보하려고 하였다. 한 예를 들어보면 성종 2년(1471) 전세 상납 때에 船價·入京倉價·入江倉價 등의 비용이 주창에서 나와 京倉으로 들어가 주창이 허갈하게 되는 원인이라고 보고 이를 주창에 납부하여 군수에 충당하도록 조처하고 있는 것 등을 볼 수 있다.[129)]

그러나 지방의 군자도 비축되고 확대되어야 하는 것이 바람직한 것이기는 했지만 지방의 군자곡도 세종 이후 특히 義倉穀과 더불어 還上穀으로 사용되거나 각 지역에서 흉년으로 발생한 飢民賑貸를 위하여 이용되었으며 무엇보다도 농사철에 종자곡으로 전용되거나 보충되는 일이 빈번하게 되었다. 예를 들면 세종 19년(1437) 6월에는 전년도에 충청도에서 발생했던 흉년으로 그 해의 종자곡이 부족하게 되자 이를 보충하기 위해 의창곡 105,715석과 군자곡 89,501석이 지급되고 있는 것을 볼 수 있다.[130)]

뿐만 아니라 당해 주현의 군자전세를 상납하도록 되어 있던 지역도 그 지역의 군수가 부족하거나 아니면 防戍 등으로 새로이 군수가 필요한 때는 이에 대처하기 위하여 주창으로 돌려지는 경우도 있었다. 예를 들면 세종 30년 12월에 있었던 거제현의 상납 전세미가 군사적인 이유로 주창으로 납부되던

129) 《成宗實錄》 권 9, 성종 2년 2월 계유.
130) 《世宗實錄》 권 77, 세종 19년 6월 경신.

일 따위다.[131]

특히 경상도지역은 양계의 여진에 대한 우려와 함께 일본과의 사신왕래라던가 또는 왜구가 잦았던 관계로 이 지역에 대한 군수 논의는 비교적 빈번하였다.

성종 5년 10월에는 원래 경상도 전세는 접대비용에 충당하고자 상납곡이 적었음에도 불구하고 여전히 연해 제읍의 창고가 허갈하다 하여 수년을 한도로 상납 전세를 주창에 수납하여 倭料를 보충하고 군수에 충당토록 결정하였다. 그런데도 이 지역에 대한 군수부족이 여전하여 성종 8년 2월에는 경상도 군수보충 논의가 크게 제기되기도 하였다.[132]

이 때에 제기된 논의를 간추려 보면 상납전세를 주창에 납부하고 상납곡은 전라·충청도의 군수로 충당할 것, 100만여 석이 넘는 군수미나 둔전에서 나오는 것과 감사·수령이 별도 저축한 수량도 수천 석으로 저축이 넉넉하니 전라·충청의 상납곡으로 충당하는 것은 부당하다는 등의 많은 의견이 제시되었는데 이는 防倭를 위한 방어지역으로서 경상도가 그만큼 중요한 위치를 차지하고 있었음을 알 수 있다. 그러나 이와 같은 각 주창에 모아둔 군자곡이 얼마인지는 확실하지 않다.

(2) 양계지방의 군량미 확보

양계로 표현되는 함경도와 평안도는 전기한 바와 같이 국가의 방수지역인 동시에 중국과 접경하고 있어 국방과 군량 비축에 대한 관심이 지대하였다. 이들 지역에서 소용되는 군량은 일단 이 지역에서 거둔 전세와 각 지역에 설치된 둔전의 수확으로 충당되었다. 그러나 이들 지역은 방수지역이라는 이유로 인하여 평상시에도 군수라는 항목으로 비축되었기 때문에 흉년이나 기타 유사시에는 軍餉이라는 문제를 적극적으로 거론하게 되었다.[133]

따라서 이 지역의 비축곡이 적을 때에는 어느 곳보다도 먼저 군량비축에 관한 논의가 활발하게 이루어졌다. 태종대에는 동북면의 所儲雜穀이 부족하

131) 《世宗實錄》 권 122, 세종 30년 12월 갑술.
132) 《成宗實錄》 권 7, 성종 8년 윤2월 을유.
133) 金鎔坤, 앞의 글, 287쪽.

다고 하여 강원도 군량을 이곳으로 수송하려고 했으나 실현되지 못하였고, 태종 16년(1416)에는 동남면의 유사시에 대비하여 開城留後司의 陳穀을 조운하는 등의 조처가 취해지고 있는 것을 볼 수 있다. 세종대에는 4군・6진이 개척됨으로써 국경지대인 의주의 군수를 충당하기 위하여 황해도・경기도 등지에 비축되어 있던 군자곡을 운송하기도 했다. 이러한 양계지방의 군수부족을 메우기 위하여 세종대에는 각 도의 의창곡을 양계에 운송하여 국방에 대비하고 있는 것을 볼 수 있다.[134)]

이러한 양계지방의 군량미 확보는 대개 각 도의 환자곡 미환수분이나 의창곡 등이 군자곡으로 활용되고 있음을 볼 수 있다.

태조 이래 군량미 확보로서 취해진 위의 미곡 回換의 방법은 세종 연간에 와서는 당시 환자곡으로 연명해 가고 있던 양계민들에게 생존 자체뿐만 아니라 양계 군량미 확보의 근거를 흔든다는 이유에서 금지되었다. 그렇다고 하더라도 양계지역에로의 군량미를 조달하는 방법 역시 세종 당시의 실정으로서는 위험을 감수하는 것이었기 때문에 미곡 회환의 방법은 쉽게 버려지지 않고 사용되었다.

미곡 회환의 방법이란 한마디로 당해 지역의 군량미가 부족할 경우에, 첫째 그 지역민 중 富實者로 하여금 군량미를 그 지역의 관에 납부하고 대신 관으로부터 미곡이나 면포를 지급받는 경우와, 둘째 경중 상인이나 그 밖의 지역 주민들로 하여금 양계지역에 미곡을 납부토록 하고 그 대가를 중앙정부에서 받아가는 방법 등으로 구분할 수 있다. 어느 경우나 국가에 의한 조운의 폐단이 수정될 수 있는 것이 장점이었다. 그렇기는 하지만 미곡 회환의 방법 또한 전혀 문제가 없는 것은 아니었다. 미곡 회환의 방법 자체에 문제가 있었다기 보다는 미곡 회환을 주도한 이들이 상인이었고, 따라서 이들은 본래의 목적인 미곡을 납부하는 일 이외에 잡물들을 양계인들에 판매함으로써 양계지역의 군량 수급에 커다란 차질이 이따금 초래되었다. 이러한 이유로 미곡 회환의 금지령이 수시로 발포되었을 뿐만 아니라 상인들의 판매금지령도 내려지곤 하였다.[135)]

---

134) 《世宗實錄》 권 92, 세종 23년 정월 무오.
135) 金鎔坤, 앞의 글, 288~289쪽.

양계지역에서 문제가 되는 것 가운데는 군량미 확보의 문제보다도 어느 면에서는 이의 보관문제로 고심하지 않을 수 없었다. 따라서 전쟁이 없는 경우에는 군자미가 賑貸化하는 것을 볼 수 있고 성종 2년(1471) 8월에는 평안도의 강가를 끼고 있는 여러 읍의 군량저축으로 司贍寺 면포 10,000필을 평안도에 보내 이를 양곡과 바꿔 여러 읍의 군수 유무를 헤아려서 지급하도록 하였다.[136] 양계지역은 원래 면포가 귀하여 군량보충으로 면포가 지급되는 경우가 많았고 상인들의 교역도 그들이 가지고 간 면포와 양계인의 미곡을 바꾸는 것이 일반적이었다.

때로는 군량미가 있기는 하지만 그 보관을 위한 창고의 부족으로 노적상태로 있는 경우가 많았다. 이러한 사태는 평안도지방에서 특히 심하였는데 이러한 경우 창고를 조영한다든가 아니면 군자곡을 의창곡으로 바꾸어 전용함으로써 창고 부족을 메워 나갔다.[137]

성종대에는 양계지방에 자주 양전을 실시하여 실제적으로 2배 가량의 군자미를 얻을 수 있었다. 꾸준한 군량미 비축의 결과로 군량미의 진대화가 이루어져 군량미 감소의 문제가 제기되기도 했다.

성종 이후에는 양계지방의 군자 보충방법으로 둔전 경작이 꾸준히 장려되기도 하였다.

(3) 군자감창의 군자미와 운송

각 도의 일반 주현에 소속된 전세 중 상납하는 군자전세가 조운을 통해 중앙으로 운송되었다. 군자곡은 양계를 제외한 6도에서 다 올라왔지만 그 중 충청도와 전라도에서 상납하는 군자미가 대부분이었다. 경상도의 군자 상납은 조운에 따르는 어려움도 있었지마는 그보다는 전기한 바와 같이 경상도는 왜구 빈발에 따라 상납하는 군자곡의 반 또는 전부가 주창에 납입되는 것이 세조 이후의 실정이었다.

전라도·충청도의 군량곡은 각기 부근의 조창, 즉 전라도는 法聖倉·德城

136) 《成宗實錄》 권 11, 성종 2년 8월 기사.
137) 《成宗實錄》 권 48, 성종 5년 10월 기사·권 53, 성종 6년 3월 정묘·권 86, 성종 8년 11월 을해.

倉, 충청도는 貢稅串倉이나 可興倉에 수납되어 조운을 통하여 상납되었다. 조창에는 漕船과 漕卒이 있어 군자미의 운송을 담당하였다. 다만 고려하지 않으면 안되는 것은 조선 조운의 원칙은 세조 이후의 일이었으며 그 이전에는 병선과 船軍을 이용하거나 병선이 부족할 경우 私船을 이용하는 형편이었다. 이 밖에 충청·전라의 군수 운송에서 일어난 문제점은 이 지역의 일반 조운의 그것과 동일한 것이라고 말할 수 있다. 이를테면 조운할 때에 일어난 해상사고 특히 安行梁에서의 파선사고라던가, 선군과 조졸의 역의 무거움이라던가, 그리고 이에 따라 발생하는 선군과 군졸의 피역화 움직임과 稅米 도적행위 등을 들 수 있다.

조운을 통하여 군자감창에 상납된 군수미는 만일의 사태에 대비하여 비축되었다. 상납 군자미의 수량은 시대에 따라 차이가 있고 특히 수세방법의 변화, 즉 踏驗收稅 때와 貢法收稅 때의 그것이 달랐다. 보다 직접적인 것은 그 해의 풍흉의 정도가 어떠하냐에 따라 달라질 수밖에 없었다. 그렇기는 하나 대략 매년 군자감창에 들어오는 전세는 단종 때를 기준하여 48,000여 석 정도였다.138)

이 수량은 풍흉을 감안하더라도 그 후에 확대 실시되는 공법으로 상당한 정도가 증가되었다고 볼 수 있다. 따라서 태종 이후는 이 군자미의 축적이 이루어져 성종 때에 이르러 절정에 달했다가 왜구가 빈발했던 중종·명종 때는 다시 군수미 비축이 줄어드는 현상을 보여주고 있다. 각 시기별로 군자감의 비축 상황을 보면 다음과 같다.

> (태종) 30만 석→(문종) 10만 석→(세조) 50만 석→(성종 13) 70만 석~40만 석 →(성종 14) 55만 석→(중종) 70만 석→(명종초) 50만 석→(명종 6) 10만여 석.

따라서 어느 시기나 통산 50만 석 정도가 군자감창의 원곡이라 보아도 무방할 것이다. 위에서 보는 바와 같이 군자곡은 창고가 부족한 형편에 이르게 되고 결국 군자감창 이외에 江倉·別倉 등을 조영하여 이를 비축하였다. 그러나 이렇게 비축된 군자곡은 국가의 재정수요를 충당하는 방법으로 종자곡·진대곡·녹봉미 및 양계지역의 군수보충 등으로 전용되기도 하였다.139)

〈車文燮〉

---

138)《端宗實錄》권 4, 단종 즉위년 10월 신해.

139) 金鎔坤, 앞의 글, 304~305쪽.

V. 교육제도와 과거제도

1. 관　학
2. 사　학
3. 과거제의 정비와 운영
4. 과거의 종류

Ⅴ. 교육제도와 과거제도

1. 관 학

조선시대의 교육은 크게 관학과 사학으로 나눌 수 있다. 관학 교육기관으로서 成均館·四部學堂(四學)·宗學·雜學·鄕校 등이 있었으며, 사학 교육기관으로는 書齋·書堂·家塾 등이 있었다.

1) 성균관

(1) 명칭과 시설

성균관은 문과시험을 준비하는 조선왕조 최고의 교육기관이었다. 성균관은 관학의 최고학부였기 때문에 유생들이 학습·기숙하는 모든 비용은 국가에서 지급하게 되어 있었다. 이 점은 사학·종학·향교의 경우도 마찬가지였다.

성균관의 명칭은 國學·太學·泮宮·賢關·芹官이라고도 하였다. 「成均」은 禮樂을 통하여 국가의 인재를 양성한다는 뜻을 내포하고 있다.[1] 「國學」은 '國의 學'이라는 뜻이요,[2] 「太學」은 「大學」과 같은 뜻으로 천자의 학을 의미하였으니[3] 「국학」이 제후의 학이라면 「태학」은 천자의 학이었다고 할 수 있다. 그러나 양자는 혼동하여 쓰이기도 하였다. 뒤에 중앙의 관학을 國子學·太學·四門學으로 나누었으나 이 때의 태학은 입학생 등급을 나타내는 것에 불과하였다.

---

1) 《文獻通考》 권 40, 學校考 1, 太學.
2) 위와 같음.
3) 위와 같음.

고려 말 이후의 성균관은 두 가지 큰 기능을 가지고 있었다. 하나는 국가의 지배사상인 주자학이념 보급의 근거지로서의 기능이요, 다른 하나는 국가의 관료를 양성하는 관료양성소로서의 기능이다. 고려 말의 신흥사대부와 신흥무장이 주축이 된 신귀족들은 불교를 신봉하고 사학에 근거를 둔 구귀족들을 타도하기 위하여 주자학과 관학을 일으켰다. 충렬왕 30년(1304) 5월에 安珦이 국왕 이하 백관에게서 돈을 거두어 成均監에 장학재단인 贍學錢을 두고, 박사 金文鼎을 원에 보내어 공자 및 70제자의 상과 문묘제기·악기와 6경·제자·사서를 수입하여 오게 한 것이나,[4] 스스로 노비 300구를 시납한 것이나,[5] 충숙왕 6년(1319) 6월에 博士 柳衍, 學諭 兪迪을 강남에 보내어 송의 秘閣圖書 10,800권을 사온 것이나, 원으로부터 다시 서적 4,071책을 받아온 것 등이 그 예이다.[6] 權溥·李瑱·權漢功 등의 유학자들은 성균관에 모여 이러한 책들을 정리 연구하여 주자학 보급에 박차를 가하였다.[7] 그리하여 공민왕 16년(1367) 12월에는 崇文館의 옛터에 불타버린 성균관을 중창하고 李穡을 兼大司成, 鄭夢周·朴尙衷·朴宜中·李崇仁 등을 兼敎官으로 삼아 성균관 교육을 강화하였다.[8] 교과서는 주로 《四書集註》가 채택되었으며,[9] 이미 이에 대한 倡註까지 나돌게 되었다.[10] 이러한 주자학연구는 공양왕대에 구귀족의 불교를 배척하고 이성계 중심의 새 왕조를 개창할 수 있는 이론적인 바탕을 만들 수 있었다.[11] 공양왕 3년(1391)에 성균관의 대사성 鄭道傳과 朴礎 등 급진적인 성균관 유생들이 사원을 혁파하여 이성계 세력의 인적·물적 기반을 강화시키고자 한 주장이 그것이었다.[12]

---

4) 《高麗史》 권 74, 志 28, 選擧 2, 學校.
5) 《成宗實錄》 권 70, 성종 7년 8월 무신조에 의하면 文籍에는 나타나지 않으나 安珦(조선 문종의 諱가 珦이라 避諱하여 裕로 고쳤음—필자)이 國學에 노비 300口를 施納한 것이 사실이라고 믿을 수밖에 없다.
6) 《增補文獻備考》 권 202, 學校考 1, 太學 1 충숙왕 원년 6월.
7) 위와 같음.
8) 《高麗史》 권 115, 列傳 28, 李穡.
9) 《高麗史》 권 117, 列傳 30, 鄭夢周.
10) 《高麗史》 권 107, 列傳 20, 權呾 附 溥.
11) 李相佰, 〈儒佛兩敎 交代의 機緣에 대한 硏究〉(《韓國文化史硏究論考》, 乙酉文化社, 1941).
12) 《增補文獻備考》 권 202, 學校考 1, 太學 1.

조선이 건국되고 유교가 국가의 지배사상이 되자 성균관은 '明人倫 成人才'[13]의 사명을 띠고 태조 7년(1398)에 국도 건설의 일부로 지금의 성균관대학교가 있는 崇敎坊에 明倫堂·文廟·東西齋·正錄廳·養賢庫·식당 등 96칸에 이르는 시설을 갖추게 되었다.[14] 그러나 정종 2년(1400)에 문묘가 불타버려[15] 태종 7년(1407)에 중건되었으며[16] 동왕 9년에는 예문대제학 卞季良으로 하여금 문묘비를 지어서 세우도록 하였다.[17] 그 후 성종 3년(1472) 가을에 문묘 옆에 문묘향사의 일을 담당하는 典祀廳을 지었으며,[18] 성종 5년 윤6월에는 기존 泮水의 양안에 석축을 쌓고,[19] 성종 9년 7월에 반수를 갖추어 팠다.[20] 아울러 성종 6년 가을에는 명륜당 북쪽에 도서관인 尊經閣을 세우고 5경·4서 각 10책과 8도로부터 찍어올린 책 수만 권을 수장하고 司藝·學正 각 1인씩을 두어 관리하게 하였다.[21] 그러나 연산군 때에 성균관이 왕의 宴樂 장소로 바뀌어 교육기능을 잃었다가 중종이 즉위하면서 다시 문묘를 중수하고 교육기능을 그 전처럼 복구시키고 명나라의 예에 따라 문묘묘정비를 세웠다.[22] 그 후 선조 25년(1592)에 임진왜란으로 성균관이 불타버려 선조 34년에 문묘를, 선조 39년에 명륜당 등을 다시 세웠다.[23] 그리고 조선 후기에는 인조 4년(1626)에 李廷龜의 陰記를 더하여 변계량의 문묘비를 다시 세우고 효종 4년(1653)에는 香室을 다시 지었다.[24] 또한 현종 4년(1663)에는 서울의 두 尼院을 헐어 北學을 세우려다가 명륜당 서쪽에 丕闡堂을 세워 명륜당의 별당학사로 사용하게 하였으며,[25] 그 북쪽

13) 鄭道傳, 《三峯集》 권 7, 朝鮮經國典, 學校.

14) 成均館은 漢陽으로 도읍을 옮긴 다음해인 태조 4년(1395)에 착공하여 3년 뒤인 태조 7년(1398) 7월에 완공되었다(《太學志》 상, 권 1, 學舍·廟宇).

15) 《定宗實錄》 권 3, 정종 2년 2월 정유.

16) 《太宗實錄》 권 13, 태종 7년 3월 기해.

17) 《東文選》 권 121, 有明朝鮮國學新廟碑銘幷序.

18) 《增補文獻備考》 권 203, 學校考 2, 太學 2.

19) 《成宗實錄》 권 44, 성종 5년 윤6월 신축.

20) 《成宗實錄》 권 95, 성종 9년 7월 계미.

21) 《增補文獻備考》 권 203, 學校考 2, 太學 9 성종 6년 가을.

22) 《增補文獻備考》 권 203, 學校考 2, 太學 2 중종 원년·6년.

23) 《增補文獻備考》 권 203, 學校考 2. 太學 2 선조 34년·39년.

24) 《增補文獻備考》 권 203, 學校考 2, 太學 2 인조 4년·효종 4년·현종 5년 추 9월.

25) 《太學志》 하, 권 9, 事實 紀蹟. 丕闡堂에 대해서는 宋時烈의 〈丕闡堂記〉에서,

에 一兩齋, 남쪽에 闢入閣을 지었고,[26] 영조 19년(1743)에는 大射禮를 행하는 六一閣을 명륜당 동북쪽에 세웠다.[27]

「丕闡」이란 말은 朱子가 말한 '丕闡大猷 抑邪與正'이라는 말에서 따온 것이다. 丕闡堂은 조선 후기에 과거시험장으로도 쓰였다.

26) 《太學志》 하, 권 9, 事實 紀蹟 下. 「一兩」이란 이단인 불교의 사찰을 헐어 유학의 학사를 지었으니 '一擧而兩得'이라는 뜻을 내포하고 있고(朱子), 「闢入」이란 '闢之而後 可以入道'라는 뜻을 내포하고 있다(程子).

27) 《增補文獻備考》 권 203, 學校考 2, 太學 2 영조 19년 5월. 「六一」이란 射가 六藝(禮·樂·射 御·書·數)의 하나라는 데서 따온 것이다. 한편 成均館의 각 건물의 위치를 《太學志》 상, 권 2, 建置泮宮圖에 의거하여 간단히 그려 보면 다음과 같다.

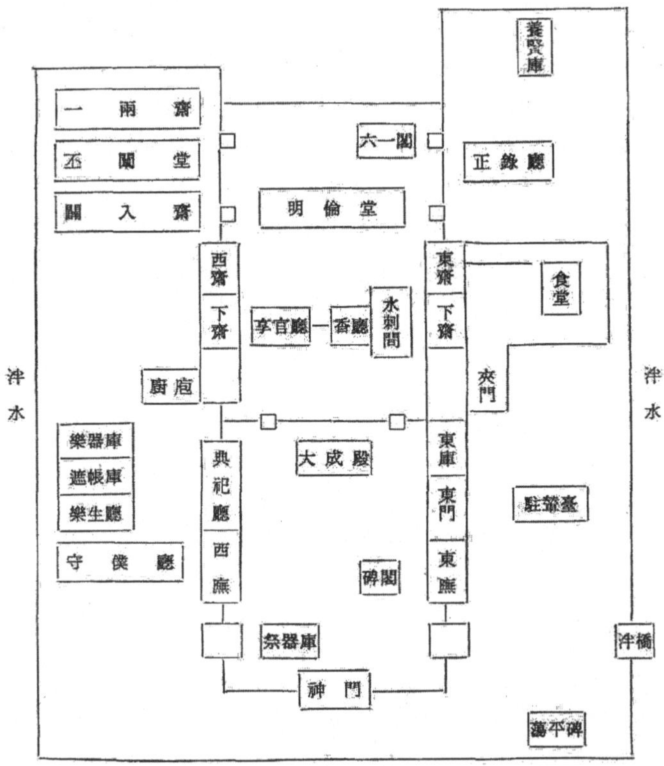

(2) 문묘종사와 석전

문묘의 주향은 文宣王 孔子였다. 공자는 당나라 이전까지는 왕이라고 부르지 않았으나 당 玄宗 開元 27년(739)에 문선왕으로 불렸고 명 世宗 嘉靖 9년(1530) 이후로는 至聖先師라고만 불렸다. 그러나 조선왕조에서는 원 武宗 大德 11년(1307)에 정한 大成至聖文宣王이라는 시호를 준용하였다. 왕이 아니면서 왕의 칭호를 받은 사람은 공자가 유일하였는데 이는 후세에 끼친 교육의 공로가 컸기 때문이다.

조선시대 성균관 문묘에 종사된 명현은 모두 133인이다. 이 중 崔致遠·薛聰·安珦·鄭夢周·金宏弼·鄭汝昌·李彦迪·趙光祖·李滉·金麟厚·李珥·成渾·金長生·金集·趙憲·宋浚吉·朴世采 등 18인이 한국의 儒賢이다.

성균관은 유교이념의 전당으로서 학통과 학문의 방향을 분명히 하기 위하여 선현을 문묘에 종사하였다. 그 중에서도 특히 朱熹를 비롯한 宋儒들을 많이 종사하고 있었다. 또한 문묘와는 별도로 啓聖祠가 있어 공자의 부 叔梁紇을 정위에, 顔子의 부 顔無繇와 子思의 부 孔鯉는 동위에, 曾子의 부 曾晳과 孟子의 부 孟孫은 서위에 모셔 석전 전날 밤에 제사하였다. 이것은 선조 7년(1574) 조헌의 건의에 따라 명나라 洪武禮制를 본뜬 것이다.[28]

문묘의 제향을 釋奠祭라 하는데 정규적인 석전제는 봄·가을 仲月(3·9월) 上丁日(최초의 丁字가 든 날)에 행하게 되어 있었다. 정규 제향인 석전제 이외에 일이 있을 때마다 행하는 朔望祭(임진왜란 이후에는 폐지되어 분향만 하였음)·告由祭·慰安祭·移還安祭·禮成祭 등이 있었으며, 3년마다 한번씩 국왕이 참여하는 親臨酌獻이 있었고, 왕명에 의하여 특별히 실시되는 親臨釋奠이 있었다.

석전제의 獻官은 정2품, 亞獻官은 정3품 당상관, 終獻官은 정3품, 殿內東·西從享分獻官 각 1명은 4품, 兩廡從享分獻官 각 10명은 5~6품의 관원이 맡았으며, 국왕의 친행석전에서는 국왕이 헌관, 왕세자가 아헌관, 영의정이 종헌관, 정2품 각 1명이 전내동·서종향분헌관, 정3~4품 각 10명이 양무종향

28) 《增補文獻備考》 권 204, 學校考 3, 文廟 선조 7년.

분헌관을 맡았고, 왕세자 석전에서는 왕세자가 헌관, 정2품이 아헌관, 정3품 당상관이 종헌관을 각각 맡았고, 분헌관은 常時釋奠과 같았다.[29] 그리고 석전의식은 중국 州縣의 석전의 예에 따랐으며 고려시대의 塑像을 쓰던 것을 조선시대에는 位版을 썼다. 석전제 이외에도 성균관에서는 대사례와 양로연, 국왕·왕세자의 幸學·視學을 행하기도 하였다.

(3) 입학 및 교육

성균관 유생의 정원은 국초에 200인(《經國大典》)이었는데 흉년 때문에 때때로 그 수를 줄였다가 세조대에 복구하였으나 뒤에 75인으로 줄였으며 영조 7년(1742)에 100인으로 늘렸다.[30]

성균관 유생은 생원·진사인 上齋生(정규생)과 상재생이 모자랄 때 幼學으로서 보충하는 寄齋生으로 구분되었다. 기재생은 4학에서 陞補試를 거쳐 올라온 4학 승보생과 문음 자제들 중에서 뽑는 문음 승보생으로 구성되어 있었다. 문음 승보생의 대상은 태종대에 2품 이상의 자제에게만 한하던 것을 세종대에는 4조 내에 3품 이상 관을 지낸 사람이나 의정부·6조·대간직을 지낸 사람의 자제이면 누구나 혜택을 받을 수 있었으며 이들은 생원·진사시를 준비하였다. 이에 따라 기재생의 대부분이 문음 승보생으로 채우게 될 우려가 있어 세종 15년(1433) 9월에는 문음 승보생의 수를 30인으로 제한하고 세종 18년부터는 《小學》에 통하지 않으면 누구나 기재생이 될 수 없게 하였다. 상재생은 원칙적으로 생원·진사에 한하였으나 점차 완화되어 문과의 鄕試·漢城試에 한 번 합격한 자, 생원·진사시의 향시·한성시에 두 번 합격한 자, 현직관료 참상·참하관도 입학할 수 있게 되었다.[31] 그리고 왕세자도 성균관에 元子學宮을 지어 유생들과 함께 공부하게 하였다. 왕세자는 8세가 되면 길일을 택하여 성균관에 입학하였으며 입학례의 주례인 박사는 예문대제학이 맡게 되어 있었다.

---

29) 《增補文獻備考》 권 204, 學校考 3, 文廟 齋宮釋奠·親行釋奠·王世子釋奠.

30) 《太學志》 하, 권 7, 餼廩 供給. 영조 7년에 유생 100인 외에 寄齋生 20인, 掌議 2인, 色掌 4인을 합쳐 정원이 총 126인이었다.

31) 李成茂, 〈鮮初의 成均館 硏究〉(《歷史學報》 35·36, 1967), 256~257쪽.

재학 연한은 제한되어 있지 않았으며 圓點 300을 따서 문과 초시의 응시자격을 획득하는 것이 목적이었다. 원점은 매일 아침·저녁 식당에 참석하는 것을 원점 하나로 계산해 주었다.[32] 유생들이 식당에 들어갈 때 井字로 된 칸안에 이름을 써넣게 되어 있었으므로 원점을 食堂到記라고도 불렀다. 유생들은 4서 5경과《近思錄》·《性理大全》·《通鑑》·《左傳》·《宋元節要》·《經國大典》·《東國通鑑》등 과거과목, 그리고 製述을 아울러 공부하였다. 그리하여 공부한 결과를 學官日講·學官旬製, 禮曹月講, 의정부·6조·제관 당상관들의 3월 3일·9월 9일 두 차례에 걸쳐 실시하는 제술시험인 年考를 통하여 평가하게 되어 있었다.[33] 학관일강과 예조월강은 講經시험(Oral Test)이었고, 학관순제[34]의 춘추년고는 제술시험(Written Test)이었다. 이 시험의 결과는 分數로 계산되어 우수한 자를 추천하여 서용하거나 문과시험을 볼 때 참작하였다. 경서를 공부하는 기간은《대학》1개월,《중용》2개월,《논어》·《맹자》각 4개월,《시경》·《춘추》각 6개월,《주역》·《예기》각 7개월이었으며 강경의 점수는「通」·「略」·「粗」·「不」로 구분하였다.[35]「통」은 2분,「약」은 1분,「조」는 반분을 주었으며 句讀와 訓釋이 정통·능숙하고 글의 뜻을 완전히 이해하여 꿰뚫었으며 변설에 의문의 여지가 없는 자는「통」, 구두와 출석이 모두 분명하고 비록 대의를 통하기는 하나 아직 완전히 이해하여 꿰뚫는 데까지 이르지 못한 자는「약」, 구두와 훈석이 모두 틀림이 없으며 강론이 비록 해통하지는 못하나 일장의 대의를 잃지 않은 자는「조」, 불합격자는「불」을 주었다.[36] 나아가서 제서에 융회 관통한 자에게는 특별히「大通」(또는「純通」)을 주기도 하였다.[37]

32)《世宗實錄》권 2, 세종 즉위년 12년 무자.

33)《經國大典》권 3, 禮典 獎勵.

34) 초순에 疑義·論, 중순에 賦·表·頌, 하순에 對策·記를 시험보였다(《太學志》상, 권 5, 章甫 學令).

35)《京外學校節目》(명종 원년). 세종 3년(1459)에는 고려 말의 예를 따라 성균관에「大學」·「中庸」·「論語」·「詩經」·「書經」·「春秋」·「禮記」·「周易」등 四書五經齋(九齋)를 두어 차례로 승급하게 하고 이 과정을 다 마친 자에게는 문과시험의 會試나 殿試에 直赴하는 제도를 두기도 하였다(《太學志》상, 권 7, 造士).

36)《經國大典》권 3, 禮典 諸科 講書.

37)《太學志》상, 권 5, 章甫 學令.

그리고 제술의 평점은 상상에서 하하까지의 9등급을 두어 상상에 9분, 하하에 1분을 주었다.[38)]

한편 성균관의 각종 시험에서 우수한 성적을 거둔 자에게는 문과 初試·會試·殿試에 直赴하거나 합격시키는 특전을 주었다. 節(日)製·通讀·到記(科)·殿講·應製·謁聖試·館試 등의 시험이 그것이었다.

節製에는 매년 정월 7일(人日)에 보이는 인일제, 3월 3일에 보이는 삼일제, 7월 7일에 보이는 칠일제, 9월 9일에 보이는 구일제의 四製가 있었다. 이 중 인일제와 칠일제를 儒生上旬輪次, 삼일제와 구일제를 儒生課試라고도 불렀다.[39)]

通讀은 숙종대부터 실시된 시험으로《續大典》에 의하면 매년 성균관 대사성이 경향의 유생들에게 강경과 제술시험을 각각 11번씩 실시하여 두 가지 시험에 성적이 우수한 자 각 5인씩 10인을 문과 회시나 전시에 직부하게 되어 있었다. 이 때의 제술시험에는 賦 1편과 表·箋·論 중 1편을, 강경시험에는 4서 3경을 背講으로 시험보였다.[40)]

到記(科)는 관학교육을 활성화시키기 위하여 실시된 시험으로 왕의 特旨가 있을 때 불시에 그 당시 식당도기에 이름이 적혀 있는 유생을 대상으로 강경이나 제술시험을 보여 이 중 성적이 우수한 자 약간명을 문과 회시에 직부시키거나 給分하는 특별시험이었다. 이 시험은 성균관 유생뿐 아니라 4학 유생들도 응시하였는데 성적이 우수한 성균관 기재생이나 4학 유생들은 생원·진사시 회시에 직부할 수 있었다.

殿講도 조선 후기에 역시 관학교육을 활성화시키기 위하여 매 4仲朔(2·5·8·11월) 16일에 그 전날 저녁의 식당도기에 올라 있는 성균관·4학 유생을 선발하여 실시한 강경시험이었다. 이 시험에도 기재생·4학 유생이 참여할 수 있었으며 이들 중 우수한 자는 생원·진사시 회시에 직부되었다.[41)]

---

38)《經國大典》권 3, 禮典 諸科 製述.

39)《太學志》하, 권 8, 選擧 節製.

40)《續大典》권 3, 禮典 諸科 通讀.

41)《太學志》하, 권 8, 選擧 殿講.「太學成典」에는 殿講이 每 四孟朔(1·4·7·10년) 15일에 生·進 4~5인, 寄齋生 2인, 四學儒生 1인을 왕의 落點을 받아 시험보도록 했다고 하였다.

應製는 節製 이외에 왕의 특명으로 왕 자신이나 대제학이 출제하여 궁중에서 성균관·4학 유생을 대상으로 실시한 제출시험이었다. 이 시험은 관학 유생의 수준을 국왕이 직접 테스트하는 것을 목적으로 하였는데 때로는 우수한 자를 급제시키기도 하였다.[42]

謁聖試는 국왕이 친히 성균관 문묘에 행차하여 酌獻禮를 행한 직후에 실시하는 제술시험으로서 단 한번의 시험으로 급제자를 정하는 卽日放榜의 특별시험이었다. 뽑는 숫자는 그때그때 정하였고 장원에게만 급제를 주기도 하고, 혹은 수인, 많을 때는 55인에게 급제를 준 적도 있다.

館試는 성균관시의 준말로 성균관 유생들만 시험을 볼 수 있는 문과 초시의 일종이다. 관시의 試取 정원은 50인으로 성균관 유생으로서 원점 300이 찬 사람에 한하여 이 시험에 응시할 수 있었다. 그런데 원점 300을 딴 유생이 모자랄 때는 원점수를 그때그때 하향 조정하기도 하였다. 관시는 성균관 유생이 목표로 하는 가장 중요한 정규 문과시험이었다.[43]

한편 오랫동안 성균관에서 수학하고 학문과 행실이 뛰어난 사람으로서 50세가 된 자나, 학관일강·순과(제), 예조월강의 성적이 우수한 자, 문과관시·한성시에 일곱 번 합격하고 나이가 50이 된 자는 왕에게 천거하여 벼슬을 주기도 하였다.[44] 이를 公薦이라 하는데 掌議들이 泮宮齋會를 열어 원점을 많이 받은 3인을 이조에 추천하여 벼슬을 주게 되어 있었다.

(4) 관 학

《경국대전》에 의하면 성균관 學官의 수는 37인이었다.[45] 그러나 성균관 학관의 수는 점차 늘어서 《태학지》가 만들어진 조선 후기에는 56인이 되었으며, 유학교육을 활성화하기 위하여 훌륭한 자질을 가진 관료들을 겸교관으

42) 《太學志》 下, 권 8, 選擧 應製. 세조 3년(1457)에 세조가 忠順堂에서 성균관 4학 유생 560인을 대상으로 실시한 應製에서 진사 成俔에게 급제를 준 바 있다.
43) 《太學志》 下, 권 8, 選擧 館試.
44) 《經國大典》 권 3, 禮典 奬勸.
45) 조선 초기와 조선 후기의 成均館 學官의 職官表를 비교하여 제시해 보면 다음과 같다(《太學志》 상, 권 5, 職官 ; 李成茂, 앞의 글, 253쪽).

로 임명하고 있었음을 알 수 있다. 특히 조선 후기의 知館事·大司成·祭酒(좨주)·司業 등의 고위 직책은 대제학 또는 학식이 높은 관료들로 겸임하게 하였고 兼博士·兼學正·兼學錄·兼學諭 등 참하관의 하위직도 奉常寺官이나 4학 훈도가 겸임하게 하였다. 예컨대 여말 선초에 이색·정몽주·권근·변계량 등의 석학들이 겸교관이 된 바 있으며, 조선 후기에는 김장생을 사업, 이준경·송준길 등을 좨주에 임명하여 사림의 宗長들이 성균관직을 맡는 관례를 만들었다.

품계 \ 개정년도	태조 원년(1392)	태종 원년(1401)	세조 12년(1466)	《경국대전》	《태 학 지》
정 1 품					知事1 (大提學 兼) 同知事 2 (他官 兼) 大司成 1 (兼官時 정3품~종1품) 祭酒 2(종1품~정3품
종 1 품					
정 2 품	知館事 1	知館事 1	知事 1	知事 1	
종 2 품	同知館事 1	同知館事 1	同知事 1	同知事 1	
정 3 품(당상관)			大司成 1	大司成 1	
정 3 품(당하관)	大司成 1	大司成 1			
종 3 품	祭酒 1	司成 1	司成 2	司成 2	司成 1
정 4 품	樂正 2	司藝 2	司藝 4	司藝 4	司藝 2 司業 2(學行人)
정 5 품	直講 1	直講 1	直講 4	直講 4	直講 4 兼直講 1
정 6 품	典簿 1	主簿 1	典籍 4	典籍 13	典籍 13 養賢庫兼主簿 (典籍兼)
정 7 품	博士 2	博士 2	博士 1	博士 3	
종 7 품	諄諭博士 2	諄諭博士 2			
정 8 품	進德博士 2	進德博士 2	進德博士 2		博士 3 兼博士 3 學正 3 兼學正 3
정 9 품	學正 2 學錄 2	學正 2 學錄 2	學正 1 學錄 1	學正 3 學錄 3	
종 9 품	進學 2 學諭 4	進學 2 學諭 4	直講 2 學諭 4	學諭 3	學錄 3 兼學錄 3 學諭 3 兼學諭 3
					兼直長 1 (博士以下兼) 兼奉事 1 (學正以下兼)
계	24	24	28	37	56

성균관 학관은 4학이나 종학의 교관을 겸임하기도 하였다. 성균관 학관이 종학 교관을 겸임하기 시작한 것은 세종 2년(1430) 3월부터였다.[46] 그러나 때로는 集賢殿官 등 동반의 顯官이 겸임하기도 하고 군직을 겸대하기도 하였다. 세종 18년에는 성균관 학관과 집현전관이 반반씩 종학 교관을 겸하기도 하였다.[47] 그러나 세조 12년(1466)에는 導善(정4품)·典訓(정5품)·司誨(정6품) 등 종학의 전임 교관을 두기에 이르렀다.[48]

국가에서 성균관 교육을 계속적으로 장려하였음에도 불구하고 성균관 학관은 인기가 그리 없었다. 권력의 핵심부가 아니었기 때문이다. 그리하여 자주 교체되었다. 겸교관제를 활용한 까닭도 여기에 있었으며 直講을 久任職(30개월)으로 하여 성균관 교육을 활성화하려고 하였던 까닭도 여기에 있었다.

성균관 참외(하)관은 1년 兩都目에 임기는 30개월이었다. 그런데 7품에서 6품으로 올라갈 때 세밀 도목(12월)에 거관하는 사람은 경관 6품을, 6월 도목에 거관하는 사람은 외관 6품을 주었다. 이는 三館(成均館·承文院·校書館) 참하관의 경우도 마찬가지였다. 이조에서는 한때 6월 도목을 폐지하였으나 行守法이 실시된 뒤로는 선·후진의 질서가 문란하여져서 6월 도목을 부활하였다. 그러나 이러한 규정은 문종 즉위년(1450) 4월부터 殿最에 의한 승품규정으로 바뀌었다.[49] 성균관 書吏는 1년 양도목에 매년 1~2인씩 8품으로 거관되었다.[50]

(5) 성균관의 경제적 기반

성균관의 경제적 기반은 성균관 학전의 稅收와 성균관 노비의 身貢에 있었으며, 釋奠祭物과 酒米는 국가에서 별도로 지원하였다.

성균관의 學田은 국초의 1,035결에다가 세종 13년에 준 965결을 합치면 2,000결이었다. 거기에다가 세종 29년에 내려준 학전 약간과 성종 15년(1484)

---

46) 《世宗實錄》 권 14, 세종 12년 3월 병오.
47) 《世宗實錄》 권 38, 세종 28년 정월 임오.
48) 《世祖實錄》 권 38, 세조 12년 정월 무오.
49) 李成茂, 앞의 글, 254쪽.
50) 위와 같음.

의 400결, 중종 6년(1511)의 100결 등 2,500여 결에 이르렀고 그 후에도 가끔 학전을 더 지급하였다. 학전의 1년 세수입은 세조 4년에 600석이라 하였는데 성균관 유생 200인을 기르기 위하여 960석이 든다고 하였다. 그러니 360석이 모자라 학생 수를 줄이는 사태가 벌어졌는데 성종 15년(1484)에 400결을 더 준 것은 이 부족분을 충당하기 위한 것이었다고 할 수 있다.[51]

그리고 성균관의 油炭·鋪陣·席子·地衣 등은 성균관 외거노비의 신공으로 충당하였다. 성균관 노비는 관내노비와 외거노비로 구분되는데 관내노비는 관내의 잡역과 문묘제향, 유생의 조석공급 등을 맡았고 외거노비의 신공은 앞에 말한 용도로 쓰였다. 성균관 노비는 소위 고려시대에 안향이 시납한 300구와 세종 원년(1419)에 더 지급한 100구 및 그 이후에 늘어난 약간의 노비로 구성되어 있었다. 그러나 성균관 노비는 종종 시녀나 他司노비·공신노비로 전속되거나 다른 역에 종사하게 하는 경우가 많았다. 여러 차례의 금령이 내려졌으나 제대로 실현된 것 같지는 않다. 성균관의 학전이나 노비가 자주 다른 곳으로 빠져나가게 된 것도 성균관 교육을 부실하게 하는 한 요인이 되었다.[52]

성균관의 전곡출납은 양현고에서 맡았다. 양현고는 고려 예종 14년(1119)에 처음으로 설치되었다.[53] 그러나 출납되는 전곡은 호조에서 수령하였다. 국초에는 학당의 경비를 전적으로 양현고에서 맡아 왔으나 세종 17년부터는 豊儲倉에 그 업무를 이관하였다. 그런데 세조 10년(1465)에는 계속되는 흉년으로 양현고를 일시 풍저창에 합속시키고 성균관 녹관 중에서 참상 1인과 참외 2인을 풍저창에 파견하여 전곡을 출납케 하였다. 그러나 양현고가 풍저창에 귀속된 뒤로 여러 가지 불편이 생겨 성종 14년 12월에 양현고를 복설하였다. 양현고에서는 유생들의 飯米·助饌·氷·油炭·紙筆墨·香·席子 등 일체를 공급하였다.[54]

51) 李成茂, 위의 글, 263쪽.
52) 李成茂, 위의 글, 264쪽.
53) 《高麗史》 권 74, 志 28, 選擧 2, 學校.
54) 李成茂, 앞의 글, 264~265쪽.

2) 4부 학당(4학)

(1) 학당의 설치

학당은 고려가 원의 간섭을 받던 고려 원종대부터 설치되었다. 즉 원종 2년(1261) 3월에 원의 제도를 모방하여 동·서학당을 설치하고 각각 別監·敎學·敎導를 두었던 것이 학당의 시초였다.[55] 그러나 동·서학당은 고려 말의 내우외환으로 유명무실한 상태에 있다가 공양왕 2년(1390) 2월에 이르러 경중 5부에 각각 학당을 설치하게 되었다.[56] 그런데 이 때의 학당은 고려의 사학 12도를 없애고 대신 세운 것에 지나지 않았다.[57] 그러나 이 때의 5부 학당은 이름뿐이고 학사조차 없어서 불사를 빌려쓰는 실정이었다.

조선왕조의 수도를 한양으로 옮긴 뒤인 태종 11년(1411) 6월에 남부학당, 세종 4년(1422) 12월에 중부학당, 세종 17년 11월에 서부학당, 세종 20년 3월에 동부학당의 학사를 각각 마련하였다.[58] 이리하여 조선 초기부터 5부 학당 가운데 북부학당을 제외한 4부 학당이 운영되게 되었다. 그러나 북부 학당은 끝내 설치되지 못하였다.

4부 학당은 송의 三舍法(外舍·內舍·上舍) 중 외사에 해당하는 학제였다. 3사법은 학생들이 우선 외사에 들어가 공부를 하다가 성적이 좋으면 내사로, 내사에서 상사로 올라가 상사에서 직접 관리로 임명되는 제도였다.[59] 4부 학당의 생도들은 8세가 되면 입학하여 15세가 되어 《소학》과 「4서」를 시험보이는 승보시에 합격하면 성균관에 들어가 공부할 수 있었다.

(2) 4부 학당의 교육

4부 학당에는 양인 이상의 신분이면 누구나 8세에 입학하여 생원·진사

55) 《高麗史》 권 74, 志 28, 選擧 2, 學校.
56) 위와 같음.
57) 李光麟, 〈鮮初의 四部學堂〉(《歷史學報》 16, 1961), 32쪽.
58) 李光麟, 위의 글, 38~39쪽.
59) 李光麟, 위의 글, 36쪽.

시를 준비하는 교육에 임할 수 있었다. 그렇다고 學區制가 있었던 것도 아니어서 지방학생들도 각 도의 추천을 받아 입학할 수 있었다. 각 학당의 정원은 100명씩으로서 모자라는 경우에는 동몽들로 보충하게 되어 있었다. 그렇다고 입학시험이 따로 있었던 것은 아니었다. 그러나 학당의 시설과 교육이 충실하지 못하여 정원 100명을 채우지 못하는 경우가 많았고 흉년이 들면 방학을 하기도 하였다.

학당의 교과목은 소학과 4서가 중심이었으며 교육평가는 경서를 배강케 하는 강경과 논술시험인 제술로 나누어져 있었다. 특히 학당의 교육에서는 향교와 마찬가지로 소학이 중시되었다. 소학이 유교의 기초적인 실천윤리를 간추려 놓은 윤리교과서였기 때문이다. 학당에서 소학교육이 중시되었기 때문에 4학 유생들이 목표로 하는 성균관 진학시험인 승보시와 생원·진사시에는 소학이 필수과목으로 되어 있었다.[60]

소학 이외에도 4서와《孝經》·《三綱行實》·《朱子家禮》·《史略》등이 학당의 교과서로서 널리 쓰였다. 성균관에서는 여기에《근사록》·《성리대전》등의 性理學에 관한 책,《通鑑》·《좌전》·《宋元節要》등의 역사책과,《古文眞寶》·《文選》·《唐宋八家文》·《東文選》등의 역사책과,《東國正韻》·《경국대전》등도 교과서로 쓰였다. 이러한 책들을 찍기 위하여 태종 3년(1403) 2월에 주자소가 설치되고 여기에서 활자를 개발하여 많은 책을 찍어 냈다.

학당의 교육평가에는 학관일강, 예조월강, 매 6월마다 남부학당에서 실시하는 四學合製, 승보시와 성균관에서 실시하는 謁聖試·黃柑試·春塘臺試 등의 별시, 왕궁에서 실시되는 전강·친시 등이 있었다. 학관은 5일마다 각 학당에서 강경시험(배강)을 보였으며, 예조에서는 달마다 역시 강경시험을 쳐서 두 시험의 성적은 연말에 종합하여 왕에게 보고하고 승보시나 생원·진사시에 응시할 때 참작하였다.[61]

(3) 4부 학당의 교관

4부 학당의 교관은 국초에 각 학당에 教授官(6품) 2인, 訓導官(7품 이하) 5

60)《太宗實錄》권 13, 태종 7년 3월 무인(權近의 勸學事目).
61) 李光麟, 앞의 글, 53쪽.

인씩을 두고 성균관 학관이 겸임하게 하였다. 그러나 실제로는 성균관 녹관의 수가 부족하여 정원수대로 파견할 수 없어 그 일부를 軍職遞兒(4학에 攝司直 각 1인, 攝副司直 각 1인)로 대체하여 녹봉을 지급하였다. 그러자 학당교육이 부실하게 되고 교관에 대한 처우를 그렇게 해서는 안된다는 여론이 일어 세종 19년(1437)에는 성균관에 司藝(정4품) 이하 主簿(정6품) 이상의 품계에 각 2인씩의 학관을 증설하여 동·서학당에 각 2인, 남·중학당에 각 3인씩을 파견하였다. 4학의 교관수가 줄어든 셈이었다. 그러나 교관수가 줄어들면 학당교육이 제대로 될 수가 없어서 세종 20년에는 각 학당에 훈도 1인씩을 더 파견할 수밖에 없었다. 그러다가 세조 12년(1466)에는 4학에 전임교관을 두기로 하고 겸교수관을 교수, 겸훈도관을 훈도라 개칭하여 군직을 겸대하도록 하였다. 그러나 《경국대전》에는 4학에 교수(종7품) 2인, 훈도 2인씩을 두고 성균관 전적 이하의 학관이 겸임하도록 되었다.[62] 그 후 효종대에는 성균관에 학문이 깊은 사림 출신의 사업 4인을 두어 각 학당을 하나씩 맡도록 하고 성균관 좨주가 돌아다니며 교육을 독려하도록 하였다.[63]

(4) 4부 학당의 경비

4부 학당의 경비는 학전·어장의 세수입과 노비신공에 기본적으로 의존하고 있었다. 학전으로는 태종 12년(1412)에 국가에서 내려준 100결, 세종 6년에 각 학당에 내려준 菜田 각 1결 20부, 명종 2년(1547)에 내려준 15결이 있었으며, 명종 20년에 떼어준 扶安·萬頃·古群山의 漁箭(어살) 등이 있었다.[64] 그리고 학당노비로는 태종 11년에 학당에 준 崔沖의 9재노비와 그 후에 이속된 혁거사찰노비·죄인속공노비, 문종대에 가급한 약간의 노비, 명종 2년에 사여한 노비 15구 등이 있었다.[65] 그러나 이들 학전과 노비는 자주 다른 곳으로 이속되는 경우가 많았다. 그리하여 학당 운영경비가 모자라 흉년이 되면 방학하거나 常養 액수를 줄이는 경우도 있었다. 학당의 경비는 호조

62) 李光麟, 위의 글, 47~49쪽.
63) 《太學志》 하, 권 13, 附編 四學.
64) 李光麟, 앞의 글, 43~45쪽.
《增補文獻備考》 권 209, 學校考 8, 四學 참조.
65) 위와 같음.

에서 수납하여 매달 풍저창에서 생도수에 따라 타 오도록 하였는데 1인당 매일 쌀 1되 정도가 지급되었다.[66]

3) 종 학

(1) 종학의 설치와 교육

宗學은 종실의 교육을 담당하는 정4품 아문이었다. 여기서 말하는 종실은 종친과 마찬가지로 왕의 玄孫(4대손)까지의 자손을 의미한다.[67] 단 왕세자나 원자는 성균관에 원자학궁을 세워 별도로 교육하였다.

고려시대에는 종학과 같은 종실 자손에 대한 별도의 교육기관은 없었으나 충선왕이 諸王子府를 개편할 때 그 요속으로서 伴讀(정6품)·直講(종6품)을 두었는데 이것이 그러한 일을 담당한 관직이 아니었나 한다.[68] 조선시대의 종학은 세종 10년(1428) 7월에 대군 이하 종실 자제들의 교육을 위하여 처음으로 설립되었고, 이듬해 10월에 景福宮의 建春門 밖에 학사를 세우는가 하면, 동왕 12년 3월에는 종학의 학칙인 宗學式略을 상정하였다.[69]

종실 자제들에 대한 교육은 그들이 문장을 잘 하도록 하려는 것이 목적이 아니라 학문을 닦아 몸가짐을 신중히 하고 자질을 높이기 위해서였다. 그러나 종친들은 관직에 나아갈 수 없었고 부귀를 누리는 존재들이어서 학문에 뜻이 있는 사람이 많지 않았다. 그리하여 이들은 무뢰배들과 어울려 갖은 비위를 저지르기 일쑤였으며 공부하는 데 관심이 적었다. 종친들은 고려시대부터 관직에 나아갈 수 없었다. 조선시대에는 특히 태종대의 사병혁파 이후로 「宗親不任以事」가 강화되었다. 물론 세조대에는 능력있는 종친에게 파격적으로 관직을 주었으나 성종대 이후에는 「종친불임이사」가 강화되었다.[70] 종친들에게 관직을 주지 않은 것은 왕권을 강화하기 위하여 종친들을 권력으로

---

66) 李光麟, 앞의 글, 43~44쪽.

67) 韓沽劤 外, 《譯註 經國大典》 註釋篇, 吏典 宗親府(韓國精神文化硏究院, 1986), 10쪽. 同姓을 宗이라 하고 父黨(父系)를 親이라 한다.

68) 金成俊, 〈朝鮮初期의 宗學〉(《韓國中世政治法制史硏究》, 一潮閣, 1985), 352쪽.

69) 金成俊, 위의 글, 353쪽.

70) 金成俊, 〈朝鮮初期의 宗親府〉(앞의 책, 1985), 316~318쪽.

부터 소외시키려는 의도와 아울러 문신정치 시대에 있어서 관료들이 왕실의 권한 비대를 견제하기 위한 의도도 있었다.[71] 종친들의 사환이 금지되어 있는 것은 종학을 허소하게 하는 중요한 원인이었다. 세종은 이러한 풍조를 바꾸기 위하여 세종 12년 5월에 晋平(首陽)大君 瑈·安平大君 瑢·臨瀛大君 璆 등을 종학에 입학하게 하고 종학에 나아가지 않는 종친들을 처벌하였으나 큰 실효는 거두지 못하였다.[72] 그리고 태종대부터 실시되어 오던 종친의 과거응시도 성종 초에는 금지되었다.[73] 그러나 왕의 五服親(현손까지) 이외는 문무관과 마찬가지로 과거에 응시할 수도 있었고 관직을 가질 수도 있었다.[74]

이와 같이 종학은 유명무실한 기관으로 전락하여 명맥을 유지하여 오다가 연산군 11년(1505) 11월에 종친이 문사와 교통한다고 하여 일시 혁파되었다가, 중종 6년(1511) 7월에 복설되었으며, 중종 19년 3월에 결국 흉년으로 다시 혁파되었다가, 숙종 2년(1676) 정월에 부활되었다.[75] 그러나 《속대전》에는 「今革」이라 하여 종학이 없어졌음을 명기하고 있다.[76]

(2) 종학의 교관

종학의 교관은 처음에 종학교수관이라 하였는데, 세종 9년 9월 예조에서 종학의 설치를 건의할 때에는 종학교수관이 2인이었다가, 종학이 창설된 뒤인 세종 11년 2월에는 4인으로 늘어났으나, 그 중 2인은 實差敎官, 2인은 預次敎官으로 하였다.[77] 이 때의 종학교수관은 성균관의 사성(종3품)·사예(정4품)·직강(정5품)·주부(정6품)가 겸임하였다. 그런데 세종 11년 3인에 종학식략이 제정되고 세종 12년 5월에 왕이 진평대군 등 왕자들을 종학에 입학시키고 다른 종친들의 입학을 독려하자 교관 4인 전부를 실차하게 되었다. 입학종친의 수가 늘어났기 때문이었다. 그리고 세종 15년 8월

---

71) 金成俊, 앞의 글, 356쪽.
72) 金成俊, 위의 글, 355쪽.
73) 金成俊, 위의 글, 357쪽.
74) 《經國大典》 권 1, 吏典 宗親府.
75) 金成俊, 앞의 글, 358쪽.
76) 《續大典》 권 1, 吏典 京官職 宗學.
77) 金成俊, 앞의 글, 359쪽.

에는 종학교수관을 종학박사로 개칭하고 정원을 2인 더 늘려 6인으로 하고 동·서반 3품 이하 6품 이상이 겸대하도록 하였다. 그런데 10년 뒤인 세종 25년 2월에는 다시 4인을 늘려 종학박사는 10인이 되었으나, 세조 2년(1456) 4월에는 다시 2인이 줄어 8인이 되었다. 이 때의 종학박사는 비단 성균관 학관뿐 아니라 집현전 녹관이 겸대하기도 하고, 일부는 군직으로 겸대하게 하기도 하였다.[78]

그러나 종학 교관의 타관 겸대는 종친사환의 금지와 함께 종학교육을 부진하게 하는 원인이 되었다. 세조는 이러한 점을 시정하기 위하여 종친에게도 사환의 기회를 확대하고, 세조 12년 정월에 종학의 겸박사제도를 없애고 導善(정4품) 1인, 典訓(종5품) 1인, 司誨(정6품) 2인 등 4인의 전임교관을 두어 교육에 전념토록 하였다.[79] 이것은 세조가 관료세력을 누르고 왕실 중심의 강력한 통치체제를 확립하려는 정책의 일환이었다. 그러나 세조가 죽은 직후인 예종 원년(1469) 7월에는 도선은 성균관 사성이, 전훈과 사회는 성균관 사예·직강·전적이 겸대하는 것으로 환원되었다.[80] 그리하여《경국대전》에도 이대로 법문화되었다.[81]

4) 잡 학

(1) 10학의 설치

조선왕조는 집권적 관료제를 운영하는 데 필요한 관리를 충당하는 방법으로 각종 관학을 설치하였는데 10학이 그것이다. 10학은 儒學·武學·譯學·醫學·陰陽學·算學·律學·畵學·道學·樂學 등으로 국가 운영에 필요한 각종 전문관리를 양성하던 조선시대의 관학이었다.

10학 중에도 유학이 가장 우위에 있었다. 조선왕조는 사대부들이 통치하던 유교국가였기 때문이다. 그러므로 유학은 성균관·4학·향교 등 별개의 교육

78) 金成俊, 위의 글, 359~362쪽.
79) 金成俊, 위의 글, 362쪽.
80) 金成俊, 위의 글, 363쪽.
81)《經國大典》권 1, 吏典 京官職 宗學.

체계를 가지고 있었으며 양반들이 입속하는 유학과 무학을 제외한 나머지의 제학은 잡학이라 하여 천시되었다.

조선왕조의 건국과 더불어 우선 10학 중 유학과 병학(무학)·율학·자학·역학·의학·산학 등 6학이 설치되었다. 유학은 국가의 지배사상으로서 별도의 교육체계를 가지고 있었다. 유신들은 유학을 다른 제학과 구별할 것을 주장하였다. 유학이 포함되어 다른 잡학, 특히 악공천예들과 더불어 四仲朔取才를 치른다는 것은 「尊儒待士」의 뜻에 어긋날 뿐 아니라 사대부들의 특권을 침해하는 것이라고 하였다.

반면에 태종은 유학을 6학 중에 포함시키라고 하였다. 태종은 유학의 三館考講法조차 없앤다는 것은 10학 중의 하나를 없애는 것이요, 吏科·陰陽科·譯科와 같은 제과는 천예가 맡는 것이 아니며 천예가 맡는 악학이 비록 10학 속에 포함되어 있으나 맡은 바 업무가 다르니 유학을 10학에서 제외할 필요가 없다는 것이었다. 그리하여 태종 6년(1406)의 10학은 국가의 하급관리를 양성·선발하는 취재교육으로서 전통을 가지게 되었다. 한편 10학은 현실적인 요구에 따라 편성이 달라지기도 하였는데 《경국대전》에는 유학·무학·역학·의학·음양학·산학·율학·화학·도학·악학 등이 10학에 포함하게 되었다.

그런데 10학 중에서 유학과 무학은 양반들이 입속하였고, 나머지 8학은 잡학이라 하여 기술관이 담당하였다. 8학 중에서도 악학의 樂生·樂工, 화학의 善畵·善繪·繪史 등은 천예들도 종사할 수 있는 잡직으로 되어 있었다. 그러므로 10학 중에는 양반들이 종사하는 유학·무학과, 기술관들이 종사하는 역학·의학·음양학·율학·산학·화학·도학·악학 등이 있었으며 그 중 화학·도학·악학에는 양인 및 천인이 종사할 수 있었다.

(2) 잡학 교육

잡학 교육은 중앙에서는 해당 관아에서, 지방에서는 지방관부에서 실시되었다. 잡학생도의 총원은 경·외 유학생도의 총원인 15,550인의 43.32%가 되는 6,736인이었다.[82] 이것만 보아도 조선시대의 교육은 유학교육이 중심이었

82) 《經國大典》 권 1, 吏典 外官職條에 府 4, 大都護府 4, 牧 20, 都護府 44, 郡 82,

고 잡학 교육은 부차적이었음을 알 수 있다. 그러나 기술직[83]이 국가운영에 꼭 필요하였기 때문에 잡학교육을 도외시하지는 않았다. 다만 조선시대의 지배층이 유교교양을 바탕으로 하는 유자들이었기 때문에 기술학을 잡학으로 대우하여 천시하였을 뿐이었다.

그러면 어떠한 부류들이 잡학 생도가 되었는가. 이것은 시대에 따라 차이가 있었다. 신라 말에는 일부 6두품 귀족들이 잡학에 종사하였고 고려시대에는 양반 자제들도 잡학을 배웠다. 그러나 고려 말 조선 초기부터 잡학은 천시되기 시작하였다. 조선 초기만 해도 양반 자제들도 잡학에 입속하였다. 그러나 잡학은 점차 천시되기 시작하였다.

그 까닭은 첫째로, 유교의 기예에 대한 관념적인 차별의식 때문이었다. 유교에서는 「君子不器」라 하여 유자는 세부적인 전문기예에 종사해서는 안된다고 하였으며, 董越의 《朝鮮賦》에서도 "兩班子弟 止許讀書 不習技藝"라 하여 조선의 양반유자들이 기예를 천시하였다고 말하고 있다. 둘째로, 조선 초기 지배신분의 양분화로 생긴 결과이기도 하다. 조선 초기에는 지배신분이 양분화하여 상급 지배신분층인 양반은 정책입안에 종사하고, 하급 지배 신분층인 중인은 행정실무나 각종 기술직에 종사하게 되었다. 따라서 기술관에 대한 처우가 격하되었다. 기술관에게는 체아직을 주고 체아직에는 職田조차 주지 않았던 것 등이 그것이다. 셋째로, 기술직에 종사하면 門地가 낮아져 양반가문과 통혼할 수 없었다. 그리하여 기술관은 기술직을 세전하는 경향이 있었다. 그러므로 양반 자제들은 기술직을 기피하였다. 따라서 양반 자제들은 잡학에 들어가는 것을 기피하였다.[84]

양반 자제들이 잡학에 들어가는 것을 기피하자 양반의 庶孼이나 양반에는 미치지 못하고 양인 중에 넉넉한 자들이 여기에 입속하게 되었다. 문·무관 2품 이상의 첩자손들이 잡학에 들어가 기술관이 될 수 있었으며,[85] 모자라는 경우에는 교생, 향리의 3정 1자, 지방의 역·의·율생도 중에서 선상하도록 하였다.

縣 75를 기준으로 생도수를 산출한 것이다.

83) 雜職이라고도 하였으나 賤隷들이 담당하는 流外職인 잡직과는 구별된다.

84) 李成茂, 앞의 글, 202~203쪽.

85) 《經國大典》 권 1, 吏典 限品敍用.

校生은 본래 양반 자제들도 입속하게 되어 있었으나 15세기 후반부터는 이미 양인 자제들이 군역을 피하기 위하여 많이 입속하고 있었다. 그리하여 조선 후기에는 安東 등 일부 지역을 제외하고는 額內生은 양인 자제들로 채워져 있었다. 이들은 자기의 신분을 상승시키기 위하여 잡학 생도로 歲貢되는 길을 택하기도 하였다. 잡학생도에는 중인이 입속하고 있었기 때문이다. 그러나 교생이나 향리 자제라고 해서 누구나 잡학생도로 세공될 수 있는 것은 아니었다. 넉넉하고 똑똑한 교생이나 세력있는 향리 자제만이 여기에 세공될 수 있었던 것이다.[86)]

잡학에는 문신·생원·진사 등 양반이 입속하는 習讀官이 있었다. 습독관은 유직자를 「講肄官」, 무직자를 「학생」이라 불렀다. 양반 자제들이 잡학에 들어가는 것을 꺼려 침체하게 되자 이를 부흥시키기 위하여 이 제도를 둔 것이다. 《경국대전》에 의하면 습독관의 수는 漢學 30인, 醫學 30인, 吏文 20인, 天文學 10인이었으나 다른 분야에도 있었던 것 같다. 무직자는 매일 상근하였고 유직자는 매월 10~15일만 해당관청에서 공부하도록 하였다. 습독관에게는 여러 가지 특전이 주어졌다. 丘史를 넉넉히 주고, 군직체아를 주며, 성적이 우수한 자는 현관에 임명하고 생원·진사에게는 習讀仕日을 성균관 원점으로 간주해 주는 것 등이 그것이었다. 그러나 잡학에 대한 천시 관념 때문에 양반 자제들이 습독관이 되는 것을 바라지 않았으며 임명되더라도 어떻게 해서든지 모면하려고 애썼다. 그리하여 습독관제도가 잡학진흥에 크게 기여하지는 못하였다.[87)]

잡학생도들은 중앙의 소관 아문이나 지방관부에서 전문서와 《경국대전》 등을 교육받았으며 일강·월강 성적은 연말에 종합하여 취재의 자료로 삼았다. 지방의 잡학 생도는 한두 명씩 중앙관아에 뽑혀 올라와 교육을 받고 내려가는 제도가 있었으며 의·역·악 3학 생도는 명에 유학을 보내려 하기도 하였다. 그러나 「遣子弟入學」은 명이 정보가 유출된다하여 반대하였기 때문에 좌절되고 말았다.[88)]

---

86) 李成茂, 앞의 글, 204~205쪽.
87) 李成茂, 위의 글, 205~206쪽.
88) 李成茂, 위의 글, 207쪽.

(3) 잡학 교관

잡학 교관은 종6품인 교수와 정9품인 훈도가 있었다. 이들은 처음에 문신이나 생원·진사가 맡도록 되어 있었으나 이들이 달가워하지 않자 한학교수 2인, 의학교수 1인을 빼고는 모두 기술관이 교관직을 담당하게 하였다.

지방의 잡학훈도는 중앙에서 파견되는데 임기는 30개월이었고 察訪·審藥·檢律·驛丞과 마찬가지로 무록관이었다. 역학의 경우는 地方譯學院이 있는 도에 역학훈도 자리가 설정되어 있었으며 의학의 경우는 태조 2년(1393)에 계수관마다 醫院을 세워 의학교수를 두었는데 태종 16년(1416)에 醫學敎諭로 고쳤다가 뒤에 혁파되었고 유학교수·훈도가 이를 겸임하게 되었다.[89]

5) 향 교

(1) 향교의 설치와 교육

鄕校의 연원은 삼국시대로 소급되는데 신라에는 淸州 등지에 지방학교가 있었다고 한다.[90] 그리고 고려가 건국되면서 태조 13년(930)에 西京에 학교를 설치하였으며 성종 8년(989)에 12목을 비롯한 여러 주·부에 경학박사와 의학박사를 파견한 바 있었다.[91] 이로 미루어 보아 고려 초기부터 지방 학교인 향교가 형식적이나마 설치되었음을 알 수 있다. 그러나 고려의 지배사상이 불교였는 데다가 군현제도가 제대로 갖추어져 있지 않아 크게 실효를 거두지는 못하였다. 예종·인종대에 문운이 일어나면서 특히 인종대부터는 향교기록이 눈에 띄게 늘어나기는 하였으나 무신정권이 들어서자 그나마 부진해졌다. 그 후 공민왕대의 문교부흥운동과 군현제 정비의 추진으로 향교 설치가 활발하게 이루어졌으나 곧이어 몰아닥친 내우외환으로 1군

---

89) 李成茂, 위의 글, 208쪽.
90) 金光洙, 〈羅末麗初의 地方學校問題〉(《韓國史硏究》 7, 1972), 130쪽.
91) 《高麗史》 권 74, 志 28, 選擧 2, 學校.

1향교가 이룩되는 데까지는 이르지 못하였다.[92] 그러므로 1군 1향교의 설치는 인구와 토지비례에 의한 군현제가 갖춰진 조선 초기까지 기다려야만 되었다.

태조는 그의 즉위교서에서 이미 외방 향교의 설치를 강조한 바 있었으며[93] 태종은 「修明學校」를 守令七事[94]의 하나로 넣어 그 성과 여부에 따라 수령의 포폄 기준으로 삼았다. 조선 초기에는 중앙에서 수령과 교수관을 파견하여 이들에게 향교의 설치와 향교 교육을 진흥시킬 책임을 지웠다. 뿐만 아니라 지방의 토호를 비롯한 유지들도 향교 설치에 공헌하였다. 다시 말하면 향교의 설치는 수령·교관·지방유지 3자의 협력으로 이루어져 가고 있었다. 그러나 모든 군현에 향교가 일시에 다 설치된 것이 아니라 지방의 여건에 따라 빨리 설치된 곳도 있고 늦게 설치된 곳도 있었다. 처음에는 학사를 지을 경비가 없어 불사를 빌려 교육을 하기도 하였다. 국가에서는 불교사찰을 혁파하는 대신 향교를 세우도록 하였으며 혁파된 사찰의 토지와 노비의 일부를 향교에 지급하기도 하였다. 태종 13년(1413)에 향교에 일제히 지급한 토지와 노비 등은 혁파된 사찰의 토지와 노비였다. 이와 같이 「수명학교」를 수령 7사의 하나로 넣어 국가적인 차원에서 향교 설치를 독려한 것은 국가의 지배사상을 불교에서 유교로 바꾸는 정책의 일환이었다.[95]

향교 교육은 명륜당에서 실시되었다. 향교에는 공자를 모시는 대성전과 선현을 봉안하는 東·西廡로 구분되는 문묘와 향교 생도의 講學所인 명륜당과 그들이 기숙하는 동·서재로 구성되는 학사가 있었으며 그 이외에 제사를 관장하는 典祀廳 등이 있었다. 향교 생도들은 중앙 관학생들과 마찬가지로 공자와 선현을 모신 곳에서 유교예절과 유교경전을 익혔다.

향교 생도들에게 가르치는 교과서들로서는 4서 5경 이외에《소학》·《효경》·《성리대전》및《삼강행실》등 초등교과서와《근사록》·《가례》등 유

92) 朴贊洙,《高麗時代 敎育制度硏究》(高麗大 博士學位論文, 1991), 143~197쪽.
93)《太祖實錄》권 1, 태조 원년 7월 무신.
94) 守令七事는 存心仁恕·行己廉謹·奉行條會·勸課農業·修明學校·賦役均平·決訟明允이었다(《太宗實錄》권 12, 태종 6년 12월 을사).
95) 李成茂,〈朝鮮初期의 鄕校〉(《漢坡李相玉博士回甲紀念論文集》, 1970), 235~239쪽.

학서,《통감》·《송원절요》 등 사서,《文選》·《楚辭》·《柳文》·《韓文》·《고문진보》 등 문학서가 쓰였으며 莊子·老子 등 제자백가서는 금서로 되어 있었다.[96] 이 가운데에서도 특히《소학》·《가례》·4서 5경이 주된 교과서였다. 소학은 이미 權近의 勸學事目에서 관학 일반의 필독서로서 권장된 바 있었다.[97] 소학은 經史子集 중에서 유교사회의 도덕규범이 될 만한 어구들만 골라 놓은 입문서였기 때문이다. 그러므로 소학은 성균관 입학시험, 생원시의 先修科目으로 되어 있었다.[98] 소학의 정신은 學令의 기초로 반영되어 있었던 것은 앞에서 이미 지적한 바 있다.

향교의 교과과정은 학령에 준하였다. 다만 향교의 학령은 성균관의 학령을 약간 손질하여 실정에 맞게 운영되고 있었다. 향교의 교육평가도 강경과 제술로 구분되어 있었는데 제술에 역점을 두었던 고려시대와는 달리 강경에 중점을 두고 있었다. 강경은 매일 실시되는 일강이 있었는데 비하여 제술은 수령이 직접 한달에 望前·望後에 한 번씩 두 번 실시되는 月課가 있었을 뿐이었으며 우등자는 월말에 관찰사에게 보고하여 戶役(잡역)을 덜어주고 교육의 성과 여부에 따라 교관을 인사할 때에 참고하였다.[99] 그리고 매년 6월 都會에는 강경·제술시험을 보여 우등자를 생원·진사시 복시(회시)에 직접 응시할 수 있게 하는 특전을 주었다.[100] 이 때에 문관출신 교수, 閑官 중 3인이 시관이 되었으며 경상·전라·충청도는 각 5인, 나머지 도는 각 3인씩을 뽑았다. 또한 생도 중에 품행이 단정하고 학문이 해박하며 시무에 통달한 한 두 사람을 관찰사를 통하여 천거하여 임용하기도 하였다.[101]

한편, 일강·월과의 성적이 좋지 않은 자는 역·의·율생이나 書吏로 세공되었다. 유학을 연마시키기 어려운 자들을 잡학생도로 편입시킨 것이다. 특히 왜학생도의 경우는 바다를 건너 멀리 왜국에 왕래하여야 하기 때문에 지

---

96)《慶北鄕校資料集成》1, 慶州學令(嶺南大學校 民族文化硏究所 編, 1992), 26~30쪽.
李成茂, 위의 글, 239쪽 참조.
97)《太宗實錄》권 13, 태종 7년 3월 무인.
98) 위와 같음.
99)《經國大典》권 3, 禮典 奬勸.
100) 위와 같음.
101)《慶北鄕校資料集成》1, 慶州學令.

원자가 없어 정원 30인 중 연해의 향교생도 중에서 세공하도록 하였다. 그리하여 세조 8년(1462) 4월에 제정된 倭學勸勵條件에서는 경상도 연해와 여러 고을 향교에서 연소한 교생 20인을 올려 보내게 하였다. 그리고 3년마다 교생 중 나이 많고 재주없는 자는 서리로 세공하기도 하였다.102) 교생이 기술관이 되거나 서리가 되는 것은 양반에게는 신분이 하락되는 반면에 양인에게는 신분이 상승되는 것이다. 따라서 양반은 교생이 되는 것을 기피하는 대신 양인은 교생이 되는 것을 갈망하게 되었다. 그리하여 교생은 점차 양인들이 차지하게 되었고, 향교 교육은 날이 갈수록 부실하게 되어 갔다. 이에 향교는 지방의 유학교육 기관이라기보다는 군역을 피하거나 기술관·서리 등 중인이 되기를 원하는 양인들로 가득 차게 되었다. 건국 초기에 활발했던 향교 교육은 크게 부진하게 된 셈이다.

군역을 면제받으러 몰려드는 양인 교생들을 줄이고 군액을 늘려 국방을 튼튼히 하기 위하여 세조대에는 校生落講定軍法을 마련하여 강경시험에 떨어진 교생은 무조건 군역에 충당되도록 하였다. 그리고 각 군 교생의 정원을 정하여 부·대도호부·목은 50인, 도호부는 40인, 군은 30인, 현은 15인으로 하고 그 이외의 교생은 군역에 충당되었다. 교생의 연령은 40세 미만으로 정하고 이들 중에도 재주가 없는 자는 충군하도록 하였다. 연령 제한은 그 후 더욱 강화되어 15~20세로 한정하기도 하였다.103) 그러나 낙강정군의 충격이 큰 데다가 교생들의 불평이 늘어가자 성종 2년(1471) 6월에는 각 향교의 정원을 늘여 부·대도호부는 90인, 도호부는 70인, 군은 50인, 현은 30인으로 하여《경국대전》에 법제화되었다. 단 16세 이하의 童蒙은 군역과 관계가 없으므로 정원에 포함되지 않았다.104)

(2) 향교의 문묘

향교에도 학사를 중심으로 한 교육기능과 문묘를 중심으로 하는 교화기능이 분화되어 있었다. 향교의 교육기능은 국가의 경비지원 의지가 약화되

102) 李成茂, 앞의 글, 247쪽.
103) 李成茂, 위의 글, 248쪽.
104) 李成茂, 위의 글, 249~250쪽.

자 교생 낙강정군, 향교 교관의 질적 저하 등으로 인한 양반들의 외면 때문에 날로 약화되어 가고 있었다. 그러나 문묘를 중심으로 한 교화기능은 오히려 강화되어 갔다. 지방 양반들이 향교를 향촌교화의 중심기관의 하나로서 계속 관심을 가져왔기 때문이다. 왕명을 받아 부임하는 수령도 到任·遞任 때는 먼저 문묘에 배알하여야 하였으며 석전제의 현관이 되어야만 하였다. 과거 급제자들도 고향에 돌아와 家廟에 告由하기 전에 문묘에 먼저 배향하게 되어 있었다. 지방 양반들도 교생이 되는 것은 기피하면서도 靑衿錄을 만들어 그들만이 입록하고 향교제향을 독점하여 왔다. 지방 양반들은 留鄕所의 鄕案과 향교의 청금록을 통하여 향촌사회의 지배권을 장악하여 온 것이다. 문묘에서 행해진 석전제·삭망분향제·위안제·환안제뿐 아니라 社稷祭·城隍祭·祈雨祭·厲祭·養老宴·鄕飮酒禮(10월)·鄕射禮(3월 3일, 9월 9일)·投壺禮 등이 향교에서 양반들의 주도 아래 아울러 행해졌던 것도 그 때문이었다.105)

향교 문묘에 봉안하는 선현의 범위는 군현의 격에 따라 달랐다. 《大典續錄》에 의하면 개성부와 도의 계수관은 성균관 문묘와 배향인물이 같았으나, 주·부·군은 兩廡 제현을 봉사하지 않았고, 현은 宋儒 周敦頤·程顥·程頤·朱熹와 薛聰·崔致遠·安珦 만을 배향하였다. 그 후 숙종 40년(1714)에 張載·邵雍이 성균관 문묘에 배향되면서 개성부와 도의 계수관에 한하여 배향하던 것을 영조 22년(1746)에는 이들을 주·군·현에도 다 배향하게 되었다.

조선 후기의 향교는 초기에 비하여 교육기능보다 제례기능이 강화되었다. 이것은 주자학의 정착과 향교를 통한 지방 양반들의 대민교화의 필요성이 늘어난 데서 이유를 찾을 수 있을 것이다. 이러한 대민교화의 중심지는 문묘가 되는 것이 자연스러웠다. 따라서 조선 후기 향교의 존립 의미는 교육기능보다는 오히려 제례기능을 통한 향촌지배에 있는 것처럼 보이게 하였다.106)

향교의 제례가 강화되자 여러 가지 폐단이 생기기도 하였다. 가중되는 제

---

105) 尹熙勉, 《朝鮮後期鄕校硏究》(一潮閣, 1990), 199쪽.
姜大敏, 《韓國의 鄕校硏究》(慶星大出版部, 1992), 161쪽.

106) 尹熙勉, 위의 책, 201~202쪽.

수의 조달을 위하여 지방민을 착취하거나 執事校生의 수를 늘려 이들로부터 군역을 면제해 주는 대신 돈을 받는 사례가 늘어난 것 등이 그것이다. 뿐만 아니라 청금록에 등재된 양반 유생의 수가 늘어나고 이들은 모두 제례에 참석할 수 있었으므로 재정적인 부담이 늘어나게 된 것도 다른 하나의 폐해였다. 더구나 空名帖의 남발, 納粟補官 등으로 新鄕의 수가 늘어나고 이들도 청금록에 들기를 원하고 제례의 校任이 되거나 참여하고자 하여 신·구향 간에 鄕戰이 유발되기도 하였다. 이에 향교는 모름지기 鄕權의 쟁탈지로 바뀌어 가게 되었다.[107] 향전은 신·구향 간의 대립뿐 아니라 당쟁의 성격을 띠고 행해지기도 하였다. 향교는 공론의 소재지로서 통문을 발하여 당론에 입각하여 자기들의 주장을 관철시키는 데 이용되었다. 이들의 여론 수렴은 儒會를 통하여 정했다. 유회에서는 교생의、입속·교임의 선출, 향교 건물의 관리, 향촌의 교화 등 향내 문제를 다루기도 하지만 斯文義理·討逆·정부정책 비판 등 정치적 이데올로기적 문제를 다루고 이를 관철시키기 위한 통문·상소를 발하기도 하였다. 뿐만 아니라 校保·除役村을 두거나, 집사 교생에 대한 뇌물수수, 제수를 빙자한 지방민의 착취 등 지방사회의 이권집단으로 탈바꿈해 가게 되었다. 따라서 향교는 지방 양반의 지배권을 강화하는 교두보로서 이용되었다.[108]

(3) 향교의 교관

조선왕조에 들어와서 유교정치 체제의 확립과 더불어 군현마다 향교를 세우고 향교마다 교관을 확보하는데 노력하였다. 태조는 즉위하자 곧 각 도의 유학교수관을 본직에 머물러 있게 하고 교관이 없는 곳에는 70세 이상된 한량관들을 향교 교도로 임명하여 수령으로 하여금 그들의 득실을 보고하도록 하였다.[109] 그러나 태종조에 이르러서는 중앙에서 향교 교관을 파견하기로 하였다. 그 우선적인 대상으로는 문과에 급제하여 승문원·성균관·교서관에 분관되어 있는 三館權知들이었다. 3관 권지는 입관 순서에 따라 각관의 유학

---

107) 尹熙勉, 위의 책, 204~208쪽.
108) 尹熙勉, 위의 책, 203~217쪽.
109) 李成茂, 앞의 글, 242쪽.

교수관에 임명되어 관찰사의 감독과 포폄을 받게 하였다. 그러나 모든 군현에 문과 급제자인 3관 권지를 한꺼번에 파견할 수는 없었다. 그리하여 우선 주·부에만 3관 권지를 교수관으로 파견하고 나머지 군현에는 그 지방에서 사표가 될 만한 사람을 뽑아 學長이라는 직책을 주어 향교 생도를 가르치게 하였다. 그러나 이들 학장에게는 녹봉이 지급되지 않아 질좋은 교관을 구할 수가 없었으며 이들마저 교육보다는 피역에 목적이 있어 큰 실효는 거두지 못하였다.[110]

태종 16년(1416)에는 전국의 군현을 재정비하여 주·부를 비롯한 큰 군현에는 문과출신인 교수관을, 그 이외의 군현에도 참외 문신인 훈도관을, 생원·진사를 교도로 임명하여 향교 교육을 담당하도록 하였다. 그러나 생원·진사들이 교도가 되는 것을 기피하거나 자기들의 승진을 위한 도구로 여기자 세종이 즉위하면서 일시 교도직을 없앴다가 다음해부터는 500호 이상 되는 군현에 한하여 교도직을 두기로 하였다. 이것은 조선 초기의 향교 교도의 보임이 하나의 정식이 되었다. 다시 말하면 이 때의 향교 교관이 될 수 있는 사람은 문과 급제자(교도관), 참외 문관(훈도관), 생원·진사(교도), 지방 지식인(학장) 등이었다. 한편 생원·진사들이 교도직을 출세 도구로 이용하는 것을 방지하기 위하여 교도 취재시험을 보이기도 하고 교도가 될 수 있는 연령을 40세 이상으로 제한하기도 하였다. 반면에 이들에게는 원점에 관계없이 문과에 응시할 수 있는 특전을 주기도 하고 면역의 특전을 부여하기도 하였다.

그러나 문과 출신자들이나 생원·진사들이 향교 교관이 되는 것을 꺼리는 것은 마찬가지였다. 교관직은 寒職이었기 때문이다. 그리하여 문과 회시의 초장 입격자도 교관에 임명하고 咸興·安州 이북의 양계 교도에게는 부임 즉시로 加資하며, 종래에 30개월이었던 거관 가자기간을 15개월로 단축하고, 학장에게도 녹봉을 지급하고, 성과있는 학장에게는 산관직을 주는 등의 조처를 취하였다. 반면에 이유 없이 3개월간 부임하지 않는 자는 杖 100에 파직하여 서용하지 않고, 辭避者는 3년 동안 서용하지 않기로 하였다.[111]

110) 李成茂, 위의 글, 242~243쪽.
111) 李成茂, 위의 글, 244~245쪽.

그 후 성종대에 이르러 향교 교관의 명칭은 교수(職高 문과출신자)·훈도(秩卑 문과출신자)·교도(생원·진사·유학)·학장(기타)으로 정리되었다. 그러나 향교 교관은 한직이어서 문신 좌천자들의 유배직으로 인식되었다. 그리하여 향교 교관은 무자격자·무능자로 채워지게 되었다.[112)]

《경국대전》에 의하면 전국의 교수는 72인, 훈도는 257인, 합계 329인으로 이 인원수는 전국의 군현수와 일치한다. 그러므로 명목상으로는 부·목·대도호부에 교수, 군현에 훈도 1인씩이 파견되는 것으로 되어 있었다. 그러나 문과 출신자들이나 생원·진사들이 교관이 되는 것을 꺼렸기 때문에 자격있는 사람을 뽑아 쓰기가 어려웠다. 그러므로 교관의 자질부족 문제가 향교 교육에 심각하게 논의될 수밖에 없었고, 자질은 부족하더라도 녹봉도 제대로 주지 못하는 학장을 두어 교육에 임하도록 할 수밖에 없었던 것이다.

향교 교육이 쇠퇴하고 교관도 천시되어 임명되기를 꺼려하자 17세기 이후에는 국가에서 교관을 파견하지 않았다. 그리하여 향교는 청금록에 입안된 유생대표인 교임(儒任·齋任·執綱)들에 의하여 운영되었다. 향교의 교임에는 교장(都有司·齋長·齋首·首任) 1인, 掌議(校貳·次任) 1인, 色掌(任末) 2인이 있었다. 양반들의 東齋와는 별도로 西齋에는 교생 가운데서 堂長(堂掌)을 두어 향교의 수직과 제향의 집사를 담당하고 동재 교임을 돕게 되어 있었다. 서재 재임 이외에 또 典穀(典任)을 두어 향교재정을 출납하게 하였다. 교임은 自代하거나 三望으로 유림들이 선출하여 수령의 재가를 받도록 되어 있었다.[113)] 교임들은 훈장을 임명하여 향교 교육을 담당하게 하였으나 일정한 기간만 모여서 시험을 보게 하였으므로 향교의 교육기능이 약화되어 유명무실하였다.[114)] 향교가 향촌지배를 목적으로 하는 양반출신의 청금록 유생들에 의한 지방교화의 중심지로 되고 양반출신이 아닌 교생들은 군역을 피하는 것이 목적이었기 때문에 향교의 교육기능은 유명무실해질 수밖에 없었다. 그리하여 조선 후기의 향교는 교육기능을 상실하고 교화기능이 강화되는 방향으로 흘러가게 되었다.

---

112) 李成茂, 위의 글, 245~246쪽.
113) 尹熙勉, 앞의 책, 152~156쪽.
114) 尹熙勉, 위의 책, 153쪽.

(4) 교생의 신분

조선사회는 신분사회였으므로 관학에서 유교교육을 받아 과거를 통하여 관료가 되는 데는 당시의 지배층이던 양반이 가장 유리하였다. 그리하여 조선 초기에는 양반 자제들이 많이 향교에 들어가서 교육을 받았다. 국가에서도 「興學校」를 수령 7사의 하나로 넣어 향교의 건립과 향교 교육을 장려하였으므로 양반 자제들이 향교에 들어갈 만하였다.

그러나 국가의 향교에 대한 관심이 줄고 향교의 시설이나 교관들의 수준이 떨어짐에 따라 양반 자제들은 향교에 들어가기를 꺼려했다. 이들은 향교에 들어가 양인 교생들과 함께 공부하기를 싫어하였다. 국가에서는 전적으로 국비로 지급하는 관학에 유교 교육을 전담시키기보다는 양반들의 서재나 서당 같은 사학을 활용하고자 하였다. 한편 양반들은 그들의 사학에서 자기들만이 따로 과거준비를 교육시킴으로써 일반 양인들보다 관료가 되는 유리한 고지를 오르고자 하였다. 그리하여 본래는 관학을 통해서만 볼 수 있는 과거시험을 사학에서 공부한 사람들에게도 생원·진사시에 응시할 수 있게 하였다. 이 때문에 명·청의 제도처럼 학교시험의 최종시험이 곧 과거시험이 되도록 하는 제도는 실시될 수 없었다. 다시 말하면 학교제와 과거제가 일직선상에 연결되어 있지 않게 되어 있었다고 할 수 있다.[115]

교생은 출신신분에 따라 上額·中額·下額으로 구분되기도 하였다. 상액은 액내로 靑衿錄·赴擧案에 수록되고 중·하액은 校生案에 수록된 사람들이었으나 뒤에는 액내생이 교생으로 채워졌다.[116] 양반들이 교육을 받을 생각도 없으면서도 굳이 향교 청금록에 등록하고자 한 것은 학교에 이름이 등록되지 않으면 과거에 응시할 수 없게 한 규정과 확고한 지방 양반의 지위를 인정받아 향촌지배를 강화하기 위해서였다. 따라서 동재유생에는 정원이 없었다.[117] 청금록에 등재되는 동재유생은 춘추 석전제 때에 유생들이 내외 현족자 중 유교경전에 대한 지식을 갖춘 자를 천거하게 되어 있었다. 이 때 경전

115) 李成茂, 앞의 글.
116) 尹熙勉, 앞의 책, 10~20쪽.
117) 《大典會通》 권 3, 禮典 諸科.

시험을 보여 3하 이상의 성적을 받은 자에 한하여 뽑았다. 따라서 청금록은 향안과 함께 양반자격을 보증 받는 중요한 문적이 되었다. 다만 향안은 내외 현족의 여부만을 따지는데 반하여 청금록은 현족 중에서도 유교지식의 유무를 필수조건으로 하고 장차 과거에 나아갈 수 있는 길이 열리는 것이었으므로 청금록이 향안보다 어느 의미에서 더욱 중요하였다.[118]

교생의 수는《경국대전》에 군현 등급에 따라 부·대도호부·목은 90인, 도호부는 70인, 군은 50인, 현은 30인으로 정해져 있었으나 조선 후기에 이르러서는 그 수가 지켜지지 않고 군현의 교생수가 수백·수천·수만 명에 달하게 되었다. 군역을 면제받고자 하는 사람들이 늘어나고 있었기 때문이다. 형식적으로는 邑誌나 戶籍臺帳에 규정된 교생수만 적어 놓고 있으나 실제로는 불법적으로 교생이 된 사람들이 많았다. 액내교생의 경우가 그러하였다. 조선 후기에는 서재교생 중에서 액내생을 정하였다. 그러나 군역을 피하기 위하여 들어오는 액외교생의 수는 제한이 없었다.[119] 국가에서도 교화를 목적으로 체제에 순응하는 백성들을 만들고자 액외교생의 존재를 묵인하였다. 그리하여 이들에게 기술직이나 書吏로 진출할 수 있는 길까지 열어 주기도 하였다.[120] 국가보다도 지방관아나 향교에서는 돈을 받고 액외교생을 시켰으므로 수령의 치부수단이나 향교재정의 보완을 기할 수 있었다. 이들을 願納校生이라 하였다. 액외교생이 불법적이면서도 없애지 못하였던 것은 이 때문이었다.[121]

액내교생은 평민의 상층부와 서얼·서족 등 중인층에 속하였고 그 신분은 세습되는 경우가 많았다. 이들은 16세부터 60세에 除役될 때까지 향교의 여러가지 업무를 맡았으며 군역과 잡역이 면제되었다. 액내교생은 정원을 엄격하게 지켰으며 別監·農有司·鄕任·風憲·군관 등을 맡을 수도 있었다. 교

118) 尹熙勉, 앞의 책, 27~28쪽.

119) 향교에서는 守直이나 각종 祭禮의 執事, 兵營에 兵符傳達, 국가의 경사 때 赦文(赦免令)을 監營에 전달하는 일, 赦文을 읽는 일, 勅書의 보관과 감시, 香祝의 보관, 養老宴의 시중, 戶籍臺帳의 淨書 등 잡일을 맡기기 위하여 額外校生을 뽑았다. 이들 日直校生·執事校生·兵符賚去校生·赦文校生 등은 향교의 유지와 관아의 업무를 수행하는데 필요한 존재들이었다(尹熙勉, 위의 책, 52~58쪽).

120) 尹熙勉, 위의 책, 109쪽.

121) 尹熙勉, 위의 책, 121·127쪽.

생의 입교는 교임의 차출, 유회에서의 심사, 관에 보고 등의 절차를 거쳐야 하며 교생안(西齋案)에 입안되었다. 교생안은 청금록이 없어진 19세기 이후까지도 계속 존속되었다. 액외교생은 평민으로 구성되었으며 군역이 면제되고 잡역은 본인만 면제되었다.

(5) 향교의 경제기반

향교를 운영하는 데는 일정한 재정이 필요하였다. 이러한 재정은 지방관아의 지원이나 鄕校田의 수입, 향교노비의 신공 등으로 충당되었다. 조선 초기에는 적어도 그러하였다.

향교전은 태종대에 처음으로 지급되었다. 성균관·4학·향교의 學田은 대체로 혁파된 사원노비로 충당되었다. 즉 태종 6년(1406) 3월에는 전국의 사원 중 12종 242사만 남기고 나머지 사원의 토지와 노비는 모두 국가에 귀속시켜 軍資田과 典農寺의 노비로 삼고 여기에서 일부를 향교에 할당했던 것이다. 이것은 불교사원의 경제기반을 유교의 교육기관에 옮김으로써 유불 교대의 효과를 거둘 수 있게 한 조처이다.122)

향교전에는 유토전과 무토전이 있을 수 있는데 유토전은 향교노비나 향교촌의 양인이 경작하여 소작료(花利 또는 禾利)를 내는 토지요, 무토전은 실제 토지는 지급하지 않고 일정한 토지의 양에 해당하는 什一租(생산물의 10분의 1)만을 관에서 지급하는 토지이다. 태종조의 향교전은 전자에 해당하는 것이었다. 노비의 신공은 일반노비의 신공과 마찬가지로 2필이었다.

향교전과 향교노비가 각관 향교에 지급되기는 하였으나 그대로 유지된 것 같지는 않다. 향교전과 향교노비가 다른 곳으로 빠져나간 때문이었다. 그리하여 유력한 군현에는 토지와 노비가 많고 무력한 군현에는 토지와 노비가 적거나 없게 되었다. 이에 전국 향교에 학전을 지급하는 문제가 논란되어 성종 15년(1484) 12월에 성균관에 학전 400결, 4학에 각 10결, 각급 향교에는 군현 등급에 따라 10~5결씩의 학전이 지급되었다.123) 이것은《속대전》에 성균관에 400결, 4학에 각 10결, 주·부 향교에 각 7결, 군현 향교에 각 5결

---

122) 李成茂, 앞의 글(1970), 250쪽.
123)《大典續錄》권 2, 戶典 諸田.

씩 급하는 것으로 재조정되었다.[124] 이 때의 학전은 물론 수조지였다. 그러한 학전이 규정대로 지급되지 않는 경우도 많았다.

향교노비는 태종 17년(1417)에 각급 향교에 할당된 수가 그대로 《경국대전》에 반영되어 부에 30인, 대도호부·목에 25인, 도호부에 20인, 군현에 10인씩 배정되는 것으로 규정되어 《大典會通》까지 그대로 존속되었다.[125] 이들 향교노비는 좀처럼 면천될 수 없도록 향교에 긴박되어 있었다.[126] 그러나 향교노비도 향교전과 마찬가지로 여러 가지 이유로 감소되어 향교운영이 잘되지 못하였다. 타인의 침탈·도망, 奴良妻所生從母從良法의 실시, 불법적인 면천·매매·속량 때문이었다. 각급 향교에서는 모자라는 노비를 관에 더 줄 것을 요구하였으나 여의치 못하였다. 그리하여 양인이나 사노비를 雇立할 수 밖에 없었다.[127]

각급 향교에서는 교보를 설정하여 재정을 보완하기도 하였다. 세조 5년(1459)에 保法이 생긴 이후 납포제가 일반화되어 군보 이외에 각종의 보가 생겨나게 되었다. 교보도 그 중의 하나였다. 교보는 처음에 정원이 없었으나 숙종 39년(1713)에 서원의 원보가 賜額書院에 20인, 未賜額書院에 10인으로 정해지면서 40인으로 정하여졌다. 교보는 매년 춘추로 1냥씩 2냥을 향교에 내게 되어 있었다. 교보는 京案에 등록된 군액이 아니고 군현에서 사사로이 정한 邑案軍이었다. 군현에서 교보를 책정하지 못할 경우에는 保錢을 향교에 지급하기도 하였다.

한편 조선 후기에는 除役村인 향교촌(校村 또는 校下村)이 군현마다 있었다. 향교촌은 군역·잡역이 면제되는 대신에 향교의 수직·수리·사환 등의 일을 맡아보았다.

향교재정을 보충하는 방법으로는 일정한 기금을 마련하여 그 이식을 활용하는 殖利錢이 있었다. 이러한 식리전은 향교뿐 아니라 書院·司馬所·養士齋·鄕約·洞約 등에 널리 활용되고 있었다. 식리전은 고율의 이자를 받는

124) 《續大典》 권 2, 戶典 諸田.
125) 《經國大典》 권 5, 刑典 外奴婢.
《大典會通》 권 5, 刑典 外奴婢.
126) 《受敎輯錄》 권 5, 刑典 公賤.
127) 尹熙勉, 앞의 책, 231~239쪽.

고리대(1년에 1할 이상 5할까지 다양함)로 운용되었다. 식리전의 본전은 관에서 마련해 주기도 하고, 향교 자체에서 마련하기도 하였다. 식리전은 집안 형편이 넉넉한 사람에게 빌려주는 것이 보통이었다.128)

그리고 각종 제례의 제수를 비롯한 제기·제복, 향교의 중건·중수비를 관에서 보조해 주었다. 향교전·향교노비·교보·식리전도 관에서 지급하는 경우가 많았음은 앞에서 이미 언급한 바 있다. 다시 말하면 향교는 군현의 주관 아래 운영되는 군현의 학교였던 것이다.129)

그러나 향교는 군현의 것만은 아니었다. 지방 양반들의 중요한 활동무대이기도 하였다. 따라서 이들은 개인적으로 또는 집단적으로 儒錢 거두어 향교재정을 튼튼히 하고자 하였다. 양반뿐 아니라 향교(서원·향청·작청에서도)마다 屬寺가 있어서 향교에서 필요로 하는 물자(종이·신발 등)를 헐값에 공급하게도 하였다. 속사뿐 아니라 店村에서도 鐵器·柳器·瓮器·器血·紫木·黑炭·灰石 등을 헐값에 공급하게도 하였다. 또한 竹田·賜山·漁箭을 소유하여 그 수익을 향교재정에 보태 쓰는 경우도 있었다.130)

이상의 향교수입 중 가장 큰 것은 학전·교전의 수입이며 교보·제역촌·식리전·官補는 보완적인 수입이었다. 지출은 제례비용이 대종을 이루었으며 나머지는 기타 잡비에 쓰였다. 관에서는 향교재정이 교육·교화에 집중적으로 쓰이기를 바랐으나 지방 양반들은 향교를 그들의 향촌지배의 근거지로 운영하는 데 관심을 쏟았다. 향교재정의 출납은 교임이 수행하되 관에서 검사하게 되어 있었다.131)

2. 사 학

조선시대의 사학으로는 書齋와 書堂을 들 수 있다. 물론 이 이외에도 家

128) 尹熙勉, 위의 책, 251~256쪽.
129) 尹熙勉, 위의 책, 256~258쪽.
130) 尹熙勉, 위의 책, 259~263쪽.
131) 尹熙勉, 위의 책, 263~269쪽.

塾이 널리 유행하고 있었으나 공식적인 교육기관이라고는 할 수 없다.

고려·조선 초기에는 서재와 함께 귀족들의 사학으로서 12도가 있었고 산사에서 공부하거나 마을의 鄕先生에게 공부하는 경우도 있었다. 그러나 조선시대에 들어와서는 산사 교육은 빛을 잃게 되었으며 향선생은 서재나 사당에 용해되어 갔다.

1) 서 재

고려 말에는 사원·精舍와 아울러 개인농장에 개설된 서재에서 사학교육을 실시하는 경우가 많았다. 고려 말에 중국으로부터 강남농법이 도입되어 농업기술이 발달함에 따라 지방에 많은 농장이 생기게 되었다. 이러한 농장에는 서재가 설치되어 사적인 교육을 실시하고 있었다.[132] 더구나 고려 말에는 홍건적·왜구의 침입과 무신들의 정권쟁탈로 문사들이 지방의 농장으로 은둔하는 경우가 많아 서재의 발달을 촉진하게 되었다. 고려말 문신·유사들의 號에 隱字가 많이 들어 있는 것도 그 때문이었다.[133] 이들 중에는 주자학을 신봉하고 이를 교육시키는 사람도 있었다. 吉再·安軸과 같은 사람들이 그러하였다. 서재는 亭·榭·軒·菴·室 등으로 명명되기도 하였다.[134] 서재는 가숙의 다른 형태로서 발달한 사학이었다.[135]

이러한 서재는 조선 초기에도 널리 존재하고 있었다. 그러나 국초에는 억불숭유책의 일환으로 군현마다 향교를 설치하도록 하고 서재의 師儒와 유생을 강제로 향교의 유학교수관이나 교도로 임명하였다.[136] 이것은 커다란 물의를 일으켰다. 본인의 뜻과는 달리 처소를 다른 곳으로 옮겨야 하고 생업을 버려야 하였기 때문이다. 이에 태종 7년(1407) 3월 권근은 권학사목을 만들어 사학 서재의 사유들을 강제로 다른 군현의 교수로 데려가지 않도록 하고 오

---

132) 柳洪烈, 〈麗末鮮初の私學〉(《青丘學叢》 24, 1936), 92~95쪽.

133) 牧隱(李穡)·圃隱(鄭夢周)·陶隱(李崇仁)·冶隱(吉再) 등이 그러한 예이다(위와 같음).

134) 위와 같음.

135) 《東文選》 권 76, 復齋記.

136) 《增補文獻備考》 권 202, 學校考 1, 太學 1 공양왕 원년 大司憲 趙浚 上疏.

히려 서재교육을 장려하는 정책으로 바꾸었다.[137] 서재교육도 유교 진흥에 큰 몫을 할 수 있다고 판단되었기 때문이다. 오히려 사학도 관학과 아울러 보완적으로 유교 교화를 촉진시킬 수 있다고 믿었던 것이다. 그리하여 세종조에서 사사로이 서재를 세워 생도를 교육하는 것을 권장하고 여기에 공로가 있는 사람은 포상하였다.[138] 조선 초기의 서재는 서원·사당 등으로 불리웠으나 동명이칭에 지나지 않는다. 서재 이외에 독립된 교육기관은 아니지만 가숙도 널리 유행하고 있었다. 가족이나 가문의 자제들을 집에서 초학교육을 시켜 서재나 사학 12도·관학에 진학시키는 것이 보통이었다.

2) 서 당

여말 선초의 서재는 16세기 이후 士林의 성장과 향촌사회의 발달로 커다란 전기를 맞이하게 되었다. 사림의 근거지로서 서원이 발달하고 군현제의 정비로 향촌사회의 조직화가 활발하게 전개되고 있었기 때문이다. 이에 서재는 道學과 과거준비를 목표로 하는 서원에 재편되는가 하면 賤庶를 가리지 않고 교육하는 향촌의 소규모 초학 교육기관으로 분립하게 되었다. 서원에 부속된 書院書堂과 향촌의 독자적인 유학교육기관인 鄕村書堂의 성립의 그것이다. 서재가 신분적인 차별에 근거하여 양분화된 것이다. 그리고 조선왕조의 유교 교화정책이 향촌으로 확산되어 가면서 교화의 대상이 대폭 늘어난 것이기도 하였다. 뿐만 아니라 연산조 이후 급격히 쇠퇴해 가는 관학의 교육기능을 사학이 대신하게 된 것도 서당 발달의 다른 하나의 이유였다. 이에 과거에는 서재·서원·서당으로 불리던 서재의 명칭도 사당으로 일원화되어 갔다. 서원이라는 명칭은 이제 학업만을 목적으로 하는 단순한 사적인 유교 교육기관만이 아닌 도학을 추구하고 선현을 봉사하는 祠宇의 기능까지를 정하는 존재로서 재정립되었고 여기에 서당을 부설한 데 지나지 않았으며 향촌의 서당은 지배층만을 교육대상으로 하는 서재와는 달리 향촌의

---

137) 《太宗實錄》 권 13, 태종 7년 3월 무인.
138) 《世宗實錄》 권 2, 세종 즉위년 11월 기유.

하층민까지도 교육의 대상으로 삼게 되었다. 그리하여 서재는 서당이라는 명칭으로 개칭하게 되었다.

서원은 자제를 교육하는 서재와 先師·先賢을 봉사하는 사우의 기능을 합쳐 놓은 것이었다. 서원이 서재(또는 서당)나 사우를 바탕으로 생겨나게 된 것도 그 때문이었다.139) 16세기에 이르러 사림들에 의하여 조선의 주자학이 발달하게 됨에 따라 도학을 추숭하고 선현·선사를 봉사하는 그들의 새로운 근거지가 필요하였다. 양반 사림들은 향촌사회에서의 우위를 확보하기 위하여 서원을 발생케 한 것이었다. 서원은 이들의 정치적·사회적 지위를 확고히 하는 양반 사림의 집합체였다. 이러한 의미에서 16세기 이후의 서원은 과거의 서재적 성격의 서원과는 구별되어야 한다. 따라서 周世鵬이 중종 38년(1543)에 처음으로 세운 白雲洞書院 이전에 세워졌다는 道川書院·川谷書院·道東書院·百源書院·慕巖書院도 실상은 그 이후에 중창된 것이었다.140) 물론 16세기 이후에 세운 서원도 주자의 白鹿洞書院의 예에 따라 건립된 것이었다.

서원에는 서당이 별설되어 있었다. 그러나 이들 서원은 양반 자제들이 수학하는 초학 교육기관이었고 도학과 학업이 목표였다. 양반 사림들은 그들의 세력을 이용하여 서원을 국가로부터 인정받고 지원 받는 기관으로 만들었다. 사액서원은 그러한 증표였다. 사액서원은 국가로부터 扁額과 아울러 토지·노비를 하사 받았다. 마치 고려시대의 사원과 같은 지위를 차지하게 된 것이다. 고려시대에는 불교가 국교였고 조선시대에는 유교가 국교였기 때문에 이러한 차이가 생기게 되었을 뿐이었다. 사림은 국가의 正脈이요, 운영자였기 때문에 그들의 집합체인 서원이 그러한 특권을 누리는 것은 당연하다고 그들은 생각하고 있었다. 조선왕조의 정치는 사림의 여론정치였으므로 서원의 발언권은 대단하였다. 서원서당은 여론정치를 담당할 인재들을 육성하기 위한 기초적인 교육기관이었다. 조선왕조의 서원의 수는 594개에 이르게 되었고 그 중의 사액서원만도 264개에 이르렀다.

17세기 이후에는 향촌서당이 크게 발달하게 되었다. 17세기에 이르면 面里

139) 柳洪烈, 〈朝鮮에 있어서의 書院의 成立〉(《韓國社會思想史論攷》, 1980), 39쪽.
140) 柳洪烈, 위의 책, 98쪽.

制度가 정비되어 보다 소규모의 초학 교육기관이 필요하게 되었다. 향교가 군현단위로 하나씩 있었는데 비하여 향촌서당은 면·리를 단위로 여러 개가 있었다. 이미 명종 원년(1546) 6월에 제정된 「學校事目」에서 향촌의 천서를 불문하고 들어갈 수 있는 향촌서당의 설치를 장려한 이후로 향촌서당은 급격히 늘어나기 시작하였다.[141] 향촌서당에서는 士庶童蒙을 대상으로 《童蒙先習》·《類合》·《小學》 등을 먼저 가르치고 점차 4서를 가르쳤다. 향촌 서당은 면·동·리의 향교 입학을 준비하는 校下學校로 운영된 것도 있고 그와는 별개로 독자적으로 운영되는 것도 있었다. 洞書堂·同姓書堂(門中書堂)·個人私塾 등이 그것이었다. 양반이 자기 집에 교사를 초빙하여 일족의 자제들을 가르치는 경우도 있었고 리·동에서 공동으로 숙사를 마련하고 교사를 초빙하여 가르치는 경우도 있었으며, 교사가 자기 집에 숙사를 정하고 직업적으로 생도를 모아 가르치는 경우도 있었다. 때로는 한 사람의 교사가 여러 서당을 순회하면서 가르치는 경우도 있었다.[142] 교사를 초빙해 오는 경우에는 일정한 대우를 해 주어야 했고 서당을 경영하기 위하여 洞契·學契·宗契 등을 모으는 경우도 있었다.

조선시대의 교육은 관학보다도 사학인 서당이 주도하고 있었던 것이다. 국가에서는 모든 경비를 국고에서 지급하는 관학보다는 개별적으로 운영되는 사학에 맡기고 있었던 것이다. 그렇게 해도 문치주의 국가에서 출세하기 위해서는 열심히 공부하고 교육시키는 풍토가 있었기 때문에 조선시대의 교육이 유명무실하였다고는 할 수 없다. 오히려 교육열이 민족성이 될 만큼 교육이 활성화되어 있었던 것이다. 심지어는 향교에까지 동몽훈도를 두어 서당식 초학교육을 시키고 있었으니 한국교육은 사학의 전통이 강하였다고 할 수 있다.

〈李成茂〉

---

141) 渡部學, 《近世朝鮮教育史研究》(雄山閣, 1968), 171쪽.

142) 渡部學, 위의 책, 187쪽.

3. 과거제의 정비와 운영

조선왕조가 성립되자 새로이 文·武散階制가 실시되고 문과와 아울러 무과도 실시되어 명실상부한 양반관료 체제를 갖추게 되었다. 태조는 즉위교서를 통해 첫째, 문·무 양과를 균형적으로 운영한다. 둘째, 고려 과거제의 유풍인 座主門生制와 國子監試를 없앤다. 셋째, 관학을 육성하여 과거제와 유기적으로 연결시킨다는 내용을 발표하였다.[1]

고려시대에는 무과가 없었다.[2] 무과가 공양왕 2년(1390)에 설치되기는 하였으나 실제로 실시되기 시작한 것은 태조 2년(1393)부터이다. 문과와 아울러 무과가 실시됨으로써 문무양반 체제의 제도적 관료 공급원을 마련하게 된 셈이다.

감시는 고려시대의 국자감시요, 조선시대의 進士試이다. 주자학을 신봉하는 신진 유학자들은 詞章을 배격하고 經學을 중시하였다. 따라서 이들이 집권하게 된 조선시대에 들어와서는 사장시험인 진사시(國子監試)보다 경학시험인 生員試를 중시하게 되었다. 그리하여 태조 4년에 예조가 제정한 과거법에서는 진사시를 없애버렸다. 그 뒤 세종 20년(1438)에 일시 부활되었다가 6년 뒤인 세종 26년에 폐지, 단종 원년(1453)에 다시 복구될 때까지 조선 초기의 약 60년 동안 진사시는 실시되지 않았다.[3] 일설에는 태조 이성계가 일찍이 고려의 생원시에 합격한 적이 있기 때문에 진사시보다 생원시를 중시했다고 한다. 그러나 실제로는 주자학이 도입된 뒤 유학의 경향이 사장 중심에서 경학 중심으로 바뀌어 가게 된 추세가 보다 중요한 원인이었다. 그리하여 문과시험에는 初場講經이 실시되었다. 제1차 시험에서 경서를 시험보였으므로 여기에 합격이 안되면 2차 시험에는 가볼 수도 없었던 것이다. 좌주문생제도 쉽사리 없어지지 않았다. 그러나 사대부들의 집요한 반대로 말미암아 태종 13년(1413)에는 貢擧制와 좌주문생제가 제도적으로 철폐되었

---

1) 《太祖實錄》 권 1, 태조 원년 7월 정미.
2) 李成茂, 〈韓國의 科擧制와 그 特性〉(《科擧》, 一潮閣, 1981), 77·118쪽.
3) 宋俊浩, 《李朝 生員進士試 硏究》(國會圖書館, 1970), 13~14쪽.

으며, 그 이전에 실시된 문·무과 급제자와 생원·진사의 명단을 작성하여 좌주문생의 폐해를 일소하고 과거의 공정을 기하고자 하였다. 그리하여 그 이후로는 몇몇 형식적인 예외를 제외하고는 좌주문생제는 자취를 감추었다.[4]

관학 부흥운동은 고려 말의 신진 사대부들에 의하여 이미 추진되어 왔으나 그 본격적인 실시는 조선왕조의 건국을 기다려 이루어졌다. 관학은 이제 국가의 이데올로기인 주자학 보급의 근거지일 뿐 아니라 새 왕조에 맞는 새로운 인재를 양성하는 요람으로 역할하게 되었다.

다음은 학교제도와 과거제도와의 관계이다. 고려시대의 국자감(또는 성균관)은 대부분의 과거업무를 담당하여 왔다. 물론 예부가 과거의 주 담당기관이기는 했지만 실무는 거의 국자감이 맡았다. 그러므로 새로운 과거제가 만들어지기 이전에 있어서의 조선 초기의 과도적 과거 업무를 성균관이 담당하는 것은 당연하였다.

조선 초기에 과거 실무는 성균관 학관의 집합체인 成均正錄所와 成均長貳所에서 맡고 있었다. 성균정록소는 성균관 실무학관들로 구성되어 있는 權設機關으로서 성균관 안의 일반서무를 분담할 뿐 아니라 각종 과거 응시자들의 예비심사를 담당하였다. 성균장이소의 뚜렷한 기능은 알 수 없으나 아마도 성균관 고위학관들의 집무가 아닌가 한다.

태종 17년(1417) 윤 5월에는 예조에서 성균관과 문과와의 관계를 명시한 규정인 新科擧法이 제정되었는데[5] 여기서 생원은 「입학의 문」이요, 급제는 「入仕의 길」이라는 원칙이 마련되었다. 그런데 태종 17년 과거법에는 문과 응시자격 중에 성균관 유생일 것 이외에 다시 圓點 300을 딸 것을 요구하였다. 이것은 이미 고려시대부터 있어온 제도였다. 원점이란 성균관 출석성적을 의미한다. 성균관 식당에 아침과 저녁의 두 끼를 참석하면 원점 하나로 계산해 주었다. 이 때에 받는 출석 표지를 食堂到記라 한다. 그러므로 원점 하나를 딴다는 것은 곧 성균관에서 하룻 동안 수학했다는 증거가 된다. 따라서 원점 300을 따려면 300일간 성균관에서 수학해야 한다는 의미가 된다. 거

4) 李成茂, 〈鮮初의 成均館硏究〉(《歷史學報》 35·36, 1967), 235쪽.
5) 《太宗實錄》 권 33, 태종 17년 윤 5월 기사.

의 일년이 되는 셈이다. 생원시 또는 진사시에 합격한 사람은 누구나 성균관에 들어가 약 1년간의 교육과정을 거쳐야 문과에 응시할 수 있다는 것이다. 성균관 유생이 모자랄 때에는 4학에서 升補試에 합격한 사람으로 보충하게 되어 있었다. 승보시에는 15세 이상된 4학 유생으로 품행이 단정한 사람만이 응시할 수 있었다. 이들은 성균관에서 생원·진사시를 준비하였다.

고려시대에 內舍인 國子學·太學·四門學에서 上舍인 七齋로 올라가는 시험을 승보시라 했던 것을 조선시대에는 4부 학당에서 성균관으로 올라가는 시험을 승보시라 하였다. 조선시대 성균관에는 내사·상사의 구분이 없어지고 외사인 4학과 상사인 성균관만 남게 되었다. 그리하여 4학에서 성균관으로 올라가는 시험을 승보시라 하고 성균관 입학시험에 해당하는 생원시와 진사시가 있게 되었다. 고려 말·조선 초기의 성균관 四書五經齋가 고려의 7재를 계승한 제도이기 때문에 경학을 배우는 4서 5경재에 입학하는 시험이라는 뜻에서 생원시(본래는 승보시)가 되고, 고려의 국자감시가 조선의 진사시로 계승된 셈이다.

문과 응시자격에 생원·진사일 것과 성균관에서 원점 300을 딸 것을 요구하게 되자 양반 자제들은 무과에 응시하거나 武衛·各司 南行 등 다른 벼슬길을 찾게 되었다. 조선 초기에는 건국과정에서 생긴 많은 공신·훈신의 자제들에게 忠順衛·忠義衛·忠贊衛 등 무위와 행정실무직에 직접 종사하는 각 사 南行 등의 벼슬길이 열려 있었다.[6] 또한 고급관료의 자제들에게 주는 蔭敍의 혜택도 고려시대보다는 줄어들었다고 하지만 종9품부터 정7품에 이르는 참하관을 받을 수 있었다.

그러나 양반 자제들의 과거시험에 대한 열망은 위에 든 몇 가지의 벼슬길로 만족시킬 수 없었다. 더구나 그들은 극히 제한된 숫자만을 뽑는 式年문·무과만으로 만족하지 않았다. 따라서 국가는 이러한 양반들의 요구를 무마하기 위하여 식년시 이외에 자주 別試를 실시하게 되었다. 조선시대에 별시가 자주 실시되었던 것은 그들을 모두 등용하려는 뜻이 아니라 양반층을 회유하고자 하는 목적에서였다.

6) 李成茂, 앞의 글, 239~244쪽.

별시에는 增廣試·庭試·謁聖試·春塘臺試·外方別試·黃柑試 등 여러 가지가 있었는데 이러한 별시에서는 식년시와 같이 응시자격에 생원·진사일 것과 성균관 원점 300을 채울 것을 그리 엄격하게 따지지 않았다. 이는 양반 회유책으로 실시되는 시험이기 때문이기도 하였지만 관학이 점차 쇠퇴해 가자 성균관에서 수학하는 유생이 적어 원점 300이 차는 사람이 적었기 때문이기도 하였다. 그리하여 때로는 일정한 기준일을 정하여 그 때까지 성균관에 기숙하고 있는 유생에게만 별시의 응시자격을 주기도 하고 원점을 줄여주는 방법을 택하기도 하였다.

이와 같이 별시의 원점 요구가 서서히 무너져가서 나중에는 원점을 전혀 묻지 않는 상태로까지 몰고 갔다. 조선 후기의 특히 영조 이후에는 원점뿐 아니라 생원·진사일 것조차 문제삼지 않는 방향으로 가게 되었다. 幼學이 문과 응시자의 많은 부분을 차지하게 된 것도 그 때문이었다. 그리하여 문과 응시자격에 있어서 생원·진사나 성균관 원점이 요구되지 않는 것이 일반적인 상태로 되게 되었다. 조선시대에는 별시의 횟수가 식년시의 횟수보다 훨씬 많았다. 조선시대 전체로 문·무과를 합해 741회에 14,620명 뽑은 가운데 식년시가 163회에 6,063명, 별시가 581회에 8,557명이었다.[7]

또한 생원·진사로서 정식으로 문과에 응시한 사람과 유학으로서 응시한 사람의 비율을 보면 다음 〈표 1〉과 같다.

〈표 1〉

구분 기간	문과급제자	생원·진사(%)	유 학(%)
태조~성종	1,796	1,526(85.0)	270(15.0)
연산군~선조 25년	2,350	1,777(75.6)	573(24.4)
선조 25년~경종	3,833	2,538(66.2)	1,295(33.8)
영조~정조	2,901	929(32.0)	1,972(68.0)
순조~고종 31년	3,740	668(17.9)	3,072(82.1)
계	14,620	7,438(50.9)	7,182(49.1)

7) 宋俊浩, 앞의 책, 19쪽.

급제한 전체 인원을 〈표 1〉에서 보면 생원·진사와 유학이 비슷한 수이나 시기별로 보면 많은 차이가 있다. 영조조를 기점으로 하여 그 이전은 생원·진사가 압도적으로 우세하나 그 이후는 유학이 압도적으로 우세하다. 영조조 이후로 문과 응시에 생원·진사일 것을 전혀 요구하지 않았던 것 같다. 조선시대에도 고려시대와 마찬가지로 되도록이면 학교제도와 과거제도를 밀착시켜 보려고 애썼다. 향교와 4학에서 양성한 인재를 생원·진사시로 뽑아 성균관에 입학하도록 하여 원점 300을 따게 한 다음 문과에 응시시키는 제도는 비록 명·청에서처럼 학교시험 자체가 과거시험의 예비시험으로 된 것과는 다르지만 두 제도를 유기적으로 연결시켜 보려는 노력을 엿볼 수 있게 한다.

학교제도와 과거제도가 일원화될 수 없었던 까닭은 여러 가지를 들 수 있으나 무엇보다도 조선사회가 양반이 지배하는 양반관료제 사회였기 때문이다. 양반들이 구태여 평민들과 어울려 향교에서 공부하려 하지 않고 사학이나 자기 집에서 특권적으로 공부하려 했기 때문이다. 또 양반 중에서도 문벌양반이 학당과 성균관 교육 및 과거시험에 있어서 사실상의 헤게모니를 가지고 있었기 때문이다. 별시도 실제로 서울 양반들이 독점하다시피 하였다. 시험이 가까워서야 갑자기 발표되는 시험기일을 일반인들이 쉽게 알 수도 없거니와 안다고 해도 여러 가지 제약 때문에 합격하는데 불리하였다. 한편 국가에서도 지배층인 양반의 요구에 못 이겨 원칙대로 학교제도와 과거제도를 운영해 나갈 수 없었다. 조선시대의 과거라 하면 문과가 그 대종을 이루고 있었다. 따라서 문과에 대한 규정은 까다롭고 또 가장 논란의 대상이 되었다. 반면 무과나 잡과에 대한 규정은 그리 까다롭지도 않을 뿐 아니라 비교적 양반이 아닌 신분에게도 개방되어 있었던 편이었다.

조선시대의 과거제도는 대체로 세종조에 정비된다. 성균관이 담당하였던 조선 초기의 과도적 과거업무는 태종 13년(1413)에 좌주문생제를 제도적으로 철폐한 다음 예조로 이관되었다. 즉 문과와 생원·진사시를 모두 예조가 주관하되, 생원·진사시는 성균관과, 문과는 藝文·春秋館과 함께 시험을 보이게 하였다. 예조가 주관하는 조선시대의 과거제도는 세종조에 크게 정

비된다. 《경국대전》에 기록되어 있는 과거제도는 대부분 세종 때에 제도화되었다.[8]

다음은 과거와 관직과의 관계이다. 과거는 본래 일정한 시험을 통하여 관인을 뽑는 登龍門이었다. 과거 중에 문·무과는 고급관료를 뽑는 시험이고, 잡과는 하급관료를 뽑는 시험이었다. 이러한 의미에서 과거는 初入仕路로서 중요한 관문이었다. 그러나 초입사로는 과거 이외에 門蔭과 薦擧가 있었다. 고려시대에는 문음·과거 외에 遺逸·南班雜路·成衆愛馬 등이 있었으나[9] 조선시대에 들어와 남반과 성중애마가 吏職으로 떨어져 나가게 되자 천거의 성격이 강한 유일(隱逸이라고도 함)만이 명맥을 유지하게 되었다. 그러므로 조선시대에 있어서 문음과 과거는 초입사로로서 쌍벽을 이루는 두 가지 중요한 관문이었다고 할 수 있다. 고려시대에는 조선시대보다 문음의 폭이 넓고 과거가 비교적 덜 발달되어 있었다. 고려시대에는 5품 이상 관리의 아들에게 주어지던 蔭職이 조선시대에는 3품 이상 관리의 아들에게 주어지게 되었다.[10] 또한 조선시대에는 고려시대에 없었던 무과가 문과와 나란히 실시되었을 뿐만 아니라 미숙한 상태로 있었던 고려시대의 과거제를 철저한 시험제도에 입각하여 정비하였다. 그러나 이러한 차이는 양반관료제의 발달 정도의 차이에 불과하다.

한편 인사제도는 과거제도에 깊은 영향을 미쳤다. 고려시대에는 초입사의 의미가 강하였던 과거가 조선시대에 들어와서는 초입사에 못지 않게 超資·超職의 의미가 컸던 것이다. 과거 급제자는 벼슬길을 터주는 것은 물론 과거시험의 성적과 이미 가지고 있던 관품의 높고 낮음에 따라 초자·초직의 특혜가 덧붙여 주어졌다. 문·무과뿐만 아니라 잡과도 마찬가지였다. 이 초자·초직의 특전은 조선시대 과거의 특징을 드러내 주는 법제였다. 循資法·考課法과 같은 까다로운 진급규정을 무시하고 파격적으로 고급관료로 올라갈 수 있는 길을 열어주는 것이 조선시대 과거의 중요한 기능의 하나였다.

양반관료가 아무런 거리낌없이 종9품에서 정3품 당하관까지 올라가려면

---

8) 李成茂, 《韓國의 科擧制度》(春秋文庫 19, 韓國日報社, 1967), 80쪽.
9) 《高麗史》 권 73, 志 27, 選擧 1 序文.
10) 李成茂, 〈朝鮮初期의 蔭敍制와 科擧制〉(《韓國史學》 12, 韓國精神文化研究院, 1991), 140쪽.

약 41년이 걸린다. 양반의 경우 만약 20세에 처음 벼슬을 시작하면 거의 60세가 가까워서야 정3품 당하관에 도달할 수 있었다. 기술관의 경우 호조의 算士와 형조의 明律의 예를 들면 역시 종9품에서 그들의 한품인 정3품 당하관까지 도달하려면 약 44년이 걸린다. 기술적 참하관이 한 품계를 올라가는데 필요한 근무일수는 514일이었기 때문이다. 書吏의 경우는 2,600일이었다. 그러나 이것은 아주 순조롭게 올라가는 경우이고 그 동안 근무성적이 나쁘다든가 사고가 있을 경우는 실제로 얼마만한 세월이 걸릴는지 알 수 없는 것이다.[11]

더구나 양반관직이 아닌 관직에는 소위 遞兒職이라는 것이 있어서 6개월마다 교체되고, 물러 나온 사람은 1년간은 쉬었다가 다시 공개경쟁을 통하여 들어가야 하기 때문에 더욱 어려운 난관을 겪게 되어 있었다. 숫자상으로 양반과 비양반의 근무일수가 큰 차이가 없는 것 같으나 실제상으로는 많은 차이가 있는 것이다.

그러면 과거시험에 합격하면 어느 정도의 초자·초직의 혜택을 받을 수 있었을까. 그 규정은 다음 〈표 2〉·〈표 3〉과 같다.[12]

이 《경국대전》의 문·무과 加資法은 세종 26년(1444)에 제정된 문·무과 散官法을 기준으로 한 것으로 문과 장원은 참하관을 거치지 않고 직접 참상관인 종6품직을 받을 수 있었다. 또한 이것은 다른 관료들이 거쳐야 하는 약

〈표 2〉 문·무과 급제자 超資·超職表

과별 / 등급	문과		무과	
	인원	품계(관직)	인원	품계
壯元	1	종 6품직		
甲科	2	정 7품직	3	종 7품계
乙科	7	정 8품계	5	종 8품계
丙科	23	정 9품계	20	종 9품계

11) 李成茂, 《朝鮮初期 兩班硏究》(一潮閣, 1980), 159쪽.
12) 《經國大典》 권 1, 吏典 諸科.
《太宗實錄》 권 3, 태종 2년 정월 기미.

〈표 3〉 잡과 급제자 超資表

등 급	역 과	기 타 잡 과
1 등	종 7품계	종 8품계
2 등	종 8품계	정 9품계
3 등	종 9품계	종 9품계

7년여의 승진기간을 면제받게 되는 것이다. 문과의 장원과 갑과 급제자에게는 정7품 실직을 주었으며 나머지는 성적에 따라 관품만 주었다. 7품에서 6품으로 올라가는 것을 出六(陞六)이라 하여 넘기 어려운 분계선으로 되어 있었다. 대부분의 행정직은 7품 이하인 참하관에 머물러 있게 되어 있었다. 이러한 분계선을 문과 장원은 단숨에 넘어버리는 것이다.

무과와 잡과도 합격자에게 품계를 올려주는 특전을 부여하였지만 문과보다는 못하였다. 문과의 갑과 급제자에게는 품계만 올려주는 것이 아니라 그 품계에 해당하는 실직을 주게 되어 있었다. 또한 문과 급제자에게는 正品을 주었다. 종품은 정품보다 격이 떨어지는 관품이었다.

그런데 현직 관리의 경우는 더욱 큰 혜택을 받았다. 예로서 문과 급제자의 초자규정을 보면 다음 〈표 4〉와 같다.[13)]

〈표 4〉

등 급	인 원	품 계
장 원	1	4계를 더해 준다.
갑 과	2	3계를 더해 준다.
을 과	7	2계를 더해 준다.
병 과	23	1계를 더해 준다.

갑과의 경우는 현직에 있으면서 합격한 사람에게 1계가 높은 관직을 주었다. 또 문·무과 합격자로서 품계를 올려 받아 정3품 당하관의 떡이 찬 사람은 무조건 당상관으로 올려주었다. 급제자가 아닌 경우에는 엄격한 인품평정

---

13) 《經國大典》 권 1, 吏典 諸科.

과 가계심사를 거치거나 국왕의 특별명령이 있어야만 당상관으로 승진할 수 있었던 것이다. 따라서 문·무과는 당상관 이상의 고급관료를 뽑기 위한 시험이라 할 수 있다. 급제자는 이미 고급관료로서의 자격을 갖추고 있다고 생각되었던 것이다. 문과 응시자격을 당하관 이하의 관료로 국한하고 있는 것도 문과가 당상관 이상으로 승진할 자격을 주는 시험이라는 뜻을 암시하고 있다. 10년에 한 번씩 보이던 重試도 당하관 이하만을 응시하게 하였는데 이것도 당상관으로의 승진과 밀접한 관계가 있을 듯싶다. 그리고 기술직은 체아직으로 되어 있어 자주 교체되므로 승진하기 어려워 잡과에 합격하지 않고는 참하관에서 참상관으로 승진하기 어렵게 되어 있었다.

이와 같이 승진규정이 까다로웠던 조선시대에 있어서 과거시험은 그 승진을 촉진시켜 주는 역할을 하였던 것이다. 또한 현직관리에게 과거 응시자격을 주는 것과 그 합격자에게 더 큰 승진의 특전을 주었던 것은 조선 양반관료제의 하나의 특성이었다고 할 수 있다. 양반관료들은 그들의 기득권을 지키기 위하여 고려시대부터 음서제도를 두어왔고 조선시대에 이르러 과거가 음서보다 중요시되자 과거시험에까지 그들의 특권을 반영하게 되었다. 고려시대에 참하관 이하에게만 과거 응시자격을 주던 것을 조선시대는 당하관 이하로 확대시킨 것도 그 까닭이라 하겠다.14)

그러므로 과거에서 문벌이 중요시되었다. 고급관료의 자제들이 과거에 있어서조차 특권을 누리게 되었다. 조선시대의 고급관료를 조사해 보면 대부분 문벌 자제들이었다. 조선 후기에 급제자의 진출은 分館에 의하여 좌우되었다. 분관은 급제자를 문과는 弘文館·承文院·成均館·校書館 등 四館에, 무과는 訓鍊院·別侍衛에 분속시키는 제도였다. 조선 초기에는 급제자의 능력에 따라 분관이 실시되던 것이 조선 후기에는 문벌이 작용하여 홍문관 분관이 제일 좋은 것으로 되었다. 분관은 당쟁과도 깊은 관계가 있었다.15)

과거는 관직을 차지하는 관문이었다. 양반들은 과거에 합격해야만 관직을

14) 《高麗史》 권 105, 列傳 18, 許冠.
《經國大典》 권 3, 禮典 諸科.
15) 李瀷, 《星湖僿說》, 人事門 分館.

차지할 수 있었고 관직을 차지하고 있어야 과거시험에서도 그 자손들이 유리한 고지를 점령할 수 있었다. 과거와 관직은 양반의 가문과 신분을 지키기 위한 필수적인 요건이고 이를 획득하기 위한 투쟁은 그들의 숙명인 것처럼 되어 있었다.

이러한 지나친 양반들의 과거와 관직경쟁은 조선시대의 여러 가지 사회문제를 불러일으키게 되었다. 이러한 사회문제는 또한 17·18세기 실학자들의 맹렬한 비판의 대상이 되었으나 과거제가 철폐되는 1894년의 갑오개혁 때까지 과거는 계속되었다. 양반관료 체제가 무너지고 근대적인 사회의식의 사회체제로 이행하기 이전까지는 간단히 과거제도를 없앨 수는 없었던 것이다. 과거제도에 대한 개혁안조차도 양반체제에 변혁이 오지 않는 한 아무런 실효를 거둘 수 없었던 것이다. 조선시대의 과거제가 별다른 개선 없이 5백년 동안 계속될 수밖에 없었던 까닭도 여기에 있었다.

4. 과거의 종류

조선시대 과거에는 문과·무과·잡과와 문과의 예비시험으로서 생원·진사시가 있었다. 문·무과와 생원·진사시는 양반들이 많이 보는 과거시험이었고, 잡과는 중인들이 많이 보는 시험이었다. 그러나 조선 후기에 와서는 무과가 남발되어 일반 양인들뿐 아니라 천인들까지도 많이 응시하였다. 문과와 생원·진사시는 예조에서 주관하였고, 무과는 병조에서 주관하였으며, 잡과는 예조와 해당 관청에서 주관하였다. 그리고 10년마다 한 번씩 문·무관료들을 대상으로 보이는 중시도 예조에서 주관하였다. 그러므로 과거시험은 예조와 병조에서 주관하여 실시하였다고 할 수 있다.

1) 문 과

문과는 정규시험인 식년시와 특별시험인 각종 별시로 구분되어 있었다. 식년시는 문과뿐 아니라 모든 과거시험의 공통적인 정규시험으로서 3년마다 한 번씩 실시되었다. 식년시는 세 차례의 시험을 치르게 되어 있었다. 初試・覆試(會試)・殿試가 그것이다. 문과 초시에는 鄕試・漢城試・館試가 있었다. 향시는 8도에서 실시하였고, 한성시는 한성부에서, 관시는 성균관에서 실시하였다. 초시인 향시에서 150인(경기 20, 강원 15, 황해 10, 충청 25, 경상 30, 전라 25, 평안 15, 함경 10), 한성시에서 40인, 관시에서 50인을 뽑아 복시에서 33인을 뽑았고 전시에서 등급을 결정하였다.

문과 초시의 試取 액수는 다음 〈표 5〉와 같다.16)

〈표 5〉 문과 초시 시취 액수

(단위 : 인)

구 분		1417년 이전	1417년 이후	경 국 대 전	속 대 전
관 시		30	50	50	50
한 성 시		30	40	40	40
향시	경 기 도	20	(20)	20	(20)
	강 원 도	15	10	15	15
	황 해 도	15	10	10	10
	충 청 도	20	20	25	25
	경 상 도	30	30	30	30
	전 라 도	20	20	25	25
	평 안 도	10	10	15	15
	함 경 도	10	10	10	12
계		200	200	240	222

문과 초시의 시취 인원은 240인에서 222인으로 줄었다. 식년 문과에서 33인을 뽑은 것은 불교의 三十三天에서 나왔다고 한다. 이 33인의 급제자는 정종 원년(1400)에 시험성적에 따라 장원 1인을 포함한 을과 3인, 병과 10인, 동진사 23인으로 등급을 나누었다. 태종 14년(1414)에는 잠시 을과 1・2・3 등으로 바꾸었다가 곧 복구되었다. 세종 9년(1427)에 이를 다시 을과 1・2・3

16) 曺佐鎬, 〈學制와 科擧制〉(《한국사》 10, 국사편찬위원회, 1974), 138쪽.

등으로 바꾸었다가 세종 11년에 복구되었고, 세종 20년에는 同進士를 丁科로 바꾸어 혹은 을과 1·2·3등, 혹은 을·병·정과로 불렀다. 그러나 세조 12년(1467)에는 을·병·정과를 갑·을·병과로 바꾸어 조선시대 내내 그대로 실시하였다.[17] 갑과 3인 중 1등을 壯元이라 하였고, 2등을 榜眼, 3등을 探花(郞)라 하여 우대하였다. 이 중 探花는 御賜花를 왕으로부터 받아 급제자들의 모자에 국왕 앞에서 나누어 꽂아주는 일을 맡았던 데에서 붙여진 명칭이다. 문과 급제자에게는 무과 급제자와 함께 붉은 색의 합격증인 紅牌를 주었다. 홍패에는 왕의 科擧寶라는 玉璽를 찍어 주었다.[18]

문과에서 33인을 뽑게 되어 있었지만 경우에 따라서는 적게는 24인, 많게는 74인을 뽑을 때도 있었다. 적게 뽑을 때는 적합한 인재가 많지 않을 경우이고 초과해서 뽑을 때는 殿講·通讀·到記科 등의 直赴生과 恩賜가 합쳐졌을 경우이다. 또한 조선 후기로 올수록 문·무과의 경우는 양반들을 회유하기 위하여 정원을 초과하여 뽑는 수가 많았다. 조선시대의 식년시에서는 167회에 6,123인을 뽑았다.[19]

문과 별시에는 增廣試·別試·謁聖試·庭試·春塘臺試·重試·春試·拔英試·登俊試·進賢試·擢英試·求賢試·賢良試·忠良試·新舊試·丕闡試·道科·景武臺試·明倫堂試·殿試·節日製·黃柑製·通讀·殿講·到記科 등이 있었다. 이들 별시는 국가의 경사가 있거나 문·무관, 성균관 유생들의 사기를 북돋우어 주기 위하여 실시되었다. 증광별시를 제외한 각종 별시는 문과 또는 무과만 특별히 실시되었다.

增廣試는 대체로 새로운 국왕이 설 때 실시하는 것이 보통이었다. 조선시대 최초의 증광별시는 태종 원년(1401)에 실시되었다.[20] 그러나 조선 후기에

17) 沈勝求, 〈朝鮮初期 武科制度〉(《北岳史學》 창간호, 國民大, 1989), 49쪽.

18) 《經國大典》 권 3, 禮典 紅牌式.

> 敎 旨
> 具官 아무개는 文科(武科는 武科라 칭한다)의 아무 科(甲科·乙科·丙科로 칭한다) 第 몇 人으로 及第 出身한 자이다.
> 年 寶 月 日

19) 李成茂·崔珍玉, 《朝鮮時代 文科榜目 總覽》(韓國精神文化硏究院).

20) 《增補文獻備考》 권 186, 選擧考 3, 科擧 3 태종 원년.

는 宗系誣辨·討逆 등을 이유로 새로운 국왕이 즉위하지 않은 때도 실시되었다.[21] 증광별시는 식년 문과와 똑같은 정원을 뽑았으며 이 때는 문·무·잡과, 생원·진사시를 다 실시하였다. 다만 경사가 겹칠 때에는 大增廣試를 보이는데 초시에서 340인 복시에서 40인을 뽑았다. 조선시대에 실시된 증광별시에서는 총 60회에 2,447인을 뽑았다.[22)]

別試는 국왕의 즉위 이외의 국가의 경사가 있을 때 실시하는 특별시험이었다. 별시 문과는 초시와 전시 두 단계만 있었다. 이 때의 초시는 식년 문과의 복시에 해당한다. 별시 문과는 서울에서만 실시하는 것이 보통이었다. 별시는 예고 없이 실시되기 때문에 지방 유생에게 불리하였다. 그러나 지방 유생들도 어떻게 해서든지 별시에 응시하고자 하였다. 별시 문과에서 뽑는 인원은 일정치 않고 그때그때 정하여졌다. 초시에서는 대체로 300~600명을 뽑았다. 초시 합격자에게는 다시 4서 중 한 책, 3경 중에 자기가 원하는 책 하나씩을 背誦하게 되어 있었다. 이를 會講이라 하였다. 이 회강에서는 粗 이상의 성적을 받으면 되었다. 회강 합격자는 대개 30인 이내였다.[23] 별시는 비교적 합격하기 쉬웠으므로 응시자수가 많았다.

별시에는 또 外方別試가 있었다. 외방 별시는 국왕이 蒙塵할 때나 능침·온천에 갈 때 行在所에서 특별히 실시하는 과거시험이었다. 여기에 합격하는 사람에게는 급제를 주거나 문과 전시에 직부할 수 있는 특전을 주었다. 외방 별시에는 국방상의 요지인 평안도에서 실시하는 西道科와 함경도에서 실시하는 北道科를 비롯하여 강화도와 제주도·개성부에서 실시하는 별시가 있었다. 무과도 마찬가지이며 임진란 이전에는 평안도와 함경도에 어사를 파견하여 그 곳의 유생들을 詩·賦로서 시험하여 1등 한 사람에게만 전시에 직부할 수 있는 특전을 주었다. 그러다가 인조 21년(1643)에 서도과가, 현종 5년(1664)에 북도과가 외방별시로 정식 설행되었다. 이 때부터는 10년에 한 번씩 중신을 보내어 시험을 실시하는 것이 상례였다. 시험과목은 賦·

21) 崔珍玉,《朝鮮時代 生員進士 硏究－司馬榜目의 分析－》(韓國精神文化硏究院 韓國學大學院 博士學位論文, 1994), 20쪽.

22) 李成茂,·崔珍玉, 앞의 책.

23) 가장 많았을 때가 1524년의 30명, 가장 적었을 때가 1786년의 3명이었다.

表·策 중의 1편이었고 뽑는 인원은 때에 따라 다르나 대략 3명 정도였다. 試券은 봉한 채로 서울로 보내져 급제자를 결정하였는데 급제자에게는 홍패를 주었다. 서도과는 뒤에 淸南·淸北, 북도과는 關南·關北으로 나누어 각각 2~3명씩 뽑았다.[24]

외방 별시 이외에 試才라는 것이 있었다. 시재는 정식으로 외방별시까지는 되지 못했으나 국방상의 요지나 특수지역의 민심을 어루만지기 위하여 행하여지는 특별시험으로 제주·강화·화성 등지에서 실시되었다. 시험과목은 시·부·표·책 중 하나를 선택케 하여 2~3명의 합격자를 내어 전시에 직접 응시할 수 있는 특전을 주었다.

謁聖試는 국왕이 봄·가을 두 차례에 걸쳐 행하여지는 성균관의 文廟釋奠禮에 참석한 뒤 명륜당에서 실시하는 특별시험이었다. 국왕이 직접 나와서 실시하는 親臨科의 하나였는데 태종 14년(1414)에 처음으로 시작되었다. 이 시험은 문·무과에만 있었고, 단 한번의 시험으로 합격 여부가 결정되는 刻燭試[25]였다. 전시만 있는 시험인 셈이다. 따라서 합격자도 그날로 발표되었다. 조선 초기에는 3품 이하의 현직 관료와 성균관 유생만을 대상으로 하였는데 나중에는 지방 유생에게까지도 개방하였다. 알성시는 친림과이기 때문에 相避制[26]가 적용되지 않았다. 그러므로 시관들의 협잡이 많았다. 또 하루에 끝내야 하기 때문에 시험과목은 10개 중에 하나만 선택하게 하고 시험관은 다른 전시보다 훨씬 많은 수를 두었다.[27] 알성시에는 시험과목이 적고 상피제가 적용되지 않았으므로 요행수를 바라는 응시자들이 많이 몰려들었다. 과거제도가 별시 때문에 무너지기 시작하였는데 알성시도 그 원인 중의 하나였다. 조선시대의 알성시에서는 57회에 398인을 뽑았다.[28]

庭試는 본래 매년 봄·가을로 성균관 유생을 궁전의 뜰에 불러들여 시험을 보여 우수한 사람에게 전시에 직접 응시할 수 있는 자격을 주거나 給分

---

24) 曺佐鎬, 앞의 글, 144쪽.
25) 초에 금을 그어 놓고 촛불이 그 금까지 타 들어오면 시험을 종료하게 하는 시험 방법이다.
26) 과거시험의 부정을 예방하기 위하여 시관의 가까운 친척들을 응시할 수 없게 한 제도이다.
27) 《續大典》에 의하면 讀券官 10명, 對讀官 20명을 두었다고 한다.
28) 曺佐鎬, 앞의 글, 145~146쪽.

하던 특별시험이었다. 그런데 이것이 선조 16년(1583)부터는 하나의 독자적인 과거시험으로 승격되었다. 정시도 국가의 경사가 있을 때 실시되는 것이 보통이었다. 그런데 뒤에는 討逆科·忠良科·蕩平科 등의 명목으로 다양하게 설행되었다. 심지어는 無名科도 있는 형편이었다. 또 시험도 자주 있었다. 1년에 두세 번 있을 때도 있고 심한 경우에는 한 달에 두 번 있을 때조차 있었다. 정시도 알성시와 마찬가지로 당일로 시험을 끝내고 합격자를 발표해야 하기 때문에 시간이 많이 걸리는 경서시험은 치를 수 없었다. 그리하여 表·賦·策·箴·頌·銘·詔 중의 한 과목을 선택케 하여 시험보게 되어 있었다. 문체는 일정한 격식을 맞추어 써야 하는 騈儷體를 요구하였다. 시험문제는 국왕이 참석할 때는 국왕이, 시관에게 위임할 때는 시관이 출제하였다. 정시도 알성시처럼 당일에 결판이 나고 상피제도가 없기 때문에 시관의 협잡이 많고 응시자도 많이 몰려들었다. 이에 영조 19년(1743)부터는 정시를 초시와 전시로 나누고, 영조 35년에는 초시 합격자에게 다시 3경 중 자기가 원하는 경서 하나를 배강케 하는 회강을 실시하기에 이르렀다. 그리고 헌종 10년(1844)부터는 초시를 서울뿐 아니라 각 도 감영에서도 실시하게 하였다. 그리하여 정시는 다른 별시보다 폭넓은 과거가 되었다. 정시는 문·무과에만 있었다. 조선시대의 정시에서는 206회에 2,610인을 뽑았다.[29)]

春塘臺試는 본래 국왕이 각 군문의 무사들을 춘당대에 모아 武才를 시험하던 특별시험이었는데 뒤에는 문과에도 적용되었다. 춘당대시는 선조 5년(1572)부터 시작하여 조선시대에 34회에 207인을 뽑았다. 춘당대시도 친림과요, 당일로 결판이 나고 상피제도가 없었기 때문에 시관들의 협잡이 많고 응시자가 많았던 것은 알성시나 정시와 마찬가지였다. 심지어는 부자가 동시에 응시하는 경우도 있어 영조 20년부터는 부자가 동시에 응시하는 것을 중지하였다. 춘당대시의 시험관은 알성시와 같고, 시험과목은 증광전시의 경우와 같았다. 뽑는 인원은 그때그때 정하였는데 3~15명을 뽑았다.

節日製는 人日製·三日製·七夕製·九日製의 네 가지가 있었다. 인일제는 1월 7일, 3일제는 3월 3일, 칠석제는 7월 7일, 9일제는 9월 9일에 실시되었

---

29) 曺佐鎬, 위의 글, 146~148쪽.

다. 3일제와 9일제는 조선 초기부터 실시되었으나 인일제와 칠석제는 뒤에 생긴 것인데, 전자를 課製, 후자를 上旬輪次라 하였다. 과제는 의정부·6조의 당상관이 참석한 아래 실시되는데 비하여 상순윤차는 館閣堂上만 참석한 아래 실시되었고, 과제에서 1등을 한 사람에게는 문과 전시에 직부하는 특전을 주었는데 비하여 상순윤차에서 1등을 한 사람에게는 문과 회시에 직부하는 특전밖에는 주지 않았다. 다시 말하면 과제가 상순윤차보다는 격이 높은 시험이라 할 수 있다.

절일제는 본래 성균관에 재학하는 유생들의 사기를 높이기 위하여 실시되는 특별시험이었다. 그리하여 처음에는 성균관 유생이면 누구나 응시할 수 있게 되어 있었다. 그러나 생원·진사들이 성균관에 들어가지 않는 경향이 생기자 응시자격을 제한하게 되었다. 《속대전》에는 성균관 유생으로서 원점 50점을 취득한 사람에게, 《大典會通》에는 원점 30점을 취득한 사람에게 응시자격을 준다고 하였다. 그러나 국왕의 특명에 의하여 지방 유생에게도 응시할 수 있게 한 경우가 많았다. 시험과목은 증광전시와 같았다. 절일제도 하루에 시험을 끝내야 하기 때문에 시간이 많이 걸리는 경서를 피하고 시·부·표 중에서 한 과목을 선택하는 것이 보통이었다.

영조·정조시대에는 재경 유생에게는 표를, 지방 유생에게는 부를 부과하는 경우가 많았다. 뽑는 인원은 한두 사람에 지나지 않았다. 영조 20년(1744)부터는 서울 유생 한 사람, 지방 유생 한 사람씩을 뽑았다. 절일제도 시험과목이 간단하고 단 한번의 시험으로 결판이 나기 때문에 응시자들이 많이 몰려들었다.

黃柑製는 매년 12월 제주목사가 바치는 감귤을 성균관·4학 유생에게 나누어 줄 때 실시하는 제술시험이었는데 뒤에는 왕의 특명으로 성균관·4학 유생뿐 아니라 지방 유생들에게까지도 응시자격을 주었다. 황감제는 명종 19년(1564)에 처음 시작되었는데 원점 20 이상을 딴 유생에게 응시자격을 주어 1등 한 사람을 급제시켰다. 그러나 뒤에 지방 유생들에게까지 응시자격을 주게 되자 영조 24년 이후에는 서울 유생 한 사람, 지방 유생 한 사람씩을 뽑게 되었다. 시험문제는 대제학이 내어 국왕의 낙점을 받은 다음 承旨와 中使가 시험문제와 감귤을 가지고 성균관 명륜당에 가서 시험을 실시하게 되어 있었다. 시험과목은 절일제와 같았다. 시험이 끝나면 승지가 시험지를 가지고 대궐로 들어가 대제학이 兩館提學과 함께 채점하여 합격자를 결정하였다.[30)]

이 외에도 전강·도기과·통독 등의 특별시험 제도가 있었다. 殿講은 성종 원년(1470)부터 실시되어 왔으나 영조 20년 《속대전》을 만들 때에 비로소 제도화되었다. 전강의 대상은 성균관·4학 유생이었다. 전강은 매년 2월·4월·6월·8월·10월·12월 11일에 승정원에서 건의하여 그 달 15일 아침까지 성균관 출석부에 실려 있는 유생을 대상으로 그 다음날 16일에 실시하였다. 이들은 성명·주소 및 희망하는 경서를 적어내면 그것에 의하여 시험이 실시되었다. 시험관은 의정 한 사람, 종2품 두 사람, 정3품 이하 네 사람으로 구성되었다. 이 시험에서 純通은 문과 회시에 직부하고, 通은 2분을, 略은 1분을, 粗는 지필묵을 각각 주었다. 급분은 뒤에 과거시험에 통산해 주게 되어 있었다.[31)]

到記科도 성균관 4학 유생을 대상으로 하는 특별시험인데 일명 圓點科라고도 하였다. 도기과에는 1월 1일부터 7월 말 사이에 실시되는 春到記와 8월 1일부터 12월 말 사이에 실시되는 秋到記가 있었다. 도기과 실시를 위해 국왕은 사관이나 중사를 성균관과 4학에 보내어 식당도기[32)]를 가져오게 하여 원점 30 이상을 딴 유생을 골라 시험을 보게 했다. 시험과목은 강경과 제술 중 한 과목을 택하게 하여 두 과목의 1등 한 사람을 뽑아 문과 전시에 직접 응시할 수 있는 자격을 주었다.[33)]

通讀은 숙종조부터 실시된 시험으로 《속대전》에 의하면 성균관 대사성이 매년 중앙과 지방의 유생들에게 강경과 제술시험을 각각 11번씩 실시하여 두 시험의 성적이 우수한 자 각 5인씩 10인을 식년 문과의 회시나 전시에 응시할 자격을 주는 시험이었다. 이 때의 제술시험에는 부 1편과 표·전·론 중 1편을, 강경시험에는 4서 3경을 배강으로 시험을 보였다.[34)]

---

30) 曺佐鎬, 위의 글, 150~151쪽.
31) 曺佐鎬, 위의 글, 151쪽.
32) 출석부에 해당된다.
33) 曺佐鎬, 앞의 글, 151쪽.
34) 《續大典》 권 3, 禮典 諸科 通讀.

위에 열거한 절일제·황감제·전강·통독·도기과 등 각종 별시는 성균관 유생의 학업을 장려하기 위하여 실시된 특별시험이었는데 이들 시험의 합격자에게는 문과 전시 또는 문과 회시에 직접 응시할 수 있는 자격을 주거나 문과 초시에 分數를 가산해 주는 급분의 특전을 주었다. 직부생의 경우는 처음에 식년시에만 응시케 하였으나 나중에는 증광별시·별시·정시에도 응시할 수 있게 하였다. 식년 문과와 증광별시 문과의 전시에 응시하는 직부생은 일반 수험생과 섞여 앉아 시험을 보았으나 별시·정시의 전시에 응시하는 직부생은 아직 합격이 확정되지 않은 다른 수험생과 구별하기 위하여 臺上에 따로 앉아 시험을 보게 하였다. 합격자를 발표할 때에도 이들은 榜尾에 별도로 발표하였다. 전시에 직부하는 사람은 이미 합격이 확정되어 있는 것과 마찬가지인데도 바로 급제시키지 않는 것은 그 때마다 적은 인원을 가지고 唱榜儀를 따로 실시할 수 없었기 때문이다. 직부 회시생의 경우 회시가 없는 별시 정시에는 초시에 응시해야 하는데 시험만 같이 보았지 합격 여부와는 관계가 없었다. 직부 전시생은 이미 합격이 결정된 사람이므로 정원 33명 외로 계산하였다. 각종 별시의 초시에 급분을 받은 사람은 사실상 합격률이 높기 때문에 불평하는 사람이 많아 급분을 받은 사람들도 정원 외로 계산하였다. 그러므로 급분을 받은 사람도 초시에 응시하기는 하지만 회시에 직부하는 경우와 다름이 없었다. 급분도 처음에는 식년 문과에 한하여 인정하였으나 뒤에는 각종 별시에도 적용하였다.[35] 이와 같이 식년시 이외에 각종 별시를 자주 실시한 것은 양반들이 집요하게 요구하기 때문이었다. 양반들은 그들의 가문과 신분을 유지·향상하기 위하여 관직을 차지하고자 하였고 관직을 얻기 위해서는 과거에 합격하지 않으면 안되었다.

重試는 10년에 한 번씩 시행되는 정기시험으로 당하관 이하의 문신을 대상으로 하였다. 처음에는 丁年에 실시하다가 뒤에는 丙年에 실시하였다. 시험은 대궐에서 국왕이 참석한 아래 실시되었는데 이 때에 문·무과 별시도 실시되었다. 시험과목을 그 때마다 지정하게 되어 있었으나 대개 표·책 중 하나를 시험보이는 것이 보통이었다. 시험관은 의정 한 사람, 종 2품 두 사람을 讀券官에, 당하관 네 사람을 對讀官에 임명하게 되어 있었다. 뽑는 인

35) 曺佐鎬, 앞의 글, 152쪽.

원은 3~19명이었다. 합격자는 을과 1·2·3등으로 나누었는데 장원한 사람은 4등급을, 2~3등은 3등급을, 을과 2등은 2등급을, 을과 3등은 1등급씩을 특진시켜 주었다. 이 특진제도는 중시 합격자를 당상관으로 승진시키는 시험이라고 할 수 있다. 참하관은 모두 참상관인 6품으로 승진하였다. 중시의 합격자 발표에서도 문과·무과와 같이 賜牌·賜花·賜蓋하고 3일 동안 遊街하였다. 그리고 고향에 금의환향하면 수령이 迎親宴을 베풀어주는 것이 관례였다.[36]

중시와 비슷한 형태의 시험으로 文臣庭試가 있었다. 문신 정시는 세조 9년(1463)부터 시작된 특별시험으로 정3품 당하관의 문신을 대상으로 하였다. 처음에는 수시로 실시되어 오다가 현종 10년(1669)부터 춘당대시와 번갈아 실시되었다. 시험과목은 증광별시와 같았고 시험관은 중시와 마찬가지로 七試官이었다. 뽑는 인원도 일정하지 않았으나 대개 5~6명이었고 가장 많은 때라야 효종 3년(1652)의 문신 정시이었는데 11명이었다. 문신 정시에 합격한 사람에게는 정3품 당하관으로서 資窮(근무년한이 찬 것)인 사람은 당상관, 참상관은 당하관, 참하관은 참상관으로 승진시켜 주었고 나머지는 모두 상을 주었다.[37]

문신 정시와 비슷한 시험으로 또 발영시·등준시·진현시·탁영시·충량시·구현시·신구시·비천시·경무대시·명륜당시·전시·친시 등이 있었다. 이러한 시험도 문신의 승진시험이었음은 물론이다. 여기에는 정2품 이하의 문신이 참여하게 되어 있었다. 그러나 이러한 시험은 그 이후 계속적으로 실시되었던 것은 아니다. 비천시·경무대시·명륜당시·전시·친시도 시험장소만 달랐지 그 실시 목적은 비슷하였다. 특히 친시와 전시는 국왕이 친히 시험관이 되어 실시한 시험이었다. 이는 세조와 성종·중종·영조가 새로운 관료군을 구성하여 왕권을 강화하기 위한 수단으로 실시한 일시적인 시험에 지나지 않았다. 그러므로 선발인원도 3인에서 15인 정도를 넘지 않았다.[38]

---

36) 曺佐鎬, 위의 글, 153~154쪽.
37) 曺佐鎬, 위의 글, 154쪽.
38) 沈勝求, 앞의 글, 28~29쪽.

정식 과거시험은 아니었지만 문신들에게 학문을 권장하기 위하여 실시한 文臣仲月賦詩法이 있었다. 이는 文臣月課法이라고도 하였는데 고려 성종 15년(996)에 처음으로 실시되었다. 조선시대에 들어와서 태종조에 권근의 주장으로 春秋仲月賦詩가 행하여졌다. 이 시험은 3품 이하 6품 이상의 문신을 대상으로 하였다. 그런데 뒤에는 이 시험은 四仲朔[39]에 실시되게 되었는데 3품 이하의 문신에게 시·부·표를 시험보였다. 여기에 1등으로 합격한 사람에게는 승급(加資)의 특전을 주었다. 이 시험은 국초에는 성행하였으나 뒤에는 유명무실하였다.[40]

문신들의 경서공부를 권장하기 위하여 실시하던 시험으로는 文臣殿講이 있었다. 문신 전강은 3품 이하의 문신들에게 각각 전공하는 경서를 지정하여 주고 이를 국왕 앞에서 배강케 하는 시험이었다. 이렇게 5경을 번갈아 시험을 보임으로써 문신들의 경학공부를 권장한 것이다. 문신 전강은 영조·정조시대에 가장 성행하였는데 역시 1등으로 합격하는 사람에게는 승급의 특전을 주고 나머지는 상을 주었다.[41]

또 천거제와 과거제를 혼합한 賢良科가 있었다. 이는 중종 14년(1519)에 趙光祖 등 사림파의 주장으로 실시된 특별한 과거시험이었다. 중종은 조광조 등의 요청을 받아들여 勤政殿에서 독권관 申用漑 등에게 명하여 장령 金湜 등 120인을 뽑았다. 이것이 현량과의 처음이요 마지막이었다. 이 현량과는 영의정 鄭光弼 등 구신들의 반대로 곧 罷榜되고 현량과 자체도 없어졌기 때문이다. 그리고 이어서 南袞·沈貞 등 사장파·훈구파에 의하여 조광조·金駬孫·김식 등 사림파가 몰려나게 되자 현량과는 그 자취를 감추게 되었다. 조광조 등의 개혁정치는 기호지방을 중심으로 하는 훈구세력에 대한 영남출신인 신진세력의 도전이었고 현량과의 파방은 곧 사림파의 패배를 의미한다. 현량과는 과거가 詞章에 사로잡혀 科文이나 공부해 온 보잘 것 없는 선비들만을 뽑게 되고 의리의 학문을 공부하는 眞儒를 뽑을 수 없다는 주장에서 실시된 과거시험이었다. 서울은 四館에서 유생이나 현직관료 중에서 유능한

39) 2월·5월·8월·11월의 11일.
40) 曺佐鎬, 앞의 글, 154~155쪽.
41) 曺佐鎬, 위의 글, 155쪽.

인재를 성균관에 추천하고, 성균관은 예조에 다시 보고하게 하였으며 중추부·한성부·홍문관에서도 역시 아는 사람을 추천케 하였다. 그리고 여기에 각 지방의 유향소가 추천한 인물까지를 합쳐 의정부에 보고하게 되어 있었다. 이 때에 추천자의 성명도 아울러 적어서 책임을 지게 하였다. 이렇게 하여 의리있고 덕있는 선비를 뽑는다는 것이다. 현량과가 파방된 지 50년 뒤인 선조 원년(1568)에 李浚慶 등의 주장으로 復科되었다. 尹元衡의 독재시대가 지나고 다시 사림들에 의한 정치가 부활되었기 때문이다. 그리고 趙憲·金宇顒 같은 이들이 현량과와 같은 薦擧科를 두어야 한다고 주장한 바 있으나 실현되지는 못하였다.42)

한편 독립된 문과시험은 아니지만 漢吏科와 明經科가 설치되어 별도의 吏文·明經시험을 보여 문과 급제자의 수에 포함시킨 적도 있었다. 즉 태조 2년(1393)에 권근의 요청으로 한리과를 설치하여 초시의 초장에 시·부 종장에 이문을 시험보이고, 회시의 초장에 이문과 4서 3경·漢語를, 중장에 표·전·기·송을, 종장에 排律을 시험보여 문과 급제자를 정할 때 반영하도록 하였으나 그 뒤 계속 시행되지 않았다가 중종 37년(1542)에 金安國의 건의에 따라 부활되어 魚叔權이 이 시험에 합격하였다고 한다. 그러나《經國大典》이나《大典續錄》·《國朝榜目》에는 이에 대한 기록이 전혀 보이지 않는다. 한리과 시험이 계속적으로 실시되지 않은 때문이었을 것이다. 그리고 명경과는《己丑大典》43)에 수록되어 있었는데, 문과 초시의 초장을 제술로, 문과 복시의 초장을 강경으로 시험을 보임에 따라 경학이 약화된 것을 보완하기 위하여 세조 6년(1460)에 처음으로 실시되었다. 명경과(시)에서는 초시에서 4서 5경 시험에 略通 이상 자를, 복시에서 七通二略者를, 전시에서 4서 중 1서, 5경 중 1서를 추첨하여 시험보인 다음 여기에 합격한 사람을 문과 식년시 33인 정원 외로 뽑도록 하였다. 그 후 성종 9년(1478)에「明經科試取節目」이, 성종 10년에「明經科別試條件」이 제정됨에 따라 명경과의 기반이 마련되었다. 이것은《乙巳大典》44)에 그대로 법제화되었다. 그리고

42) 李成茂, 앞의 책(1976), 129~130쪽.
43) 예종 원년(1469), 즉 己丑年에 일시 반포한《경국대전》.
44) 성종 16년(1485), 즉 乙巳年에 최종적으로 반포된《경국대전》.

세조 12년 12월에는 이미 성균관 九齋[45]를 설치하여 매년 봄·가을로 성균관 당상 및 예조 당상 2인, 예문관 당상 1인, 대간 1인이 모여 구두와 의리에 통한 자를 다음 齋에 차례로 올라가게 하고, 한꺼번에 여러 경전에 통한 자는 월반시켜 易齋에 이른 다음 매 식년의 문과 회시에 직부하는 제도를 만들었다. 그러나 명경과는 세조 6년에 한번 실시된 후 흐지부지되고 말았다. 과거시험에서 강경이 제술에 압도된 때문이었다.[46]

문과 실시의 횟수를 보면 정시의 206회와 별시의 180회, 식년시 167회의 순이었으며, 급제자수는 식년시의 6,123인이 가장 많고 정시의 2,610인, 별시의 2,385인 순이었다. 정시와 별시의 급제자수를 합치면 4,995인으로 식년시 167회의 급제자 6,123인에 미치지 못하지만 각종 별시를 모두 합치면 638회의 9,014인으로 실시 횟수나 급제자수가 훨씬 많다. 식년시는 3년마다 한 번씩 실시되어 한꺼번에 33인 이상을 뽑았다. 각종 별시는 자주 설행되었으나 뽑는 인원수는 적었다. 즉, 식년시에서는 1회 평균 36.6인을 뽑았는데 비하여 각종 별시에서는 1회 평균 14.1인을 뽑았고, 식년시는 3년에 한 번씩 실시되었는데 비하여 각종 별시는 7개월에 한 번씩 실시된 셈이다.

태종조에 알성시와 즉위기념 증광별시가 생긴 이후로, 세종조에 인재를 널리 뽑기 위하여 별시를 계속 실시하였으며, 명종조에 給分直赴會試·殿試法이 강화되었고 이어서 별시·정시 등 각종 별시가 남발되어 과거시험이 문란하게 되었다. 科弊도 심하여 削名·削科·罷榜되는 경우도 많았고 상황이 바뀌면 복과시키기도 하였다. 특히 성균관 유생에 대한 별시가 너무 많다는 여론이 있어서 숙종 26년(1700)에는 황감시 외에 유생들을 위한 정시·알성시의 시취 액수를 3인을 넘지 않도록 제한하기도 하였다. 그러나 이러한 제한도 잘 지켜지지 않았다.

---

45) 大學齋·論語齋·孟子齋·中庸齋·書齋·詩齋·春秋齋·禮記齋·易齋.

46) 鄭 光,《朝鮮朝譯科試劵硏究》(大東文化硏究叢書 10, 成均館大 大東文化硏究院, 1990), 50~51쪽.
朴連鎬,《朝鮮前期 士大夫敎養에 관한 硏究》(韓國精神文化硏究院 韓國學大學院 博士學位論文, 1994), 102~118쪽.

2) 생원·진사시

조선의 개국 초에는 고려시대 귀족들이 사장을 중시하던 풍조를 없애기 위하여 진사시인 국자감시를 혁파하고 생원시만 실시하였다. 즉 태조 원년(1392) 7월에 내린 즉위교서에서 진사시에 해당하는 국자감시는 혁파되었다. 이는 주자학을 신봉하는 개혁파사대부들이 감시가 고려시대 과거제도의 폐풍을 자아낸 장본으로 생각하였기 때문이다. 감시 자체보다도 좌주문생제에 얽힌 貢擧制의 폐해를 제거하기 위해서이다. 감시는 고려 귀족들의 붕당·학벌·족벌을 유지·강화하는 도구로서 이용되어 왔기 때문이다. 그리고 공민왕 18년(1369) 7월부터 신진 사대부들에 의하여 실행되기 시작한 과거 3층법의 뿌리를 깊이 내리기 위해서는 고려 구귀족의 온상인 감시의 혁파가 필요하였다.

이리하여 조선왕조가 서자마자 고려의 국자감시에 해당하는 진사시는 혁파되고 말았다. 진사시를 없애는 대신 성균관 입학시험으로서 생원시를 설치하였다. 신진 사대부들은 고려시대 문풍을 좌우한 사장 중심의 유학을 배격하고 주자학에서 중시하는 경학 중심의 유학을 장려하기 위하여 사장 시험인 진사시를 아예 없애고 경학시험인 생원시를 강화한 것이다. 그러나 고려일대를 거쳐 설행되어 오던 진사시를 하루 아침에 없애기는 어려웠다. 좌주문생제도 마찬가지였다. 당시 유생들의 관념에 있어서도 그러하였고 건국 초기에 지나치게 급격한 개혁을 하는 것이 바람직하지 않아서이기도 하였다. 그리하여 진사시를 혁파하기로 한 다음해인 태조 2년에는 감시(진사시)를 실시하여 朴安信 등 99인을 뽑았다. 고려시대의 국자감시도 대체로 99인을 뽑았었다.[47]

태종 4년(1404)에 예조에서 제정한 과거법에서 진사시는 다시 없어졌다. 그리하여 그 뒤에는 생원시만이 실시되었다. 그러나 진사시 폐지에 대한 반대여론이 없었던 것은 아니다. 진사시 혁파는 태조조의 정책 입안을 오로지 하고 있던 鄭道傳의 주장에 의하여 실시된 것이었다. 그러므로 정도전이 제거

---

47) 李成茂, 앞의 책(1976), 109쪽.

된 태종조에는 경학 일변도의 정책보다 사장도 아울러 공부하도록 하자는 의견이 점점 높아졌다. 더구나 정도전을 대신하여 文翰을 잡은 권근은 고려 말 사장파의 거두로서 과거시험에 기초과목인 경학도 중요하지만 응용과목인 시·부를 강화시켜야 한다고 주장하였다. 권근은 경학만을 공부하고 시·부를 모르면 실제 관직생활을 영위하는 데 실용적이 못된다고 하였다. 예컨대 외국에서 사신이 왔을 때 그 사신이 문신인 경우 그와 시·부로 수작할 수 없다는 것이다.[48]

이러한 주장은 끈질기게 계속되어 문과시험에 초장은 강경을 하고, 중장에 시·부, 종장에 策問을 쓰게 하였다. 고려시대의 제술업과 명경업을 문과시험에 통합한 것이다. 그리고 진사시의 복구를 요청하는 사람이 많아 세종 20년(1438)에 진사시가 복구되었다. 그러나 역시 진사시가 경학 위주와 정책을 수행해야 한다는 원칙 때문에 6년 만인 세종 26년에 다시 혁파되다가 단종 원년(1453)에 복구되었다. 그 이후 진사시는 과거제도가 철폐되는 1894년 갑오경장 때까지 계속되었다. 결국 조선 초기의 약 60년간만 진사시가 실시되지 못한 셈이다.[49] 그러므로 조선 초기는 적어도 생원시가 진사시보다 우위에 있었다고 할 수 있다. 일설에는 태조가 일찍이 생원시에 합격한 바가 있어서 진사시보다 생원시를 중요시했다고도 한다. 그러나 이는 고려 말 조선 초기의 경학 우선주의의 영향을 받은 때문이라 해야 할 것이다. 조선 초기와는 달리 조선 후기에는 생원시와 진사시가 비중이 같았으나 조선 말기에는 오히려 생원시보다 진사시가 더 중시되었다.[50]

한 연구 결과의 통계에 의하면 조선 중기 이후의 생원과 진사의 선발인원, 지역별 진출에 아무런 차이가 없었다고 되어 있다. 그러나 순조~철종 년간의 경우는 다르다. 예컨대 고종 28년(1891)에 생원 238명에 진사 559명, 고종 31년에는 생원 278명에 진사 1,055명을 뽑았다. 생원보다 진사가 많았던 것이다. 이것은 당시의 유생들이 생원보다는 진사가 되기를 원하는 쪽이 많았

48) 李成茂, 위의 책 109~110쪽.
49) 宋俊浩, 앞의 책(1970), 13~14쪽.
50) 李成茂, 앞의 책(1976), 110쪽.

기 때문이다. 한말의 黃玹이 지은《梅泉野錄》에 보면 당시에 늙은 유생들을 생원이라 불렀으므로 생원시에 합격한 사람들이 일반 老儒와 구별하기 위하여 오히려 진사라 했다고 한다. 그리고 생원·진사시까지도 진사시라 부르는 경우가 있었다고 한다. 이러한 점을 종합해 볼 때 한말에 있어서는 진사시를 더 격이 높은 것으로 생각하고 있었음을 알 수 있다.[51]

조선시대의 생원·진사시는 향시와 복시(會試)로 구분되는데 향시는 각 지방에서, 복시는 예조에서 실시되었다. 향시에서 뽑힌 후보자는 회시에 응시하여 생원·진사 각 100명씩 200명을 뽑았다. 생원·진사시에는 국왕이 친히 참석하는 전시가 없었다. 전시는 문·무과에만 있었다. 생원·진사시의 초시에는 한성시와 향시가 있었는데 한성시에서 200인, 각 도의 향시에서 500인을 선발하여[52] 예조가 실시하는 복시에서 생원·진사 각 100인씩을 합격시키게 되어 있었다.

다만 철종·고종 연간에는 생원·진사 합격자수가 각각 100인이 훨씬 넘은 숫자를 뽑기도 하였다. 과거제가 문란해지고 신분제가 흐트러지면서 과거 증설에 대한 요구가 늘어났기 때문이다.

생원·진사시 초시와 복시에는 초장과 종장 두 차례의 시험이 있었는데 초장에는 진사시를, 종장에는 생원시를 실시하였다. 즉 첫날 진사시를 실시하고 다음날 생원시를 실시하였다.[53] 이 때문에 생원·진사시 양시에 한꺼번에 합격할 수도 있었다. 양시는 雙中·俱中이라고도 하였다.[54] 李石亨·裵孟厚·金淥·李珥 등이 그러한 사람들이었다. 진사시에서는 시와 부를 각각 한 문제씩 출제하였으나 후기에 와서는 양자택일을 하였고, 생원시에서는《경국대전》에 五經義 1편[55]과 四書疑 1편을 부과하였는데 5경의는《詩經》·《書經》·《周易》·《禮記》·《春秋》에서 각각 한 문제씩 출제하다가 뒤에 와서는 5경 중 어느 하나만을 택하여 출제하였으며 4서의는《論語》·《孟子》·《大學》·《中庸》중 어느 하나에 국한되는 것이 아니라 통틀어 한 문제를 내어

51) 安俊浩, 앞의 책, 29~30쪽.
52) 경기 60, 경상 100, 충청 90, 전라 90, 강원 45, 황해 35, 평안 45, 함경 35.
53) 曺佐鎬, 앞의 글, 126쪽.
54) 崔珍玉, 앞의 글, 12쪽.
55)《大典通編》에는《春秋》를 빼고 四經義.

하나의 긴 논문을 쓰게 하였다. 그러나 인조 11년(1633)부터는 5경의도, 4서의와 마찬가지로 통틀어 한 문제만 내게 되었다.[56]

생원·진사시는 子·卯·午·酉年에 실시하는 식년시와 국가의 경사가 있을 때 실시하는 증광시가 있었다. 식년시와 증광시는 생원·진사시뿐 아니라 문·무·잡과가 다 같이 실시되었으나 별시·정시·춘당대시는 문무과에, 알성시·황감시·통독·절일제·전강 등 성균관에서 실시하는 별시는 문과에만, 4학의 合製는 생원·진사시에만, 都試·觀武科 등은 무과에만 있었다. 경사가 겹칠 때에 실시되는 大增廣試에서는 문·무과에 한하여 증원해서 뽑았고 생원·진사시나 잡과는 증광시에서도 식년시의 정원대로 뽑았다. 조선시대의 생원·진사시는 식년시가 163회, 증광시가 67회, 합계 230회 설행되었다. 식년시는 3년에 한 번, 증광시는 7.5년에 한 번 설행된 셈이다. 식년시는 전란이나 특별한 사건이 있을 때에 설행되지 않는 경우도 있었다. 그러나 그것은 4회에 지나지 않는다. 즉, 임진·정유왜란이 있었던 선조 27년(1594)과 선조 30년, 과거부정이 있었던 광해군 13년(1621), 병자호란이 있었던 인조 14년(1636) 등이 그러한 해였다. 식년에 실시하지 못하여 다음에로 퇴행된 것도 아홉 차례나 있었다. 증광시는 새로운 왕이 즉위하였을 때에 실시되는 것이 보통이었는데 태종 원년(1401)에 처음으로 시작되었다. 그러나 조선 후기에는 종계무변·토역 등 국가의 경사가 있을 때에 자주 실시되었다. 증광시는 식년시와 같은 해에 실시되지 않는 것이 보통이었으나 때로는 같은 해에 실시되기도 하였으며 오히려 식년시를 다음해로 이루어 실시할 때도 있었다.[57]

조선시대 생원·진사의 총수는 생원 24,221인, 진사 23,776인, 합계 47,997인이었다.[58] 이 중 현재 방목이 남아 있는 것만을 보면 생원 19,675인,·진사 20,974인, 합계 40,649인이다.

생원·진사시에 합격한 사람에게는 생원 또는 진사의 자격증인 白牌를 주

---

56) 曺佐鎬, 앞의 글, 124쪽.
57) 崔珍玉, 앞의 글, 18쪽.
58) 宋俊浩는 《李朝 生員進士試 硏究》에서 생원 24,096인, 진사 23,652인, 합계 47,748이라 하였으나 이 통계에 빠진 고종 28년(1891) 식년시의 생원 125인, 진사 124인을 합치면 총 47,997인이 된다.

었다.[59] 문·무과에 합격한 사람을 及第·出身이라 한 데 비하여 생원·진사시에 합격한 사람은 入格이라 하였다. 그러나 잡과 합격자의 백패와는 달리 생원·진사시합격자의 백패에는 국왕의 御寶 중의 하나인 과거보를 찍어 주었다. 다시 말하면 생원·진사의 백패는 국왕이 내려주는 합격증이었다.

그러면 생원·진사시에 합격한 사람에게는 어떠한 자격이 부여되었을까. 우선 생원과 진사는 성균관 상재생으로 들어가 일정한 기간 동안 공부한 다음 문과에 응시할 자격을 주었다. "생원(및 진사)은 입학의 문이요, 급제(문·무과)는 입사의 길이다"라고 한 것처럼 생원·진사는 입사가 목적이 아니라 성균관에 입학하여 문과시험을 준비하도록 하는 것이 목적이었다. 그러므로 생원·진사시는 문과의 예비시험이었다고 할 수 있다. 그리하여 일부에서는 생원·진사시를 문과의 일부라고 주장하기도 한다. 그러나 식년시나 증광시에서 배출되는 생원·진사 200인이 곧바로 성균관에 입학하게 되어 있는 것도 아니며, 또 성균관에 들어가지 않는다고 해서 문과에 전혀 응시할 수 없는 것도 아니었다. 다만 생원·진사는 원칙적으로 성균관에 들어가 원점 300을 따야 문과에 응시할 수 있다고 되어 있을 뿐이었다. 약 300일 동안 성균관 교육에 출석하면 문과 응시자격을 얻게 되는 것이다.[60] 그러나 문과에 응시한다고 해서 바로 급제할 수 있는 것도 아니었다. 여러 번 떨어질 수도 있었다. 그러자면 오랫동안 백패를 안고 무직의 사류로서 남아있을 수밖에 없었다. 스스로 성균관에 들어가지 않는 경우도 마찬가지였다. 이 무직의 사류들은 과연 무엇을 할 수 있었으며 또 국가에서 이러한 무직의 사류를 양산하기 위하여 생원·진사시를 설행하고 있었던 것인가. 결국 이러한 문제는 학교제와 과거제가 일원화되지 않고 별개로 운영된 데서 기인한 것이었다. 중국의 명·청시대처럼 학교시험을 단계적으로 거쳐 최종적으로 과거시험을 볼 수 있도록 하지 않았던 것이다. 이와 같이 학교제와 과거제가 일직선상에 놓이지 않게 된 것은 양반의 이해관계 때문이었다고 생각된다. 양반들이 구태여 일반 양인도 입학할 수 있는 향교나 4학에 들어가 그들과 어깨를 나란히 하고 공부하여 문과에 응시하는 것을 바라지 않았던

59) 《經國大典》 권 3, 禮典 白牌式.
60) 曺佐鎬, 앞의 글, 117쪽.

것이다. 양반들도 원칙적으로는 향교나 4학을 거쳐 생원·진사시를 합격한 다음 성균관에 들어가 다시 문과를 준비하게 되어 있었다. 그러나 이렇게 해서는 양반의 특권이 보장될 수 없었다. 그들은 별도로 私學을 만들어 특권적으로 과거준비 교육을 받는 것이 유리하다고 생각하였다. 官學이 있는데도 불구하고 따로 사학을 장려한 까닭도 여기에 있었다. 그러자면 반드시 관학에 들어가지 않아도 생원·진사시를 볼 수 있도록 해야 할 것이다. 생원·진사시가 향교·4학과는 별도로 설행되었던 것도 이러한 양반들의 이해관계 때문이었다. 우리나라의 전근대시대 교육이 관학보다 사학전통이 강하였던 것도 이 때문이었다. 관학 중에서도 일반 양인이 많이 들어가는 향교보다는 서울의 양반 자제들이 많이 들어가는 4학에 특전이 더 주어져 있었고 생원·진사가 아니면서도 성균관 下齋(寄齋)에 들어가 생원·진사시를 준비할 수 있게 하는 승보시도 4학에 편중해서 운영하였던 것도 이 때문이었다. 그러므로 생균관 유생에게 여러 가지 특권을 주고 있었음에도 불구하고 성균관에 들어가는 유생수가 날로 줄어들게 되었다. 그리하여 국학이 허소하다는 한탄이 끊이지 않게 되었다.

이렇게 되자 문과 응시에 필요한 원점 300을 채운 자격자가 늘 모자라게 되었다. 그리하여 하는 수 없이 문과 응시에 필요한 원점을 줄여 주거나 아주 면제해 주는 경우가 많아지게 되었다. 식년시보다 자주 설행되던 각종 별시에 있어서는 더욱 그러하였다. 특히 단 한번의 시험으로 당락이 결정되는 알성시·황감시·정시 등에서는 당시에 재학하고 있는 성균관 유생을 시험 대상으로 하거나 아예 재학과 관계없이 시험을 실시하기도 하였다. 성균관 유생수도 늘 200인을 채울 수 없어 한때 75인으로 줄였다가 《속대전》에 126인으로 정하여 그 중 106인을 생원·진사로 채우도록 하였다. 서울의 세력있는 집안의 자제들은 음식이 입에 맞지 않고 시설이 나빠서 성균관에서 수학하기를 꺼려 성균관에는 시골출신 유생 30~40명이 있을 뿐이었다. 그러다가 과거시험이 있다는 소문이 나면 구름같이 몰려들었고 또 국가에서도 이를 수용하곤 하였다. 또 부모가 나이가 많거나 병들었을 경우에, 원점을 면제해 주게 되어 있어서 이를 이용하여 교모하게 원점 없이 과거에 응시하는 사람도 있었다.

이상에서 본 바와 같이 문과 응시자에는 생원·진사로서 원점 300을 채웠거나 미달한 자, 전혀 원점을 따지 않은 생원·진사, 생원·진사시를 합격하지 않은 幼學들이 있었다. 그런데 영조조 이전에는 생원·진사(원점이 있고 없고를 관계없이)가 70% 이상 문과에 급제하였으나 영조조 이후에는 오히려 유학이 70% 이상 문과에 급제하였다.

생원·진사시가 실시된 229회에 47,748인을 뽑았으니 조선왕조 502년간(1392~1894) 연평균 95인씩을 뽑은 셈이다.61) 이 47,748인 중 문과에는 7,438인만 급제하였으니 나머지 40,310인의 생원·진사는 무직의 사류로 남아 있었던 것이다. 생원·진사 중 약 6.4% 만이 문과에 합격하고 93.6%는 생원·진사의 자격증만 가진 채 늙어간 셈이다.

이 4만여 명이나 되는 생원·진사 중에는 蔭仕나 取才를 통하여 관직에 진출한 자들과 관직과 관계없이 그대로 늙어간 두 부류들이 있었을 것이다. 문과에 급제한 생원·진사들은 물론 특별한 예외를 제외하고는 고위관직을 역임하였을 것이다. 즉, 생원·진사중 문과급제자들은 정랑·지평·교리·좌랑·정언·감찰·전적·박사·저작·검열·학유 등 이른바 名宦을 지냈는데 비하여 생원 진사 중 蔭官으로 관직에 나아간 사람들은 참봉·현령·현감·찰방·교도 등 하위 외직에 임명되는 것이 고작이었다. 그리고 문과에 급제한 생원·진사는 50% 이상이 정3품 이상으로 승진하였는 데 비하여 음관으로 진출한 생원·진사는 9%만이 정3품 이상으로 승진하였다. 반대로 종4품 이하의 관직에는 문관이 27.4%, 음관이 80.7%가 속해 있었다. 또한 문관의 終職은 70%가 정품직이었는 데 비하여 음관의 종직은 5.5%만이 정품직이고 나머지는 종품직이었다. 이것은 대체로 名宦이 정품직이었고 참봉·현령·찰방 등 외직이 종품직인 것과 무관하지 않다.62)

한편 조선 초기에는 1회의 생원·진사시 입격자 200인 중 30%인 66인이 문과에 진출한다는 전제 아래 54명이 문과에 급제하였으니 88%가 목적(문과급제)을 달성하였으며, 조선 후기에는 14명이 문과에 급제하였으니 24%가 목

61) 崔珍玉의 통계에는 186회에 생원 19,675인, 진사 20,974인, 합계 40,649인을 뽑은 것으로 되어 있으나 이는 현존하는 司馬榜目(小科榜目)에 나타나는 것만을 정리한 숫자이다.

62) 宋俊浩, 앞의 책, 48~49쪽.

적을 달성한 셈이고, 고종시대에는 12%만이 목적을 달성하였다. 즉 조선 초기에는 문과에 응시하기 위하여 생원·진사시를 본 사람이 많았는데 비하여 조선 후기 이후에는 문과에 뜻이 없거나 문과를 단념하지 않을 수 없어 생원·진사의 자격만을 따기 위해 생원·진사시를 본 사람이 많았다는 것을 뜻한다.[63]

그러나 음관의 경우 생원·진사가 되자마자 관직을 받은 자는 극히 소수이며 그 중의 반 이상이 10년을 기다리거나, 심한 경우에는 20년을 기다려 관직을 받는 것이 보통이었다. 관직이라 해도 五衛將이니 참봉이니 교도니 하는 미관말직을 맡는 경우가 많았다. 문과에 급제한 생원·진사도 5년 이내에 급제한 사람은 34%에 불과하며, 10년이 넘어서 급제한 사람이 33%이고, 30년이 넘어서 급제한 경우도 적지 않다. 이들 중에는 물론 음관으로 진출하는 사람도 있었지만 무직의 사류로 남아 있는 경우도 많았다. 무직의 사류로 남아 있는 사람 중에는 가문의 배경이 약한 지방 출신이 더 많았다. 서울 출신은 33%가 무직의 사류였는데 지방 출신은 70~80%가 무직의 사류였다.[64]

이러한 무직의 사류들은 지방사회에서 司馬所 등 지방 양반들의 자치기구를 만들어 향촌지배에 앞장 섰다. 향교의 青衿錄을 장악하고 서원의 유사를 맡는 것도 이들의 할 일이었다. 따라서 생원·진사는 문과에 응시할 수 있는 자격증이었을 뿐 아니라 지방사회를 지배할 수 있는 확실한 양반의 자격증으로 이용되었다. 그러므로 문과 몇 장, 생원·진사 몇 장을 냈느냐에 따라 가문의 성쇠가 좌우되었다. 이들은 생원·진사의 자격을 내세워 지방민의 교화, 하층민의 지배를 강화할 뿐 아니라 인물의 진퇴, 조세수납, 군역책정, 수리시설의 관리·이용, 혼인관계 등에 영향력을 발휘하였다. 이들은 또한 지방토호로서 지방수령과 결탁하여 각종 이권과 권한을 독차지하였으며 지방양반으로서 지방통치에 군림하고 있었다. 이들은 서양의 Gentry와 같은 지위와 권한·역할을 가지고 있었던 지방사회의 지배자들이었다. 그러므로 비록 문과에는 급제하지 못하더라도 생원·진사가 되고자 애쓴 것이며 조선 후기

63) 宋俊浩, 위의 책, 40~41쪽.
64) 宋俊浩, 위의 책, 49~52쪽.

로 올수록 생원·진사를 양산했던 것도 이 때문이었다.

3) 무 과

고려시대에는 예종 4년(1109)부터 인종 11년(1133)까지 24년간을 제외하고는 武科가 실시되지 않았다. 고려시대의 崇文偃武 정책으로 무관을 양성하는 무학이나 무관을 선발하는 무과가 설치되지 않았던 것이다. 당시에 무관은 行伍에서 무재가 있는 사람을 뽑아 쓰는데 그치고 있었다. 지방의 반독립적인 무적 성격이 강한 향리세력을 누르고 중앙집권적인 문치주의를 확립하기 위해서였다. 고려 광종조에 과거제도를 실시할 때, 문과에 해당하는 제술업·명경업과 잡과에 해당하는 잡업만 실시하고 무업을 실시하지 않은 것도 그 때문이었다.

그러나 양반관료제를 운영하려면 문·무과가 균형있게 실시되는 것이 바람직하였다. 양반관료 체제에서는 문반과 아울러 무반이 짝을 이루고 있었기 때문이다. 그리하여 이미 고려 말인 공민왕 원년(1352)에 李穡이 무과를 실시할 것을 건의하였으나 실천에 옮겨지지는 않았다. 그러나 공민왕 20년 12월에 문·무의 균형을 꾀하여 유학인 성균관·향교와 아울러 무학을 설치하였고, 공민왕 21년에 10학을 설치할 때 무학을 軍候所에 두기로 하였으며, 다음해인 공양왕 2년(1390)에는 都評議使司의 건의에 따라 무과를 실시하였다. 그러나 고려왕조가 멸망함에 따라 무과는 실시되지 못하였다.[65]

그리하여 무과의 실시는 조선왕조의 건국을 기다리지 않으면 안되었다. 태조는 즉위교서에서 문과와 아울러 무과도 訓鍊觀 주관으로 33인을 뽑도록 명하였다.[66] 이는 공양왕 2년에 정해진 무과의 실시 규정을 그대로 답습한 것이었다. 훈련관은 송의 무학을 본뜬 것으로 고려 말의 군후소를 합병하여 무과를 주관하게 한 것이었다. 그리고 태조가 즉위한지 한 달 뒤인 태조 원년(1392) 8월에는 入官補吏法을 만들어 정도전이 제창한 문과·무과·

---

65) 沈勝求, 앞의 글, 6~7쪽.

66) 《太祖實錄》 권 1, 태조 원년 7월 정미.

이과·문음을 관리를 뽑는 네 가지 길로 확정하였다. 그런데 태조 2년에는 文·武科放榜儀를 제정하고 태조 3년 12월에는 무과시험에 太一算을 포함시켰으며, 태조 6년 5월에는 무과 출신자를 문과의 예에 따라 서용하도록 하였다.67)

그러나 새 왕조가 개창되었다고 해서 고려의 구체제를 즉시 청산할 수 있었던 것은 아니었다. 그리하여 태조 2년 3월에 실시된 과거시험에서는 제도적으로 혁파되었던 국자감시를 그대로 실시하였다. 이에 조선시대의 무과가 처음으로 실시된 것은 태종 2년(1402) 정월에 가서였다.68) 이 무과법은 《經國大典》에 그대로 수록되었다.

태종조의 무과 실시는 정종 2년(1400) 4월에 있었던 사병혁파와 밀접한 관계를 가지고 있었다. 고려 말에는 병제가 해이되어 각 節制使들이 멋대로 군사를 뽑아 거느리고 있었다. 잦은 외침에 대비하기 위하여 임시방편으로 취해진 조처였다. 이렇게 뽑힌 군사들은 그들을 뽑은 무장들의 사병에 불과하였다. 이러한 사병은 새로이 건국된 조선왕조의 군사권을 강화하는데 커다란 장애물이었다. 이에 태조조의 정도전은 義興三軍府를 설치하면서 사병을 혁파하고 병권을 국가에 귀일시키려고 하였으며, 정도전이 실각한 뒤에 새로이 집권한 李芳遠(태종)은 정종 2년 4월에 사병을 혁파하였다. 반면에 중앙군과 시위군을 강화하기 위하여 別侍衛·內禁衛·內侍衛·甲士 등 특수군을 강화하였다. 이러한 과정에서 새로운 무관과 군사를 양성·선발할 필요가 있었다. 무학과 무과를 설치·실시한 것도 이것과 무관하지 않았다. 고려 말부터 설치되어 온 무학이 태조 2년에는 兵學·律學·字學·譯學·醫學·算學 등의 8학에 포함되어 무과에 응시하려면 훈련관에서 무학교육을 받은 다음 무과에 응시하도록 하였다. 그러나 무학이 유학인 성균관·4학·향교처럼 따로 설치된 교육기관으로 독립되어 있지도 않았으며 무학에 입학하지 않는다고 해서 무과에 응시할 수 없는 것도 아니어서 무과교육은 제대로 실시되지 못하였다. 그리하여 태종 6년 11월에 증설된 10학69)에서는

67) 沈勝求, 앞의 글, 9~10쪽.

68) 《太宗實錄》 권 3, 태종 2년 정월 을축.

69) 儒學·武學·吏學·譯學·陰陽風水學·醫學·字學·律學·算學·樂學.

유학만은 현임 7품 이하가 입학하게 하고 무학을 비롯한 나머지 9학은 현임·전임 4품 이하가 四仲朔에 시험을 통하여 입학하게 하였다. 그리고 그 중에서 우수한 사람은 취재시험을 통하여 임용되도록 하였다. 이리하여 무학은 하급관리들의 취재 교육기관으로 전락하였다. 결국 무과는 무학교육을 전제조건으로 하지 않고도 응시할 수 있게 되었고 무학취재가 더 중요한 목적으로 된 셈이다.[70]

한편 座主門生制를 혁파하면서 무과의 시관 명칭도 바뀌었다. 즉 태종 10년(1410) 10월에는 무과의 監校官·同監校官을 폐지하고, 태종 14년에는 兵曹祝壽齋와 武科祝壽齋를 혁파하였으며, 종래 훈련관이 담당하던 무과업무를 병조가 주관하고 훈련관이 동참하도록 하였다. 뿐만 아니라 세종조에는 무과 시험과목으로 무예만 시험보이던 것을 병서와 유교경전을 아울러 시험보였다. 將才를 선발하기 위해서는 무예뿐 아니라 유교적인 경륜을 갖추어야 한다고 생각하였기 때문이었다. 이는 전술보다는 전략이 우선이라는 유교적인 사고방식에서 말미암은 것이었다.[71]

무과에도 문과와 마찬가지로 3년마다 한 번씩 실시되는 정기시험인 식년시와 부정기시험인 별시가 있었다. 3년 1試의 원칙은 이미 고려 선종조에 정해졌으나 고려시대에는 제대로 지켜지지 않았다. 그 후 태조 2년(1393) 3월에 3년 1시의 원칙이 다시 확인되어 태종 2년 무과부터 철저히 준수되어 왔다. 식년 무과에는 식년 문과처럼 초시·복시·전시의 3단계 시험이었다. 그러나 무과에는 문과의 생원·진사시와 같은 예비시험은 없었다. 무과 초시에는 훈련원[72]에서 실시되는 院試와 각 도별로 실시되는 향시가 있었다.[73]

원시는 훈련원에서 錄名試取하였고, 향시는 각 도 병마절도사가 차사원을 보내어 녹명시취하였다. 초시에서 뽑힌 190인을 다시 병조에서 실시하는 복시(회시)에 응시하여 28인을 뽑아 전시에서 왕의 친림 하에 등급을 정하여

70) 沈勝求, 앞의 글. 15쪽.

71) 沈勝求, 위의 글, 16~17쪽.

72) 訓錬觀이 뒤에 訓錬院으로 바뀌었다.

73) 무과 초시의 정원은 훈련원 70인, 경상 30인, 충청·전라 각 25인, 강원·황해·평안·함경 각 10인, 합계 190인이었다(《經國大典》 권 4, 兵曹 武科).

갑과 3인, 을과 5인, 병과 20인을 정하였다. 그런데 무과의 경기 향시는 태종 2년부터 있어 왔으나 세종 8년(1426) 정월에 폐지되고 그 정원은 원시에 편입되어 50인에서 70인으로 늘었다.[74] 식년 무과는 거의 식년 문과와 함께 실시되는 것이 보통이었는데 초시는 上式年(식년 전해인 寅·申·巳·亥年) 가을에, 복시와 전시는 식년 봄에 실시되었다.

무과의 경우도 문과와 마찬가지로 식년시 이외에 증광시·별시·알성시·정시·觀武才(춘당대시)·외방별시·중시·발영시·등준시·진현시 등의 별시가 있었다. 증광시는 시험방법이나 시취액수가 식년시와 같았고 대증광시에서는 초시·복시에 증광시의 두 배를 뽑았다. 증광시는 왕의 즉위를 축하하기 위하여 실시되었는데 증광 문과는 태종 원년에 처음으로 실시되었고 증광 무과는 세종 원년(1419) 4월에 처음으로 실시되었다. 증광시에는 문·무·잡과가 동시에 설행되었다. 대증광시는 경사가 겹칠 때에 설행되었다.[75]

문과 중시는 태종 7년에 처음 실시되었으나 무과 중시는 태종 10년에 처음으로 실시되었다. 태종 16년부터는 문·무과 중시가 함께 실시되었다. 중시는 丙年에 실시되는 것이 상례였고 당하관 이하의 문·무 관료들이 응시하였으며 합격한 사람에게는 승진의 혜택이 주어졌다. 중시를 실시할 때에는 별시도 함께 설행하였는데 이를 초시라 불렀으나 이것은 문·무과 초시와는 다른 것이었다. 무과 중시는 전시와 같은 방법으로 시취하였는데 문과 중시와 함께 10년만에 한 번씩 실시되었다. 그러나 초시 兩所에서 각 50인씩을 뽑는 것이 다르다.[76]

별시·알성시·정시·관시재·중시는 초시·전시 두 차례의 시험만 있었으며 그때그때 뽑는 수를 정하였다. 다만 알성시는 초시의 양소에서 50인을 뽑아 전시에서 국왕의 친림 아래 시취하는 것이 다르다. 알성시는 국왕이 성균관 문묘에 나아가 석전제를 지낸 다음 실시하는 특별시험이었다. 알성시는 태종 14년(1414) 7월에 처음으로 설행되었는데 이 때에는 문과만 실시되었다. 그 이유는 武聖廟가 없었기 때문이었다. 이에 세종 13년(1431) 3월에

74) 《世宗實錄》 권 31, 세종 8년 정월 기유.
75) 沈勝求, 앞의 글, 25쪽.
76) 沈勝求, 위의 글, 27~28쪽.

는 훈련관 북쪽에 무성묘를 세우고자 하였으나 문신들의 반대로 시행되지 못하였고 그 대신 알성시에 무과도 함께 실시하기로 하였다. 그리하여 세종 16년 2월부터 무과도 알성시에 함께 보이기로 하였다. 알성 무과는 초시와 복시의 두 단계가 있었다.[77]

관무재는 2품 이상 문관과 무관 각 1인이 시관이 되어 한량·군관·조관에서 시취하였고 禁軍은 따로 병조판서가 시관이 되어 시취하였으며 전시는 춘당대에서 국왕의 친림 아래 2품 이상 문관 1인, 무관 2인이 참시관이 되어 시취하고 외방 관무재는 의정 1인이 命官(왕명을 띤 관원)이 되어 시취하였다. 관무재에서 우수한 성적을 거둔 한량은 전시에 직부시키고, 출신은 수령이나 변장에 임명하였으며 군관은 가자하거나 상을 주었다.[78]

무과 중시는 정시와 같은 방법으로 시취하였는데 문과 중시와 함께 10년만에 한 번씩 실시되었다. 그러나 초시 양소에서 각 50인씩을 뽑는 것이 정시와 달랐다.

중시와 비슷한 시험으로 발영시·등준시·진현시가 있었다. 발영시는 세조 12년 5월 단오절에, 등준시는 세조 12년 9월에 실시되었다. 발영시와 등준시에는 종친 및 재상 이하 모든 관료가 응시하였는데 합격자는 관직을 올려주었다. 이들 시험에는 초시와 전시 두 차례의 시험이 있었다. 진현시는 성종 13년(1482) 10월에 실시되었는데 문신 4인 무신 10인을 선발하였다. 그러나 이 세 가지 시험은 세조·성종이 왕권을 강화하기 위하여 실시한 특별시험으로 한 번씩밖에 실시되지 않았다.[79]

외방 별과는 평안도·함경도·강화·제주에서 국왕의 特旨에 의하여 실시되는 무과 별시의 일종으로 중신이나 어사를 보내어 단 한번의 시험으로 급락을 결정하였다. 중신이 파견될 때는 空名牌를 보내어 합격자의 이름을 직접 써넣어 발표하게 하였고 어사를 파견할 때는 합격자를 무과 전시에 직부하게 하였다.[80]

그리고 무과와는 조금 다르지만 지방의 한량과 군관·조관을 대상으로

77) 沈勝求, 위의 글, 26~27쪽.
78) 曺佐鎬, 앞의 글, 180쪽.
79) 沈勝求, 앞의 글, 29쪽.
80) 沈勝求, 위의 글, 26쪽.

무예를 시험보이는 都試와 觀武科가 있었다. 도시는 무관들의 무예를 꾸준히 연마시키기 위하여 설치된 조선시대에만 있던 시험이었다. 이것은 문관의 문신월과법에 비견되는 시취제도였다. 도시는 매년 봄(4월경)·가을(8~11월경) 두 차례 실시되었다. 다만 국상 등 국가의 큰 일이 있을 때는 거르기도 하였다. 京中都試의 시관은 병조의 주관하에 의정부·6조·도총부 당상관·훈련원 당상관 각 1인이 되었으며 시험일에는 의정부·6조 당상관이 모두 참관하게 되어 있었다. 外方都試의 시관은 처음에는 각 도의 감사와 都節制使가 맡았는데 세조 12년(1467)부터 감사와 병마절도사가 맡았다. 그러므로 경기·황해·강원도와 같이 감사가 병마절도사를 겸임하고 있는 곳에서는 감사 혼자 도시의 시관이 되었다. 도시는 한 차례의 시험밖에 없었다. 다만 외방 도시는 예비시험이 있었던 것 같다. 그러나 세종대를 전후하여 중앙군이 외방 도시에 참여하게 됨에 따라 시험절차는 경중 도시와 같아지게 되었다.[81)]

태조대의 도시에는 전국의 군민이 다 응시하도록 되어 있었다. 그러나 세종조의 도시에는 삼군갑사·별시위·성중애마·한량인·각품양첩자 등 다양한 계층이 응시할 수 있었다. 그러나 도시의 주목적은 중앙군을 대상으로 하여 훌륭한 갑사를 보충하기 위하여 실시된 것이었다. 경중 도시의 경우는 적어도 그러하였다. 그러나 외방 도시에는 侍衛牌·營鎭軍·守城軍·騎船軍·閑良 등 일반 병종의 군사들도 응시하게 되어 있었다. 이는 세종조 말의 중앙군의 지방군화로 군역이 일원화되는 데에 따른 결과였다. 다만 수령·우후·만호와 그 자제들은 그 도의 외방 도시에 응시할 수 없게 되어 있었다. 시험에 부정을 방지하기 위해서였다. 그런데 각종 특혜가 주어지는 내금위의 군사는 도시에 응시할 수 없었다. 그러나 세조 6년(1460) 5월부터는 내금위와 무과 급제자·겸사복·종3품 이하의 동·서반 관료들까지 자원에 따라 도시에 응시할 수 있게 되었으며 이들에게는 1등의 예로 선발하는 특전까지 주었다. 무재가 뛰어난 무관을 뽑기 위해서였다. 또한 이들에게는 무예시험을 면제해 주고 講書시험을 보여 별도로 상을 주기도 하였다. 그러므로 세조조

81) 沈勝求, 위의 글, 29쪽.
沈勝求, 〈朝鮮初期 都試와 그 性格〉(《韓國學報》 60, 1990), 103~104쪽.

의 도시는 세종조의 도시와 달리 무반의 加資·給到를 위한 시험으로 바뀌었다고 할 수 있다. 도시에 강서시험을 첨가한 것도 중요한 변화 중의 하나였다.[82]

도시의 선발 인원은 시대에 따라 달랐다. 태조 4년(1395)에는 문과와 같은 33인이었다. 무과가 실시되기 이전인 태조대의 도시는 무과적 성격을 띠고 실시되었던 때문이다. 그 후 세종 25년(1443)에는 도시의 정원을 1등 7인, 2등 23인, 3등 40인, 합계 70인으로 정하였으며, 세조 6년에는 무과 급제자와 무관들까지 도시에 참여하게 하여 정원을 1등 7인, 2등 33 인, 3등 60인, 합계 100인으로 늘렸다. 이것은 무예로써 뽑는 정원이고 따로 병서를 시험보여 20인을 뽑기도 하였다. 그러나 실제로는 무예와 병서의 성적을 종합하여 성적순으로 뽑았으므로 두 가지 시험의 구별은 무의미하게 되었고,《경국대전》에는 정원조차 밝히지 않았다.[83]

도시에 합격한 사람에게는 관품을 一資씩 올려주거나 갑사·별시위에 입속시키거나 급사·급도의 특진을 주었다. 그러나 지방 도시합격자에게는 서울의 도시합격자의 절반에 해당하는 급사·급도의 혜택을 주었다. 이와 같이 도시는 무관·군사들의 무재를 시험하여 승진의 기회를 주는 것을 목적으로 하고 있었다. 따라서 무과 급제자와 내금위 군사는 반드시 도시에 응시하게 하여 승진의 특전을 보장해 주였다. 무과가 무재를 갖춘 인재를 선발하는 시험인 데 비하여 도시는 무과 급제자를 포함한 무관·군사들의 무예 단련을 위한 재훈련과정으로서 우수한 사람을 승진시키는 시험이었다고 할 수 있다. 그러므로 도시는 신분의 차이 없이 광범하게 응시할 수 있었고 한 번의 시험으로 성적을 평가하는 단시험제였다. 그러나 조선 후기에는 도시에서 우수한 성적을 거둔 자는 무과 전시에 직부시키는 제도가 생겨나게 되었다.[84]

그런데 식년 무과에서는 28인의 정원을 대체로 지켰으나 별시 무과의 경우는 항상 식년 무과의 시취액수보다 많이 뽑았다. 특히 세조는 북정에 따른

82) 沈勝求, 위의 글(1990), 106쪽.
83) 沈勝求, 위의 글, 101·115~121쪽.
84) 沈勝求, 위의 글, 121~123쪽.

야인의 회유책 또는 서북 지방민을 위한 인심수습책의 하나로서 별시 무과를 자주 설시하여 많은 인원을 뽑았다. 이것은 조선 후기의 萬科設行의 시작에 불과하였다.[85] 조선 전기에는 남으로 왜, 북으로 여진의 세력이 성장하여 남북으로 조선을 괴롭혔다. 이에 조선에서도 이러한 南倭·北胡에 대하여 적절한 대처를 하지 않을 수 없었다.[86] 이러한 군사행동에는 많은 군사가 필요하였다. 그러나 계속되는 외침을 대비하는 데 있어서 각 진에 배치되어 있는 留防兵만으론 충분하지 않았다. 더구나 국가재정의 궁핍으로 유방병의 병력수를 채울 수 없었던 데다가 이들에 대한 생활보장이 되어 있지 않으면서도 변장들의 침탈로 도망병이 많이 생기게 되었다. 이에 국가에서는 만과를 자주 설행하여 군사를 보충하는 방법을 강구하였다.

을묘사변 이후에도 외환은 그치지 않았다. 선조대에 尼湯介亂을 비롯하여 선조 25년(1592)의 임진왜란, 인조 14년(1636)의 병자호란 등이 잇따라 일어났기 때문이다. 이에 신분의 귀천을 막론하고 전공을 세운 사람은 그 정도에 따라 무과에 등과시키기로 하였다. 임진왜란 때에는 왜인의 목 하나를 베어오면 공·사천을 막론하고 무과에 등과시켜 주게 되었다. 그리하여 무과 급제자는 수천 명에 이르게 되었다. 이에 飢民의 머리를 베어 왜인의 머리라고 신고하여 급제한 자도 생기고 천인들이 행운을 얻는 자가 많아 무과는 드디어 일반화가 되었다.[87] 그리하여 임진왜란 이후에는 무과출신을 기간요원으로 하고 양민과 노비를 혼성한 束伍軍이 출현하게 되었다.[88]

---

85) 萬科란 무과시취를 천인·만인에 이르기까지 많은 인원을 뽑는다는 뜻에서 붙여진 이름이다. 실제로 숙종 2년(1676) 3월에는 八道庭試에서 18,251인을 뽑은 바 있었으며, 인조 5년(1627) 2월 山城庭試에서 5,464인, 광해군 10년(1618) 7월 庭試에서 3,200인, 동왕 12년 7월 庭試에서 3,000인, 동왕 13년 9월 庭試에서 4,301인을 뽑은 바 있다. 茶山 丁若鏞도 "有取數百者 謂之千科 有取數千者 謂之萬科 此又何法也"(丁若鏞, 《經世遺表》 권 43, 夏官修制 武科)라 하여 무과에서 수백 인을 뽑는 것을 千科, 수천 인을 뽑는 것을 萬科라 하였다.

86) 鄭道傳의 北邊 개척(태조조), 李從茂의 對馬島 정벌(세종조), 金宗瑞의 六鎭 개척(세종조), 申叔舟의 北征(세조조)·三浦倭亂 진압(중종조)·乙卯倭邊 진압(명종조) 등이 그것이었다(李洪烈, 〈萬科設行의 政策史的 推移〉, 《史學硏究》 18, 1964, 216쪽).

87) 李睟光, 《芝峰類說》 권 4, 官職部 科目.

88) 李洪烈, 앞의 글, 225쪽.

이러한 현상은 광해군조의 만주출병, 효종조부터 숙종조에 이르는 북벌계획으로 더욱 심해지게 되었다. 그리하여 광해군 10년(1618) 7월에 병조는 대간의 반대에도 불구하고 다급한 나머지 증광 무과의 초시에 입격한 사람을 전시에 직부하는 조치까지 내렸다.[89] 이리하여 아들 여섯이 다 무과에 급제하는 기현상도 나타나게 되었다. 이에 만과는 계속 성행하여 무과는 천한 과거로서 천인들로 차 있었으며 무과 출신자라고 다 변방에 入防하는 것이 아니어서 서울에는 등용되지 못한 자들이 가득하여 불평자들로 들끓게 되었다. 한편 한번 북변에 부방한 문과 출신자들은 병역 면제의 특혜를 받게 되어 오히려 정상 병력의 감소를 초래하게 되었다. 쌀값도 오르고 뇌물을 주어 관직을 구하는 행위(奔競)가 성행하게 되었다. 정치인들은 이들을 당쟁에 이용하기도 하였다.

임진왜란 이후에는 병력과 전결이 그 이전보다 약 3분의 1이 줄어들어 국가재정이 극도로 피폐하여졌다. 이에 국가에서는 그 변통책으로서 賣官賣爵·庶孼許通·奴婢放良·通行帖發給·納粟補官·校生免講 등 비상수단을 동원하였다. 이와 아울러 무과 급제자들에게 쌀이나, 화폐의 대용으로 쓰이던 면포를 받고 북변 근무를 면제해 주는 조처를 취하였다. 전쟁이 끝난 뒤에도 계속 북변지방에 군사력을 강화하는 것이 청나라의 의심을 불러일으킬 것이라는 명분으로 이러한 조처를 합리화하기도 하였다. 만과 출신의 除防 納米量은 1인당 5섬으로 정하여졌다.[90] 이것은 식년 무과 출신에게까지 확대되었다. 무과 출신자들에 대해서는 납미뿐 아니라 군포·군량·전마를 징수하기도 하여 국가의 옹색한 재정을 타개하고자 하였다.[91] 그리하여《속대전》에 납미자, 60세 이상된 자, 부모가 80세가 된 자를 제외한 무과 출신자는 모두 서북 변경의 군에 赴防해야 한다고 규정하게 되었다.[92] 그런데 양반 자제에 대한 부방을 의무화하고 있는 것은 유의해 볼 만하다. 변방 방위를 위하여 양반의 무과 출신자들은 의무적으로 지도적인 역할을 하게 하고, 기타 양·천의 무과 출신자들에게는 납미하게 하여 국가재정을 보완해 보

89) 《光海君日記》(太白山本) 권 130, 광해군 10년 7월 갑인.
90) 산간지방은 綿布로 대납.
91) 李洪烈, 앞의 글, 326~238쪽.
92) 《續大典》 권 4, 兵典 留防.

자는 의도였다.

만과의 설행은 변방 방어의 긴요성이 줄어든 조선 후기에도 계속되었으며 식년 무과의 시취인원도 늘어만 갔다. 국방상의 이유에서라기 보다는 재정상의 이유 때문이었다. 시취 명목은 국가경사나 권무를 빙자하였다. 현종 초년에는 따로 勸武廳을 두고 권무과를 실시하기도 하였다.[93] 무과 출신자는 그 자신은 물론 그 아들·사위·동생·조카까지 충순위에 소속되는 有廳軍官으로 명명되어 포 1필(전은 2냥)씩을 납부해야만 하였다.[94] 국가재정 보전책의 일환이었다. 이와 같이 만과는 처음에는 국방상의 이유로, 뒤에는 재정상의 이유로 자주 설행되어 많은 무과 출신자를 양산하게 되었다. 이들 급제자 중에는 양반 자제뿐 아니라 천인 자제들도 많이 포함되어 있어서 병력의 저질화와 신분제의 혼효를 초래하게 되었다. 만과의 현상은 과거제도가 폐지되는 고종 31년(1894)까지 계속되었다.

조선 후기에는 별시에서 수백·수천 인의 급제자를 배출하고 있는 것을 볼 수 있으며 식년 무과에서도 정원인 28인을 넘고 특히 숙종조 이후에는 수백 인씩 뽑았다. 그리고 무과는 거의 매년 실시되었고 한 해에 몇 번씩 실시되기도 하였다. 이것은 결국 무과의 권위를 떨어뜨리고 사회혼란을 초래하기는 하였으나 국가의 궁핍한 재정을 보완하고 하층민들의 신분 상승을 돕는 계기로도 이용되었다.

한편 임진왜란 이후인 선조 28년(1600)에는 각 도에 중앙의 훈련원에 비견되는 무학을 설치하고 武學事目을 만들어 군사 양성을 집중적으로 하도록 하였다.[95] 그리고 武學案에 등재된 사람을 무학이라는 직역을 부여하게 되었다. 무학이라는 직역은 선조 39년의 《山陰帳籍》에서부터 보인다.[96] 무학은 마병으로 편제되었으며 때로는 포병·수군으로도 편제되었다.[97] 또한 인조 22년(1644)의 各道校生考講事目에서는 낙강자를 우선 무학시재를 거쳐 여기

93) 李洪烈, 앞의 글, 239쪽.

94) 丁若鏞,《牧民心書》권 28, 兵典 勸武.

95) 李俊九,〈朝鮮後期의「武學」攷〉(《大丘史學》23, 1983), 6~7쪽.

96) 李俊九,〈武學과 그 地位變動〉(《朝鮮後期 身分職役變動硏究》, 一潮閣, 1993), 68쪽.

97) 李俊九, 위의 글(1993), 70쪽.

에서 떨어진 자를 軍保에 편입하도록 하였다.98)

무학은 본래 忠順衛·忠壯衛·業武·業儒와 함께 규정 외의 면역자였다. 그러나 현종 5년(1664) 이후에는 이들은 모두 종신토록 면포 2필씩만을 부담하는 의무만 지게 되었다.99) 무학에는 양반자제들이 많이 속해 있었다. 그러나 숙종 31년(1705) 이전에 이미 무학이 무학군으로 作隊되면서 여기에 입속하는 것을 꺼리게 되었다. 그리하여 무학의 지위도 낮아지게 되었다.100) 따라서 양반 자제 이외에 중인·서얼들도 입속하게 되었다. 그러므로 무학은 반상의 중간존재였다고 할 수 있다.101) 무학은 또한 도시의 대상이 되기도 하였다. 이리하여 무학은 일반 양인들의 신분 상승의 기회로 이용되기도 하였다. 그러나 이러한 양인들도 노비를 소유하고 雇工을 둘 만한 경제적 여유를 가진 富戶들이었다고 추정된다.102)

4) 잡 과

조선시대의 잡과에는 譯科·醫科·陰陽科·律科 등 네 종류가 있었다. 태조 원년(1392) 8월의 入官補吏法에는 국가관리를 뽑는 관문으로 文(門)蔭·문과·무과·이과·역과·의과·음양과 등 7과가 있었는데 이 중 잡과로는 이과·역과·의과·음양과의 4과가 있었다.103) 율과가 빠지고 서리를 뽑는 이과가 있었던 셈이다.

고려시대의 잡업으로는 醫卜·地理·律·書·算·三禮·三傳·何論이 있었다. 이 중 율·서·산이 취재시험으로 바뀌고 경전시험인 3례·3전·하론이 빠진 것이다. 그런데 조선 초기에 신설된 吏科는 문·무과와 구별되는 하급서리인 성중관원(뒤에 녹사)을 뽑는 잡과 시험이었다.104) 그러나 이과는

98) 《備邊司謄錄》 37책, 숙종 9년 12월 12일.
99) 李俊九, 앞의 글(1993), 71~72쪽.
100) 李俊九, 위의 글, 75쪽.
101) 李俊九, 위의 글, 78쪽.
102) 李俊九, 위의 글, 85·92쪽.
103) 《太祖實錄》 권 1, 태조 원년 8월 신해.
104) 鄭道傳의 《朝鮮經國典》 入官條에 7과를 설명하는 가운데 "謂薄書期會金穀營

7과가 설치된 태조 원년(1392) 8월에 바로 실시된 것은 아니었다. 실록에 의하면 이과는 취재로 뽑아오다가 세종 8년(1426) 4월에 처음 잡과에 편입되어 다른 잡과의 예에 따라 식년마다 가례·율·서·산·《元六典》·《續大典》·《訓民正音》등 시험을 보여 70인을 뽑아 성중관에 빈 자리가 생기면 임용하도록 되어 있었다.[105] 그러나 이과에 관한 법규가 육전에 기록되지 않아 세종 13년 9월에 가서야 실시하게 되었다.[106] 그리하여 이과 1등에는 架閣庫丞同正, 2등에는 副丞同正, 3등에는 錄事同正을 주었으나 뒤에 가각고가 헛 이름에 불과하다고 하여 백패를 주었다.[107] 이와 같이 이과는 조선초기의 약 40여 년 동안 실시되어 오다가 다시 吏員取才로 바뀌게 된 것이다. 당시에 이과가 실시됨으로 해서 율·서는 여기에 포함되었다가 이과가 없어진 다음에 율만의 율과로 독립되고 산은 算員取才로 그대로 남게 되었다. 算學取才案이 계속 남아 마치 산과와 같은 인상을 주게 된 것도 이러한 때문이었다.

이과와는 별도로 吏文科도 일시 시행되었다. 즉 태종 7년(1407) 3월에는 이문을 문과시험의 선택과목으로 하거나 문과 종장에 「吏文之士」를 같이 시험보여 문과 급제자에 포함시키는 특권을 부여하기도 하였다.[108] 그러나 세종 5년(1423) 12월에 승문원이 생기자 이문과는 없어지고 문과에 이문을 아울러 시험보여 승문원에 보내게 되었다.[109] 이와 같이 이문과는 설치된 지 불과 6년만에 없어지고 승문원이 이문교육을 전담하게 되었다.

이문과와 함께 譯科도 조선왕조의 외교정책을 수행하는데 필요한 역관충원을 목적으로 국초부터 실시되었다. 역과 중에는 漢語·蒙語·女眞語·倭語의 4과가 있었는데 한어가 가장 중시되었다. 대명외교의 중요성 때문이었다. 따라서 한어과는 국초부터 실시되었으나 몽어과는 세종 원년 4월에,[110]

造之事 供給應對之節 不可以不習 置吏學"이라 한 것으로 보아 吏科은 吏員選拔試驗이었음을 알 수 있다.

105) 《世宗實錄》 권 32, 세종 8년 4월 갑신.
106) 《世宗實錄》 권 53, 세종 13년 9월 계미.
107) 《世祖實錄》 권 46, 세조 14년 6월 병진.
108) 《太宗實錄》 권 13, 태종 7년 3월 무인.
109) 《世宗實錄》 권 22, 세종 5년 12월 을축.
110) 《世宗實錄》 권 3, 세종 원년 4월 경인.

왜어과는 세종 23년 7월 이전에,[111] 여진어과는 문종 원년(1451) 4월에[112] 처음으로 실시되었다. 그리고 성종 13년(1482) 무렵 한 때 문과에 한어를 함께 시험보여 그 합격자를 문과 출신자와 같은 자격으로 서용코자 하였으나 문신들의 반대로 시행되지 못하였다.[113] 그러나 이것을 통하여 조선사회에서 한역관의 지위가 양반만은 못하였지만 매우 높았음을 알 수 있다.

역과를 담당하던 관청은 司譯院이었다. 사역원의 연원은 泰封의 史臺에 소급되며, 고려 충렬왕 2년(1276)에 通文館이 생겨 외국어에 관한 사무를 맡았고, 뒤에 사역원이 생겨 역관의 교육과 역과를 담당하였다. 그리고 공양왕 3년(1391)에 漢語都監을 한문도감으로 바꾸었다고 한 것을 보면 고려말에 한어도감이 있었다가 이 때에 한문도감으로 바꾼 것 같다.[114]

이와 같은 고려시대의 중첩된 역학·역과 담당 관서는 조선시대에 이르러 사역원으로 일원화되었다. 그리하여 앞에서 말한 것처럼 역과 중에 한어과·몽어과·왜어과·여진어과가 차례로 생기게 되었다.[115]

한편, 지방의 역학은 지방 요충지에 설치되었다. 세종 10년에는 이미 있었던 평양 譯學院의 예에 따라 義州에 한학이 생기고, 동왕 12년에는 乃而浦·富山浦·鹽浦에 왜학을, 동왕 15년에는 黃州에 한학을, 예종 원년(1469)에는 熊川·東萊에 왜학을 각각 설치하였다. 《경국대전》에는 웅천·동래의 왜학이 폐지되었고, 義州·昌城·理山·碧潼·渭原·滿浦·北靑에 여진학이 신설되었으며, 정조 때에 만든 《대전통편》에는 薺浦·鹽浦의 왜학이 없어진 대신 巨濟에 왜학을, 濟州에 한학과 왜학을 설치하였다. 그리고 고종 때에 만든 《六典條例》에는 제주의 한학·왜학과 의주와 여진학이 없어진 대신 宣川에 몽학, 海州·甕津·咸興에 한학, 全羅左·右水營과 統制營에 한학과 왜학을 각각 신설하였다. 이러한 지방 역학원에서는 鄕通事를 양성하여 중앙의 사역원에 파견근무시켰으며 중요한 역관은 사역원에서 양성·선발하였다.[116]

---

111) 《世宗實錄》 권 93, 세종 23년 7월 정미.
112) 《文宗實錄》 권 7, 문종 원년 4월 을해.
113) 《成宗實錄》 권 139, 성종 13년 3월 을축·계사.
114) 李洪烈, 〈雜科試取에 對한 一考〉(《白山學報》 3, 1967), 334쪽.
115) 李洪烈, 위의 글, 334~335쪽.
116) 李洪烈, 위의 글, 336쪽.

의학교육이나 의학시취를 담당한 관청은 典醫監이었다. 고려시대에는 太醫監(목종대)·惠民署(예종대)가 있었으나, 고려 말에는 典醫寺·惠民庫局으로 개칭되었다. 조선 태조의 즉위 초에 전의감·혜민국을 두었고, 태조 6년(1397)에는 따로 濟生院을 두어 三醫司라 불렀다. 이 중 전의감에서 의학교육과 의과시취를 담당하였으며 혜민국에서는 약재 수집과 민생의료를, 재생원에서는 약재 수집·의녀교육·미아수양 등의 일을 맡았다. 그러나 제생원은 세조 6년(1460)에 혜민국과 일시 합쳤다가 곧 부활되었다. 전의감에서 뽑은 의과 출신만으로는 인력이 부족하였으므로 세종조부터는 3의사에 의생방을 따로 두어 의학교육을 시켰다. 이것이 의학설치와 무관한 것이 아니라고 생각된다.[117]

3의사 이외에 고려 목종 때는 전의감에 병설되어 있던 內藥局[118]이 설치되어 왕실의 의료를 담당하였으나 고려 말에 奉醫署로 개칭되었다가 전의사에 통합되었고,[119] 세종 25년(1443)에는 內醫院으로 독립되었다. 그리하여 재생원이 폐지된 뒤에는 전의감·혜민국·내의원을 3의사라고 부르고 의학교육은 전의감과 혜민국이, 의과시취는 전의감이, 의녀교육은 혜민국이, 왕실의료는 내의원이 담당하였다. 지방 의학기관으로는 서경에 醫學院이 설치되어 있었는데 예종 11년(1116)에는 分司大醫監으로 개칭되었다. 그리고 각 군현에는 의학박사를 두어 지방의학교육을 담당하였다. 조선시대에는 각 군현에 의학이 두어져 審藥 1~3인씩을 두었다. 그러나 지방 의학은 유명무실하여 의관 양성은 주로 중앙에서 전담한 것이나 다름이 없었다.[120]

율학교육과 율과시취는 형조의 考律司에서 담당하였는데 《秋官志》에는 율학청이라는 이름이 보인다. 역시 형조의 고율사 소속이었을 것으로 생각된다. 조선 태조 때부터 형조 밑에 율학을 두었으며, 세조 때에는 율학청을 따로 지어 고율사의 낭청이 주관하도록 하였다. 그리고 세종 16년에 율학을 司律院이라 바꾸었다가, 세조 12년(1466)에 다시 율학으로 환원하였다. 그리하여 조선왕조 내내 율학이 계속하여 존재해 왔다.[121]

117) 李洪烈, 위의 글, 330~332쪽.
118) 그 전신은 목종 때 설치된 尙藥局.
119) 李洪烈, 앞의 글(1967), 332쪽.
120) 李洪烈, 위의 글, 332~333쪽.

지방 율학기관으로서는 고려 명종 8년(1178)에 서경의 속관으로 法曹司가 있었다고 하였는데 율학이 두어졌는지는 알 수 없다. 그러나 조선시대의 기록으로 미루어 보아 지방에도 율학이 있었던 것이 확실하다. 조선시대에는 각 군현마다 율학이 있었으며 檢律 1인씩이 있어 형률을 적용하고 율학교육을 담당하였다. 그러나 지방율학도 지방의학과 마찬가지로 부진한 상태를 면치 못하였다.122)

음양학과 음양과는 觀象監에서 주관하였다. 관상감의 전신으로 신라 때에는 漏刻典과 천문박사가 있었으며 고려 초에는 太卜監과 太史局으로 나뉘어져 있었으나 고려 말에 이르러 書雲觀으로 통합되어 풍수·음양학을 부설하였다. 서운관은 조선 태조 원년에 다시 설치되었으나 세조 12년(1467)에 관상감으로 개칭되었다. 그 후 연산군 때에 일시 司曆署로 격하되었으나 중종 초에 환원되어 고종 때까지 계속되었다. 태조 때에 6학의 하나로서 음양·풍수학이 설치되었으나, 세종 때에 음양학·천문학·풍수학으로 3분되었으며, 세조 때에는 풍수학을 지리학, 음양학을 命課學으로 개칭하였다.123)

지방의 음양학을 담당하는 관청으로는 고려 초에 서경의 刻漏院이 있었다가 예종 11년(1116)에 分司大史局으로 개칭되었다. 조선시대에도 토관직으로 평양의 掌漏署가 있었다. 그러나 다른 군현에는 그러한 기관이 없었다.124)

위의 역학·의학·율학·음양학의 4학은 정식으로 잡과가 실시되었던 분야였다. 이 중 역학·의학·율학의 3학은 중앙과 지방에 다 설치되어 있었으나 음양학은 지방에는 없었고 중앙에만 설치되어 있었다. 그러나 지방 잡학은 유명무실하였다. 같은 잡학지만 算學·樂學·畫學·道學은 잡과가 실시되지 않고 취재시험만 있었으며 주관부서도 중앙에만 있었고 지방에는 없었다.

산학은 호조에서 담당하였는데 산학교수·산학훈도를 두어 주관하게 하였다. 호조는 신라의 倉部, 고려의 民官에 해당하는 6부 중의 하나였다. 고려 때의 산학은 書學과 함께 잡업시험에 포함되어 있었으나 조선시대에는 잡과

121) 李洪烈, 위의 글, 336~338쪽.
122) 李洪烈, 위의 글, 338~339쪽.
123) 李洪烈, 위의 글, 339~342쪽.
124) 李洪烈, 위의 글, 342쪽.

에서 제외되었다.

악학은 掌樂院에서 담당하였는데 左坊에는 雅樂의 樂生(양인이 소속), 右坊에는 俗樂의 樂工(천인이 소속)이 배치되어 있었다. 그리고 이들을 지도하는 樂師가 있었다. 장악원의 연원은 신라의 聲音署, 고려 초기의 典樂署로 소급되며, 고려 말에는 典樂署·雅樂署·慣習都監으로 나뉘어져 있었다. 조선 태조 2년(1393)에는 전악서에 武工局을 두어 武樂을 가르쳤으며, 태종 때에는 10학의 하나로 악학이 설치되었다. 세조 3년에는 악학과 관습도감을 악학도감으로, 아악서와 전악서를 장악서로 합병하였으며 일시 악과를 실시하였으나 예종 초에 중단되었다. 성종 원년(1470)에는 장악서를 장악원으로 개칭하였으며, 연산군 11년(1505)에는 이를 聯芳院으로 격하시켰다가 중종반정 후에 다시 장악원으로 바꾸었다.[125]

書學은 圖書署에서 주관하였다. 도화서에는 교수 1인이 있어서 생도를 가르쳤다. 도화서의 연원은 신라의 彩典[126]으로 소급되며 고려시대에도 개경과 서경에 圖畫院이 있었다. 조선 초기에도 도화원이 계속 있어 오다가 세조 12년(1467) 관제개혁 때에 도화서로 명칭을 바꾼 듯하다. 화학은 조선 초기의 10학에 끼어 있지 않았으나 《경국대전》에는 10학 중에 포함되어 있다.[127]

道學은 유교의 도학이 아니라 도교와 관련된 잡학을 의미하는데 昭格署에서 이를 담당하였다. 고려시대에는 大淸觀이 도학을 담당하였으나 조선 태조 원년 11월에 昭格殿으로 바꾸었다. 대청관은 그 후에도 계속 있어 오다가 세종 때에 혁파된 것으로 보이며, 소격전은 세조 12년 정월에 소격서로 개칭되었다. 소격서는 연산군 때에는 일시 혁파되었다가, 중종반정으로 다시 설치되었으며, 조광조 등 사림들의 주장으로 중종 13년(1518)에 없앴다가, 乙卯士禍로 조광조 등이 실각하자 중종 17년 12월에 다시 설치되었으나, 임진왜란 후에 완전히 폐지되었다.

이러한 잡학 관서는 고종 31년(1894)의 갑오개혁으로 없어지거나 크게 개

---

125) 李洪烈, 위의 글, 344~345쪽.
126) 뒤에 典彩署로 바뀌었음.
127) 李洪烈, 앞의 글(1967), 345~348쪽.

편되었다. 전의감·사역원·관상감·도화서는 없어지고 내의원은 典醫司(뒤에 태의원)로 개칭되었으며 장악원은 궁내부 산하에 편입되고, 외국어 번역은 外務衙門(뒤에 외부)의 번역국에서 담당하였다. 지리학과 의학은 內務衙門(뒤에 내부)에 지리국과 위생국을 두어 관장하게 하였으며, 學務衙門(뒤에 학부) 내에 관상소·외국어학교를 신설하는 한편 산학은 度支衙門(뒤에 탁지부) 내에 회계국, 율학은 法務衙門(뒤에 법부)에 법관양성소를 설치하여 업무를 주관하게 하였다.128)

잡과는 식년시와 증광시·대증광시에서만 시취되었고 다른 별시는 없었다. 《경국대전》에 나타나 있는 잡과 초시·복시의 시취 정원은 다음 〈표 6〉과 같다. 식년시와 증광시의 시취 정원은 조선시대 내내 같았으나 대증광시만은 《속대전》에 역과 27인, 의과 11안, 음양과(雲科) 21인, 율과 11인으로 되어 있다.

〈표 6〉 잡과 초시·복시 정액표

구분		초시	복시
역과	漢學	45	13
	蒙學	4	2
	倭學	4	2
	女眞學	4	2
의과		18	9
음양과	天文學	10	5
	地理學	4	2
	命課學	4	2
율과		18	9
계		121	46

* 《經國大典》 권 3, 禮典, 諸科.

잡과에는 전시가 없고 초시와 복시만 있었는데 초시는 해당 관청에서, 복시도 역시 해당 관청에서, 그 관청의 提調와 예조 당상이 실시하였다. 향시가 있는 것은 한어과뿐으로 역과 초시인 향시는 역학원이 있는 평안·황해

128) 李洪烈, 위의 글, 960쪽.

도에서 관찰사가 실시하였다.[129] 시험과목은 전문서·경서·《경국대전》을 필수과목으로 하여 성적은 통 2분, 약 1분, 조 반분으로 계산하여 분수가 많은 자를 선발하였다.[130] 그리하여 합격자에게는 처음에 홍패를 주다가[131] 뒤에는 백패를 주었다. 그러나 문과의 홍패와 생원·진사시의 백패에는 과거보를 찍어 주었는데 비하여 잡과 백패에는 禮曹印만 찍어 주었다.

잡과에 응시하는 사람은 대체로 기술관이나 잡학생도들이었다. 양반 자제들이 잡과에 응시하는 것을 기피하였기 때문이다. 기술관에 취재되기 위해서는 우선 잡학 생도가 되어야만 하였다. 잡학 생도가 되기 위해서는 전·현직 고위 기술관의 추천을 받아야만 하였다. 잡학 교육은 중앙에서는 해당 관청에서, 지방에서는 해당 지방의 군현에서 각각 실시하였다.

잡학 생도의 총원 6,736인은 성균관·4학 및 향교의 유학생도 총원 15,550인에 비하면 절반이 안되는 43.32%에 지나지 않는다.[132] 이것만으로도 우리는 조선시대의 교육정책이 유학 중심이었고 잡학 교육은 부차적이었음을 알 수 있다. 그렇다고 잡학 교육을 도외시한 것은 아니었다. 오히려 국가정책을 수행하는 데 있어서 잡학은 빼놓을 수 없는 것이었기 때문에 잡학교육은 끊임없이 장려되었다. 다만, 유교교양을 바탕으로 하는 양반 지배체제 하에서 양반 유학자들이 잡학을 관념적으로 천시하여 중인들이 종사하는 전공분야로 전락하게 되었던 것이다.

그러면 어떠한 부류들이 잡학 생도가 되었는가. 조선 초기만 해도 양가 자체뿐 아니라 양반 자제들도 잡학에 입속하는 것을 원칙으로 하였다.[133] 그러나 고려 말 사대부세력의 성장과 더불어 기술직에 대한 차별의식이 심해지고 조선 초기에 이르러서는 잡학과 기술직에 대한 관념적·법제적 차별로 나타나게 되었다.[134]

---

129) 위와 같음.
130) 위와 같음.
131) 《太祖實錄》 권 6, 태조 3년 11월 을묘.
132) 성균관 유생 200인, 4학 유생 400인, 향교 생도 14,900인, 합계 15,500인이었다.
133) 《世宗實錄》 권 45, 세종 11년 9월 기유.
《太祖實錄》 권 3, 태조 2년 정월 을해.
134) 李成茂, 〈朝鮮初期의 技術官과 그 地位〉(《惠庵柳洪烈博士華甲紀念論叢》, 1971),

따라서 양반 자제들은 잡학 생도가 되는 것을 싫어하였다. 그 결과 잡학 생도를 충원하는 방법은 달리 마련되지 않으면 안되었다. 그리하여 다음과 같은 두 가지 방안이 마련되었다. 하나는 상급 지배신분층인 양반에서 떨어져 나온 부류들을 잡학 생도 또는 기술관으로 편입시키는 방법이었다. 즉, 문·무 2품 이상의 첩자손들을 잡학 생도 또는 기술관에 입속시켰다. 다른 하나는 향리나 일반 양인에서 잡학 생도를 충원하는 방법이었다. 양반 자제들이 잡학 생도가 되는 것을 꺼리자 校生, 鄕吏 3정 1자, 地方醫·律 생도의 선상을 꾀하게 되었다.

교생은 본래 양반 자제도 입속하게 되어 있었으나 조선 후기에는 안동 등 일부 지역을 제외하고 額內生은 오히려 비양반 자제들로 채워져 있었다.[135] 이들은 자기들의 신분을 상승시키기 위한 방편으로 잡학 생도가 되었다. 잡학 생도·기술직 취재·잡과 등을 통하여 이들은 免役의 특전을 받을 뿐 아니라 신분을 양인에서 중인, 중인에서 양반으로 상승시키고자 하였다. 그러나 교생·향리라 해서 누구나 세공되는 것은 아니었다. 잡학 생도가 되려면 교생 중에 노비를 소유한 자이거나, 똑똑한 자라야만 하였으며 향리 자제도 3정 1자에 한하였다. 이는 잡학 생도로 세공되는 자들이 교생 중에 부유한 자나 향리의 3정 1자에 한하였음을 알 수 있다. 이들은 경제적 능력이나 실력면에서 하급 신분층인 중인이 되기에 충분한 자들이었다.[136]

이와 같이 잡학 생도가 되는 것은 상급 지배신분에서 떨어져 나온 사람이나 하급 신분에서 올라온 사람으로 구성되었으나 조선 초기에는 전자가 많았고 조선 후기에는 후자가 많았다. 물론 이 두 가지 길 이외에 投化人이 역학 생도로 편입된 예도 있었으나 이것은 어디까지나 특수한 예에 지나지 않는다.[137]

그러나 잡학 생도가 되려면 고위 기술직을 지낸 세 사람의 천거를 받아야만 하였다. 적어도 조선 후기에는 그러하였다. 이것은 기술직이 세전되는 중요한 계기가 되었다. 천거한 사람은 천거된 사람의 보증인으로서 일이 잘못

202쪽.

135) 李成茂, 〈朝鮮初期의 鄕校〉(《漢波李相玉博士回甲紀念論文集》, 1970).

136) 李成茂, 앞의 글(1971), 204~205쪽.

137) 《世宗實錄》 권 30, 세종 7년 10월 신사.

되면 연대책임을 져야만 하게 되어 있었다.[138]

잡학 생도는 소정의 교육을 마친 다음 기술관 취재시험이나 잡과시험에 응시할 수 있었다. 기술관 취재는 四孟朔取才가[139] 원칙이었다. 4맹삭 취재가 처음 실시된 것은 태종 16년(1416) 3월 초이고, 그 이전에는 4중삭 취재·4계삭 취재가[140] 시행되었다. 시험관은 해당 관청의 제조와 예조 당상관이 되었으며 시험과목은 전공서·경서·《경국대전》 등이었다. 취재시험을 볼 수 있는 사람은 잡학 생도, 잡과를 합격한 다음 해당 관청에 임시로 배속되어 있는 權知, 전·현직기술관 등이었다. 취재 성적은 잡과와 마찬가지로 분수로 계산하는 데 10분 이상을 1등, 6분 이상을 2등, 3분 이상을 3등으로 하여 1·2등은 서용하고 3등은 서용하지 않았다. 都目政事(인사행정)에는 취재성적이 우선이었으나 전공에 따라 근무일수·업무실적·수업일수가 고려되기도 하였다.[141]

기술관 취재에 합격한 사람은 체아직을 받았다. 그러면 조선 초기에 있어 녹관 체아직과 수직 대상자와의 비례는 어느 정도였는가. 사역원의 예를 들어보자. 사역원 녹관은 모두 29자리였는데 그 가운데 체아직이 아닌 교수와 훈도 10자리를 뺀다면 체아직은 15자리였다. 그런데 이 15자리의 체아직을 받을 수직 대상자들은 역학 생도 80인, 別齋學官 13인, 전직 역관 약간 명, 역과 출신의 권지 19인을 합치면 백 수십 인이 넘었다. 이 숫자는 해가 갈수록 늘어났을 것이다. 이들은 불과 15자리의 체아직을 놓고 경쟁해야만 하였다. 물론 지방의 훈도로 가는 길이 있었다지만 그 수는 10인 이하였고 지방의 역학 생도 156인[142]까지를 합친다면 수직 대상자수는 더욱 늘어난다.

한학이 11.9 : 1, 몽학이 9 : 1, 왜학이 27 : 1, 여진학이 3 : 1이다. 이는 조선 초기의 현상이고 시대가 내려갈수록 경쟁율은 더욱 높아갔다. 이렇게 어려운 경쟁을 뚫고 기술관이 된 사람들도 체아직의 경우는 5개월마다 다른 경쟁자들과 함께 다시 취재시험을 보아 재임여부가 결정되었다.

---

138) 金玄穆, 《朝鮮後期 譯學生徒 薦擧에 관한 硏究》(仁荷大 博士學位論文, 1994).

139) 1·4·7·10월의 1일.

140) 3·6·9·12월의 1일.

141) 李成茂, 앞의 글(1971), 216~217쪽.

142) 한학 90인, 여진학 40인, 왜학 26인.

잡학 생도 이외에 잡학을 공부하는 양반 출신의 習讀官이 있었다. 습독관에는 문신·생원·진사 등 양반들이 입속하였는데 관직이 있는 자를 講肄官, 관직이 없는 자를 학생이라 하였다.[143] 양반 자제들이 잡학에 종사하는 것을 꺼려 잡학이 침체되자 양반들로 하여금 직접 기술학을 습득케 한 것이다. 예컨대 한학의 경우 중국사신이 왔을 때 화제가 經史에 미치면 역관들이 통역을 감당치 못하여 실수를 저지르는 수가 많았다. 역관들이 한어만 알고 경사를 모르기 때문이었다. 이 경우 일에 밝고 정사에 밝은 문신들이 한어까지 능통하면 이상적이었다. 습독관 제도는 이 때문에 만들어진 것이다. 따라서 습독관은 음자제·4관[144]·참외관·성균관 유생·4학 유생 등 문신이나 장차 문신이 될 양반 자제들이 입속하게 되어 있었다.[145]

습독관은 잡학 절반에 걸쳐 두어진 듯하나 《경국대전》에는 한학 30인, 이문 20인, 천문학 10인만 나타나 있다.[146] 이들 습독관은 관직이 없는 경우에는 상근하는 것이 원칙이었고 관직이 있는 경우는 매월 10~15일씩 해당 관청에서 교육을 받게 되어 있었다. 그러나 역학의 경우는 매월 1일과 16일을 제외하고는 관직이 있는 자라도 한어를 강습하도록 하였다.[147] 이들 습독관에게는 교육을 받은 다음에 많은 특전이 부여되었다. 丘史(수행 노비)를 넉넉히 주고, 군직 체아직을 주며, 성적이 우수한 자는 좋은 관직에 임명하고, 생원·진사에게는 교육일수를 성균관 원점으로 간주해 주었다.

습독관수와 군직 체아직의 비율은 대체로 약 3:1이다. 이것은 기술관과 체아직의 비율 10:1과 비교하면 훨씬 유리한 조건이었다. 습독관은 문신이었으므로 잡직인 기술관보다 우월한 대우를 받고 있었다. 잡학에 정통한 습독관은 肄習官이라 하여 해당 기술직에 종사하기도 하였고 임기를 마치면 동반 현직이나 수령으로 임명되기도 하였다. 이와 같이 양반 습독관에게 잡학을 훈련시킨 것은 양반관료들이 정책을 수행하는 데 필요한 지식을 습득

143) 《世宗實錄》 권 63, 세종 16년 정월 갑진.
144) 藝文館·成均館·承文院·校書館.
145) 李成茂, 앞의 글(1971), 205~206쪽.
146) 《經國大典》 권 1, 吏典 京官職.
147) 李成茂, 앞의 글(1971), 206쪽.

하게 하기 위해서였다.148)

잡과에는 잡학 생도와 7품 이하의 전·현직 기술관들이 응시하였다. 습독관은 양반이었으므로 잡과에 응시하지 않았다. 잡과는 꼭 필요한 인원만 뽑았기 때문에 정원을 크게 벗어나지 않았다. 조선시대에 잡과가 처음 실시된 것은 태종 2년(1402)이다. 그러나 태종 2년부터 연산군 4년(1498) 이전까지는 몇몇 單回榜目을 제외하고는 잡과 방목이 남아 있지 않다.

의과를 제외하고는 16세~20세 사이의 입격율이 가장 높았으며, 의과는 21세~25세 사이의 입격자가 가장 많았다. 잡과는 경험이 필요한 의과를 제외하고는 조기교육을 시켰던 것 같다. 특히 역과의 경우는 외국어이므로 조기교육이 필요하였던 것 같다. 산학은 입격자의 거의가 20세 미만이었다.149)

잡과 입격자를 낸 439개 姓貫 중 200인 이상을 낸 가문이 4개, 150~199인을 낸 가문이 8개, 100~149인을 낸 가문이 4개, 90~99인을 낸 가문이 4개이었다.150) 즉 100인 이상의 입격자를 낸 유명한 성관은 16개로 전체 입격자의 40%인 3,089인이었다. 이것으로 기술관의 세전성이 증명된다.

〈李成茂〉

---

148) 李成茂, 위의 글, 221~222쪽.

149) 崔珍玉, 〈朝鮮時代 雜科設行과 入格者 分析〉(《朝鮮時代 雜科合格者 總覽》, 韓國精神文化硏究院, 1990), 21쪽.

150) 잡과 입격자를 가장 많이 낸 잡과 명문은 다음과 같다.

1) 全州李氏(452명) 2) 慶州崔氏(372명) 3) 南陽洪氏(268명)
4) 川寧玄氏(207명) 5) 慶州金氏(196명) 6) 淸州韓氏(183명)
7) 密陽卞氏(175명) 8) 泰安李氏(174명) 9) 密陽朴氏(166명)
10) 井邑李氏(164명) 11) 金海金氏(154명) 12) 慶州李氏(153명)
13) 牛峯李氏(113명) 14) 朱溪崔氏(104명) 15) 新平韓氏(103명)
16) 順興安氏(102명)

집 필 자

개 요 ·· 이 존 희

Ⅰ. 양반관료 국가의 특성

1. 정치사상 기반 ··· 이 존 희
2. 통치구조 ··· 이 존 희
3. 경제구조 ··· 이 존 희
4. 사회신분구조 ··· 이 존 희

Ⅱ. 중앙 정치구조

1. 정치구조의 정비와 정치기구 ······························ 한 충 희
2. 관직과 관계 ·· 한 충 희

Ⅲ. 지방 통치체제

1. 지방 통치체제의 특징 ··································· 이 수 건
2. 8도체제의 확립 ·· 이 수 건
3. 군현제의 정비 ·· 이 수 건
4. 행정구역과 행정체계 ···································· 이 수 건
5. 지방자치적 기구 ··· 이 수 건

Ⅳ. 군사조직

1. 초기 군사제도의 정비 ··································· 차 문 섭
2. 5위체제의 확립과 중앙군제 ···························· 차 문 섭
3. 진관체제의 확립과 지방군제 ···························· 차 문 섭
4. 군령·군정기관의 정비 ··································· 차 문 섭
5. 군비의 확충 ·· 차 문 섭

V. 교육제도와 과거제도

한국사 23

조선초기의 정치구조

편찬간행 **국사편찬위원회**

초판1쇄 2003년 11월 30일
2쇄 2013년 6월 4일

번각발행 **탐구당**

등록일 1950년 11월 1일
등록번호 서울 제 03-00993 호

주소 서울특별시 용산구 한강대로 62 나길 6
전화 (02) 3785-2211(대표)
팩스 (02) 3785-2272
홈페이지 www.tamgudang.co.kr
전자우편 tamgudang@paran.com

ISBN 978-89-8236-589-8
978-89-8236-566-9(세트)

값 15,000 원